中国社会科学院
经济研究所
INSTITUTE OF ECONOMICS

经济所人文库

李根蟠集

中国社会科学院经济研究所学术委员会 组编

中国社会科学出版社

图书在版编目（CIP）数据

李根蟠集/中国社会科学院经济研究所学术委员会组编.
—北京：中国社会科学出版社，2021.6
（经济所人文库）
ISBN 978 - 7 - 5203 - 8141 - 3

Ⅰ.①李…　Ⅱ.①中…　Ⅲ.①中国经济史—文集
Ⅳ.①F129 - 53

中国版本图书馆 CIP 数据核字（2021）第 050182 号

出 版 人	赵剑英	
责任编辑	王　曦	
责任校对	张　硕	
责任印制	戴　宽	

出　　版	中国社会科学出版社	
社　　址	北京鼓楼西大街甲 158 号	
邮　　编	100720	
网　　址	http://www.csspw.cn	
发 行 部	010 - 84083685	
门 市 部	010 - 84029450	
经　　销	新华书店及其他书店	

印刷装订	北京君升印刷有限公司	
版　　次	2021 年 6 月第 1 版	
印　　次	2021 年 6 月第 1 次印刷	

开　　本	710×1000　1/16	
印　　张	23.5	
字　　数	318 千字	
定　　价	126.00 元	

凡购买中国社会科学出版社图书，如有质量问题请与本社营销中心联系调换
电话：010 - 84083683

中国社会科学院经济研究所
学术委员会

总　序

作为中国近代以来最早成立的国家级经济研究机构，中国社会科学院经济研究所的历史，至少可上溯至 1929 年于北平组建的社会调查所。1934 年，社会调查所与中央研究院社会科学研究所合并，称社会科学研究所，所址分居南京、北平两地。1937 年，随着抗战全面爆发，社会科学研究所辗转于广西桂林、四川李庄等地，抗战胜利后返回南京。1950 年，社会科学研究所由中国科学院接收，更名为中国科学院社会研究所。1952 年，所址迁往北京。1953 年，更名为中国科学院经济研究所，简称"经济所"。1977 年，作为中国社会科学院成立之初的 14 家研究单位之一，更名为中国社会科学院经济研究所，仍沿用"经济所"简称。

从 1929 年算起，迄今经济所已经走过了 90 年的风雨历程，先后跨越了中央研究院、中国科学院、中国社会科学院三个发展时期。经过 90 年的探索和实践，今天的经济所，已经发展成为以重大经济理论和现实问题为主攻方向、以"两学—两史"（理论经济学、应用经济学和经济史、经济思想史）为主要研究领域的综合性经济学研究机构。

90 年来，我们一直最为看重并引为自豪的一点是，几代经济所人孜孜以求、薪火相传，在为国家经济建设和经济理论发展作出了杰出贡献的同时，也涌现出一大批富有重要影响力的著名学者。他们始终坚持为人民做学问的坚定立场，始终坚持求真务实、脚踏实地的优良学风，始终坚持慎独自励、言必有据的学术品格。他们是经济所人的突出代表，他们的学术成就和治学经验是经济所最宝贵的财富。

抚今怀昔，述往思来，在经济所迎来建所 90 周年之际，我们编选出版《经济所人文库》（以下简称《文库》），既是对历代经济所人的纪念和致敬，也是对当代经济所人的鞭策和勉励。

《文库》的编选，由中国社会科学院经济研究所学术委员会负总责，在多方征求意见、反复讨论的基础上，最终确定入选作者和编选方案。

《文库》第一辑凡 40 种，所选作者包括历史上的中央研究院院士、中华人民共和国成立后的中国科学院学部委员、中国社会科学院学部委员、中国社会科学院荣誉学部委员、历任经济所所长以及其他学界公认的学术泰斗和资深学者。

《文库》第二辑共 25 种，在延续第一辑入选条件的基础上，第二辑所选作者包括经济所学术泰斗和资深学者，中国社会科学院二级研究员，经济所学术委员会认定的学术带头人。

在坚持学术标准的前提下，同时考虑的是入选作者与经济所的关联。他们中的绝大部分，都在经济所度过了其学术生涯最重要的阶段。

《文库》所选文章，皆为入选作者最具代表性的论著。选文以论文为主，适当兼顾个人专著中的重要篇章。选文尽量侧重作者在经济所工作期间发表的学术成果，对于少数在中华人民共和国成立之前已成名的学者，以及调离经济所后又有大量论著发表的学者，选择范围适度放宽。为好中选优，每部文集控制在 30 万字以内。此外，考虑到编选体例的统一和阅读的便利，所选文章皆为中文著述，未收入以外文发表的作品。

《文库》每部文集的编选者，大部分为经济所各学科领域的中青年学者，其中很多都是作者的学生或再传弟子，也有部分系作者本人。这样的安排，有助于确保所选文章更准确地体现作者的理论贡献和学术观点。对编选者而言，这既是一次重温经济所所史、领略前辈学人风范的宝贵机会，也是激励自己踵武先贤、在学术研究道路上砥砺前行的强大动力。

《文库》选文涉及多个历史时期，时间跨度较大，因而立意、观点、视野等难免具有时代烙印和历史局限性。以现在的眼光来看，某些文章的理论观点或许已经过时，研究范式和研究方法或许已经陈旧，但为尊重作者、尊重历史起见，选入《文库》时仍保持原貌而未加改动。

《文库》的编选工作还将继续。随着时间的推移，我们还会将更多经济所人的优秀成果呈现给读者。

尽管我们为《文库》的编选付出了巨大努力，但由于时间紧迫，工作量浩繁，加之编选者个人的学术旨趣、偏好各不相同，《文库》在选文取舍上难免存在不妥之处，敬祈读者见谅。

入选《文库》的作者，有不少都曾出版过个人文集、选集甚至全集，这为我们此次编选提供了重要的选文来源和参考资料。《文库》能够顺利出版，离不开中国社会科学出版社领导和编辑人员的鼎力襄助。在此一并致谢！

一部经济所史，就是一部经济所人以自己的研究成果报效祖国和人民的历史，也是一部中国经济学人和中国经济学成长与发展历史的缩影。《文库》标示着经济所90年来曾经达到的学术高度。站在巨人的肩膀上，才能看得更远，走得更稳。借此机会，希望每一位经济所人在感受经济所90年荣光的同时，将《文库》作为继续前行的新起点和铺路石，为新时代的中国经济建设和中国经济学发展作出新的更大的贡献！

是为序。

于 2019 年 5 月

编者说明

《经济所人文库》所选文章时间跨度较大，其间，由于我国的语言文字发展变化较大，致使不同历史时期作者发表的文章，在语言文字规范方面存在较大差异。为了尽可能地保持作者个人的语言习惯、尊重历史，因此有必要声明以下几点编辑原则：

一、除对明显的错别字加以改正外，异形字、通假字等尽量保持原貌。

二、引文与原文不完全相符者，保持作者引文原貌。

三、原文引用的参考文献版本、年份等不详者，除能够明确考证的版本、年份予以补全外，其他文献保持原貌。

四、对外文译名与今译名不同者，保持原文用法。

五、对原文中数据可能有误的，除明显的错误且能够考证或重新计算者予以改正外，一律保持原貌。

六、对个别文字因原书刊印刷原因，无法辨认者，以方围号□表示。

作者小传

李根蟠，男，1940年8月生于香港，1981年1月进入经济所工作。

李根蟠成长于广东新会书香之家，1963年7月毕业于中山大学历史系，1963年9月至1980年12月就职于中国农业科学院。进入经济所以来，1986年任《中国经济史研究》创刊编辑部主任，后任主编直到2001年3月退休。1994年获国家有突出贡献中青年专家称号，享受国务院政府特殊津贴。曾任中国农业历史学会副会长、中国经济史学会古代史分会副会长。曾任北京师范大学、南京农业大学等学校兼职教授。

李先生是20世纪80年代人类学、民族学、社会学等学科复兴后，国内积极推进跨学科研究的中坚力量之一。先生将民族学资料与考古发现和历史文献相结合，运用马克思主义理论对中国原始社会形态和封建社会形态进行了开创性探索。在《中国原始社会经济研究》《中国南方少数民族原始农业形态》《民族与物质文化史考略》等论著中，李先生与研究合作者发微探幽，对许多问题作出新的阐发和新的结论。历史学家白寿彝先生和经济史学家李文治先生一致认为，《中国原始社会经济研究》对原始社会分期、农业起源和原始农牧关系，私有制和国家的形成等一系列重大理论问题提出了新见解，"很多论点超越前人"，"是一部富有新意的著作"。农史学家游修龄先生认为《中国南方少数民族原始农业形态》一书的意义"实际上已越出南方少数民族原始农业的范畴，对于研究中国的原始农业起源以及世界农业的起源都富有第一手很有价值的材料"。日本农史学家渡部武教授评论该书"以摩尔根《古代社会》和哈兰《作物和人类》为基础,利用中国少数民族文献中的丰富材料,提出惊人的农耕文化发展理论"。民族学家、人类学家罗致平先生称赞《民族与物质文化史考略》"把物质文化史的研究和少数民族的研究挂起了钩,填补了这一方面的空白,大大扩大了读者的视野","是民族史和民族学中令人耳目一新的作品"。

在农史研究中,李先生突破以往农史研究中只关注农业和汉族地区研究的局限性,首次系统研究了农牧分区格局的形成、演变及其相互关系,论述了少数民族在我国农业史上的贡献,把农业区域、农业结构、农业类型和不同民族农业联系起来做动态考察。李先生大作《中国农业史》从构成中华文明物质基础的农业生产发展历程着眼,挖掘"中华民族的生息繁衍何以能相继不绝?中华文明的火炬何以能长明不灭?"的深层根源,系统阐述中国传统农业特点是"多元交汇,精耕细作"的精辟观点。农史学家董恺忱先生认为这一提法"别具一格,颇有新意"。李先生是20世纪80年代以来农业现代化讨论中,最早起来反对照搬外国模式、全盘否定传统农业的学者之一。他认为,现代科学、现代装备与精耕细作的优良传统相结合,是中国农业现代化的必由之路,也是中国农业现代化的特点和优势。李先生协助时任农业部副部长刘瑞龙以及时任中顾委副秘书长郝盛琦等人撰写了系列论文,阐述在我国农业现代化中发扬精耕细作传统的必要性,对当时中央确定现代科学技术与精耕细作传统相结合的农业发展方针,起到了积极作用。

李先生注重以"三才"理论为核心的中国传统农业可持续发展思想和实践以及古代生态文明的研究,开辟了中国农业史研究和经济史研究的新思路。李先生指出,中国传统的自然观是一种大生命观,这是中国传统文化的一个重要特点和优点。中国古代哲人视自然界的发展为生命创生、延续、演进的过程;天地万物是以生命为中心的相互依存的共同体;人是天地化生万物的参与者和协调者,并以追求自然界和人类关系的和谐为自己的使命。分别称之为"生生"观、"一体"观、"三才"观，组成大生命观中相互关联、依次递进的三个层次。这种借用"天人关系"来讨论经济史上人和自然的关系，是经济史研究中重大理论创新，而"三才"观、"大生命观"则是这个理论进一步的深化和突破，引起中、日、韩学界广泛关注和讨论。

数十年来，李根蟠先生在经济史理论、农史研究方法、农业哲学、农业科技、环境史等诸多方面，做了大量研究，并取得了丰硕的成果。出版独著、合著著作 12 部；主编、参编大型工具书 5 部；在《中国社会科学》《历史研究》《经济研究》《中国史研究》《中国经济史研究》《中国农史》《人民日报》《光明日报》等刊物和报纸发表论文 180 余篇，另有书评、序跋、纪念文、访谈等十余篇。李先生是《中国经济史研究》杂志筹办、创刊以及发展的重要参与者和推动者，也是中国经济史学科发展的重要组织者和引领者。在任《中国经济史研究》创刊编辑部主任、第二任主编的 16 年里为刊物的发展殚精竭虑。与编辑部同人努力把杂志办成国内外学术界公认的中国经济史研究的权威刊物。在学界大力支持下，积极创建"中国经济史论坛"平台，围绕"传统经济和现代化"的主题，多次组织跨单位、跨学科、长时段的系列专题研讨会。对传统经济的特点及其现代化道路进行全面的检讨，开拓了经济史研究的新领域，引领经济史研究的新潮流，发现和培养了大量经济史研究的后起之秀。李先生是最早建立网站，从事古籍数字化和利用古籍数据库进行学术研究的学者之一。退休后以一人之力创办"中国经济史论坛"网站，每天点击量逾千，惠泽三代学林。网站后来因故停办，令人惋惜不已。李先生为学界做出的无私贡献，受到国内外学人的高度赞誉。

2019 年 8 月 16 日，李先生因病在北京逝世，享年 79 岁。

目　录

古代社会形态

传统农业与现代化

传统农业与生态文明

附　录

古代社会形态

自然经济、商品经济与中国封建地主制

　　中国历史上的商品经济发生相当早，封建地主制时期商品货币关系已相当发达，但资本主义的生产方式却迟迟发展不起来，而且直到现代，在社会主义建设过程中，形形色色的自然经济观念还常常困扰着人们。如何理解和解释这种现象、商品经济在中国封建地主制下究竟发展到什么程度、起了什么作用、它和封建地主制经济形成什么样的关系？自然经济在中国封建地主制下是否仍占主要地位？它和商品经济之间形成什么样的关系？——《中国经济史研究》杂志对这些问题的讨论，有着重要的理论意义和现实意义。

　　我的初步看法是：中国封建地主制下自然经济仍占主要地位，但它已是一种不完全的自然经济；比之典型的封建领主制，中国封建地主制下的商品经济要发达得多；但它基础虚弱，带有浓厚的封建性，主要还是服务于封建地主经济的，新的生产方式很难在这个基础上获得发展。本文是笔者学习经典作家有关论述的心得，是以马列主义基本原理为指导分析中国封建地主制经济的尝试。为了说明问题，文章不能不涉及更广泛的方面，基本上采取了从一般到特殊的研究与叙述方式。

一

　　什么是自然经济？在当前讨论中存在分歧。这种分歧相当程度上是由于对"自然经济"使用了各不相同的概念；大家都以经典作家的论述为依据，但理解各不相同。我们的讨论就从这个问题说起。

　　自然经济是和商品经济相对而言的，这对范畴是对人类历史上
社会经济运行方式的一种抽象，它们从生产要素的不同运行方式着
眼来揭示社会再生产的性质。马克思说：

　　　　……自然经济，也就是说，经济条件的全部或绝大部分，
　　还是在本经济单位中生产的，并直接从本经济单位的总产品中
　　得到补偿和再生产。[①]

　　这是对自然经济实质最基本的经典性的表述，其他表述都是由
此派生的。所谓"经济条件"，应是马克思经常谈到的"生产要
素"，不是单指生产资料，而是包括了生产资料（物的要素）和劳
动者（人的要素）在内。生产资料和劳动者在任何社会中都是生产
的要素，二者相结合才能进行生产；它们结合的特殊方式，是区分
不同社会经济形态的根本标志。自然经济和商品经济区别的依据，
不是生产要素的结合方式，而是它们在再生产中的运行方式。二者
之间既有区别，也有一定的联系。在典型的商品经济——资本主义
生产中，资本家用货币从市场上购买生产资料与自由雇佣劳动者的
劳动力，使之相结合进行生产，其产品全部作为商品进入市场，换
取货币；这些货币（除资本家用以消费的外）用来再购买生产资料
与劳动力，进入下一轮生产过程。在简单商品生产中，小商品生产
者从市场购买生产资料和维持自身生存延续所需的生活资料。这两
种商品生产，都是"以流通为媒介的再生产"[②]。自然经济下生产要
素再生产方式与此不同，不但直接生产者的劳动力不是从市场上购
买的商品，而且维持生产者生存与延续所需的物质资料，基本上是
本经济单位的产品；同时，生产资料也是基本上在本经济单位中生
产并从本单位产品中获得补偿的。在这个意义上，自然经济是自我

----

　　① 《马克思恩格斯全集》第 25 卷，人民出版社 1974 年版，第 896 页。
　　② 《马克思恩格斯全集》第 24 卷，人民出版社 1972 年版，第 226 页。

完成的再生产。这正是自然经济与商品经济的根本区别所在。人们
常说自然经济的本质特征是自给自足，也应该主要从这个意义上来
理解。这是就一个经济单位而言的。① 但自然经济可以在不同层次
（如不同经济单位、不同经济部门、不同地区、人类社会发展的不同
时代等）上表现出来；如果一个社会的基本经济部门中多数的经济
单位都具有自然经济性质，使用价值基本上支配着社会再生产，
这个社会的经济就属于自然经济。

自然经济既然是自我完成的再生产，自然具有排斥交换和流通
的一面。但它并不是绝对地排斥交换和流通的。在马克思恩格斯
看来，同一经济单位内部和不同经济单位之间的换工互助和物物
交换可以包容于自然经济之中②；不但如此，即使一个经济单位部
分产品进入流通，只要这部分较小（如自用有余的部分），也并不妨
碍其为"真正的自然经济"③。马克思还说过："即使绝大多数产品
直接用来满足生产者自己的需要，没有变成商品，从而社会生产过
程按其广度和深度来说还远没有为交换价值所控制，商品生产和商
品流通仍然能够产生。"④ 因而，孤立地考察流通领域是不可能真正
揭示自然经济和商品经济本质的。马克思批评有人把人类社会的经
济运行形式划分为自然经济、货币经济和信用经济三种互相对立的
形式，这不但因为"信用经济"只是货币经济的一种形式，不能构
成与自然经济对等的发展阶段，而且"因为人们在货币经济和信用
经济这两个范畴上强调的并且作为特征提出的，不是经济，即生产
过程本身，而是不同生产当事人或生产者之间的同经济相适应的交
易方式"⑤。交易方式之所以不足以作为区分经济运行形式的本质特

---

① 不言而喻，这里所说的经济单位必须占有各种生产要素并实际上从事生产。乡邑之
类的行政单位或社会单位，虽然也可以通过地方小市场等实现某种经济联系，但并不是各
种生产要素的占有者，也不从事实际生产，并不构成经济实体，因而不在这里所说的经济
单位之列。

② 参见《马克思恩格斯选集》第四卷，人民出版社 1972 年版，第 298—299 页。

③ 《马克思恩格斯全集》第 25 卷，人民出版社 1974 年版，第 886 页。

④ 《马克思恩格斯全集》第 23 卷，人民出版社 1972 年版，第 192 页。

⑤ 《马克思恩格斯全集》第 24 卷，人民出版社 1972 年版，第 133 页。

征，是因为在社会经济运动中起决定作用的是生产方式，而不是交易方式；后者是由前者产生的。因而，虽然确实有产品不进入流通过程的自然经济，但从根本上说，自然经济与商品经济的区别，不在于产品之有无进入流通过程，而在于流通是否直接成为生产过程的要素对生产起支配作用。马克思在谈到自然经济中流通的特点时说：

> 货币流通和商品流通能够对组织极不相同、按其内部结构主要仍然是从事使用价值生产的那些生产部门起中介作用。流通过程使各生产部门通过一个第三者而互相结合起来，流通过程的这种独立化表明两个情况。一方面，流通还没有支配生产，而是把生产当作已经存在的前提。另一方面，生产过程还没有把流通作为单纯的要素吸收进来。①

如前所述，在商品经济中，生产过程要经历货币转化为商品（用货币购买生产资料和劳动力，或维持劳动力生存与延续所需的生活资料）和商品转化为货币（出卖商品，换取货币）这样两个流通环节，生产依赖于流通，流通已直接成为生产过程中的要素；如果从整个社会进行考察，在商品经济占支配地位的条件下，社会再生产过程中劳动在各个部门中的分配比例，是由价值规律来调节的。所谓"以流通为媒介的再生产"，就是指这种情况。在自然经济中，生产资料和劳动力基本上不是从市场上购买的，产品的大部分供自身消费（生产消费与生活消费），在一般情况下，产品转化为商品的只是自用有余的部分，因而流通是独立于生产之外的，并没有成为生产过程的要素；即使已有部分产品是为交换而生产的，在这种情况下流通已是生产过程不可缺少的环节（如我国封建地主制经济下的自然经济，详后），但这只具有局部性质，流通远没有支配整个生

---

① 《马克思恩格斯全集》第25卷，人民出版社1974年版，第367页。

产，因而在总体上不能改变其自我完成的再生产之性质；若从整个社会进行考察，在自然经济占支配地位的条件下，社会再生产过程中劳动在各个部门的分配比例，基本上不是由价值规律来调节的。

由此可见，产品进入流通领域之有无和多寡，对区别自然经济与商品经济虽有一定意义，但两者更本质的区别在于：它们的再生产过程中，包括生产资料和劳动力在内的生产要素有不同的运行方式。就决定事物性质的基本方面而言，自然经济是自我完成的再生产，因而是使用价值占优势的生产，使用价值不但表现为生产的目的，而且是劳动的直接社会形式。商品经济是以流通为媒介的再生产，因而是交换价值所控制的生产，交换价值不但表现为生产的目的，而且是劳动的直接社会形式。在自然经济或商品经济统治的社会中，价值规律作用的形式与范围差别很大；后者是价值规律起了支配作用。在生产过程中，不但人与自然发生了关系，人与人之间也发生了一定的关系。在使用价值生产（自然经济）中，人与人之间的关系是以其自然形式表现出来的；在交换价值的生产中（商品经济）中，人与人之间的关系是被物与物之间的关系（商品交换）所掩盖的。这也可以作为观察和识别自然经济与商品经济的一个重要视角。

如果说对自然经济的内容实质应作一元化的理解，那么对自然经济的表现形式则应作多元化的理解。不要把自然经济的范围划得过窄。如果认为自给自足是各经济单位内生产品和消费品品种和数量的一致，即本经济单位的产品不多不少正好满足其消费需要，因而无须和其他经济单位发生商品关系，并以此作为自然经济的前提，这就会导致绝对化。我们知道，人类文明时代是随着商品生产和商品流通的出现而到来的，从这时起，商品经济关系就不可能不或多或少渗进各个经济单位中，完全闭关自守的经济单位是难以存在的，起码金属制品和食盐就不是每一个经济单位都能自行生产的。即使是原始氏族公社，也存在各氏族间婚姻和经济的联系，根据民族学材料，各原始共同体间基于自然条件和生产传统差异之上的分工所产生的朋友馈赠式交换，曾经发展到颇大的规模，并已转化为物物交换。① 这样，只有原始群时代各共同体间才基本上处于隔绝状态；但即使这时，生产的不足和相对过剩经常发生，人们"饥则求食，饱则弃余"，也难以做到原始共同体内部生产与消费的完全平衡。由此可见，如果按照"自然经济平衡律"② 的要求，势必把历史上的自然经济的圈子越划越小，以至于无。马克思说过："经济范畴只是这些现实关系的抽象，它们仅仅在这些关系存在的时候才是真实的。"③ 上文提到，自给自足应从生产要素在经济单位内自我完成的再生产角度理解。根据这种理解，自给自足经济单位中产品虽然基本上是自我消费的，但不排除自用有余或部分商品生产产品进入流通过程；同时，它注意了劳动力来源与再生产中的非商品性质。我们主张这样理解，不仅因为这是马克思说过的，主要是因为它符合历史上该类经济形式的真实关系，反映了自然经济的本质。同时，具有共同实质的经济运动总是以各种不同的、丰富多彩的形式表现出来的，把其中一种形式的某些特征夸大，以偏概全，是不可取的。马克思明确指出，自然经济有"各种极不相同的形式"，"象秘鲁印加国那样完全闭关自守的自然经济"只是其中的一种④。他又谈到在使用价值控制的经济中，是可以包容部分商品生产和商品流通的。可见，马克思恩格斯虽然主要研究了比较典型的自然经济形式，但他们并没有把自然经济归结为单一的模式，并没有把自给自足的要求绝对化，这就为我们研究具有共同实质的自然经济的不同形式开辟了广阔的余地。

　　在我看来，自然经济至少可以包括三种不同类型：第一类是全封闭型的自然经济，其生产完全是自给性的，产品不进入流通过程

---

　　① 参见李根蟠、黄崇岳、卢勋《中国原始社会经济研究》第六章第一节，中国社会科学出版社 1987 年版。

　　② 经君健：《试论地主经济与商品经济的本质联系》，《中国经济史研究》1987 年第 2 期。

　　③ 《马克思恩格斯选集》第四卷，人民出版社 1972 年版，第 325 页。

　　④ 《马克思恩格斯全集》第 24 卷，人民出版社 1972 年版，第 133 页。

（但不排斥原始商品交换——物物交换和前商品交换——朋友馈赠式交换）；第二类是半封闭型的自然经济，其生产基本上是自给性的，产品自用有余部分进入流通过程，流通仍独立于生产之外；第三类是半开放型的自然经济，其生产主要是自给性的，但已有部分商品生产，流通已成为生产过程的必要环节，但还没有支配生产过程。前两种类型属于"真正自然经济"，马克思恩格斯论述较多，后一种类型属不完全的自然经济，马克思恩格斯涉及较少。但无论哪一种类型的自然经济，都是以自给性生产（就其经济条件的运行而言是"自我完成"的再生产）为基础的，都是使用价值支配生产过程，都是人与人之间的关系以其自然形式表现出来的经济形式。

　　我赞成把自然经济的范围划宽一点，因为这可以更好地反映历史实际。但这个宽也要有限度。有人认为，小商品生产可划入广义自然经济范畴。这观点有很深的见地，缺点是容易模糊自然经济与商品经济的界限。正如自然经济有不同类型一样，商品经济也有不同类型。马克思、恩格斯、列宁都把小商品生产列为商品经济的一种形式或一个阶段。如前所述，从生产要素的运行方式看，小商品生产基本上不是自我完成的，而是以流通为媒介的，因而，显然不应该把它列入自然经济范畴。不过，它确实带有二重性。它既是以交换价值的创造为基础、以流通为媒介的再生产，又保留了自然经济的痕迹，因而是不完全的商品经济。它的自然经济痕迹表现在两个方面：一方面，劳动者维持其生存与延续的物质资料虽然主要从市场取得，但劳动者仍然是其生产资料的所有者，他的劳动力不是商品；另一方面，产品虽然用于交换，而不是直接消费，但其目的仍然是为了获取他所需要的使用价值，即为买而卖，因而，生产者自身的消费，使用价值的获取仍然制约着生产过程。也就是说，在小商品生产中，流通并没有彻底支配生产过程。下文还将谈到，正因为小商品生产的这种两重性，它就不可能支配当时整个社会经济，在前资本主义社会中，它只能作为自然经济的附庸存在。尽管如此，我们最好还是不要把它划归自然经济范畴，而应承认其为商品经济，虽然是初级的、不完全的商品经济。

总之，对自然经济应从质与量的统一、内容实质与表现形式的统一中去理解它。这种理解是相对的，但相对中有绝对；这种理解有宽泛的容量，但宽泛中有严格的界限。

二

用上述标准衡量，前资本主义时代，包括奴隶社会和封建社会，商品经济均与自然经济并存，而后者始终居于主要地位。

一方面，这时商品经济已经出现，并有了一定发展。在人类社会经济的发展过程中，原始的商品交换——物物交换早就在氏族部落之间发生，并逐步渗入原始共同体内部。原始社会末期，手工业开始从农业中分离出来，产品用于交换的生产——商品生产由此出现，个人之间的交换成为迫切的需要并日益经常化，在这个基础上又产生了货币与商人，于是有了较为完整意义上的商品经济（包括商品生产与商品流通），人类遂开始进入商品经济时代。私有制与阶级社会的孕育和诞生，与商品经济这一形成过程是同步并进的。恩格斯说："文明时代是社会发展的一个阶段，在这个阶段上，分工，由分工而产生的个人之间的交换，以及把这两个过程结合起来的商品生产，得到了充分的发展。"[1] 从这个意义上说，从阶级制度形成开始的文明时代就是商品经济时代；当然，这只能是一个由低级向高级发展的过程。从商品生产出现开始，到资本主义生产方式产生为止，在这五千年至七千年的漫长时期，商品经济的主要基础是小商品生产，恩格斯称为"简单商品生产时期"。[2] 因此，在某种意义上可以说，前资本主义时代就是简单商品经济时代。[3]

---

[1]　《马克思恩格斯选集》第四卷，人民出版社 1972 年版，第 170 页。
[2]　《资本论》第三卷，人民出版社 1975 年版，第 1018 页。
[3]　恩格斯说把前资本主义时代称为"简单商品生产时期"，又名为"农民自然经济"时期，这并不矛盾。我的理解是，从商品经济的自身发展看，这是简单商品经济时期，从整个社会经济看则仍属自然经济时代，而这是由小农经济的自然经济性质决定的。详后。

另一方面，尽管这时商品经济有了一定发展，在某些时期、某些地区或某些部门甚至有较大的发展，但总的来讲，商品货币关系并没有占领社会经济的一切领域；或者说，自然经济在整个经济中仍占主要地位，因而从当时整个社会经济看，仍属自然经济时代。

前资本主义时代的生产部门包括农业与手工业。在手工业中，虽然也存在为官府和大地主等消费服务的自给性手工业生产，但小商品生产已占相当大比重。农业的情形与此不同，小商品生产虽然存在，但自给性生产仍占统治地位。由于农业是前资本主义时代主要生产部门，这就决定了当时整个社会经济仍属自然经济性质。为了使问题简单化，本文只就前资本主义农业的自然经济性质作一些分析。

如前所述，判定一个经济单位之是否具有自然经济性质，不能单纯根据其产品进入流通领域之有无和多寡，而要全面分析其生产要素在再生产过程中的运行方式。对前资本主义农业的分析也应遵循这一原则。

在前资本主义农业生产要素中，物的要素包括土地、农具、役畜、种子、肥料等。其中农具、役畜、种子、肥料等可归为一类，它们是物化的劳动。这些生产资料一般是本经济单位自行生产和补给的，只有由于某种原因自身不能生产时才向市场购买；随着农业经济的发展，这部分生产资料依靠市场供给的情况有所发展。在前资本主义农业的各种生产资料中，土地占有更为重要的地位。它既提供农业劳动资料，又为劳动者提供立足地和活动场所。土地开始是作为一种天然财富存在的，劳动者很自然地以共同体为媒介去占有它，作为再生产自己的客观条件。这种情况在进入阶级社会后发生了变化，土地逐步变为私有财产。但这种私有财产往往是从某种共同体的特定关系中取得的，表现为封地、赏赐或某种"硬化"的财产；同时，土地所有权也总是直接或间接地与统治和服从的关系相联系。这些都使前资本主义社会的土地所有权总是带着"传统的附属物",不像在资本主义社会中那样获得纯粹的经济形态。① 正如马克思所说的,在前资本主义时代,"即使在土地成了私有财产的地方,它也仅仅在有限的意义上才是交换价值。"② 不错,在有些场合下私有地产是可以买卖的,如中国封建地主制下土地买卖相当频繁,这与前述情形有相当大的不同。但这种土地买卖仍然受到政治的、宗法的、社会的种种条件不同程度的制约,尤其是政治主权对土地所有权的转移与调节起着重大作用,因而这还不是土地私有权完全纯粹的经济形态。所以从总体看,作为农业主要生产资料的土地,在前资本主义时代的再生产中,或者没有卷入流通,或者虽卷入流通而有相当大的局限性。

农业生产要素中还有人的要素,即劳动者自身。在前资本主义农业中,物化劳动的投入是很有限的,生产的进行更多依靠活劳动的投入,也就是说,资本的技术构成低,因而在生产诸要素中活劳动显得格外重要。所以,劳动者在再生产过程中是如何再生产自己的,在很大程度上决定了这种经济的性质。在这方面,我们看到了两个明显的事实:第一,农业劳动者,无论是自耕农、佃农,还是农奴和奴隶,都不是他们劳动力的出卖者,也就是说,农业生产所需要的劳动力不是从流通领域取得,或者不是以流通为媒介的;第二,农业劳动者仍然通过各种方式与土地联结在一起,有的作为土地的附属物存在,有的通过对土地所有者的某种依附关系而占用土地,有的则直接是小块土地的所有者,在这种条件下,农业劳动者再生产自己的生活资料,一般而言,是通过在他们实际占有或实际使用的土地上劳动,通过与自然界发生的物质变换而取得的,也就是说,直接地或间接地"从自然界再生产自己"③。正是劳动力再生产的这种特点,从根本上规定了前资本主义农业的自然经济性质。

---

① 参见《资本论》第三卷,人民出版社 1975 年版,第 695—697 页。
② 《马克思恩格斯全集》第四十六卷下册,人民出版社 1980 年版,第 259 页。
③ 《马克思恩格斯全集》第四十六卷上册,人民出版社 1979 年版,第 103 页。

　　自耕农、佃农、农奴的情形很清楚，无须多说；只有奴隶的情形比较特殊，需要略作说明。当奴隶从事农业生产时，其自身再生产的生活资料一般也是他自己的劳动产品，但奴隶本身是奴隶主的财产，与工具、牲畜同列，他的劳动全部表现为无酬劳动，他的衣食表面上是主人给予的。为了从奴隶身上榨取尽可能多的劳动，奴隶主总是把奴隶的劳动强度增加到最高限度，而把奴隶的衣食供给减少到最低限度；奴隶劳动力的补充，主要不是依靠其自身的繁育，而是从外部取得，购买就是一个重要来源。因而奴隶劳动力的获取往往披着商品关系的外衣。但是资本家购买的是雇佣工人的劳动力（雇佣工人是其劳动力的所有者），这种购买要不断进行；奴隶主则是从奴隶贩子那里把奴隶一次购买下来，奴隶的人身连同其劳动力都是奴隶主的财产。而且，更为重要的是，奴隶商品的来源不是流通，而是掠夺。我们知道，古代希腊罗马已由"家长制的、以生产直接生活资料为目的的奴隶制度，转化为以生产剩余价值为目的的奴隶制度"①，商品生产是比较发达的，但正是在劳动者再生产方面反映了它与自然经济有着本质的联系。马克思说：

　　　　但是奴隶制度，只要它在农业、制造业、航运业等等方面是生产劳动的统治形式（就象在希腊各发达国家和罗马那样），也保存着一个自然经济的要素。奴隶市场本身是靠战争、海上掠夺等等才不断得到劳动力这一商品的，而这种掠夺又不是以流通过程作为媒介，而是要通过直接的肉体强制，对别人的劳动力实行实物占有。②

　　由此可见，奴隶劳动力的再生产实质上不是商品货币关系，而是一种掠夺和实物占有。马克思把奴隶制经济和封建制经济一起列

____

① 《资本论》第三卷，人民出版社1975年版，第371页。
② 《资本论》第二卷，人民出版社1975年版，第539页。

入自然经济范畴①，这应是重要原因之一。从中也可看出，马克思并非仅仅根据商品流通与商品生产之有无，来判定该经济是否属于自然经济性质的。

总之，前资本主义农业中生产诸要素、尤其是活劳动这一要素再生产自己的方式，表明流通并没有支配生产过程，使用价值生产仍占优势。因此，在前资本主义农业中，实物赋税和劳役比货币支付和货币税占优势。再生产中人与人的关系表现为统治与服从的关系、人身依附关系等，这虽然不同于原始共同体内部的互助协作关系，但也是以个人之间关系的自然形式表现出来，基本上没有被物（商品交换）的关系所掩盖。② 凡此种种，表明前资本主义农业基本上是一种自然经济。

在整个前资本主义时代，农业不但是国民经济的基础（这在资本主义和社会主义时代仍然如此），而且是人们的主要职业，农业人口在全国人口中占绝大多数。这个事实本身就标志着自然经济在整个经济中的优势。让我们再从社会分工的历史发展作些考察吧。最广义的农业即食物生产，是人类社会最古老、最基本的生产部门，在很长时期内，人类其他生产活动，如生产工具和生活用具的制造等，完全依附于农业，因此，在原始共同体内部也就不可能有交换。从这个意义上讲，农业天然地就是一种自给性生产。后来，一些非农业生产活动从农业中分离出来，于是才有了商品生产和共同体内部的交换。与农业不同，这些独立于农业的非农业部门（如各种手

---

① 例如，马克思指出："在古亚细亚的、古希腊罗马的等等生产方式下，产品变为商品、从而人作为商品生产者而存在的现象，处于从属地位。"（《资本论》第一卷，人民出版社1975年版，第96页）又说："甚至在最文明的古代，在希腊人和罗马人那里，货币的充分发展……只是在他们解体的时期。……例如，在罗马帝国，在它最发达的时期，实物税和实物租仍然是基础。那里，货币制度原来只是在军队中得到充分发展。它也从来没有掌握劳动的整个领域。"（《马克思恩格斯选集》第二卷，人民出版社1972年版，第105—106页）古罗马的大领地被认为是真正的自然经济（参见《资本论》第三卷，人民出版社1975年版，第886页），等等。可见在马克思看来，奴隶社会从总体看是属于自然经济范畴的。

② 从这些关系以土地所有权为基础看，也在一定程度上表现为物的关系，但不是商品交换关系。

工业）自始就和商品生产联系在一起（当然不应反过来说这些部门完全是商品生产）。自从社会上出现了商品生产和商品流通以后，完全闭关自守、与世隔绝的农业经济单位便难以存在。这就是说，农业中已不可避免地渗进了商品经济的因素；但由于农业劳动生产率还相当低，社会分工的发展程度极其有限，独立的手工业在社会经济中占的比重很小，许多非农业活动仍然依附于农业，农业仍然是以自给性生产为基础的。诚然，不同农业经济单位的自给程度（从另一方面说，就是与商品经济联系的程度）是有差别的，从而可以把它们划分为自给型、半自给型和交换型等不同类型①，但终前资本主义之世，自给型和半自给型农业经济单位总是占多数。自然经济之转化为商品经济，在某种意义上，就是农业的"非农业化"过程。这包含着两方面的意义。一方面是越来越多的生产活动从农业中独立出来，从而农业和农业人口比重下降，工业和工业人口比重上升并超过前者。列宁说：

> 因为在商品经济以前的时期，加工工业同采掘工业结合在一起，而后者是以农为主，所以，商品经济的发展就是一个个工业部门同农业分离。商品经济不大发达（或完全不发达）的国家的人口，几乎全是农业人口，然而不应该把这理解为居民只从事农业，因为这只是说，从事农业的居民自己进行农产品的加工，几乎没有交换和分工。因此商品经济发展的本身就意味着愈来愈多的人口同农业分离，就是说工业人口增加农业人口减少。②

另一方面是农业生产活动本身从自给生产向商品生产转化。这两个方面的发展是同步的，也就是说，农业生产变为商品生产的程度与农业生产相独立的非农业生产的发展程度是一致的，"因为农产

---

① 参见方行《封建社会的自然经济与商品经济》，《中国经济史研究》1988年第1期。
② 《列宁选集》第一卷，人民出版社1972年版，第163页。

品就是按照这个程度变成商品，变成交换价值和价值的"①。由此看来，农业在国民经济中的地位与比重本身，就可以作为衡量自然经济程度的标尺。以农业为主要生产部门的前资本主义社会，必然是自然经济占统治地位的社会。

一方面是商品经济出现并有一定发展，另一方面是自然经济仍占统治地位，这是前资本主义社会的二重性②；这种二重性，根源于个体经济（主要指小农经济）的二重性。

从人类社会生产力的发展看，原始社会是封闭式的集体生产，前资本主义是半封闭的或半开放的个体生产，资本主义是社会化的大生产。所谓个体生产，是指以个体家庭为单位基本上独立地完成农业或手工业生产的全过程。从历史发展的次序看，先有个体小农，后有个体手工业者，而且，凡是个体生产占优势的地方，个体小农总是个体生产的主体。个体生产的两重性主要表现为个体小农的两重性。为了行文的简便，我们撇开了个体小手工业者，以个体小农为主要考察对象。

有些同志往往把小农经济的出现当作封建制甚至是封建地主制的前提和标志，似乎奴隶制下是以集体农业劳动为主，这是一种误解。事实上，个体生产的可能性在原始社会末期即已出现，并成为导致私有制产生的最重要的生产力前提。原来只是一种婚姻形式的对偶家庭这时演变为具有独立经济的一夫一妻制家庭，它的出现成为文明时代开始的重要标志。无论奴隶社会还是封建社会的农业，主要都是由个体农民经营的。"希腊……土地也主要是由独立的农民耕种的；成为例外的，是贵族和部落首领的较大的田产，不过它们很快就消失了。在意大利，土地主要是由农民垦殖的；在罗马共和国末期，大田庄即大庄园排挤小农而代之以奴隶的时候，它们同时也以畜牧业代替了农业，而且象普林尼所已经知道的那样，使意大

---

① 《资本论》第三卷，人民出版社 1975 年版，第 719 页。
② 所谓二重性是指商品经济与自然经济的并存，若从决定事物性质的主导方面看，则前资本主义经济仍属自然经济范畴。

利趋于崩溃。在中世纪，农民的耕作在整个欧洲占支配地位（特别是在开垦荒地方面）。"①

有的同志认为，马克思讲的自然经济单位是拥有大片地产和众多劳力的大规模经营单位，并不包括个体农户在内，这又是一种误解。其实，无论马克思、恩格斯、列宁都谈到了个体农民的自然经济；在他们看来，个体农户不但可以成为而且在绝大多数场合必然成为自然经济单位的（当然，这不应理解为其自身生产与消费的完全一致）。例如，恩格斯谈到了自给自足的原始共产主义公社解体后出现的大小不等的家庭集团，"在自己的田地上生产他们所需要的几乎一切物品，只有一小部分必需品是用自己的剩余产品同外界交换来的"，这些"家庭或家庭集团基本上可以自给自足"。② 这是一种"自给自足的农民家庭的小生产和自然经济"。③ 恩格斯甚至把前资本主义时代的这种农民经济称为"农民自然经济的整个时期"④⑤。从个体经济的发生看，个体家庭是从自给自足的原始共同体中分化出来的，当时商品交换还处于初始阶段，个体家庭为了自身生产和生活的需要，不能不把原属原始共同体的一些基本经济职能负担起来，在农业以外还从事多种经营，实行耕、牧、纺、织、缝等的结合；而这种可能性的存在，正是个体家庭得以产生的前提。个体家庭从其诞生之日起，就在家庭内部按年龄性别实行分工，以便在此基础上从事自给性多种经营，这成为个体生产的重要标志。因此，可以说，自然经济是个体生产题中应有之义，或者说，小农经济天然地具有自然经济的性质。

这是就基本方面而言的。另外，由于个体家庭规模狭小，其产

---

① 《马克思恩格斯选集》第三卷，人民出版社1972年版，第216页。

② 《资本论》第三卷，人民出版社1975年版，第1016页。

③ 同上书，第1027页。

④ 同上书，第1016页。

⑤ 马克思多次提到自给自足的或以使用价值生产为目的的农民家庭（如《资本论》第一卷，第94—95页，《马克思恩格斯全集》第四十六卷上册，第471、475、477、481页），列宁也谈到俄国"农民的自然经济"和"以自然经济为主的宗法式农民"（《列宁选集》第一卷，第187、165页）。

品又不可能完全满足自身生产和生活的需要，这就使它有必要和外界进行交换。同时，在个体家庭经济的最初发展中已出现超出家庭自身需要的剩余产品，为社会分工与商品交换的发展提供了基础；而个体家庭的私有者资格，又使它有可能与外界进行商品交换。由此可见，小农经济与商品经济也有必然的联系。

以上两种经济成分的相互依存和相互斗争，推动着小农经济的发展变化。总的趋势是随着生产力的提高由比较严格的自给性生产向小商品生产转化。但不能说前资本主义时代的小农经济从总体上已经完成了这种转化。虽然从事小商品生产的小农已越来越多，但多数小农仍以自给性生产为主，不是完全意义上的小商品生产者。马克思在分析封建社会中拥有小块土地所有权的自耕农（这是小农经济的典型形态，最有可能发展为完全的小商品生产者），包括西欧封建社会后期大量存在的自耕农时指出，这种形态的存在，仍然是以农村人口在数量上占巨大优势，绝大多数农产品供生产者本人消费为前提。可见，终前资本主义之世，在小农经济占优势的条件下，自然经济总是占主要地位的。

三

以上分析也适合中国封建地主经济。自班固写《汉书·食货志》以"食货"概括国民经济起，"食货"就成为整个封建地主制时期的正统观念。"食谓农殖嘉谷可食之物，货谓布帛可衣，及金刀龟贝，所以分财布利通有无者也。二者，生民之本。""食"指生产，反映当时的社会生产以食物生产（农业）为主要内容，因而它必然是一种自然经济。"货"指流通，包括商品流通（以布帛为代表，布帛在一定时期也可充当实物货币）和货币流通，反映了流通在国民经济中的突出地位。以这二者为代表的经济，正是自然经济与商品经济的结合体。

但中国封建地主经济有自身的特点。它自春秋战国之际形成以来，商品经济就有了巨大发展。《史记·货殖列传》对此作了总结，遍及全国的商业繁荣的都市和商业网络，各色人等逐利求富的活动，脱颖而出富埒王侯的一批货殖家……在太史公笔下栩栩如生，堪称中外经济史的一篇奇文。这样的经济形势，这样的经济思想，可能在典型的自然经济条件下出现吗？

如果考察一下中国封建地主制下的再生产，不难发现，虽然自然经济仍占主要地位，但是，第一，流通已是物质资料再生产过程中的必要环节，第二，流通又是生产关系再生产过程中的必要环节。显然，这已是一种半开放的不完全的自然经济了。

经典作家描述的西欧中世纪（主要指它的早期）的典型封建领主制经济，是一种半封闭型的自然经济。其特点是农民所从事的基本上是自给性生产，产品自给有余的部分（满足自身需要并交纳地租后的剩余品）才转化为商品，也就是说，商品生产基本上不存在，或者说它"还只是在形成中"；与此相适应，商品流通独立于生产过程之外，农民的再生产基本上不依赖于市场。因而，虽然欧洲中世纪已有与自然经济并存的商品经济，但从当时基本的经济单位——农奴经济及建立在其上的领主经济的内部看，则很难说是自然经济与商品经济的结合体。中国春秋以前的封建领主制情况与此相似，战国以来的封建地主制则与此大相径庭。当时农业经营者再生产所需的生产资料和生活资料，已有或多或少的部分经常要从市场取得，因而他们除从事自给性生产外，还有部分用于交换的商品生产。如据战国初李悝的说法，当时一家五口的个体农户，每年生产 150 石粮，其中 45 石用于出卖，以获得货币来购买其他必需品。这部分产品之成为商品，出于交换的需要，农民进行生产前即应有所计算和安排，因而不同于自给有余的出卖，属于商品生产。李悝没有把农民家庭副业估计在内，是不全面的。地主制下农民有部分农副产品是为了交换而生产的，这是普遍现象。如果按自给生产和商品生产各占不同比例把农民划分为自给型、半自给型和交换型，那么，封建领主制下自给型农户（其自给部分包括其在领主庄园内取得的物质资料）占多数，封建地主制下则是半自给型农户占多数。与此相适应，农副产品的商品率也有较大提高。当时的商业资本虽然基本上仍是独立于生产过程之外，但流通已部分地进入生产领域，农民的再生产在一定程度上依赖于市场。战国以来的思想家一般都承认农工商"通功易事"的必要性，并认识到市场有促进农业生产的功能。① 由于农民经济与市场条件的联系。谷物和其他农副产品的价格对农业生产发展有着重要影响，"平粜"之类的经济政策遂应运而生。这些情况表明，在地主制下物质资料的再生产中，流通已是必要环节，与典型的自然经济确实有所不同。从存在部分商品生产和流通已部分进入生产过程看，封建地主制下的多数经济单位，已是自然经济与商品经济的结合体。

再看生产关系再生产的情况。在西欧中世纪典型领主制下，领主的土地是从上级领主的封授中得来的"职田"，是不能自由买卖的"硬化"的地产，农奴被束缚于土地上，人身隶属于领主，农奴与领主的身份都是世袭不变的。这样，农奴在其土地上从事自给性生产的同时，也就再生产着他与领主的关系；这种关系也是"硬化"的，在其再生产中流通基本上不起作用。中国春秋以前的封建领主制情况与此相似，战国以来的封建地主制则与此大相径庭。关键的一点是商品货币关系的发展突破了原来"田里不鬻"的格局，农民的份地可以买卖。虽然如前所述地主制下的土地买卖仍然有其局限性，但这毕竟是一个巨大的转变，并成为后来一切变化的起点和根源。与地权的流动性相适应，地主和农民的身份也不是固定不变的，农民可以上升为地主，地主也可能下降为农民。农民在物质资料再生产过程中再生产出他与地主的关系，这种关系的阶级实质虽然不变，但人事结构已非原封不动。在这种人事升降沉浮的生产关系再生产中，商品流通起着明显的作用。如果考察一下封建地主制的形成，问题就会更为清楚。在我国封建地主制下，地主并非直接从领主转

---

① 如《管子·侈靡》说："市者，劝也；劝者，所以起本事也。"

化而来，佃农也并非直接由农奴转化而来。封建领主制度在频繁的兼并战争中走向衰落，而在兼并斗争中获胜的领主也转化为推行新制度的封建政权的代表，原来的农奴（在井田制下，这种农奴系由原来农村公社社员转化而来）则转化为对封建国家保留有一定人身依附关系的自耕农；这些自耕农的分化则形成了地主和佃农。商品流通成为促进这一过程的有力杠杆。在农民经常与市场有一定联系的条件下，一部分农民可以通过商品交换积累财富、购买土地，另一部分农民则贫困破产，商人资本很快又介入其中，大大加快了这一分化过程。半开放式的自然经济为商人资本的活动提供了肥沃的土壤，商人的大量货币财富正是通过在流通领域剥削生产者和消费者（主要是小农）而积累起来的，而这些货币财富使他们有可能从农民手中购买大量土地，在商人盘剥下加速破产的自耕农则沦为他们的佃户。这是地主制生产关系形成和再生产的重要途径。这个过程与资本的原始积累有某些相似之处，虽然其前提和归宿都各不相同。从这个意义上讲，地主的每块地产都浸透了农民的血泪。司马迁说："以末致财，以本守之"，就是对上述情形的概括。这句话成为两千多年来封建地主制下人们恪守不渝的箴言；而"以末致财，以本守之"的事实，在这一箴言形成以前一定早已大量存在。汉武帝时，杨可告缗，没收商人土地，"大县数百顷，小县百余顷"（《汉书·食货志》），反映商人购买土地确是普遍的。秦汉时代"豪民地主"的主体（起码是主体的一部分）应是由商人转化而来的。以上情况说明，地主阶级的形式以商品流通的发展为其重要前提，而地主制生产关系的再生产也以流通为其媒介之一，这与典型的自然经济亦显然有别。从这个意义上说，我国封建地主经济也是自然经济和商品经济的结合体。

　　我国春秋战国以来冶铁技术的跃进、铁农具的普及、牛耕的推广，使农业生产力水平空前提高，为这一时期商品经济的蓬勃发展提供了物质基础。这是很清楚的，也是公认的。但我国封建地主制下商品经济之所以有较大发展，还与当时基层经济组织的内部结构及外部关系密切相关，从另一个角度说，也就是与地主制下小农经济的特点密切相关。如前所述，个体小农既孤立地从事自给性生产，又要与外界发生经济联系；而其自给的程度与方式（另外就是与外界发生经济联系的程度与方式）不但取决于自身的经济力量和结构（如耕织结合的不同方式），而且取决于其与外部，主要是地主经济之间的关系。这一点似乎容易被人忽视，现在就对此作一简略分析。

在西欧中世纪典型的封建领主制下，农奴经济与领主经济之间、农奴经济与农奴经济之间相互依赖，结合成一个封闭程度颇高的经济实体。例如，除了农奴经营的份地外，领主都有自营地，这些自营地是依靠农奴无偿劳动耕种的，而农奴也有某些需要一定程度上依赖于领主的手工作坊。当时实行三圃制，每块地的种植次序、播种与收获的日期，均为村社习惯所固定，休闲地和庄稼收获后的耕地就成了公共放牧地。农民生产生活所需的物质资料，相当部分从村社公有地上取得。在独立经营的个体农户之上的封建庄园也是一个经济实体，庄园有内部的劳动分工，有共同的经济生活。这是一种二元结构，一方面，个体农户从事农副结合的自给性生产；另一方面，他们不能自我满足的需要相当一部分可以从庄园内部的互助换工或物物交换中获得解决。因而使包括各个个体小农在内的整个封建庄园的自给自足程度大大提高。庄园与外界极少经济联系，几乎"没有商业往来和交换，用不着货币"。[1] 不过这是就最典型情况而言，一般情况下西欧封建领主制经济中流通是存在的；为了区别于没有流通的自然经济，我们把这种经济称为半封闭式的自然经济。上述特点又与村社组织的保存有关。本来，在罗马帝国时期原始公社已经解体，商品货币关系也较为发达。西欧中世纪的村社，很大程度上是日耳曼人引进的。外族的入侵使生产受到很大破坏，村社适应低下的生产力得以延续，封建庄园正是建立在村社躯体之上的。

---

① 《马克思恩格斯全集》第 21 卷，人民出版社 1965 年版，第 449 页。

看来，自然经济组织的封闭程度，是与带有或多或少原始性的公社（无论是否掺杂着依附农制关系或奴隶制关系）之是否存在及其原始性之保存程度正相关的。

我国春秋以前的封建领主制实行劳役地租制，农奴经济也与领主经济联结成半封闭的经济实体。除农奴的独立经济外，领主邑中也有共同的经济生活，有内部劳动分工。① 这种领地也是以农村公社组织为基础的；所谓井田制就是变了质的农村公社。一切社会关系都是凝固的、世袭相承的。农民分得数量相等或条件对等的份地，但同时被束缚其上，不得迁业。除了为官府或贵族直接服务的工商外，鲜见农村商品流通的记载。

春秋战国以后，地主制形成，情况为之大变，一切都"活"了起来。其基础和根源就是基层经济组织的变化，在某种意义上，亦即小农经济内外关系的变化。随着井田制的解体，在个体农户之上再也不存在一个半封闭的经济实体。就地主制的典型形态而言，佃农以交纳实物地租为条件从地主那里取得土地（有时还包括其他一些生产资料）的使用权，除此以外直接的经济联系就不多了。地主除了收租，并非都有自营经济；即使有自营经济，也不靠佃农服役，而是使用雇工或奴婢。因此，地主自营经济与佃农独立经济是"两张皮"，并不结成不可分离的经济整体。自耕农经济与地主经济之间更是这样。在个体农民之间，虽然存在经济上的互助，但不像领主制下的农民那样有统一的耕作制度和共有的经济成分（如西欧中世纪农村有村社公有地；农民份地即使已停止定期重分，在一定程度上也仍是公有的，这正是敞地制实行的前提），因而不是直接依存关

---

① 《逸周书·大聚》谈到周代的乡邑"兴弹相庸，耦耕俱耘。男女有婚，坟墓相连，民乃有亲。六畜有群，室屋既完，民乃归之。乡立巫医，具百药以备疾灾，畜百草以备五味。立勤人以职孤，立正长以顺幼，立职丧以恤死，立大葬以正同……山林薮泽，以攻其利；工匠役工，以攻其材；商贸趣市，以合其用……分地薄敛，农民归之。"可见建立在农村公社躯体之上的领主领地是存在着内部分工的自给自足经济单位。又据《盐铁论·水旱》载："古者千室之邑、百乘之家，陶冶工商，四民之求足以相更，故农民不离田亩而足乎田器，工人不斩伐而足乎陶冶，不耕田而足乎粟米。百姓各得其所而上无事焉。"这可以视为对领主领地内部劳动分工与自给自足生活的一种模糊的记忆。

系。我国封建地主制下农民也实行农副结合的自给性生产，就农户自身而言，其自给程度不一定都比领主制下的农奴差；但由于它上面不存在具有内部劳动分工和共同经济生活的经济实体，这些个体农户不能自我满足的需要就只能从市场求取解决。既要买进，就不能不有所出售，所以地主制下农民的农副产品，除满足自身需要外必须有用以交换者，即必须实行自给生产与商品生产的结合。一方面，与西欧封建领主制下封建庄园二元的自然经济结构相比，这是以家庭为本位的一元结构，这种结构虽然仍是自然经济性质，但对市场的依赖性比二元结构相对大些，从而成为半开放类型的不完全的自然经济。另一方面，比之封建领主制，地主制下农民有较大的经济独立性，有较多的经营自主权，他们对地主的人身依附和被束缚于土地的程度都较轻，甚至有相对的"变业"自由。这又为他们适应市场需要进行生产或把较多产品投入流通领域，提供了更大的可能性。

由此看来，地主制经济与商品经济确实有着本质联系。这不但应从前资本主义经济或封建经济的一般性去理解，而且应从中国封建地主制的特殊性去理解。这就是说，由于社会分工形式的二重性，由于个体生产（主要是小农经济）的二重性，中国封建地主制和世界各国前资本主义经济一样，是一种自然经济与商品经济并存的经济；同时，又由于中国封建地主制下生产力和社会分工的发展，由于地主制下基层经济组织内部结构与外部关系的变化，商品经济有较大的发展，它的基本经济单位已是自然经济与商品经济的结合体，流通已成为生产过程中的必要环节，从而表现出与典型封建领主制明显不同的特点。所谓地主制经济与商品经济的本质联系，主要应是从后面一种意义上说的。

应该说明，上文所说的西欧封建领主制，是指西欧中世纪早期典型的封建庄园制度。欧洲中世纪晚期，封建经济发生了很大变化，有些地方类似我国封建地主制，但又有不少不同之处。这种变化过程，不属本文探讨的范围。

　　中国封建地主制下商品经济有较大的发展，自然经济是否仍占主要地位？中国封建地主经济与自然经济是否也有本质的联系呢？答案也应该是肯定的。不错，流通已是地主制下物质资料和生产关系再生产的必要环节，但这还带有局部的性质。在物质资料再生产方面，许多生产要素、尤其是劳动力仍然没有卷入流通；价值规律对社会再生产过程中劳动在各部门的分配虽有一定影响，但不起决定作用。① 在生产关系再生产方面，通过政治特权（如封赐、强买等）获取土地仍然是地主阶级形成的重要途径。因此，从总体看，地主经济作为自我完成的再生产的自然经济的基本性质并没有改变。农业是主要生产部门，小农占人口绝大多数，实物地租仍是地主经济的主要剥削方式，再生产中人的关系没有被物的关系所掩盖，等等，也反映了自然经济在地主制经济中的统治地位。这些上文已经提及，这里不再重复，只作一些补充。

　　首先，对中国封建地主制下商品经济的发展程度要有正确的分析。当时农副产品进入流通领域的数量的确是很可观的，但它们有的并非商品生产的产品，有的甚至不是自给有余的产品；商品流通和商品生产的发展并非都是由生产力的提高所引起的。上文已经谈到，地主制下基层经济组织内部结构与外部关系的相对宽松给商品经济的发展提供了很大的余地，这种情形与特殊的自然条件和社会条件相结合，更导致了商品经济的"超常"发展。我国春秋战国以后农业生产水平确实有了较大的提高，但农业生产仍然很不稳定，这既根源于地主制下小农经济的脆弱和不稳定，又与我国农业生产的自然条件相当严峻有关。我国自古以来灾害频仍，农产量的年变化率很大，农民储粮手段又不足，以致出现丰年狗彘食人食、荒年道路有饿莩的现象。我国幅员广阔，各地自然条件差异很大，往往是此丰彼歉；因而产生地区间丰歉调剂的必要。农业又是季节性很强的生产，农民收获时可能有盈余，春耕夏耘时又会出现种食诸费

---

　　① 关于这个问题需另文讨论。

的匮乏（在封建剥削条件下经常如此），这又产生了季节间供需调剂的需要。由于基层经济组织内部结构与外部关系比较宽松，这种客观需要加强了农民对市场的依赖。我国封建地主制下国家对自耕农的赋役剥削、地主对佃农的地租剥削相当苛重，为了完纳租赋，为了保证再生产的继续进行，农民不得不勒紧裤腰带，压缩必要消费水平，尽量多向市场投放产品，为了应付燃眉之急，往往在收获刚刚结束就把产品（包括相当部分必要产品）贱价卖出，以后需要时再搞副业打短工换钱高价买回。这种挖肉补疮式的循环更增加了市场上的商品流通量。由于实行基本上是单一的谷物租，地主剥削得来的地租，也有相当数量转化为商品，以换取其他的消费品；而这部分商品并非商品生产的产物。上述自然条件与社会条件为商人资本和高利贷资本的活动提供了沃壤，而商人资本和高利贷资本的发展又使上述情形十倍地加剧。在租赋、高利贷、商人重重盘剥下的贫困农民缺乏足够的土地和其他生产资料，往往从改事需地较少而商品性较高的农副业生产（如园艺、经济作物、采猎、编织、纺织等）找出路，或者充当佣工，他们的口粮和其他必需品也就在更大程度上取给于市场。在破产的威胁和逐利的诱惑下，一批批农民甚至直接走上"弃本事末"的道路。以上这一切都给商品经济发展以强大刺激。但这种商品经济的发展不完全是反映了生产的进步，一定程度上毋宁说是生产不稳的结果，封建剥削的结果，以致出现这样的奇特现象：贫困农户对市场的依赖反而更大，社会经济发生危机时市场反而更加兴旺。商品经济的发展和社会生产的增长并非总是同步的（虽然有时是如此），有时甚至呈现负相关；商品经济的表面繁荣（这种繁荣主要表现在流通领域）同生产发展所达到的实际水平之间存在很大的差距。当封建剥削减轻或年成较好时，农民反而惜售农副产品，使"超常"的商品经济出现收缩的趋势，反映了地主制下的小农经济实质上没有脱离自然经济的轨道。

地主制下的商品经济不但基础相当薄弱，而且总是斩不断它与自然经济相联系的脐带。如前所述，封建地主制下多数农民与地主以经营自给性生产为主，但确实有些农民和地主经营的商品生产超过自给生产，这在封建社会晚期某些地区更为突出。不过深入观察即可发现，无论其商品生产如何发展，总要顽强地保持着或大或小的自给性生产的部分，并以自给生产作为商品生产的支撑和依托。所以，在这里价值规律的作用是很有限的，它受到了自然经济所决定的原则与机制的制约。举例来说，《管子·国蓄》中有这样的话："谷贵则万物必贱，谷贱则万物必贵。"这在商品经济统治的社会是不可想象的；但当时商品的主要来源是地主制下小农的农副产品，他们有自己独特的思想观念和行为方式。当粮食丰收时，谷价虽贱，农民有较多粮食可卖，收入足供所需，其副业生产可以收缩，或把较多产品留作自用，产品投放市场数量较少，故谷贱万物贵。当粮食歉收时，谷价虽贵，农民没有什么粮食可卖，收入不足抵偿其各项开支，甚至还要买进口粮，这样，只好增加副业生产，把较多产品投放市场，以弥补生计之缺，故谷贵万物贱。这说明在当时地主制下的小农经济，商品生产是自给生产的补充，副业生产是粮食生产的补充，其农副产品投放市场的多寡，主要不是取决于市场的需要，而是取决于自身的需要，即以足够换取自己不能生产的那部分物质资料和交纳贡赋为度，其副业生产规模及其产品投放市场的数量，则依据粮食生产满足上述要求的程度来调节。马克思曾经指出，自耕农生产的农副产品的价格经常低于其价值，因为其经营是为了直接生活的目的，经营界限不是资本的平均利润，而是"他在扣除实际的成本之后，付给自己的工资"，即补偿维持其生存的最低限度的需要。[①] 我国封建地主制下小农的情形也是如此。而且，只要他们经营的商品生产是以自给生产为依托的，是利用季节性的闲置劳动力和家庭辅助劳动力进行的，其产品的价格就不计算劳动力的消耗，也不计算生产资料中自给部分的成本！为了维持生存——这是自然经济的首要原则，只要产品的售价在抵偿货币支出的成本后略有盈

---

① 《资本论》第三卷，人民出版社1975年版，第908页。

余，他们的经营就会继续下去。这在商品经济占统治地位的社会也是不可想象的。① 由此可见，在地主制下的小农经济中，由自然经济所产生的思想观念、行为方式和活动机制，仍然起着决定性的作用。地主制经济与自然经济的本质联系，也在这里表现了出来。

从地主制下的基本经济单位看，一方面，商品生产已成为其经济不可缺少的组成部分；另一方面，这种商品生产又仍以自给性生产为基础和依托。一方面，流通已成为它再生产过程的必要环节，另一方面，流通还没有控制整个生产过程。一方面，价值规律已在一定程度上起作用；另一方面，它又受制于基于自然经济的原则和机制。我们不应强调其中一个方面而否定另一方面。因此，承认地主制经济与商品经济的本质联系，并不意味着否认自然经济仍占主要地位；承认地主制经济与自然经济的本质联系，也不意味着否定地主制下存在相对比较发达的商品经济。

从包含的经济成分看，地主制经济是商品经济与自然经济相结合的二重性经济；从其主导方面看，地主制经济仍然属于自然经济的范畴，但这已是一种不完全的自然经济。所谓不完全，是指其内部包容了商品经济成分，不同于典型的自然经济。但这并不意味着自然经济的解体或走向解体，而是自然经济的一种形式，一种类型。因为它所包容的商品经济成分，并没有破坏其自然经济的基础，反而加强了它的活力。

例如，马克思曾指出农业与家庭手工业的结合是自然经济的基础。在我国封建地主制下，由于小规模的精耕细作集约经营的发展，农业与家庭手工业的结合（更确切地讲是一种农副结合）有不断强化的趋势。虽则这种结合已不是完全的自给性生产，而是自给性生产与商品生产的结合，但自给性生产仍然是它的基础。农业和副业都各自包含了自给性生产和商品生产的部分，其具体比例因时因地而异，但一般而言谷物种植更多表现为自给性生产，家庭副业则更

---

① 参见魏金玉《封建经济·自然经济·商品经济》，《中国经济史研究》1988年第2期。

多表现为商品生产。由于有自给性生产为依托，从而生产出廉价的产品，提高了这种商品性家庭工副业的竞争能力和对市场的适应能力；又由于有商品生产作为自给性生产的补充，使这种以自给性生产为基础的小农经济的生命力大大增强。

地主制下与自然经济相结合的这种商品经济，有着浓厚的封建性。商品经济的繁荣主要表现在流通领域，流通独立于生产，商业凌驾于产业的前资本主义特点并没有根本改变。商人多从事买贱卖贵的投机性贩运贸易，通过剥削生产者和消费者获取几乎不受限制的高额利润。这种商业虽然也有促进工农业生产的作用，但在相当大的程度上是为统治者消费服务的，是向群集于城市的贵族、官僚、地主供应消费品的单向贸易。它又往往与官府勾结，以某种特权为依托，其积累的财富不是转化为产业资本，而是用于购买土地，从事地租剥削，形成官僚、商人、地主一体化。总之，它主要是服务于封建经济的。

中国封建地主制下商品经济有较大的发展，这是事实，但更重要的事实是这种商品经济迟迟没有导致资本主义生产方式的建立。这是值得我们深思的。为何如此？这和地主制下的商品经济为何总是斩不断它与自然经济相联系的脐带这个问题是一致的。关键是农业劳动生产率的低下，而其原因又要找到地主制下小农经济的特点之上。我国封建地主制下以小农经济为主要经营方式的农业，确立和加强了精耕细作的传统，土地利用率和单位面积产量相当高，曾经哺育了众多的人口。生产力的这种发展，加之小农经济的独立性较强和生态环境比较宽松，有利于商品经济的发展。但地主制下小农经营的规模越来越小，劳动生产率提高缓慢，后来还呈现下降趋势。如唐代以后每个农业劳动力每年平均生产粮食数量逐渐减少，清代尤为明显。在这里，我们不去探讨这种特点形成的原因，只是要指出它对商品经济发展的极大制约。在农业劳动生产率低和农业生产不稳定的条件下，从事商品生产的农民和地主，难以获得商品粮和其他物资长期的、充足的、稳定的供应，为了维持起码的生存需要或提高其经济的保险系数，为了在自然风险（如灾荒）和社会风险（如战争）出现时能立于不败之地，他们总是不肯放弃或大或小的自给性生产部分。即使条件顺利时暂时削弱了自给性生产，一旦形势变化又马上由商品生产向自给性生产回归。甚至有些商人也要从事自给性的农业生产，或者转向地租剥削。商业资本之向土地回流，重新纳入自然经济的轨道，不能不说与此有关。

总之，在中国封建地主制的发展中，我们看到了两种因素起着方向相反的作用。一方面较高的生产力和较为宽松的经济结构使商品经济有较大的活动余地，另一方面劳动生产率的低下又从根本上限制了它向新的高度发展。在各种条件配合下，地主制下的商品经济表面很繁荣，实际水平却不高，商品流通在一定程度上脱离了它的生产基础。鸟儿凭着空气浮力展翅飞翔，但它飞得再高也离不开地球表面的大气层，因为地心引力起着相反的作用。地主制下的商品经济凭借各种条件获得长足的发展，但它再发展也不能从根本上脱离封建经济的轨道，因为低下的劳动生产率在限制着它。中国封建社会商品经济迟迟没有引导到资本主义生产方式的建立，症结殆于在此。当然，这一切的最终根源，还是封建地主制。

今天，在社会主义现代化建设中，我们仍然面临着发展社会主义商品生产的巨大任务，尤其是要使自给半自给的农业向商品性农业转化。在这一过程中，我们不但要反对形形色色的自然经济观念，而且要警惕和抵制商品经济中封建性的表现；我们不但要理顺流通领域中的各种关系，而且更要切实地在发展生产提高劳动生产率上下功夫。这算是我们考察地主制下的商品经济与自然经济所得到的一点启示吧！

（原载《中国经济史研究》1988 年第 3 期）

关于地主制经济发展机制和
历史作用的思考

一　问题的提出

讨论地主制经济的机制和作用，可以把地主制经济区分为三个层次：一是地主自身的或自营的经济，可称为"地主经济"；二是地主经济与佃农经济相结合的经济，可称为"地主制经济"；三是包括地主经济、农民经济和国家经济这三种相互依存的主要经济成分的经济体系，可称为"地主制经济体系"，或广义的地主制经济。我们把战国以后的封建经济称作地主制类型的经济，主要就是指地主制经济体系而言的。

为什么要提出地主制经济体系的问题呢？在对战国以后社会经济性质认识的各种理论观点中，"地主经济论"是主流观点，但它受到了"市场经济论"和"权力经济论"的挑战。这种来自不同方向的挑战有一个共同的论据，就是中国封建社会存在大量的自耕农，在有的时期、有的地区甚至占了主要地位，这样的社会还能叫作地主制社会吗？我认为，地主经济论的观点基本是正确的，应该坚持，但也要对这种理论进行反思和某些修正。应该看到，我们过去在研究地主制经济时，对与之不可分离的农民经济和国家的地位与作用是注意不够的。就土地所有制而言，战国以后存在三类相互抵注的土地类型，形成三类相互依存的经济成分，这就是地主经济、农民经济和国家经济。农民经济（这里主要指自耕农经济）始终是和地主经济并存的。国家除了始终保留或多或少的国营农牧业和工商业成分外，还对社会经济进行管理和干预。由此构成了"三加一"的动态的体系。我们应该如实地把（广义的）地主制经济理解为这样的一个经济体系，这样可能会比较好地揭示地主制经济的发展机制。我们试从以下两个方面进行一些分析。

二 从地主阶级的产生和更新看地主制经济体系

地主土地所有制区别于领主土地所有制的主要特点，一是民间土地买卖，二是庶民可以成为地主，三是土地所有权和政治统治权的分离，三者是不可分割的。但这种庶民地主是怎样产生的呢？主要是两个方面作用的结果。一方面，随着生产力的发展，农民经济独立性加强，份地私有化，以致民间土地买卖逐步发展起来，农民中发生剧烈的贫富分化，在这个基础上产生了庶民地主。另一方面，在贵族的激烈斗争中，产生了集权制的封建政权，剥夺了旧贵族的政治特权，把原来隶属于领主的农奴变成国家的编户齐民，促使土地所有权和政治统治权相分离。从战国秦汉的情况看，庶民地主主要包括四个部分，一是力田致富的，二是经商致富的，三是士人地主，四是旧贵族转化而来的地主。第一部分主要是从农民分化中产生的，第二、第三部分也有相当部分是从农民中产生的。实际上历代的庶民地主中都有一部分是农民"力农"致富产生的。农民不但可以分化出庶民地主，而且可以产生身份性地主。所谓"朝为田舍郎，暮登天子堂"，当然这只是个别现象。所以相当数量的自耕农的存在，不但是维持中央集权的封建国家生存的需要，而且是地主阶级，或者说是地主制生产关系和再生产的必要前提之一。

中国封建地主制下的地主阶级和农民阶级都不是凝固的。就其成分而言，是相互转化、不断变动的。中国封建地主制下的地主阶级之所以能够比较长久地保持其活力，是因为它具有某种吐故纳新或自我更新的机制。给地主阶级补充新鲜血液的，在地主制经济体系内部主要是农民，在地主制经济体系外部主要是少数民族。一个体系内部完全是同质的东西，是很难发展的，如果包含了不同质的乃至异质的东西，它的发展就有了内在的动力。农民经济，尤其是自耕农经济，一方面构成地主制经济体系中的一部分，另一方面对于地主经济或封建经济来说，它又是一种不同质的或异质的成分；正是由于这种异质成分的存在，使地主制经济增添了活力。

至于国家政权在地主阶级更新中的作用，也是巨大而明显的，这里就不多说了。

三　从剥削方式的发展变化看地主制经济体系

庶民地主产生以后，可能采取而且实际上采取的经营方式或剥削方式主要有三种：一是使用奴隶，二是使用雇工，三是使用佃农，即采取租佃制经营方式。这三种方式战国时代都已经产生了，到了西汉中期以后，租佃制已经明显地占了优势。而从秦汉到魏晋南北朝，租佃关系的发展，基本上是与依附关系的发展同步的。为什么会出现这种情况？

从农民方面看，战国秦汉农民剧烈分化，破产农民的出路，或卖身为奴，或当雇工，或当佃农。战国以后，奴隶制的成分确实有一个很大的发展（春秋以前主要是俘虏奴隶，春秋战国以后随着旧的共同体的瓦解，债务奴隶迅速发展起来，罪犯奴隶也有不少数量），奴隶问题一度成为非常严重的社会问题。但奴隶制始终没有成为占主导地位的生产关系，为什么？农民对这种发展趋势的反抗，政府对这种发展趋势的制止，都是重要的原因，但还有一个更为深层的原因。中国自春秋战国以来农业生产形成精耕细作的传统。精耕细作是发挥人的主观能动性，利用自然条件有利方面克服其不利方面的一种巧妙的农艺；它是我国农民在长期农业实践中的伟大创造。这种精耕细作的农艺，讲究因时、因地、因物制宜，要求劳动者有较大的经济自主权和较高的生产主动性。在主人的皮鞭下劳动的奴隶是不可能精耕细作的。在精耕细作已经出现的条件下，农业上使用奴隶，生产效率低，监督费用高，是没前途的。佃农，哪怕是依附性佃农，仍然保留其经济的独立性，仍然有相当的生产自主权，仍然有独立发展的余地，农民是比较愿意接受的，也比较有利于生产的发展。这就是租佃关系被人们所接受，获得发展，并最终战胜其他方式取得主导地位的根本原因。

早期的租佃关系，看不出有严格的人身依附色彩；扩大一点说，井田制和领主制瓦解后的一段相当长的时间内，人身依附关系不是趋向强化而是趋向松弛的。这和原来的有机共同体的解体有关。但西汉中期以后，尤其是东汉以后，依附性佃农，以至整个地说劳动者的人身依附关系在迅速发展。重要原因之一是生产力的性质发生了某种变化。战国至西汉中期，个体小农虽然是当时的主要生产单位，但牛耕尚未普及，个体小农所使用的主要是铁锄、铁锸等小型铁农具，这种小农经济还是比较脆弱的。黄河流域牛耕的普及是从西汉中期"耦犁"的推广开始的。许多个体小农没有足够的力量使用"二牛抬杠"式的耦犁。耦犁的推广引起生产单位扩大的趋向，导致豪强势力的发展（豪强势力发展的另一经济背景是西汉中期以后陂塘水利的发展，因为陂塘是单个小农家庭无法修建的，修建或掌握了某个陂塘的豪强地主往往同时控制了整个灌区），在这种情况下，相当一部分经济力量薄弱的小农不得不依附于豪强地主。这可能是西汉中期以后依附关系强化的深层经济原因。

依附性佃农的发展，还与国家政策，与国家处理它和地主、农民关系的方式有关。在封建地主制下，国家主要通过户籍制度控制农民，目的是迫使农民提供赋役。当时土地税很轻，属于人头税范畴的赋役很重。这种政策有利于地主而不利于农民。破产农民仍然在政府户籍控制之下，如果他们给本地地主当佃农，虽然不用交纳田租，但仍然要负担苛重的赋役，这是破产农民所无法负担的，在这种情况下，只有逃亡一途。逃亡在外地，脱离了政府户口控制的农民，有一部分托庇于异地的豪富，成为他们的依附性佃农。这对农民来说，是一种合理的选择。所以，这种依附性佃农相当大程度上是在流亡外地的人口中发展起来的，在很长时期内，佃农被习惯性地称为"客"，我想，原因是在这里。在本地，依附性佃农后来也在宗族关系的掩盖下逐步发展起来。

从上述分析看，依附性租佃关系发展的前提是以生产力发展为基础的地主经济力量和政治势力的壮大，但同时确实与政府"为渊驱鱼、为丛驱雀"的政策有关。也就是说，这个时期依附性租佃关系的发展，是有其历史合理性和必然性的。到了魏晋南北朝，在长期战乱和人口大迁移的环境里，建立在对依附人口的控制和剥削基础上的世家豪族地主经济，对南方的开发，对北方农业经济的维持和延续，显然是有积极作用的。但这种依附性租佃关系在政府看来是不合法的。魏晋南北朝时期，这种依附关系或私属关系获得部分的合法性，但始终没有获得完全的合法性。所谓"土断""括户"，以至屯田制、占田课田制、均田制等，从某种意义上看，都是政府与地主争夺对劳动人手的控制。但由于政府实行"以身丁为本"的赋役政策，矛盾始终没有解决。直到中唐以后，封建国家的政策作了较大的调整，赋税改"以资产为宗"，土地税比重增加，人头税比重下降，国家的户籍制度也有较大变化，区分了主户和客户。地主、国家、小农的关系也相应地有了较大的调整，封建地主制经济才进入了一个新的发展阶段。

以上分析表明，地主经济是和农民经济、国家经济及其职能不可分割地联系在一起的。只有把它们看作相互联系的统一的经济体系，才能更好地揭示其发展机制。

四　对地主制经济体系的评价问题

评价应该有个标准。根本标准是促进还是束缚生产力的发展。而衡量发展还是不发展，我同意吴承明先生以资源配置的优劣作为衡量标准的观点；但认为在这个标准中，不应该排除劳动生产率的内容。也就是说，应该全面地、综合地考察，其中劳动生产率仍然是十分重要的指标。对地主制经济发展的不同阶段应予以区别，在地主制经济发展的不同时期，应该采用不同的参照系。封建地主制前期，它比起封建领主制来说，显然是进步的，因为它创造了比封建领主经济高得多的劳动生产率。但到了封建社会后期，尤其是当世界上已经出现新的资本主义因素或成分以后，就不应该仍然以中国的或是西欧的封建领主制作为参照系。明清时代，封建地主制仍然有某种自我调节的能力，商品经济也出现某种程度的活跃，地主制经济还没有达到它自身的"天然终点"。但明清时代生产工具没有改进，这是很明显的。劳动生产率是停滞、倒退还是发展，值得研究。从人均占有粮食看，是下降的趋势；但这不全面，应把多种经营计算进去。现在还没有看到有说服力的数据分析。从生产工具的落后，生产规模的狭小，生产力没有发生什么质的变化看，即使把某些地方资源配置优化的因素考虑进去，劳动生产率如果不是停滞的话，也很难说有什么大的发展。明清时代，中国逐渐落后于世界的潮流，恐怕是不争的事实，应该说，地主制经济制度对新的生产力和新的制度的诞生和发展已经起了某种程度的阻碍作用。我们通常说地主制经济具有较大的"活力"或"适应性"，也包含了两重性，一方面，它可以容纳生产力和商品经济较大程度的发展；另一方面，它又束缚了新的因素的成长，延缓了旧制度的灭亡。

我们还可以从另一个角度来作一些考察。在封建地主制经济下，由于主要实行租佃制的经营方式和有大量的自耕农存在，农民生产可以提供的剩余数量是比较可观的，长期实行"见税什五"的地租率就是一个证明。新中国成立初期，农业生产的技术基础没有变化，我国启动工业化的资金主要依靠农业的积累，这从一个侧面说明在旧制度下达到的生产力水平和所能够提供的剩余，是可以提供启动近代化过程或制度创新过程的某种基础的。但这种剩余，在地主制社会中，以地租和赋税的形式集中到地主及其国家的手中，直接生产者（农民、佃农）的生活一般是困苦的，使他们生产积极性和再生产的规模受到很大的限制；而集中在地主及国家手中的资金，虽然也有部分用于垦荒、兴修水利和社会保障等方面，但总的看来，奢侈性消费占很大比重，大部分并没有被用于社会扩大再生产，因而，也就没有能够转化为促使国家进入近代化的启动力量。

（原载《中国史研究》1998 年第 3 期）

中国"封建"概念的演变和
"封建地主制"理论的形成

引言:问题的提出

本文所要讨论的"封建地主制"(或称"地主经济封建制")是指封建社会形态中的一种类型,这种类型既区别于中国战国以前的封建领主制(或把战国以前定性为奴隶制),也区别于西欧中世纪的封建领主制。

"封建地主制"理论是与对战国秦汉以后至鸦片战争以前这一历史阶段社会经济性质的认识联系在一起的。战国秦汉至鸦片战争是中国历史上十分重要的一个时代,把它放到世界历史发展的大潮中看,它显得很有特色,似乎与众不同。对这段历史如何认识,如何定性,颇费历史学家踌躇。早在20世纪20—30年代,就有人称为"中国社会形态发展史中之谜的时代"。① "封建地主制"是20世纪30年代学界对该时代诸多定性中的一种,经过长期的研究和讨论,它为越来越多的学者所认同,以至成为中国学术界关于战国以后的社会性质的主流观点。

20世纪70年代末以来,人们反思以往的研究,对传统经济,尤其是战国以后至鸦片战争以前社会经济性质进行再认识,提出了形形色色的理论观点。据我的考察和概括,其荦荦大者,除"地主经

---

① 王礼锡:《中国社会形态发展史中之谜的时代》,《读书杂志·中国社会史的论战》(以下简称《中国社会史的论战》)第3辑。

济论"以外，还有"权力经济论"和"市场经济论"。① 近年来，"地主经济论"这一主流观点，一再受到"权力经济论"者和"市场经济论"者的质疑和批评，其中有的是点名与我商榷的。②

　　作为一个"地主经济论"的信奉者，我觉得有必要、有责任回答这些质疑和批评，同时根据学科研究的新进展，对"封建地主制"的理论做出某些修正和补充。

　　现在，封建地主制理论又遇到更为根本性的挑战。近年来，中国学术界出现一股越来越大的声浪，否定中国历史上曾经存在过封建社会，尤其是不承认战国秦汉以后的中国为封建社会。他们说，西欧的封建（feudalism）和中国古代的"封建"是根本不同的，认定中国古代存在西欧式的封建社会，是把马克思主义社会形态的学说（五阶段论）硬套到中国历史上的结果；这是中国古史研究中最大的"荒谬"和"尴尬"，云云。如果连封建社会都不存在，封建地主制就更是无从谈起。

　　也正因这样，我们对中国封建地主制的讨论，不能不从在中国历史研究中使用"封建""封建社会""封建制度"的概念是否科学谈起。本文着重于学术史的回顾，首先分析"封建"概念的古今演变，其次评述中国社会史论战中秦以后是否封建社会之争，梳理"封建地主制"理论形成的过程，最后回答质疑者提出的部分问题。至于应该如何认识地主经济体系及其运行机制，在新的形势下应对封建地主制理论作些什么补充和修正，只好留待另文阐述了。

一　从古代"封建"到近世"feudalism"概念的引入

（一）中国古代的"封建"

中国古代"封建"的原始意义是封土建制、封邦建国，大规模

---

① 李根蟠：《中国封建经济史若干理论观点的逻辑关系及其得失浅议》，《中国经济史研究》1997 年第 3 期。

② 例如，《中国社会经济史研究》2003 年第 2 期刊登美籍华裔学者赵冈《试论地主的主导力》一文。

"封建"的事实发生在西周建国初年。

甲骨文中已有"封"字,是在土堆上种树的象形,它是土地疆界的一种标志。帝王要在其统治范围内或势力范围内建立诸侯国,首先要确定它的疆界,设置"封"作为标志,并建立某种法规,这就是所谓"封建",也可以单称"封"或"建"。① 或谓殷代已有"封建",根据尚嫌不足②,且殷代没有出现需要普遍实行"封建"的客观情势。盖周族以僻处西陲的蕞尔小国灭掉"大邑商",如何统治这幅员广阔的土地,成为十分棘手的问题,分封制度由此应运而生。分封的用意,是让亲戚子弟率领族人到各地建立武装的据点,以此为依托控制各个地区,并从而形成拱卫宗周的态势。《左传·僖公二十四年》:"昔周公吊二叔之不咸,故封建亲戚以蕃屏周。"讲的就是这一事实。诸侯从周天子那里取得土地和人民,即拥有相对独立的土地领有权和政治统治权,同时要向周王室提供贡赋,形成某种统属关系。诸侯又对其统属下的亲戚子弟进行分封,《左传·桓公二年》所谓"天子建国,诸侯立家,卿置侧室,大夫有贰宗,士有隶子弟,庶人、工商各有分亲,皆有等衰"。从周天子到诸侯卿大夫士,形成以宗法制维系的等级体系,君临广大被占领地区人民之上。大规模的"封建"完成于西周成、康之世,以后只有零星实行者,但"封建"所形成的一整套制度延续到春秋以至战国。

封建制度于春秋战国之际开始逐步瓦解,秦统一全面实行郡县制,取代西周以来的封建制。

"封建"的事实虽然发生在西周,但明确用"封建"一词表述

---

① 《周礼·封人》:"掌诏王之社,为畿封而树之。凡封国,设其社稷之壝,封其四疆;造都邑之封域者亦如之。"《说文》:"封,爵诸侯之土也。"《一切经音义》卷 23 引《声类》:"建国以土地曰封。""建",《说文》谓"立朝律也",即建立法规,也意味着某种国家政权的建立。按:《鲁颂·閟宫》:"王曰叔父,建尔元子,俾侯于鲁。大启尔宇,为周室辅。"这里的"建"就是建立侯国的意思。

② 胡厚宣:《殷代封建制度考》,《甲骨学商史论丛(初集)》,齐鲁大学国学研究所专刊之一,1944 年出版。陈中凡在《殷商社会史之商榷——读胡著〈甲骨学商史论丛(初集)〉质疑》(《新中华》复刊号,1946 年 3 月)一文中对胡氏的观点提出批评。

它则是春秋时代的事情。① 实际上，终先秦之世，"封建"一词是很少使用的。倒是秦汉以后，有了郡县制作为它的对立物，"封建"的特点才凸显出来，该词出现的频率也增加了。关于封建制和郡县制孰优孰劣的争论，从秦汉到明清迄未停止。在这一争论中，来源于西周的"封邦建国"的"封建"这一概念，已经发生了某些微妙的变化——它的内涵被拓宽了。就拿柳宗元著名的《封建论》来说，虽然也谈到西周"裂土田而瓜分之"的事实，但柳宗元心目中的"封建"，主要是指人类原初时代为了消弭共同体内部纷争、以应对外部自然界威胁而自然形成的君长权力。古圣王只是不得已而承认这种现实。所以他说："彼封建者，更古圣王尧、舜、禹、汤、文、武而莫能去之。盖非不欲去之也，势不可也。势之来，其生人之初乎？不初，无以有封建。""故封建非圣人意也，势也。"他把"封建"的出现看成是客观情势所使然，而不是圣人主观意志的产物，就这一点来说，是一种唯物的观点；但他所理解的"封建"与西周自上而下的"封建"，显然是有区别的。②

　　柳宗元的这种观念，并非凭空产生。战国秦汉时代的人们追溯和考察远古历史的时候，往往按照离他们比较近的西周春秋的历史模式去理解它，从而把当时存在的某种"联盟"的关系视为西周那样的统一"王朝"，把作为联盟首领的"共主"当作"王朝"的"君主"，把星罗棋布的部落方国比附成西周春秋时代分封的"诸侯"。例如，《史记·五帝本纪》："黄帝之时，神农氏世衰，诸侯相侵伐"，黄帝打败蚩尤以后，"诸侯咸尊轩辕为天子"，于是黄帝"置左右大监，监于万国"；《史记·夏本纪》："禹……即天子位……封皋陶之后于英六"，等等。西周的"封建"造就了许多国中之国，而有些"诸侯"又确实是原有方国部落的归顺者。远古时代松散联

---

　　① 上引《左传·僖公二十四年》载春秋时人富辰语。又，《诗经·商颂·殷武》："命于下国，封建厥福。""封"训"大"。这里的"封建"，不同于作为一种制度的"封建"。

　　② 西周的"封建"是自上而下地把土地和人民分封给原来没有土地的亲戚臣属，所以《礼记·乐记》注说："封谓故无土地者也。"《公羊传·隐公元年》注说："无土建国曰封。"这与原来就管辖一定的土地和人民的方国部落显然是不同的。

盟和方国林立的状态在某些方面与西周相似，在当时人们的认识水平下，把它与"封建"联系就是很自然的事情了。[①]

魏晋以降，封爵而不治民的制度也开始沿用"封建"之名。如《三国志》卷20《魏书·武文世王公传》："魏氏王公，既徒有国土之名，而无社稷之实……"南朝宋裴松之注引《袁子》（按：指晋人袁准所著《正论》）曰："魏兴，承大乱之后，民人损减，不可则以古（始）〔治〕。于是封建侯王，皆使寄地空名，而无其实。"《三国志》卷19《魏书·陈思王植传》注引东晋孙盛也说："异哉，魏氏之封建也！不度先王之典，不思藩屏之术，违敦穆之风，背维城之义。"《晋书》卷23《乐志下》谓改古乐曲《有所思》为《惟庸蜀》，系"言文帝既平万乘之蜀，封建万国，复五等之爵也。"

宋元时代，李昉等辑《太平御览》设"封建部"5卷。继之，马端临写《文献通考》设"封建考"18卷，一方面把"封建"从西周追溯到黄帝时代，另一方面又把秦汉至唐宋封爵而不治民（或曰"封"而不"建"）的制度也囊括其中。马氏开创的这一体例为《续文献通考》《清文献通考》《续清文献通考》所继承。在《通考》的这个系统中，先秦的"封建"可称为狭义的"封建"，它虽然包括了西周的"封建"，而且是在西周"封建"的基础上推衍出来的，但两者毕竟不同；广义的"封建"则包括先秦的"封建"和秦汉以后的"封建"。马端临等人并没有把秦汉以后的分封王侯等同于先秦的"封建"，但他们确实把中国古代"封建"的概念拓宽了。

由此可见，中国古代的"封建"虽然起源于西周的"爵土建

---

① 侯外庐认为"'封国'非封建制度"。"封建亲戚以蕃王室的说法，是战国时代造作出来的……在战国末年儒家改编《国语》所凑成的《左传》才把周代封建的制度有源有本地描画出来，到了汉代，儒家更把封建制度造作到三代，一直推到黄帝。"（侯外庐：《中国古代社会史论》，河北教育出版社2000年版，第139—140页。）从《诗》《书》等文献看，西周时已有"封建"的事实不应怀疑，但侯外庐认为汉代"儒家更把封建制度造作到三代，一直推到黄帝"，则基本上是事实。

制",并以此为基础,但这一概念的内涵是历史地发展变化着的。黄帝、唐虞、三代的"封建"已经与西周的"封建"有所不同,更遑论《通考》系统那种广义的"封建"了。不过,不管是狭义的还是广义的"封建",它们指的都是一种政治制度。

(二)西欧的 feudalism 和"封建"与 feudalism 的对译

"封建"一词内涵之变化,至近代而益显。中国近代以来流行的"封建"概念,虽与古代的"封建"存在某种渊源关系,但内涵已大不一样,它基本上是来自西欧"feudalism"的意译,并在这个基础上发展的。

在西欧,后来被译为"封建"的"feudalism"这一概念,也是历史地变化着的。它原来是用以指称西欧中世纪的某种制度,但它并非流行于中世纪,而是西方近代学者所使用的概念。在中世纪欧洲,"feudalism"所指的内容实际上只是某些地区零碎存在,且都集中在早期。从 16 世纪开始,欧洲法学家对它进行研究,其着眼点主要是一种封土之律(Libri Feudorum)及其所反映的国王和封臣之间的权利义务关系。直到 18 世纪的西方学者仍视封建为一种法律制度。19 世纪,西方学术界从经济、政治、社会、法律等角度对封建的各个方面如封君封臣关系、封土制度、庄园农奴、农村公社、封建城市等进行研究,做出了许多概括,并以"feudalism"一词指称封建制度。这样,"feudalism"就不光是指一种法律制度,其含义已扩展为一种社会制度或社会形态;不过,当时史学家对封建主义、封建制度仍多从政治、法律方面认识和讨论。到19 世纪中期,马克思、恩格斯创立了历史唯物主义,在他们的理论体系中,"封建"是人类历史上依次递嬗的几种社会形态之一。他们把封建社会理解为一种生产方式、理解为特定的生产力与生产关系、经济基础与上层建筑的统一体,并着重从经济基础、所有制、生产关系来把握其特征。这些理论不断得到学术界的认同并有所发展。20 世纪 30 年代末,马克·布洛克写的集当时研究之大成的《封建社会》一书,就深受唯物史观的影响。正如马克教授指出的，西方"封建"概念的内涵经历了由法律政治制度到社会或社会形态的变化。① 当"封建"用以指称某种社会的时候，这个概念已经具备了某种普遍的品性，可以用它来研究世界各地类似的社会和类似的历史，而不光局限在西欧一地，于是有东欧的封建社会、亚洲的封建社会、非洲的封建社会等。当然，西方学术界的认识也并不是统一的，把封建理解为中世纪西欧的一种特殊的政治法律制度的仍大有人在。

总之，我们应该用发展的眼光看待欧洲学者"feudalism"（"封建"）这一概念，马克思主义的"封建"观是在继承以往学界积极的认识成果基础上的创新。其实，即使是马克思主义的"封建"观也是历史地发展着的。② 欧洲的这种"封建"概念和理论传到中国后，不能不引起中国固有的"封建"概念的巨大变化。

鸦片战争以前的中国是封闭的，以自我为中心，人们观察历史时只是把当今与往古比较，而且往往着眼于政治制度。鸦片战争打开了中国的国门，中国开始正视外部强大的西方世界，开始拿中国历史与西方比较，开始吸收西方的历史观念。西方"feudalism"的概念就是在这种比较中引进的，从而给中国古老的词汇——"封建"赋予全新的内涵。

最先提出中国和西方都经历"封建时代"的是新史学的先驱者梁启超。1899 年，梁启超提出中国与欧洲的国体都依次经历了家族时代、酋长时代和封建时代；中国周代和欧洲希腊的国体相同点最多，都是封建时代与贵族政治、列国分立。③ 梁氏这里所说

---

① 马克垚：《中西封建社会比较研究·导言》，学林出版社 1997 年版。
② 晁福林在《论封建》一文中指出："就马克思主义理论本身来说，关于封建主义的理论也有一个发展的过程，在上个世纪，西方学者关于'封建'的概念主要指一种政治、法律制度，核心是指封君与臣属的人身依附关系，马克思和恩格斯也受了这种观点的影响，所以在他们关于'封建'的理论中有许多是在强调这种属于政治的法律的人身依附关系，但是又在许多地方，从经济学的角度强调封建的生产关系、封建的土地关系，这是我们在研究关于封建问题时所应当注意的。"（《社会科学战线》2000 年第 2 期）
③ 梁启超：《论中国与欧洲国体异同》，《清议报》第 17、第 26 册（1899 年 6 月 8 日、9 月 5 日）；参见何怀宏《世袭社会》，生活·读书·新知三联书店 1996 年版。

的"封建"仍然是中国古代（西周）的"封建"，而不是西欧中世纪的"feudalism"；但这里的"封建"已经不是单纯的政治制度，而是作为时代标志的"国体"，在认识上包含了某种突破的意义。

据现在掌握的资料，最早把西欧"feudalism"译为"封建"的是日本学者，而最早运用"feudalism—封建"这一概念分析中国社会的则是严复。1901年严复翻译出版亚当·斯密的《国民财富的性质和原因的研究》（译名为《原富》），译feudalism为"拂特之制"，这是音译。1903年年底翻译出版爱德华·甄克思《政治制度史》（译名为《社会通诠》），则进一步把"feudalism"译为"封建"。严复是否沿用日本人的翻译或受其影响，不得而知，但他采用这一译名经过了自己的认真分析，则是显而易见的。① 他认为人类的进化，都要经过图腾社会、宗法社会而进入国家社会（或曰"军国社会"），而"封建社会"则是宗法社会与国家社会之间的过渡，"二者之间，其相受而蜕化者以封建"，"此其为序之信，若天之四时，人之童少壮老，期有迟速，而不可或少紊者也。"也就是说，"封建"是人类社会必经的历史阶段。在中国，"由唐虞以迄于周，中间二千余年，皆封建之时代"。西欧"其趾封建，略当中国唐宋间"。② 可见，严复是拿中国的历史与西欧作比较，认为中国古代的"封建"与西欧中世纪的"feudalism"相类，从而把"feudalism"翻译为"封建"的。③

严复引入"feudalism"概念分析中国历史并以"封建"对译

① 日知在《"封建主义"问题〈论feudalism百年来的误译〉》一文中说严复是最早把feudalism翻译为"封建"的（载《世界历史》1991年第6期），黄仁宇在《大历史》自序的注中，则说是日本人首先把feudalism翻译成"封建"。《汉语外来词词典》记述来自日本的外来词中确实列有"封建"一词。日本何时以"封建"对译"feudalism"，尚待查考，但1903年年初马君武在《社会主义与进化论比较》一文中即提到"欧洲封建分立之制"，这里的"封建"显然是"feudalism"的对译，可能是沿用了日本的译文。这时《社会通诠》还没有出版。所以不能排除严复采取日本译名的可能性。

② ［英］甄克思：《社会通诠》序，严复译，商务印书馆1981年版。

③ 参见马克垚《中西封建社会比较研究·导言》。

时，不是把它当作单纯的政治法律制度，而是理解为一种社会形态或社会发展阶段，从而大大超越了中国古代学者仅仅把"封建"理解为一种政治制度的认识。他虽然还不可能像马克思主义者那样从生产关系、所有制和经济基础去把握"封建社会"，但他已经意识到封建社会是建立在一定的生产类型基础之上的。他指出图腾社会建立在渔猎生产的基础上，宗法和封建社会建立在耕稼生产的基础上，国家社会建立在农工商全面发展的基础上；从图腾向宗法过渡的社会，则建立在游牧生产的基础上。① 严复的这种认识并非孤立的。在严复翻译出版《社会通诠》前后，夏曾佑撰写《最新中学中国历史教科书》，认为人类总是由渔猎社会进入游牧社会，再由游牧社会进入耕稼社会；进入耕稼社会以后，"前此栉甚风沐甚雨，不惶宁处者，至此皆可殖田园，长子孙，有安土重迁之乐，于是更有暇日，以扩其思想界。且以画地而耕，其生也有界，其死也有传，而井田、宗法、世禄、封建之制生焉，天下万国，其进化之级，莫不由此。"也就是说，井田、宗法、世禄、封建这一套相互联系的制度是建立在农业生产基础之上的。这种认识与严复的"封建"观显然是吻合的。②

　　从严复开始，中国学者一般都把"封建"看作一种社会③，这说明严复的翻译和理解已被中国学者所普遍接受。还应指出的是，中国古义的西周"封建"虽然是一种政治制度，但它本质上是对土地和人民权力的一种分配，从而涉及生产关系的核心部分（生产资

---

① ［英］甄克思：《社会通诠》序，严复译，商务印书馆1981年版。
② 夏曾佑与严复过从甚密，同为天津《国闻报》（1897年创刊）的创始人。《最新中学中国历史教科书》（后改名为《中国古代史》）是1902年夏氏为其母守孝时开始写作的。1903年11月夏氏曾为严译《社会通诠》作序，认为宗法社会为人类社会所必历，中国自黄帝至今为宗法社会，又以秦为界分为前后两期，并试图从政治与"宗教"的相互关系解释中国进入宗法社会甚早，而迟迟未能脱离宗法社会的原因。这和严氏定唐虞三代为封建社会（也就是典型的宗法社会），入秦以后为向军国社会过渡的宗法社会的观点是基本一致的。可见，夏曾佑也接受了"图腾—宗法—封建—军国"的社会进化图式，"渔猎—游牧—耕稼"只是这种进化图式从另一个角度的表述。
③ 参见马克垚《中西封建社会比较研究·导言》。

料与生产者结合的方式）。因此，把"封建"与"feudalism"对译，作为表示某种社会形态的概念，与马克思主义社会经济形态的理论并不矛盾，而是相通的。①

总之，20世纪初以严复等为代表的思想界的先驱们突破了就中国论中国的狭隘眼界，进行中西比较，以进化论指导历史研究，承认人类历史发展存在某种普遍性和规律性，不是仅仅把"封建"看作一种政治制度，而是把它看作以一定生产类型为基础的社会形态或人类社会发展阶段。这比起中国古代学者对"封建"的认识和对历史的理念无疑是一次飞跃。

二　在马克思主义指导下对中国封建社会的认识

（一）从对中国现实社会封建性的认识开始

如前所述，自严复引进"feudalism"的概念以后，中国历史上存在过相当于西欧feudalism的封建社会，已为学界所承认；但相当多学者心目中的封建社会是西周或三代。至于战国秦汉到鸦片战争时期中国社会的封建性质，是经过长期的论争以后才逐步被多数学者所认同的。这种认识经历了一个从现实到历史的逆向考察的过程。它得以完成，即由感性认识上升为理性认识，起决定作用的当然是马列主义唯物史观的传播和指导。不过，这种认识的开始可以追溯到更早。

早在五四运动以前，中国的先进分子就揭示了当时社会文化的封建性。如1915年陈独秀在《新青年》第1卷第1号《敬告青年》

---

① 晁福林指出："中国上古时代的封建，形式上是政治权力的封建，而实质上是对于劳动力和土地的分配……最终的着眼点在于对于劳动群众的控制，《白虎通·封公侯》谓'王者即位，先封贤者，忧民之急也。故列土为疆非为诸侯，张官设府非为卿大夫，皆为民也'，即道出了其中奥妙。按照马克思主义关于生产关系的理论，生产资料的所有及劳动者与生产资料结合的方式，是为生产关系的核心内容，周代的封建之制恰恰在这方面作出了系统的规定。从这个角度说，严复在本世纪初就采用了'封建'一词进行译作，实为天才创造。'封建'一词长期行用不废，与此应当是有关系的。"（《论封建》）

中说:"举凡残民害理之妖言,率能徵之故训,而不可谓诬,**谬种流传**,岂自今始?固有之伦理、法律、学术、礼俗,无一非封建制度之遗。"他斥两千年来所奉行的孔教为"封建时代之道德""封建时代之礼教,封建时代之生活状态""封建时代之政治"。①《新青年》第4卷第3号(1918年3月15日)发表了由张祖荫口述的一篇《社会调查》,叙述了江苏省震泽镇农民在地租和债利重重剥削下的悲惨生活,揭露地主和佃户表面上是一种契约关系,实际上存在严重的政治干预和人身依附。整理者陶履恭指出:"昔日欧洲封建制度,所蓄的农人,多属世袭,与土地相展转。观此篇所述之佃户,与欧洲昔日之农奴比较,亦不见有何分别。不过欧洲封建的君王对于农奴,多方体恤,以农奴为财产,不忍损害。而震泽的农民以大田主不措意于田之肥瘠,专以就剥佃主为事,所以不以农民为财产的一部分,不事怜恤。一七八九年法国大革命以前的时代法国贵族对于一般农民就仿佛震泽的田主对于农民的样子。"可见,近代先进的中国人对当时社会存在的各种封建现象的认识开始于马克思主义在中国系统传播以前,它是人们从现实出发通过古今中外比较而产生的感悟。② 不过当时的这种认识还没有

---

① 《孔子之道与现代生活》,《新青年》第2卷第4号(1916年12月)。

② 1919年以前陈独秀对中国社会文化封建性的论述中,还看不出马克思主义的直接影响,但其中的某些思想渊源,却可以从严复、夏曾佑等人的著作中找到。例如陈独秀在《新青年》第2卷第6号《家族制度为专制主义之根据论》中说:"商君李斯破坏封建之际,吾国本有由宗法社会转成军国社会之机,顾至于今日欧洲脱离宗法社会已久,而吾国终颠顿于宗法社会之中而不能前进,推原其故实家族制度为之梗也。"这和严复在《社会通诠》译者序中对社会发展阶段的划分是一致的。严复认为"封建"是从宗法社会向军国社会的过渡阶段,中国的封建社会虽然在秦统一后结束,但秦以后的中国社会仍是"宗法居其七"(《社会通诠》"宗法社会"按语)。我们知道,在中国封建和宗法是互为表里的。从中国社会的宗法性出发,很容易导致中国秦以后社会仍然是封建社会的认识。夏曾佑在《社会通诠·序》中试图以政治与宗教(夏氏所说的"宗教"是指"其神智之所执着者")的相互关系解释中国迟迟未能脱离宗法社会的原因。"考中国宗法社会,自黄帝至今,中可分为二期,秦以前为一期,秦以后为一期,前者为粗,后者为精,而为之钤键者,厥惟孔子。"把秦以前和秦以后视为同一社会的两个发展阶段。又说:"孔子之术,其在于君权,而径则由于宗法,盖借宗法以定君权,而非借君权以维宗法。然终以君权之借径于此也,故君权存,宗法亦随之而存,斯托始之不可不慎矣。"这和陈独秀等人抨击孔子所倡封建思想、封建礼教、封建政治为中国社会之痼疾,也是一脉相承的。

提高到社会形态的层次。

中国先进分子最早对马克思主义的系统介绍是在1919年5月出版的《新青年》第6卷第5号，其代表作是李大钊《我的马克思主义观》。这篇文章引述了马克思在《〈政治经济学批判〉序言》中关于社会经济形态依次演进的经典论述："综其大体而论，吾人得以亚细亚的、古代的、封建的及现代资本家的生产方法，为社会经济的组织的进步和阶段。"李大钊显然认为这种理论也是适合于中国的。1921年成立的中国共产党自觉地以马克思主义为观察和改造社会的理论武器。从此，早期的共产党人成为运用马克思主义的唯物史观考察中国的现实和历史的主要推动力量。不过，建党前后的早期共产党人还来不及深入剖析中国国情，他们曾经笼统地认为中国是世界资本主义体系一部分，也是资本主义国家，中国革命是与国际革命同步的社会主义革命。进入1922年，中国共产党人开始注重对中国社会实际情况的分析和研究。1922年1月15日创刊的中国共青团团刊《先驱》，在其发刊词中提出"努力研究中国的客观实际情形，而求得一个最合宜的实际的解决中国问题的方案"的任务。该文分析当时的全国形势，"还是旧的势力占着优势，如国内武人军阀的横行，他们勒索聚敛，毫无忌惮，使我们感觉着这还是法国大革命以前封建社会的状态，何曾有丝毫的民主气味呢？"并首次指出中国是"半独立的封建国家"。1922年6月15日发表的《中国共产党对时局的主张》，指出辛亥革命"是适应近代由封建制度到民主制度，由单纯商品生产制度到资本家商品生产制度之世界共同趋势的战争"，由于"民主派屡次与封建的旧势力妥协"而失败。辛亥革命之后，中国仍处于国际帝国主义和国内封建军阀的压迫下，"成为半独立的封建国家"。随后，1922年7月，中共二大宣言进一步指出："帝国主义的列强既然在中国政治经济上具有支配的实力，因此中国一切重要的政治经济，没有不是受他们操纵的。又因现尚停留在半原始的家庭农业和手工业的经济基础上面，工业资本主义化的时期还是很远，所以在政治方面还是处于军阀官僚的封建制度把持之下。"正是基于上述认识，中共二大第一次明确提出了反帝反封建的民主革命的纲领。

　　中国共产党人的这种认识是在马克思主义的指导下取得的，其中列宁有关理论的影响尤著。列宁在指导世界革命的过程中对中国社会的性质有过直接的论述。早在 1912 年 7 月，列宁就指出中国是一个封建关系仍然占着统治地位的"落后的、半封建的农业国家"①，不过这篇文章当时并没有译介到中国。1920 年 7 月 26 日，列宁在《民族和殖民地问题委员会报告》中，又一次指出殖民地和半殖民地国家的农民"处于半封建依附地位"，处于"封建和半封建的关系"② 之中，这当然是包括中国在内的。1922 年 1 月，远东各国共产党及民族革命团体第一次代表大会，依据列宁这一报告的精神，阐述了中国革命应遵循的基本原则。中国共产党人和革命力量（包括国民党的代表）积极参与了这次会议，列宁的有关思想由此传到中国并发生重大影响。不过，当时从国外传入的理论思潮各式各样，中国共产党人是经过比较和鉴别，经过思考和观察，而得出自己的结论的。这一结论并非突然发生的，它与五四运动以前先进的中国人对当时社会封建性的认识一脉相承，可见，它植根于中国人自己对现实社会的考察，早有思想基础，故能"一拍即合"。把这种认识说成是外铄的，看法十分皮相。马克思主义并没有"制造"出中国的封建社会，只是为中国人认识这种封建社会提供了思想武器。

　　在中共二大以后，中国共产党人对中国社会封建性质的认识继续深化。李达在 1923 年撰写的《中国商工阶级应有之觉悟》等文

---

　　① 列宁的原话是："……中国这个落后的、半封建的农业国家的客观条件，在将近五亿人民的生活日程上，只提出了这种压迫和这种剥削的一定的历史独特形式——封建制度。农业生产方式和自然经济占统治地位是封建制度的基础；中国农民这样或那样地受土地束缚是他们受封建剥削的根源；这种剥削的政治代表就是以皇帝为政体首脑的全体封建主和各个封建主。"（《中国的民主主义和民粹主义》，《列宁选集》第 2 卷，人民出版社 1972 年版，第 426 页。）

　　② 《列宁选集》第 4 卷，人民出版社 1972 年版，第 335 页。

中，首次提出了中国周秦至清末是封建社会，鸦片战争以后进入了半殖民地半封建社会的观点。[①] 以毛泽东为代表的共产党人所进行的社会调查，则揭示了封建宗法制度在阶级关系和政治、经济、社会、文化诸方面的表现。

中国社会具有严重的封建性的这种认识，在大革命期间为社会各界所广泛接受，"封建"一词也在日常生活中流行开来。[②] 因为当时人们在现实的政治、经济、文化生活中，都可以强烈地感到这种与五四以来倡导的民主科学精神格格不入的封建性事物的存在。但是，对中国封建制度的来龙去脉及其在各方面的表现，总的来说，中国共产党人和马克思主义者还没有来得及作深入细致的分析和论证。

1927 年，大革命失败，关于当时中国社会的性质，中国共产党内和国际共产主义运动内部都出现了不同意见的激烈争论。托洛茨基及其中国的追随者声称中国已经进入资本主义社会，指责共产国际关于中世纪的封建关系仍在中国经济和政治中占统治地位的论断是"彻头彻尾的错误"。也有人认为，中国当时是商业资本主义社会或所谓"亚细亚社会"的。这样，作为重新检讨和制定革命的战略策略的基础，如何确定当时的社会性质，又成为对革命生死攸关的迫切问题。中共六大的决议指出：中国"（一）国家真正的统一并未完成，中国并没有从帝国主义铁蹄之下解放出来；（二）地主阶级私有土地制度并没有推翻，一切半封建余孽并没有肃清；（三）现在的政权，是地主、军阀、买办、民族资产阶级底国家政权，这一反

---

① 该文载于湖南自修大学《新时代》第 1 卷第 4 号。原话是："中国是个农业国家，自周秦以至清朝末年，可说是长期的农业经济时代。和这长期的农业经济组织相适应的政治组织，是封建的专制政治。两千多年之间，经济组织上没有发生重大的变化，所以政治组织上虽有转朝易代的波澜，而在实质上也没有发生重大的变化。"参见洪认清《李达的历史理论和史学思想》，《船山学刊》2001 年第 2 期。

② 在中国社会史论战中，王亚南说过："所谓'封建军阀''封建思想'一类术语，早就流行于一般文人学士之口。"（《中国社会史的论战》第 1 辑，第 39 页）陈啸江也说过："封建说法之所以繁盛的原因，当回溯 1925—1927 年革命的时候，那时把一切旧的都看作封建的，因而亦在被打倒之列"（《西汉社会经济研究·导言》，新生命书局 1936 年版）。

动联盟依靠着国际帝国主义之政治的经济的威力"①；因此，革命的
性质仍然是资产阶级民主革命。决议还明确否定了中国社会是亚细
亚生产方式的观点，在详细分析中国社会各种土地关系的基础上，
肯定了"中国经济底特点，土地关系底特点，很明显地是半封建制
度"。② 这是中国共产党人对当时争论的回答，从而把握了革命前进
的正确航向。但争论并没有结束，从党内的"托陈取消派"和党外
的"新生命派"的发难开始，争论公开化，从党内扩展到社会，从
现实扩展到历史，这就是20世纪20年代末到30年代初关于中国社
会性质、中国社会史和中国农村社会性质的大论战。

　　在这场论战中，中国社会史论战是中国社会性质论战的延续，
它反映了马克思主义传入中国后，人们对中国国情的认识由现实到
历史的逆向发展路线，因为人们是为了前瞻未来而回顾历史的。
1937年，何干之回顾这一论争时写道："为了彻底认清目前的中国
社会，决定我们对未来社会的追求，逼着我们不得不生出清算过去
社会的要求……这一场论争所涉及的问题是非常复杂的——由目前
的中国起，说到帝国主义侵入前的中国，再说到中国封建制的历史，
又由封建制说到奴隶制，再说到亚细亚生产方法。所有这一切，都
是为了决定未来方向而生出彻底清算过去和未来的要求。"③

---

① 《中共党史教学参考资料》（一），人民出版社1957年版，第150页。
② 《中共党史教学参考资料》（一），第193页。该决议还指出："现在农村的社会经
济制度，完全受过去的封建制度之余毒束缚着。中国封建制度的历史发展之特殊情形，和
西欧封建制度有许多差异，中国以前的国家封建制度，所谓国有土地与地主私有土地制度
同时并存。这两种制度互相斗争，然而根本的事实并不因此而变更，这个根本事实，就是
现在中国经济制度的确应当规定为半封建制度。""如果认为现代中国的社会经济制度，以
及农村经济制度完全以亚洲式的生产方法进于资本主义之过渡的制度，那是错误的。亚洲
式的生产方法最主要的特点是：（一）没有土地私有制度，（二）国家指导巨大的社会工程
之建设（尤其水利河道），这是形成集权的中央政府统治一班小生产者的组织（家属公产社
或农村公产社）之物质基础，（三）公社制度之巩固的存在（这种制度根据于工业与农业经
过家庭而相联合的现象），这些条件尤其是第一个条件，与中国的实际情形是相反的。"
（《第一、二次国内革命战争时期土地斗争史料选编》，人民出版社1981年版，第229页。）
③ 何干之：《中国社会性质问题论战》，载《何干之文集》第1卷，北京出版社1993
年版，第186页。

（二）在社会史论战中封建社会问题的地位及各种不同的意见

在社会史论战涉及的各式各样历史问题中，封建社会的问题实际上占据中心的位置。这个问题与现实关系最为密切，社会性质论战要接触它，社会史论战也要接触它，所以它成为联结社会史论战和社会性质论战的枢纽。

在大革命期间和大革命失败后，中国共产党人指出鸦片战争以后的中国社会是半殖民地半封建社会，其逻辑前提是认定鸦片战争以前的中国社会是封建社会，因为半殖民地半封建社会正是由它演变而来的。1928 年 10 月，陶希圣发表《中国社会到底是什么社会》一文，提出中国的封建社会在战国时代已经崩坏，秦以后的中国虽然还存在封建势力，但已不是封建社会，而是商业资本统治的社会。以后又连续发表了一系列相关的论著。① 陶希圣的这些观点显然是针对中共六大关于中国社会为半殖民地半封建性质的结论的，从而在社会上挑起了关于中国社会性质的争论，并把这一争论从现实拓展到历史。中国共产党人以《新思潮》为主要阵地对陶希圣等人的观点进行反击。这些争论虽然也涉及历史问题，但基本上属于社会性质的论战。以社会史为中心的论战，则以《读书杂志》为主要战场。《读书杂志》在其创刊号（1931 年 4 月）即开辟了"中国社会史论战"专栏，刊登了朱其华与陶希圣讨论中国封建制度的通信，由此揭开论战的序幕。从 1931 年 8 月至 1933 年 4 月，相继出版了四本《中国社会史的论战》专辑，呈现了论战中最为热闹的场面。可见，社会史论战首先是围绕中国历史上封建社会的问题展开的。

关于封建社会问题，当时讨论的并不是中国历史上有无封建社会，而是封建社会存在于中国历史上的哪个时代、什么时候形成、什么时候崩溃？也就是说，是在承认中国历史上存在过封建社会的

① 《中国社会到底是什么社会》一文载《新生命》第 1 卷第 2 期（1928 年 10 月 1 日）。从这开始，陶希圣陆续在《新生命》《东方杂志》《学生杂志》《教育杂志》《春潮》《民族》《经济学报》和《读书杂志》等刊物上发表了一系列相关文章，后来结集为或展写为《中国社会之史的分析》《中国的封建社会》等书，成为当时论战中"新生命派"的主将。

前提下的讨论。1937 年，社会史论战的参与者陈啸江曾对 1937 年以前的中国社会经济史研究做过一个述评，其中收集罗列了 20 世纪 20 年代末至 1937 年中外学者论中国封建社会的各家观点。① 我在此基础上加以补充，列成以下三表。

表 1　　　　　关于中国封建社会起讫的各种意见

类	开始	崩溃	其余意见	学者名	论文或专著及其出处
A	殷	清末	中间又分六个阶段	波里耶柯夫	《关于中国封建构成的发展之合则性问题》，收入《东洋封建制史论》一书
A	夏	最近	战国时为暂时没落期，秦汉以后到最近仍可说是延续封建状态	熊得山	《中国社会史研究》
A	虞夏	秦以后至现代	秦朝打破旧时的封建局面，但迄民国初年仍是地主阶级政权	熊康生	《中国社会之蠡测》，载《中国问题之回顾与展望》
A	夏商周	清		杨一凡	《中国社会之解剖》
A	周	清末	中间又有几个曲折，如汉朝为封建奴隶私有制，元朝为新的封建化等	沙发诺夫	《中国社会发展史》
A	周	清	周以前为封建一期，周至秦为封建二期，秦至清为封建最后期	叶非英	《中国之封建势力》，载《中国问题之回顾与展望》
A	周	清中叶	周为初期封建社会，秦至清中叶为后期封建社会	刘兴唐	《中国社会史诸问题之清算》

---

① 《中国社会经济史研究的总成绩及其待决问题》，《社会科学论丛季刊》第 3 卷第 1 期。

续表

类	开始	崩溃	其余意见	学者名	论文或专著及其出处
A	西周	清	周为封建领主制社会，秦至清中叶为封建地主制社会	吕振羽	《中国经济之史的发展阶段》，《文史》创刊号
A	西周	清	西周迄战国为封建初期，秦迄清为完成期	森谷克己	《支那社会经济史》
A	春秋	清		郭沫若	《中国古代社会研究》：中国社会之历史的发展阶段
A	周	鸦片战争		马乘风	《中国经济史》第四篇：与陶希圣论中国社会史诸问题
A	周	近代	周为封建的纷争期，秦以后具备了集中国家的形态	米尔（Mir)	马札亚尔《中国农村经济研究》序
A		19 世纪下半叶	秦汉迄清俱属此阶段	朱其华	《中国社会的经济结构》
A	清初		乾嘉以后为没落期	祝百英	《中国封建社会问题》
B	唐虞	春秋战国	秦以后为商业资本主义社会	梅思平	《中国社会变迁的概略》，载陶希圣编《中国问题之回顾与展望》
B	夏	春秋战国	夏商周为封建制，秦汉以后为商业资本发展的奴隶制	周绍溱	《对于〈诗书时代的社会变革及其思想的反映〉的质疑》，《中国社会史的论战》第1辑
B	殷末	西周末	殷以前为原始共产社会，殷代为氏族社会，西周为封建社会，春秋以后至近代为商业资本主义社会	陈邦国	《中国历史发展的道路》，《中国社会史的论战》第1辑

类	开始	崩溃	其余意见	学者名	论文或专著及其出处
B	夏	战国	战国以后迄清是商业资本主义社会，其中又可分为10个循环期	非斯	《中国社会史分期之商榷》，《食货》半月刊第2卷第11期
B	周	周末	秦汉以后为商业资本主义社会	张军光	《中国社会史发展史纲》
B		周末	秦以后为商业资本主义社会	拉狄克	《中国革命运动史》
B	殷末	春秋战国	周为封建社会全盛期；秦以后为专制主义社会	王礼锡	《中国社会形态发展史中之谜的时代》，《中国社会史的论战》第3辑
B	周	春秋战国	传说时代为原始共产主义时代，殷代为氏族社会，秦至清末为专制主义社会	胡秋原	《中国社会＝文化发展草书》，《中国社会史的论战》第4辑
B	周	周末	西周为封建时代，秦汉以后为前资本主义社会，或称"半封建社会"	李季	《中国社会史论战批判》
B	夏商周	周末	秦汉以后至清为亚细亚社会	魏特夫格尔	《中国经济史之诸基础及诸阶段》（日译文刊于《历史科学》第4卷第10、11、13期）
B	三代	春秋		陈公博	《中国历史上的革命》
B	殷	春秋	西周一代为全盛时期	李麦麦	《中国古代政治哲学批判》
B	西周	战国	周代是典型的封建社会，但战国已瓦解，论断当日中国尚有封建制度没有根据	王亚南	《封建制度论》，《中国社会史的论战》第1辑

续表

类	开始	崩溃	其余意见	学者名	论文或专著及其出处
B	周	周末		张荫麟	《周代的封建社会》，载《张荫麟文集》
B	周	周末	秦汉以后为半封建社会，或称"农村商业社会"	梁园东	《中国各阶段的讨论》，载《中国社会史的论战》第 3 辑
C	邃古至周初	秦以后至清	周初至秦为封建时代，秦至清封建制度在崩溃中	周谷城	《中国社会之结构》
C	周初	周末	秦至鸦片之役为过渡时期	戴行轺	《中国官僚政治的没落》，《中国社会史的论战》第 1 辑
D	三国	唐末五代	西周为氏族社会末期，战国两汉为奴隶社会，三国至五代为封建庄园时期，五代以后迄清为先资本时期	陶希圣	《中国社会形式发达过程的新估定》，《中国社会史的论战》第 3 辑
D	五胡十六国	清末	周至西晋为奴隶社会，东晋至清末为封建社会	王宜昌	《中国社会史短论》、《中国奴隶社会史》，《中国社会史的论战》第 1、第 3 辑
A	春秋	鸦片战争	西周以前为原始共产制，西周为奴隶制，春秋以后为封建制，最近百年为资本制	杜顽庶	《中国社会的历史的发展阶段》，《中国问题之回顾与展望》
A	西周	"太平革命"前		吴玉章林伯渠	《太平革命以前中国经济、社会、政治的分析》，1928 年，整理稿载《历史研究》1984 年第 6 期
A	西周	鸦片战争前	战国前为封建领主制，战国后为封建地主制	邓拓	《论中国封建社会"长期停滞"问题》，《中山文化教育馆季刊》第 3 卷第 2 期（1935 年）

类	开始	崩溃	其余意见	学者名	论文或专著及其出处
A	西周	清末	两周是典型封建经济时期，秦汉至鸦片战争是变相封建统治时期	李达	《中国商工阶级应有之觉悟》（1923 年）；《经济学大纲》（193？年）
A	西周	鸦片战争前		翦伯赞	《中国农村社会之本质及其历史的发展阶段之划分》，《三民半月刊》第 5 卷第 6 期（1930 年 11 月）
A		鸦片战争前		何干之	《中国封建社会长期停滞的历史根源》
A	周	晚清		嵇文甫	《对长期封建论的几种诘难和解答》，《食货半月刊》第 5 卷第 5 期（1937 年 3 月）
A	西周	鸦片战争前	西周至春秋末是古典封建社会，战国以后是特殊亚细亚形态的封建社会，特点是商业资本、高利贷资本与封建式的土地占有三位一体	陈伯达	《中国社会停滞状态的基础——封建生产方法在中国展开的特殊亚细亚形态》，《文史》第 1 卷第 4 期
A	西周	清末	战国以前是典型的封建社会，秦以后是多种经济因素和社会成分共存的社会，后来他称之为变态的封建社会	傅筑夫	《由经济史考察中国封建制度生成和毁灭的时代问题》，中央大学《社会科学丛刊》第 1 卷第 1 期；《研究中国经济史的意义及方法》，《中国经济》第 2 卷第 9 期
B	西周	战国	秦统一是商业资本的统一，结束了封建时代；秦以后中国的封建制度进入循环圈，未能达到资本主义阶段	王伯平	《中国古今社会研究之发轫》，《中国社会史的论战》第 3 辑

类	开始	崩溃	其余意见	学者名	论文或专著及其出处
B	西周	战国	春秋战国以前为封建社会，以后为商业资本主义社会	虎子	《中国商业资本主义社会的原始》，《中国问题之回顾与展望》
B	西周	战国	战国前为封建社会，战国后为佃佣社会	陈啸江	《西汉社会经济研究》
B	西周	战国		瞿同祖	《中国封建社会》
C	尧舜	秦	自汉至清末为君主专制社会，而渐趋破坏；但封建势力仍居支配地位	黎标涛	《中国社会构造之史的观察》，《中国问题之回顾与展望》
A	西周	鸦片战争前	战国前为初期封建社会，秦汉后为官僚主义封建社会	王亚南	《中国社会经济史纲》
B	西周	战国	秦以后为商业资本主义社会	陶希圣	《中国社会之史的分析》

注：1. 本表第一双线前为陈氏收集的材料，我作了补充和修正，次序按类重排；2. 本表第一空行以后为我补充的材料；3. 本表第二双线后为两例特殊情况：陶希圣早在 20 世纪 20 年代末即为战国秦汉至鸦片战争为商业资本主义社会说的提倡者，其说影响很大，成为论战的焦点。虽然陈氏表中已列出他在 30 年代初修正了的主张，但他原来的观点仍应列出。王亚南在 30 年代初主张中国封建社会战国时代已经崩溃，陈氏已将他的意见列出，但他在其 1935 年编译的《中国社会经济史纲》中已改变了观点，认为秦以后中国仍然是封建社会，并作了比较系统的论述，故应单列为一种意见。

表 2　　　　关于中国封建社会崩溃期各类意见的统计　　单位：个

	A 清以后崩溃	B 秦以前崩溃	C 秦迄清间在转变过渡中	D 秦迄清包含多种社会	合计
补充前统计数	14	15	2	2	33
补充后统计数	24	20	3	2	49

表 3　　关于秦迄鸦片战争中国社会性质各种意见及其代表人物

各种意见		代表人物
A. 封建社会	封建社会	郭沫若
	后期封建社会	刘兴唐

各种意见		代表人物
A. 封建社会	"变相"封建社会	李达
	官僚主义封建社会	王亚南
	封建地主制社会	吕振羽、邓拓
	亚细亚形态的封建社会	陈伯达
B. 非封建社会	商业资本主义社会	陶希圣（前）、梅思平
	专制主义社会	王礼锡、胡秋原
	前资本主义社会	李季
	佣佃社会	陈啸江
	亚细亚社会	魏特夫
C. 从封建向非封建过渡之社会		周谷城、戴行轺
D. 包含多种社会	秦汉为奴隶社会，三国至五代为封建社会，五代以后为先资本主义社会	陶希圣（后）
	五胡十六国前为奴隶社会，其后为封建社会	王宜昌

以上统计虽然不是完整无缺，但已能反映大体情形，从中可以看出：其一，上述论者虽然对中国封建社会的崩溃期主张不一，却没有主张中国历史上不存在封建社会的；[①] 其二，对西周或先秦为封建社会，多数学者不持异议，因此，关于中国封建社会及相关问题的争论，聚焦于对战国秦汉到鸦片战争这一时期社会性质的认识和把握上；[②] 其三，关于战国秦汉以后的社会性质的主张，大体上可以分为四类，其中，是否封建社会之争是主要的。

---

① 我们还没有发现当时中国学者有否认中国历史上存在封建社会的，但在苏联学者中确实有持这种主张的，如坎脱罗维亚、别林和洛马金。参见白钢《中国封建社会长期延续问题论战的由来与发展》，中国社会科学出版社 1984 年版，第 3—4 页。

② 当时主张西周以后才进入封建社会的学者很少，主要代表者郭沫若在国外，人们对他的批评也集中在秦始皇统一是否完成了封建化的过程这一点上。

（三）社会史论战中秦以后是否封建社会之争

主张秦以后非封建社会者，具体观点虽各异，然亦有共同处。他们都认为西周春秋社会是封建社会，只不过这种封建社会在战国时代瓦解了，此其一；他们都强调商业资本、商品经济的发展对封建社会的解体作用，强调商业资本在秦以后社会中的地位和作用，此其二；他们都把战国以后的中央集权、官僚政治作为它区别于封建社会的主要标志之一，此其三。以上三条中的第二、第三条，既是他们论证封建社会崩溃的主要论据，也是他们确定秦以后社会性质的主要依据，只不过商业资本主义社会说更强调第二条，而专制主义社会说则更强调第三条罢了。例如，陶希圣认为战国时封建社会崩坏的根由和表现主要就是诸侯国中商业资本主义的发达，以及由于商业、战争等因素导致中央集权代替了诸侯分立的局面；战国以后"商人资本却成了中国经济的重心"。① 另一位"商业资本主义社会"论者陈邦国说："商品经济是破坏封建经济（自然的生产形式）的。在中国历史上，自西周末年便已开始了商品生产的形式……封建社会已开始崩溃。""秦的统一，是商业资本的统一。""集权的君主国，如秦始皇，这已经不是代表封建，而是商业资本的形式了。"②"专制主义社会"论者王礼锡把西周当作封建制度的标本。"到了周末，自然经济已经在分解中，交换经济发达，在过去为自给自足的生产者，转变为市场而生产。政权的逐渐集中化。到秦朝大一统就成功了。'政治关系的地域色彩和土地关系的政治色彩'（按：这是王氏引米诺贾托夫《英国中世纪的领地》中语）都逐渐地减弱了，这难道还是纯粹的封建制度吗？"他批评郭沫若秦统一完成封建化时引述杜波罗夫斯基的话："封建制度的（政治上）特征是非中央集权化。"③

---

① 《中国社会之史的分析》，《中国之商人资本及地主与农民》，《新生命》第 3 卷第 2 期（1930 年 2 月 1 日）。
② 陈邦国：《中国历史发展的道路》，《中国社会史的论战》第 1 辑。
③ 王礼锡：《中国社会形态发展史中之谜的时代》，《中国社会史的论战》第 3 辑。

　　这些观点受到了主张秦以后为封建社会的学者的批评。他们指出，封建社会虽然是自然经济占统治地位，但商品经济和商业作为自然经济的补充早已存在；春秋战国时代商业资本的发展的确对封建领主制起了瓦解作用，但它没有能够破坏封建生产方式的基础；在秦汉以后的漫长岁月中，商业资本始终没有摆脱它的隶属性和限制性。商业资本不是生产资本，它只能依附于其他生产方式来发挥其剥削和破坏的机能，而不可能创造一种独立的社会形态，建立商业资本独立支配的时代。① 他们又指出，权力的组织形式不足以作为判别是否是封建社会的标志②，封建社会存在权力的分立和集中、离心和向心两种倾向，哪种倾向占优势，取决于交换关系发展的程度、居民的种族成分和地理条件等因素③，既然商业资本的发展和政权形式的更换都不足以判定封建社会之存否，那么，一个社会的封建性质是由什么来确定的？他们认为"封建"作为一种生产方式是生产关系以及由它所规定的剥削方式和阶级关系决定的。在这种剥削方式和阶级关系下：名义上的土地所有者，从独立生产者——农民——身上用超经济的压迫，以榨取其剩余劳动。这种剥削方法就是封建式的剥削，而维护这种剥削方法的制度，就是封建制度。④ 以此标准衡量，无论是秦汉以后的历史上，还是当时的现实生活中，封建剥削方式和封建制度无疑是存在的。表现为：①地主征收占农民农产品收入50%—70%的地租；②地租之外往往有各式贡纳；③徭役制的残余

---

　　① 这方面的论述很多，可参见朱新繁《关于中国社会的封建性的讨论》，《中国社会史的论战》第 1 辑；李达《中国现代经济史之序幕》，《法学专刊》1935 年第 3、4 期合刊。

　　② 参见李达《中国现代经济史之序幕》。李达指出：鸦片战争以前的商业，（1）其剥削机能的发挥始终依存于封建的生产方法；（2）历朝封建政府都实行重农抑商的政策，商业资本始终没能独立发展；（3）商业资本的活动，一直附属于封建的土地所有者；（4）商业资本始终没有插足对外贸易。结论是：中国商业资本从来没有脱掉它的隶属性和限制性。

　　③ 参见王渔邨《中国社会经济史纲》，上海生活书店 1936 年版，第 112—113 页。

　　④ 参见立三《中国革命之根本问题》第 2 节 "封建势力与封建制度"（《布尔什维克》第 3 卷第 2、3 期合刊，第 4、5 期合刊，1930 年 3 月 15 日，5 月 15 日），朱新繁《关于中国社会的封建性的讨论》（《中国社会史的论战》第 1 辑），伯虎《中国经济的性质》（见高军编《中国社会性质问题论战》，第 490 页），杜鲁仁（何干之）《中国经济读本》，见高军前书引，第 38、840 页），李达《中国现代经济史之序幕》（《法学专刊》1935 年第 3、4 期合刊）。

依然存在；④地主统治农民的特权也不亚于从前的欧洲；⑤地主和农民实际的社会地位属于不同的等级。①

70年后我们回头看这场争论，当时的"新思潮"派和马克思主义史学家的观点，显然更符合马克思主义的精神，也更经得起实践的检验。各式秦以后非封建社会论者虽然也征引马克思、列宁的词句，实际上主要是以当时他们所了解的西欧中世纪社会为样板来认识中国的封建社会的，并把认识固着在这一点上，把西欧中世纪社会的某些特点绝对化。例如，按照当时所了解的西欧中世纪的模式，他们认为封建社会是一种严格的自然经济社会，商品经济、商业资本与封建制度是对立的、不相容的，它们的发展必然导致封建社会的崩溃。又如，他们认为封建社会是贵族统治的权力分散的社会，一旦出现官僚、集权和专制主义，他们就认为不是封建社会了。这种认识，即使在当时也是片面的。例如，早在1930年，李立三在考察了西欧封建社会的历史，尤其是封建社会中商品经济和商业发展的历史之后指出："商业资本的发展，侵入农村，并没有改变农村的生产方法，而只是促起地主在原有的生产方法上更厉害地剥削农民。"西欧中世纪晚期集中统一的君主国家，仍然是封建国家，并非建立在商业资本主义基础上的国家。② 在对西欧封建社会的认识有了长足发展的今天，这种观点之片面，就更加清楚了。专攻西欧中世纪史的马克垚指出：早期西方学者的研究，主要是依据狭小的罗亚尔河、莱茵河之间地区9—13世纪的材料，概括出简单的封建主义的理想典型。比起以前的狭窄的认识，西欧封建社会无论空间或时间都应扩展，它实际上到18世纪才结束。法国史学家、中古史权威勒高夫就曾提出"一个扩大的中世纪"的主张。如果拿西欧"扩大的中世纪"来和中国秦以后的社会比较，可以发现许多共同点。例

---

① 立三、朱新繁前引文。关于现实生活中的封建土地关系和剥削方式，新思潮派的吴黎平、王昂、丘旭、刘梦云、潘东周等均有阐述，可参看前引高军所编书。

② 参见立三《中国革命之根本问题》，《布尔什维克》第3卷第2、3期合刊，第4、5期合刊。

如，都是以农业为主要生产部门，以人畜力为主要动力，工商业有相当的发展，而且是越来越发展，并非原来所理解的严格的自然经济统治。又如，国家形态都是君主制，而且君主的权力越来越大，官僚机构越来越健全。分裂割据的势力时有出现，但不能把封建国家框定为主权分割的国家。①

还应该指出，秦以后非封建社会论者，虽然各自给这个时代冠以各种名称，使自己区别于封建社会说，但他们几乎都不得不承认这个时代存在封建势力、封建剥削和封建关系。正是在这一点上，暴露了这些理论的破绽和难以克服的矛盾。

例如，主张秦以后为"专制主义社会"的王礼锡就说过："把由秦代至清鸦片战争以前的一段历史认为是封建制度，大体上是没有什么错误，虽然不是纯封建制度，但其最基础的生产方法是封建的。"那为什么不名正言顺地称之为封建社会？仅仅是因为他认定"封建制度的（政治上）特征是非中央集权化"（杜波罗夫斯基语）。② 殊不知他已因此陷入把政治形式从经济基础分裂出来的泥淖，其违背马克思主义的基本原理不言自明。秦以后专制主义社会论的另一主将胡秋原，认为东汉、北朝、元朝、清初都出现过"副带"的封建制度。③ 陈啸江曾经指出"专制主义社会"说的特征是"封建制度通过……官僚与商品经济……相结合的"，所以较正确的说法当是"封建专制主义社会"。④ 李季认为秦以后为"前资本主义社会"。"前资本主义"原泛指资本主义社会以前的各种社会形态，以之命名一种独立的生产方式，本来就含混不清。而他列举"前资本主义社会"的七个特征："（一）小农业与家庭手工业的直接结合，构成一个地方小市场的网。（二）高利贷资本和商人资本很占优势。（三）商业主宰工业。（四）地主阶级和其他上等阶级的存在。（五）

---

① 马克垚：《关于封建社会的一些新认识》，《历史研究》1997 年第 1 期。
② 王礼锡：《中国社会形态发展史中之谜的时代》，《中国社会史的论战》第 3 辑。
③ 胡秋原：《中国社会＝文化发展草书》，《中国社会史的论战》第 4 辑。
④ 《西汉社会经济研究・导言》。

独立生产者——手工艺工人的存在。（六）向来各种生产方法残余的存在。（七）农工的破产流为贫民和生产工具的集中。"① 正如何干之指出的，都是封建社会后期的现象，没有一点可作否认封建社会存在的根据。② 最有意思的是他给自己的"前资本主义社会"起了一个"半封建社会"的"副名"，这岂不是说，所谓"前资本主义社会"，实际上只不过是"封建社会"的别名吗？③

　　关于亚细亚社会说，已被中共六大明确否定。20 世纪 30 年代，德人魏特夫来华宣传此说，但中国学者应者寥寥。王志澄虽是此说的信奉者，但他根本说不清其所主张的"亚细亚生产方法"与封建制度有什么本质的差别。"科学的社会主义对于中国不正常的社会制度，不说是封建的，而说是'亚细亚的生产方法'。这里所谓'亚细亚的生产方法'，在本质上虽立于封建的榨取关系之上，但与欧罗巴之封建制度多少有些不同的性质。"有些什么不同呢？他举出了国家对土地的支配、封建官僚、封建土豪、封建家长制、土地买卖、农奴之隶属于地主、地主兼高利贷者和商人、灌溉农业、"没有私的土地所有"，等等，假如这些都能成立，也只是与欧洲有差别的封建社会的不同类型。但作者非得把它说成是"与封建的生产方法有差异的、个别形态"——"亚细亚生产方法"。可是，他又说："中国从前所存在以及目下犹在存在中的社会制度，实是封建制度，即为'亚细亚的生产方法'之本质的特征之封建的榨取。"④ 不同于封建制度特殊的亚细亚生产方式，和以"亚细亚生产方法"为特征的封

　　① 李季：《中国社会史论战批判》，神州国光社 1936 年版，第 91 页。
　　② 何干之：《中国社会史问题论战》，上海书店 1937 年版。
　　③ 李季：《关于中国社会史论战之贡献与批评》，《中国社会史的论战》第 2、3、4 辑。为什么不叫"封建社会"而叫"半封建社会"？据李季自己解释，是因为秦汉以后周代的"封建"已变成"封而不建"了。"半封建社会……只能应用于秦汉以后，鸦片战争以前的中国社会。因为自汉景帝、武帝起，诸侯虽受封连城而不得治民补吏，遂逐渐形成一种封而不建的局面，不但封建的实质完全灭亡，即封建的名义也打掉一半，所以至多只能袭用'半封建社会'的名词……把'半封建社会'当作它（前资本主义）的副名，不独没有矛盾，并且很切合实情。"（《中国社会史的论战》第 3 辑，第 58—59 页。）
　　④ 王志澄：《中国革命与农业问题》，载陶希圣编《中国问题之回顾与展望》，上海新生书店 1930 年版。

建制度，应是两个不同的概念。

首先，挑战"封建"说的陶希圣，其实对秦汉以后和现实生活中封建制度的存在是心知肚明的。他说："春秋战国时代是中国社会的一个关键，中国社会在这时候结束了封建制度，而破坏的封建制度仍然在另一基础上再建起来。""中国社会是什么社会呢？从最下层的农户起到最上层的军阀止，是一个宗法封建社会的构造。"既然如此，战国以后就应该仍然是封建社会；然而他马上改口说："叫做封建制度也不确，否认封建势力也不许。""封建制度已不存在，封建势力还存在着。"① 试问延续两千多年的"封建势力"，如果没有某种制度作为它的根基和依托，可能吗？讲到战国以后的"封建势力"，主要应是地主阶级及其政治代表，这一点陶希圣也是心知肚明的。他说："地主阶级是中国的主要支配势力。"地主阶级与农民阶级的对立，正是战国秦汉以后封建社会最基本的阶级关系，也是秦以后社会封建性质最主要的表现之一。出于某种政治目的，陶希圣要掩盖和模糊这种关系，他像变魔术一样从地主阶级中分离出一个"士大夫阶级"，作为封建势力的体现者，又硬把商人资本凌驾到地主阶级之上，这样绕来绕去，绕出了"中国社会是金融商业资本之下的地主阶级支配的社会，而不是封建制度的社会"的结论。陶希圣以善绕多变闻名，其论述前后矛盾，反映了他试图否认战国秦汉以后社会的封建性质，而又不得不承认封建关系之存在的尴尬。

其次，当时讨论中有的学者强调秦至鸦片战争时期处于封建社会崩溃中的过渡性质，表面上看似乎是不同于先秦封建社会的另一种社会，实际上仍然没有脱离封建社会的范畴。陈啸江认为凡是主张"半封建""后封建""深封建"等说的，都可以归入这一类。他看到包括陶希圣在内的"商业资本社会""专制主义社会""前资本主义社会"等说都没有划清与封建社会的界限，都没有证明秦以后的社会是不同于先秦的另一种生产方式，于是提出了自己的"佣佃

---

① 分别见《中国社会之史的分析》《中国之商人资本及地主与农民》。陶希圣有时又称秦以后的社会为"变质的封建社会"或"后封建社会"。

社会"说。他强调封建社会是建立在强制劳动的基础上的，佣佃社会的特点则是在农业技术大变革基础上的"农业自由劳动"。陈氏认为他的佣佃社会既不同于封建社会，也不同于资本主义社会，又不是"过渡社会"，而是一种独立的社会形态。① 但是他的"农业自由劳动"说夸大了某些表面现象，实际上比或多或少承认秦以后社会封建性的诸说更加脱离历史实际，也没有获得什么响应。

为什么秦以后非封建社会论者各以不同的方式承认封建关系之存在呢？因为秦以后各种封建关系的继续存在毕竟是明显的事实。有些人之所以主张非封建论，主要是囿于从有限的西欧中世纪封建社会的知识中形成的框框，总觉得秦汉以后社会与之相比不一样，但历史上和现实中的封建关系终究不能一笔抹杀；观念与事实这种难以调和的矛盾使它成为一种不能贯彻到底的非封建社会论。当然，也有些人恐怕是出于某种政治目的而自觉或不自觉地歪曲和掩盖事实。

经过论战，秦以后非封建社会的各种论调受到了批评而渐趋衰微。例如最为轰动一时的商业资本社会说，由于自身理论上的缺陷，受到各方面的激烈批评，不久就销声匿迹，连首倡者陶希圣也不得不改变观点。② 其他诸说，或破绽屡见，或应者寥寥，逐渐偃旗息鼓。而唯物史观的正确的方法论被越来越多的人所掌握③，秦以后是封建社会的观点也为越来越多的人所接受。例如，王亚南就是从战国封建社会瓦解论转变为秦以后仍为封建社会的观点的，并为封建地主制理论的建设做出重要贡献，我们在下一节还将论及。从上面的统计表看，分别持两种主张的人似乎大致相当，但"新思潮派"的学者一般没有参加社会史的论战，而他们的主张无疑是清以后崩

---

① 陈啸江：《西汉社会经济研究》《中国社会经济史研究的总成绩及其待决问题》。

② 陈啸江说："商业资本说，因其本身的不健全，后来即受许多严厉的批判，在以后几年的史坛中，几乎销声匿迹了。"

③ 嵇文甫说：通过论战，"从前划分社会发展阶段的标准很不一致，有的根据交换关系，有的根据政治形态，随手拈来，并没有确定见解。到现在，不论真正的理解程度如何，总都知道拿出生产方法作为划分社会史阶段的利刃了。"参见马乘风《中国经济史》序。

溃者，所以持这种主张的人比表中所反映出来的要多。而且，在当时特定的情况下，秦以后是否封建社会，不仅是书斋中的问题，更是实践中的问题。中国共产党反帝反封建的民主革命纲领是建立在"鸦片战争以后的中国是半殖民地半封建社会"这种认识的基础上的，而后者的逻辑前提正是"秦以后至鸦片战争前为封建社会"。中国共产党正是根据这种认识和纲领指导革命获得了成功。

三　封建地主制理论的建立

（一）"封建地主制"概念的提出

中国马克思主义史学工作者在论定秦以后社会的封建性质的同时，力图揭示这一封建社会的特点和类型，在这个过程中逐渐形成"封建地主制"的理论。

当时以郭沫若为代表，认为春秋以后中国进入封建时代，秦统一完成了这一过程；更多的人则认为战国秦汉以后的封建社会是从西周的封建社会延续下来的，但两者有明显的区别，是封建社会发展的不同阶段。后者更有对不同阶段予以命名的需要。当时的命名形形色色，但主要有三种："变态封建社会""官僚主义封建社会""地主制封建社会"。[1] 不同的命名反映了对秦以前和秦以后社会特殊本质的不同认识与定位。"变态封建社会"是相对于西周"典型封建社会"而言的[2]，而西周封建社会之所以被称为"典型"，实际上是以西欧中世纪为样板的，所以这一命名没有摆脱"西欧中心论"

---

[1]　此外，1934 年陈伯达在《中国社会停滞状态的基础》一文中，把西周春秋称为"古典式封建社会"，把战国秦汉以后称为"特殊亚细亚形态"的封建社会，强调小农业和家庭手工业的结合和商业资本、高利贷资本和封建式土地占有的三位一体。参见白钢《中国封建社会长期延续问题论战的由来与发展》，第 4—5 页。

[2]　在 20 世纪 30 年代的《经济学大纲》中，李达又进一步阐明这一观点："中国的社会，由周代到鸦片战争时期，是属于封建经济的社会。"他按经济形态把中国封建社会分为两段："在这个期间，可以分为典型的封建经济时期，与变相的封建经济时期。西周和东周时代属于前者，由秦汉迄于鸦片战争时代属于后者。"参见《李达文集》第 3 卷，人民出版社 1984 年版，第 110 页。

的影响。"官僚主义封建社会"（或称"官僚主义封建制"）是相对于西周春秋"初期"的或"分权"的封建社会而言的，它的确抓住了秦以后封建社会不同于西周封建社会和西欧封建社会的一个重要特点，但主要是着眼于政治形态。"地主制封建社会"（或称"封建地主制""地主经济封建制"）是相对于西周春秋的"领主制封建社会"（或称"封建领主制""领主经济封建制"）而言的，它抓住了秦以后封建社会不同于西周封建社会和西欧封建社会的另一个特点，其着眼点是经济形态。"官僚主义封建制"（或称"中央集权封建制"）和"封建地主制"这两种命名各有依据，从不同侧面反映了秦以后封建社会的特点，可以并行不悖。但相比之下，"地主经济"是秦汉以后封建社会更具根本性的特征，"官僚主义"的基础正是"地主经济"，它显然更能揭示这种社会形态的本质，更能揭示它与秦以前社会和西欧中世纪的不同特点，因而"封建地主制"比"官僚主义封建制"的命名要更胜一筹，并终于为大多数学者所接受。

据我现在看到的材料，最早对秦以后封建社会的特点进行探索的是吴玉章和林伯渠。他们 1928 年年底在莫斯科中山大学研究院时，为了驳斥托洛茨基派拉基卡尔说中国土地可以自由买卖没有封建主义的谬论，共同撰写了题为《太平革命以前中国经济、社会、政治的分析》的长文。文章把从秦到太平天国时期的社会经济和政治的特殊结构概括为：①财产资本的土地私有经济；②家族的封建社会；③财产资本的地主阶级政治。第一条是最基本的。"财产资本"，据作者解释，它源于"生产利息的资本是作为财产的资本，这是和那作为作用的资本相对峙的"。作者认为，中国的地主也是吃利息的人，他是变货币资本为土地作为财产资本去生产利息。"财产资本的土地私有经济是地主以土地为财产资本，以佃农的形式剥削农民，阻碍商业经济向前发展而保持半封建的生产方式"。文章谈到了土地私有、土地买卖、租佃关系、高利贷，自耕农之转化为佃农，佃农既受地租的剥削，又在农产品交换中受剥削，等等。在这里，虽然没有使用"封建地主制"这个词，但其揭示的实际上正是封建

地主制的特点。吴玉章、林伯渠的这篇文章是马克思主义史学史上
的开山作之一。它的成篇与郭沫若发表《中国古代社会研究》大致
同时而各有侧重。郭著着重论证马克思主义关于人类历史发展的普
遍规律在中国同样适用，它主要讲述先秦历史，秦以后只是简略提
及。关于中国封建社会，郭沫若突出了"官僚与人民""地主与农
夫""师傅与徒弟"的阶级对立，但没有进一步探究其特点和类型。
吴玉章、林伯渠的文章则是专门谈秦至太平天国这一阶段历史的，
不但肯定了秦以后的中国属于封建社会，而且着重分析了它不同于
西欧封建社会的特点，提出了一些非常有价值的观点。它虽然带有
探索过程中不成熟的印痕，当时没有定稿，也没有公开发表①，但它
明确无误地反映了中国共产党人很早就在马克思主义指导下，从普
遍性与特殊性的关联中来认识中国封建社会，堪称"封建地主制"
理论的先驱。

　　明确提出"封建地主制"概念的，最早当推吕振羽。1934 年 4
月，吕振羽发表《中国经济之史的发展阶段》一文，其中谈道：

　　　　战国时代，中国封建社会内部所包含的一种变化，已开始
　　成长。一方面，新兴地主经济之暂时确立，和商业资本的抬头，
　　一方面原来封建贵族之大批没落。因而直到周秦之际，这种内
　　部的变化因素已经存在，旧封建领主所支配的农奴经济不能不
　　让位到新兴地主的农奴经济：因而建筑于其上层的封建领主的
　　政权，当然不能完全符合新兴地主的要求。秦始皇的地主支配
　　之封建国家政权，便在这个基础上建立起来的。

　　　　像这种地主表现领主职分之一形式的封建社会，为把它别

　　① 这篇文章后由《吴玉章传》写作组整理，发表于《历史研究》1984 年第 6 期。据
整理者的说明，该文初稿完成于 1928 年 12 月，当时未作进一步的加工整理，1933 年，吴
老又在原稿上批注道："这本小册子有许多观点不正确，不能发表。"关于该文的评价，张
剑平指出：它"是一篇在中国马克思主义新史学发展过程中具有开山作用的史学论著，它
的出现同样标志着中国马克思主义新史学的诞生"。见张剑平《略论吴玉章在中国马克思主
义史学中的地位》，《社会科学研究》1997 年第 4 期。

于原来的封建社会，可以叫做地主制的封建社会。实际，阶级
剥削关系的内容，本质上不曾改变。这是应该知道的。秦代以
后的封建社会系专制主义的封建社会，因而在政治的形式上表
现为一种外表的统一的国家，经济上有商品经济和高利贷者的
存在和活动——实际，这在其前代就已经存在着的。这便使许
多观念论的历史家们都陷入迷途。只能看见现象，对于其本质
上的认识，便显出十分无力的窘状。……要了解入秦以后到鸦
片战争以前这一阶段的经济性，只有从其阶级的剥削关系的内
容上去考察，才是问题的核心，才能说明经济的性质。①

　　接着，他在《秦代经济研究》一文中也探讨了"由封建领主经
济到封建地主经济的转换"，并试图描述封建地主经济的一些特点。
他指出"新兴地主是随着土地私有制的发生而存在的"，主要剥削方
式为"佃耕—雇役制"。在封建地主制社会中，"主要对立的阶级为
地主和农民"；地主和商人关系密切，"这时的大地主不必同时便是
大商人，而大商人却同时便是大地主"；"从农奴制下解放出来的自
由农民，所谓自由也还是表面的，部分地主仍然把他们束缚在土地
上，对他们实行在其农奴制时代的榨取"。②

　　比吕振羽稍后，邓拓也提出了基本相同的观点。他在《中国社
会经济"长期停滞"的考察》中说："中国的历史，从西周到清代
鸦片战争以前，在这一个长时期中，都是封建制度的历史……在这
个长期的封建历史中，有若干不同的发展阶段。例如商业资本在春
秋、战国时期已经日渐兴起，到了秦代就颠覆了原来的封建领主制，
而确立了土地自由买卖的封建地主制，出现了商人、高利贷者和地
主三位一体的结合状态。"③ 还有一些学者，虽然没有明确以战国秦

　　① 吕振羽：《中国经济之史的发展阶段》，《文史》创刊号（1934 年 4 月 15 日）。
　　② 吕振羽：《秦代经济研究》，《文史》1935 年第 1 卷第 3 期。
　　③ 邓云特：《中国社会经济"长期停滞"的考察》，《中山文化教育馆季刊》1935 年
第 3 卷第 2 期。

汉以后的封建地主制来与战国以前的封建领主制相对应，但也有类似的提法，或者努力探索秦至鸦片战争封建社会的特点和本质。例如，当时在苏联从事历史教育的吴玉章，继《太平革命以前中国经济、社会、政治的分析》之后，在其1934年编写《中国历史教程》的讲义中，又一次批评了所谓秦废封建后中国已不是封建社会的论调，指出"秦之改革不过造成另一种初期封建形式"，分析了商鞅变法后土地私有、土地买卖和土地集中的发展过程，指出由于土地可以自由买卖，佃农制形成，"商业、高利贷资本能够购买土地来剥削农民，商业资本找到了一条出路，不必再往前发展了"。① 原来持"变相"说的李达，在《中国现代经济史之序幕》中强调商鞅变法后由劳役地租转为实物地租；"随着实物地租之分裂为田赋和地租，而土地所有者也分裂为封建的领有（按指'封建的最高权力者私有全国的土地'）与私人的占有（按指'豪强兼并而可以自由买卖的土地'）"。又指出"（秦代以前）地方分权是封建领主对于农民的直接支配，（秦代以后）中央集权是地主的代表对于农民的支配，即是土地所有者独裁的国家"。② 应该说，这些分析接触到了中国封建地主经济的本质。翦伯赞在其1939年出版的《历史哲学教程》中，批评苏联学者鲍格柯夫没有把握中国封建制之"部分质变"——"如由封建贵族经济向地主经济之转化，由地主经济向小土地所有者及自由商人经济之转化"。他在《中国史纲》第2卷中又指出，中国从秦代进入"中期封建社会"，其基础是土地所有关系的转变，即新的商人地主的土地所有代替了旧的封建领主的土地所有。③ 这已经非常接近封建地主制或地主经济的概念了。

由此可见，马克思主义历史学家在中国社会史论战中及论战以后，通过对商业资本主义社会说、专制主义社会说等错误理论的批

---

① 吴玉章：《论中国封建社会"长期停滞"问题》，载《历史文集》，人民出版社1963年版。按：吴玉章认为中国封建社会存在浓厚的宗法制残余，始终滞留于初期封建形式。

② 李达：《中国现代经济史之序幕》，《法学专刊》第3、4期合刊（1935年5月）。

③ 参见翦伯赞《中国史纲》第2卷，大呼出版公司1946年版，第29—31页。

判，吸收三大论战的积极成果，努力探索战国秦汉以后至鸦片战争以前中国封建社会的本质和特点，从而做出"封建地主制"或"地主经济封建制"这一科学的概括。

不过，在相当长的时期内，"封建地主制"这一概念的提出者虽然已经阐述了它的若干主要特点，但还没有展开充分的论证，形成系统的理论；这种观点虽然逐渐被学界所接受，但还没有形成统一的认识。1939 年毛泽东撰写《中国革命与中国共产党》，肯定中国的封建制度"自周秦以来一直延续了三千年左右"，"如果说，秦以前的一个时代是诸侯称雄的封建国家，那么，自秦始皇统一中国以后，就建立了专制主义的中央集权的封建国家；同时在某种程度上保留着封建割据的状态。"这虽然是就国家形式而言的，但毕竟没有明确采取领主制、地主制作为阶段划分的标志。不过，文中分析中国封建时代经济制度和政治制度的主要特点（涉及自然经济、土地占有和剥削方式、赋税制度、国家政权形式等方面）时，主要却是根据秦以后的历史做出的概括，一定意义上可以视为中国封建地主制的特点。我们知道，该文的历史部分主要依据当时在延安马克思主义史学家成果和意见。这就表明，领主制、地主制这种明确的阶段划分，即使在马克思主义史学家中也没有被统一地认定。[①]

（二）王亚南的理论贡献和"封建地主制"概念之被普遍接受

第一次对"封建地主制"的理论做出系统阐述的是王亚南。王亚南很早就接受了马克思主义，并以此为武器研究中国经济的现实与历史，从不停止他的探索。20 世纪 30 年代初，他认为中国封建社会始于西周，崩溃于战国，他在《读书杂志·中国社会史的论战》第 1 辑发表的《封建制度论》中即持此说。30 年代中期，他的观点

---

① 上文谈到 1934 年 4 月《中国经济之史的发展阶段》中提出"封建地主制"的概念。但同年 4 月，李达为吕振羽《史前期中国社会研究》作序时介绍作者分期的意见为"周代为中国史的初期封建社会"，"由春秋到鸦片战争前这一阶段，为变种的即专制主义的封建社会时代"。李达是吕振羽的老师，这里介绍的应是吕振羽原来与李达一致的观点；论文反映的应是作者更新的主张。但吕氏对李达序中的表述不提出异议，起码反映了"封建地主制"的主张尚未定型。

发生了变化。在他 1935 年编写《中国社会经济史纲》中，西周被定为"初期封建制度"时期，秦以后被定为"官僚主义封建制度"时期，春秋战国为过渡时期。为什么说秦以后是官僚主义的封建制度？他解释道："秦始皇帝不把领土领民分交于其诸子功臣治理，而大权独揽，对诸子功臣仅'以公赋税重赏赐之'，此与封建似不能同日而语；但问题不在领土领民用何种方式支配，而在于支配领土领民的所谓支配阶级，究竟寄生于哪种形态的生产上面。周代对其领内可以榨取的农奴劳动剩余，直接让诸子功臣分别自行处理；于秦始皇则把这些农奴剩余劳动，全都收归己有，然后再由给俸的形式，'以公赋税重赏赐之'，由此观之，秦之官僚主义的专制机构，与周代封建机构，同是建立在农奴生产形态上面，如其说，一种政治形态是取决于所由建立的经济基础，或者，封建制度的特质，乃存于农奴劳动的剥削，那秦代的郡县制，就与周代封建制没有何等本质区别，从而把秦代这种政治装置，称之为专制官僚主义的封建制，就没有什么说不过去的了。"① 1938 年，他与郭大力翻译出版《资本论》第 3 卷以后，更加纯熟地运用马克思主义研究中国经济的现实和历史，这时，他已接受了"封建地主制"的观点。在 1946 年 1 月出版的《中国经济原论》中，王亚南指出春秋战国时期，"颁田制禄的封建领主制就转变为佃田纳租纳税的地主封建制；适应着这种经济剥削形式的转变，分立的封建局面，也为中央集权的封建官僚统治所代替"。并分析了"作为中国典型的地主封建制"的特点。在 1948 年出版的《中国官僚政治研究》一书中，王亚南对自己原来的认识做了一番检讨，提出了新见解：

> 单纯从形式上、从政治观点上考察，说中国封建社会在周末解体了，那是不无理由的，即作者在中国社会史论战开始时，亦是如此主张……但后来对封建制作更深一层的论究，始觉得

---

① 《中国社会经济史纲》，上海生活书店 1936 年版，第 108 页。该书署名为王渔邨，从编写例言看，该书的编写完成于 1935 年。

错了。

　　……对封建制有全面决定作用的因素，乃是主要由农业劳动力与土地这种自然力相结合的生产方式……如果在自然经济形式上的封建制度，以政权的非集中化为特征，但只要生产关系仍旧是封建的，这个特征虽有了重要的变化，或甚至消失了，封建制度的本质仍没有变更。

　　中国的专制官僚政体是随中国的封建的地主经济的产生而出现的，它主要是建立在那种经济基础上的。

在1954年出版的《中国地主经济封建制论纲》中，王亚南全面阐述了"地主经济的封建制"不同于"领主经济的封建制"的特点，以及它的来龙去脉以及对社会、政治、文化等各方面的影响。

王亚南对"地主经济"理论的建设主要有以下三个方面。

第一，更加全面和深入地论述了"地主经济"特点和本质，主要有如下几点：①指出地主经济封建制下的商品流通比领主经济封建制发达，因而农业劳动者对土地和土地所有者的依附相对较轻，土地和劳力能够自由转移，劳动者的积极性较高，地主经济是比领主经济进步的一种形态。不过，这种自由只是相对的，超经济强制依然存在，劳动者受的剥削甚至更加严重。②分析了商业资本、高利贷与地主经济的关系及其运行规律，指出它们是"通家"、是"伙伴"，地主经济的再生机能与商业资本本身的再生是一致的。③指出地主经济的封建结构具有"钝化或缓和矛盾的弹性"。

第二，把地主经济视为封建制度（主要指秦以后）的基础，深入分析了这一基础与封建社会政治、文化等方面的关系，并试图以地主经济理论为中心解答中国历史上的一系列重大问题，如封建社会长期"停滞"问题，中华民族如何形成问题等。尤其是明确指出了地主经济是中央集权官僚政治的基础，用水利工程、抵御外侮或选贤任能的要求来解释中央集权的形成都是不妥的。

　　第三，系统阐述了地主经济封建形态的形成和演变。在这方面，最有特色的是把亚细亚生产方式与地主经济封建制的形成发展联系起来考察，指出亚细亚生产方式诸特点在地主经济封建社会中的残留。

　　王亚南第一次明确指出，较长时期停留在地主经济封建制度的发展阶段是中国历史不同于西欧的重要特点，这样，王亚南就不但把地主经济视作秦以后封建社会的基础，而且视为把握中国历史的一个"枢纽"；不但可以阐释中国封建社会的各种问题的理论基础，而且是分析和研究半殖民地半封建的中国近代社会的形成及其特点的有力武器。

　　王亚南认识的变化具有典型的意义，他反映了一位学者是如何在马克思主义的指导下追求真理和接近真理的。[1] 我相信，每一个真诚信仰马克思主义的学者，在了解了真实的情况和进行了认真的研究以后，在对中国历史上的封建社会问题的认识上，都会和王亚南殊途同归的。

　　"封建地主制"或"地主封建制""地主经济封建制"虽然是主张西周即进入封建时代的学者为了区别战国秦汉前后的封建社会而发明和使用的，但这和许多主张战国秦汉进入封建社会的学者的认识是吻合或类似的。例如首倡秦以后进入封建社会的郭沫若，就把地主阶级与农民阶级的对立作为封建社会结构的基本特点。因而战

---

　　[1]　台湾某学者对王亚南在《读书杂志》表达的观点大加赞赏，说他之所以改变观点，是由于抗战期间任职军事委员会，受到周恩来、董必武的"耳提面命的谆谆教导"，因而"屈从政治权威"，"呼应中共中央的主张"云云（《读书杂志与中国社会史论战》，稻乡出版社1995年版，第242页），这是毫无根据的推测。实际上，王亚南当时虽然接受了马克思主义的影响，但运用还不纯熟，加上当时他对中国封建社会问题并没有深入的研究（这是他自己说的），所以他在《读书杂志》发表的文章明显受到托派观点的影响。不过，他自信不坚，文章发出后，感到自己"有见解不成熟的地方"，给王礼锡写信，"希望暂缓发表"，可是文章已经印好了（参见王礼锡《编者的话·关于参加中国社会史论战者的一些消息》，载《王礼锡致胡秋原》）。该作者的专著是以《读书杂志》为研究对象的，难道连《读书杂志》的主编发表在该杂志上的信也视而不见吗？再说，王亚南抗战以前早就改变了观点，认为从周代至鸦片战争都是封建社会，这与"政治权威"有什么关系？为什么连最明显的事实也不顾呢？（《中国社会经济史纲》，上海生活书店1936年版，第378页。）

国秦汉封建论者一般也接受"封建地主制"或"地主经济封建制"的概念，把它作为凸显中国封建社会区别于西欧的特点的封建制度的一种类型。站在战国封建说的立场对地主制封建社会形态进行系统阐述的，应当首推生活·读书·新知三联书店 1979 年出版的胡如雷《中国封建社会形态研究》一书。

1949 年以后，绝大多数学者接受了马克思主义作为史学研究的指导思想。史学界所谓的"五朵金花"，在某种意义上就是围绕中国封建社会发生发展规律及相关问题展开的研究和讨论。在讨论中尽管对中国封建社会始于何时有分歧，但没有人对鸦片战争前中国社会的封建性质提出否定的意见。"封建地主制"或"地主经济封建制"的概念也在讨论中被史学研究者所广泛接受，成为对战国秦汉以后社会性质认识中的主流观点。这种状况是学术研究发展过程中自然形成的，可以说是多数学者通过长期的学术实践所达到的共识，并没有任何行政命令或"政治权威"施加其间。

四　对质疑者的回答

从以上学术史的回顾可以看到，战国秦汉以后是否封建社会的问题，我们的先辈在七八十年前就已认真讨论过了。在讨论中，否认战国秦汉以后是封建社会的各种论调露出了许多破绽，经不起实践的检验，已经相继为人们所抛弃。肯定战国秦汉以后是封建社会的观点，虽然不是每个人都同意，但已被越来越多的人所接受。

现在有人又把这个问题重新提出来了。我不知道这些学者是否认真研究和总结过 20 世纪的这次大讨论。如前所述，20 世纪 20—30 年代，虽然有不少学者认为战国秦汉以后已经不是封建社会，但没有一个中国学者否认中国历史上存在过封建社会，绝大多数学者也不否认秦汉以后的中国社会仍然存在严重的封建关系。现在有的人不但否认战国秦汉以后是封建社会，而且否认中国历史上存在过与西欧中世纪封建社会性质相类的封建社会。

那么，他们提出了一些什么新的理论和新的论据呢？恕我说一句不客气的话，他们没有提出过系统的理论，没有做过严谨的论证。如果鸦片战争前的中国社会不是封建社会，那是什么社会？如何命名？为什么要这样命名？这些问题，他们也没有做出正面的回答①，其论证基本是否定性的，主要有两条：第一条是：现在所广泛使用的"封建"一词，不符合中国历史上"封建"的本义，所以根本不能成立；② 第二条是：认为秦废"封建"后仍然是封建社会，就是犯了西欧中心论，就是用斯大林的五种生产方式的公式剪裁中国的历史。

"封建"一词和世间其他一切事物一样，其含义都是历史地变化着的，我们不应用凝固的观点看待它。上文已经指出，这种变化早在古代就已经发生了。近代引入西欧的"feudalism"并用"封建"与之对译以后，"封建"的概念在短短二三十年间发生了两次"飞跃"。第一次突破了把"封建"仅仅看作中国古代一种政治制度的局限，把它视为在世界各地都经历过的一种社会形态；第二次是进一步把"封建"看作一种生产方式。我们现在历史分期中所使用的"封建"是后者，即采用马克思主义关于封建生产方式的概念。它当然不同于中国古代"封建"的初义，但这是再正常不过的事情。现在人文社会科学所使用的词汇，尤其是用中国古语译介西方有关概

---

① 20世纪20—30年代社会史论战中否定秦汉后鸦片战争前为封建社会的学者，一般对这一时期都给出一个名称，作出论证，形成一定的理论。现在否定论者往往没有正面的论证。对秦至清这一时期，或称为"传统社会"，或称为"帝制时代"，等等。"传统"一称太笼统，现代以前都可以叫"传统社会"，"帝制"只反映了这一时期政治制度的某一特征。它们都不足以界定一个特定时期的社会形态。

② 如李慎之在《"封建"二字不可滥用》一文中说："滥用'封建'这个词原来正是政治势力压倒'知识分子的人文精神'的结果。因为时下所说的'封建'以及由此而派生的'封建迷信''封建落后''封建反动''封建顽固'，等等，并不合乎中国历史上'封建'的本义，不合乎从feudal, feudalism这样的西文字翻译过来的'封建主义'的本义，也不合乎马克思、恩格斯所说的'封建主义'的本义，它完全是中国近代政治中为宣传方便而无限扩大使用的一个政治术语。"（原载《中国的道路》，南方日报出版社2000年版，转引自《新观察文摘》。）

念的词汇，含义与该词的古义不同以至相反，并不鲜见。① 何况从欧洲引入的 feudalism 未必与中国古代封建没有一点联系。② 以现在使用的"封建"概念不同于中国古代的"封建"为由，来否定中国历史上（或秦汉以后）存在过封建社会，是完全站不住脚的。关键是我们现在使用的"封建"概念以及用它来确定秦汉以后社会的封建性质，是否科学，能否反映历史的本质。

如果说，现在使用的"封建"不同于中国古代的"封建"和西欧的"feudalism"还有部分的道理，那么说它也不符合马克思主义关于封建生产方式的概念，就真不知此话从何说起了。至于在民主

---

① 林甘泉在《世纪之交中国古代史研究中的几个热点问题》一文（载《21世纪中国历史学展望》，中国社会科学出版社 2003 年版）中指出："关于封建社会，有一种意见认为，中国历史文献上的'封建'指封邦建国，与欧洲中世纪的封建制度完全是两码事，所以不应套用封建社会的名称。这种意见是很难令人信服的。近代以来，中国人文社会科学所使用的许多词汇，都和历史文献的本意不尽相符，有的意思甚至截然相反。比如'民主'一词，见于《尚书·多方》，原意是民之主宰，与我们今天所说的'民主'意思正相反。再如'革命'一词，历史文献的本意是顺天应人而改朝换代，与我们今天所说的'革命'意思也相去甚远。如果因为我们所使用的这些名词意思与历史文献不符，都要改正，岂不是乱了套？'封建社会'一词，大概是始于日本学者所翻译，再传播到中国的。中国历史上是否存在封建社会，根本问题要看封建社会经济形态的基本特征在中国历史上是否存在？这个基本特征就是封建的生产方式，而不必非是欧洲的封君封臣制度和庄园生产组织不可。中国学者无论是主张西周封建论，还是主张战国封建论或魏晋封建论，都着眼于封建生产方式（领主制或地主制），这完全无可厚非。如果认为只有具备西欧封建制的那些特征，才算得上是封建社会，这岂不是把封建社会形态当作欧洲的专利品了吗？"

② 当年严复以"封建"对译"feudalism"是经过对比研究的，他的翻译很快就被人们所接受。西周的"封建"与西欧中世纪的 feudalism 确有颇多相似之处，例如，通过领地的分封而形成的封主与臣属之间的权利与义务关系、等级制、人身依附关系等；应该说，把 feudalism 译为"封建"不是没有根据的。在一定意义上，这是西周封建论的认识基础之一。在相当长的时间内，没有人对这种翻译提出异议。20 世纪 40 年代，侯外庐撰写《中国思想通史》时，认为中国古代的"封建"是指古代的城市国家，被译为"封建"的"feudalism"则是立基于自然经济、以农村为出发点的封建所有制形式，两者相混，是"语乱天下"（《中国思想通史》第 2 卷上册，生活·读书·新知三联书店 1950 年版，第 3—4 页。按：作者在《序》中说，该书写于 40 年代）。90 年代，日知又在《"封建主义"问题》中详论用中国"古典时代"的"封建"对译属于欧洲中世纪的 feudalism，是错误的。侯外庐和日知均主张西周春秋为中国的"古典时代"。作为古史分期争论的一个侧面，以"封建"对译"feudalism"是否正确的争论还会继续下去。有人以此作为否认中国存在与西欧类似封建社会的一个论据。他们忽视了，无论侯外庐或日知，都认为秦汉以后是与西欧中世纪本质相同的封建社会。何况，即使这一对译完全错了，也不足以否定中国存在过类似西欧的封建制度。

革命和社会主义革命过程中，广大群众接受了"封建"的概念以后在使用中把它泛化了，一切与五四以来宣扬的民主科学精神不符的事物都被冠以"封建"，于是有封建思想、封建迷信等词汇的出现，这没有什么可奇怪的，因为词义总是在群众的使用中不断丰富其内涵的，与什么"政治压力"毫不相干。

反对西欧中心论是时下非常时髦的一个话题。但在反对西欧中心论的旗帜下可以有不同的思想路线：一条是承认各地区各民族历史的发展既是特殊的，也有普遍性的一面，承认马克思主义理论包含了对人类历史发展普遍性的认识，运用马克思主义指导研究而反对把它当作教条，反对把西欧历史变成僵死的模式来剪裁中国的历史，强调从各国历史实际出发，找出其间的特殊性、普遍性及其相互联结；另一条是强调各国历史发展的特殊性，否认这些特殊性中也包含了普遍性，否认马克思主义理论所揭示的人类历史发展的共同规律性，把运用马克思主义指导研究中国历史等同于教条主义和西欧中心论。我们赞成第一条思想路线，反对第二条思想路线。

主张中国和西方都经历过封建社会的发展阶段，其前提是承认中国和西方历史的发展具有共同性。自严复以"封建"对译"feudalism"以来，就没有把封建社会局限于西欧一隅，而是理解为人类历史上带有普遍性的制度。前面谈到，鸦片战争以后，中国人不得不正视外部强大的西方世界，在研究历史时打破过去封闭的眼界，努力吸收西方的历史理念，把中国的历史与西方世界作比较，在当时，这成为不可抗拒的潮流。正是在这种比较中，先进的中国人认识到中外历史发展具有共同性。应该说，这是中国人历史观的一个巨大的进步。试想如果特殊的事物中不包含某种共同性，那么能够看到的只是一个个具体事物的眼前状况，无法上升到"类"的认识、"规律"的认识、发展趋势的认识，那还有什么科学研究可言呢？严复谈到国家时曾经说过："国家为物，所足异者，人类不谋而合。譬如我们古有封建，有五等，欧洲亦有封建、五等。吾古有车战，西人亦然。平常人每见各国之异而怪之，实则异不足怪，可怪者转是在同。于其所同，能得其故，便是哲学能事。"① 诚哉斯言！科学研究的重要任务之一正是异中求同，同中求故。由于中国传统社会的腐朽已经暴露出来，人们纷纷从外国的思想库中寻找武器，寻找能够正确解释人类历史发展规律的思想理论。② 找来找去，比来比去，"于其所同，能得其故"者，莫若马克思主义的唯物史观。中国共产党人和马克思主义史学家对中国社会封建性质的认识，无论现实的或是历史的，毫无疑问是在马克思主义的指导下进行的。有人把这一认识过程说成是把中国历史硬往斯大林五种生产方式的公式上套，这与事实相距太远了。我们知道，列宁去世以后，斯大林在和托洛茨基反对派的斗争中，的确对中国社会的封建性质有过阐述，这些阐述对中国共产党人当然发生了影响，但中国的先进分子和共产党人对中国社会封建性的认识，在这以前早就开始了，甚至在马克思主义系统介绍到中国以前就已经开始了。在马克思主义传播到中国以后，他们的理论武器主要是马克思、恩格斯、列宁的有关论述。社会经济形态依次更替的理论是马克思、恩格斯创立的唯物史观的重要组成部分，不是斯大林的发明；而且，即使到了 20 世纪二三十年代中国社会史论战时期，斯大林论述五种生产方式的小册子《辩证唯物主义和历史唯物主义》还没有出版。

　　运用马克思主义社会形态学说进行研究，是否就要犯教条主义和西欧中心论的错误？

　　马克思主义最讲实事求是，它本质上与教条主义是不相容的。我们还没有看到哪一个思想家像马克思、恩格斯那样，公开劝诫人们不要把他们的理论当作教条。毋庸讳言，马克思、恩格斯对历史上各种社会形态的概括主要是根据西欧的经验事实做出的，但也并

---

① 《政治讲义》，载《严复集》（5），中华书局 1986 年版。

② 中国社会史论战中关于秦以后社会性质的几种主要理论派别，无一不是以某种外国人的理论为渊源。如陶希圣的商业资本主义社会说来源于德国人拉狄克的理论，王礼锡等的专制主义社会说来源于俄国人泼可老夫斯基的理论，等等。这本身无可指责，问题在于采用的理论是否正确和对理论的运用是否正确。

不仅仅局限于西欧。即使是西欧经验，虽有其特殊性，但也包含了普遍性的一面。就马、恩、列关于封建制度的论述而言，有的是针对西欧具体情况而发的，不一定适合其他国家的情况，甚至有些论述从当时掌握的不全面的资料出发，带着时代的局限性，但是，不少论述又是带有普遍意义的，尤其是作为这些论述基础的社会经济形态学说，其正确性已被实践反复证明。这些学说和理论，如果不是生吞活剥当作僵死的教条，当然可以作为我们研究中国历史的指南。中国社会史论战中的各派学者，无不承认封建制度的普遍性，无不承认马克思主义有关理论的指导意义。因此，问题关键在于如何正确运用它。正确运用这种理论，不但不会导致教条主义和西欧中心论，相反，这正是克服教条主义和西欧中心论的有力武器。

中国共产党人在运用马克思主义认识中国现实和历史过程中，确实出现过教条主义，但这种教条主义从来就受到清醒的共产党人的抵制，理论与实践相结合是他们一贯坚持的原则。早在 1921 年，施存统就说过："我以为马克思主义全部理论，都是拿产业发达的国家底材料做根据的，所以他有些话，不能适用于产业幼稚的国家。但我以为我们研究一种学说一种主义，绝不应当'囫囵吞枣'、'食古不化'，应该把那种学说的精髓取出。"还说："我们狠知道，如果在中国实行马克思主义，在表面上或者要有与马克思所说的话冲突的地方；但这并不要紧，因为马克思主义本身，并不是一个死板板的模型。所以我认为我们只要遵守马克思主义底根本原则就是了；至于枝叶政策，是不必拘泥的。"[1] 20 世纪 30 年代初，毛泽东写了《反对本本主义》，针对的就是在国情调查和认识中的教条主义。

在中国共产党建党初期和 20 世纪二三十年代的社会史论战中，共产党人和马克思主义史学工作者从总体上并没有犯教条主义的错误，起码在对中国社会封建性的认识上是这样。他们并没有拘泥于马克思、恩格斯对西欧封建社会的某些具体论述的词句，而是抓住

---

① 《马克思底共产主义》，《新青年》第 9 卷第 4 号（1921 年 8 月 1 日）。

作为一种生产方式最本质的东西。正因为这样，他们才能够看出战国秦汉以后的中国社会虽然与西欧中世纪社会有许多不同的特点，但生产关系本质上仍然是封建式的，从而做出了正确的定性。这绝非食洋不化者能够做到的。如果说当时存在教条主义和西欧中心论的话，那不是秦以后封建社会论，而是战国封建社会崩坏论。因为它把当时人们所有限了解的西欧中世纪社会当作封建社会唯一的固定的模式，凡是符合这个模式的就是封建社会，凡是不符合这个模式的就不是封建社会。这难道不正是教条主义和西欧中心论吗？

20 世纪二三十年代的人们研究中国封建社会时，视西欧中世纪为封建社会的典型，拿中国与之相比是十分自然的。即使是一些赞成秦以后为封建社会的学者，也往往因此把秦以后的中国社会称为"变态"的或"早熟"的封建社会。从这里可以依稀看见西欧中心论的影子。认识了这一点，我们就能够更深刻地理解"封建地主制"论的意义和价值。因为它突破了以西欧中世纪为封建社会唯一典型的思路，把中国的封建地主制作为不同于西欧封建社会的另一典型，彻底摆脱了西欧中心论的阴影。其实，中国的地主经济封建社会，从延续时间之长和发展之充分看，毋宁说，在人类封建社会的历史上更具典型意义。应该说，中国马克思主义史学关于中国封建社会的理论，尤其是封建地主制理论，是马克思主义基本原理与中国历史实际相结合的丰硕的成果，是中国人对马克思主义史学的一个贡献。

还有"政治压力"一说。据说，运用马克思主义社会形态的理论研究历史，就是一种"政治干扰""意识形态诉求"；历史研究只有彻底摆脱政治，才谈得上科学性。不错，中国共产党人和马克思主义史学家对中国社会封建性的研究和认识，是由革命的需要所推动的，是与革命的实践（也就是政治）密不可分的。在我们看来，这是它的特点，也正是它的优点。我们不赞成把学术和政治混为一谈，但历史研究实际上是难以和政治绝缘的。以反对套用五种生产方式公式为幌子否定中国马克思主义史学对中国封建社会的论定，本身就是一种"意识形态的诉求",隐含着某种政治。在历史学中,不是每个问题都要与政治挂钩,但是,像"封建社会"是否存在这样的问题,想和政治脱钩也脱不了。在历史科学中,把革命性和科学性完全对立起来是没有道理的。革命性和科学性可以统一。从20世纪初中国共产党人和马克思主义者关于中国社会的封建性的研究来说,在当时的情势下,论争带着强烈的情绪,在正确否定论敌错误观点的同时有时难免缺乏冷静的分析,但总的来说,其革命性和科学性是较好地结合在一起的。因为革命需要科学,科学支撑革命;如果对中国社会的现实和历史没有科学的认识,就不可能引导革命走向胜利。同时,革命又推动了科学、验证了科学。对中国社会封建性的认识指导了革命的实践,同时革命的实践又有力地证明了这种认识的科学性。对秦汉以来社会封建性质的认识与中国民主革命及其纲领的关系是如此之密切,以至要否定这种认识,势必牵涉中国民主革命及其纲领,这当然是应该十分严肃慎重对待的事情。

(原载《历史研究》2004 年第 3 期)

"亚细亚生产方式"再探讨[*]

——重读《资本主义生产以前的各种形式》的思考

马克思在《政治经济学批判·序言》（以下简称《序言》）中说："大体说来，亚细亚的、古代的、封建的和现代资产阶级的生产方式可以看做是经济的社会形态演进的几个时代。"[①] "亚细亚生产方式"何所指？学界争论已近百年。我在 20 世纪 80 年代曾撰文赞同亚细亚生产方式为原始社会形态说。[②] 新近的争论引起我的思索，深感这是关系如何正确把握马列主义唯物史观的重大问题，遂重新研读了马克思的《资本主义生产以前的各种形式》（以下简称《形式》）、《政治经济学的方法》（以下简称《方法》）及相关论述，产生了一些新的认识，充实和发展了先前的基本观点，也对先前认识的偏差做了纠正。我从前人和今人的研究中汲取了不少营养，亦有与时贤意见相左者，愿就教于学界同人和广大读者。

关于亚细亚生产方式以及相关的亚细亚所有制形式的研究，可以包括两方面：一是如何正确理解其内涵，二是如何将它应用于历史的研究。正确理解是正确应用的前提。本文主要探索亚细亚生产方式以及相关的亚细亚所有制形式的内涵。至于这些理论如何运用于对中国史的认识和研究，将另文探讨。亚细亚生产方式究竟指什

　＊　本文修改过程中,林甘泉、廖学盛等同志提出宝贵意见,特此致谢!
　①　《马克思恩格斯全集》第 31 卷，人民出版社 1998 年版，第 413 页。
　②　参见李根蟠《马克思恩格斯原始社会理论的若干问题》，载《中国社会科学院经济研究所集刊》第 9 辑，中国社会科学出版社 1987 年版。

么，众说纷纭，见仁见智。答案只能从马克思的论著中、从他本人的经历和思想发展中去寻找。恩格斯指出："一个人如果想研究科学问题，首先要学会按照作者写作的原样去阅读自己要加以利用的著作，并且首先不要读出原著中没有的东西。"① 本文打算就马克思提出亚细亚生产方式的思想轨迹、探索历程和研究方法三个方面作些探讨。

一 亚细亚生产方式概念形成前后的思想轨迹

马克思、恩格斯从批判资本主义生产方式出发研究历史，他们否定建立在私有制基础上的剥削制度的合理性和永恒性，因此很早就关注人类社会的起始状态。《德意志意识形态》（1845—1846）（以下简称《形态》）提出的"第一种所有制形式是部落所有制"，就是马、恩对人类社会起始状态的一种探索。"部落所有制"虽然包含了马、恩关于原始社会理论的胚芽，但还不能算是原始社会形态的科学概括。

19世纪50年代初，马克思、恩格斯在研究亚洲时局和亚洲社会时，敏锐地发现它与西方社会有所不同，其中比较突出的一点是保存了村社的土地公有制。② 这就为理解原始社会的生产关系提供了实证线索。马克思、恩格斯在分析论述东方社会历史特点的同时，把亚洲社会中存留的村社和欧洲社会历史上的公社残余进行比较，认定土地公有制的公社是东西方社会都要经历的初始阶段，从而初步形成了原始社会形态的科学概念。这就是《序言》提出"亚细亚生产方式"的由来。

《政治经济学批判》出版于1859年1月，为了完成这部著作，

----

① 《马克思恩格斯文集》第7卷，人民出版社2009年版，第26页。

② 1853年6月2日马克思致恩格斯的信说："贝尔尼埃正确地看到，东方（他指的是土耳其、波斯、印度斯坦）一切现象的基础是不存在土地私有制。这甚至是了解东方天国的一把真正的钥匙……"恩格斯6月6日的回信表示赞同。（参见《马克思恩格斯文集》第10卷，人民出版社2009年版，第112页。）

马克思写了数十万言的手稿①，后者被称为《资本论》的最初稿。马克思关于原始社会形态的新思想大体上是在该手稿撰写过程中最终形成的。该手稿中载有《形式》一文，比较集中地反映了马克思这方面的思考和研究。

《形式》是该手稿第 3 章的一部分，它以资本主义生产方式的分析为出发点追溯它的起源。在资本主义生产方式下，一方面是除了自己的劳动力以外一无所有的自由劳动者，另一方面是占有大量生产资料和生活资料的资本家。只有当资本家用货币购买自由劳动者的劳动力，从而使劳动者得以和劳动资料发生关系以后，生产才能进行，而生产的目的完全是为资本家增殖价值。劳动与资本的这种对立是以劳动者与劳动的物质条件的彻底分离为前提的。这种分离是历史发展的结果。那么，在这种分离出现以前劳动者同劳动的物质条件是一种什么关系，这种分离又是如何实现的？这就是《形式》论述的主题。

马克思指出，劳动者同劳动的物质条件（自然条件，指劳动资料和劳动材料，主要是土地）的初始关系是"天然统一"（《形式》，第 465 页）②，也就是说，劳动者是劳动的物质条件的自然的和当然的所有者，但他们之所以成为所有者，是以归属于自然形成的某一共同体为前提的。这是一种以公社成员身份为中介的劳动者对劳动物质条件的所有制，劳动者、所有者和共同体在这里是三位一体的。这类所有制有种种不同的表现形式，《形式》主要论述了三种。亚细亚所有制是直接的共同所有制，不存在土地私有制；公社是经济实体，个人是公社附属物，是公社财产的占有者。古代的所有制是公有土地与私有土地并存，以城市为中心的公社仍有其独立的经济存在。日耳曼形式个人私有制已占支配地位，公有土地只是个人财产

---

① 参见《马克思恩格斯全集》第 30 卷，人民出版社 1995 年版；《马克思恩格斯全集》第 31 卷。

② "《形式》，第××页"是"《资本主义生产以前的各种形式》，《马克思恩格斯全集》第 30 卷，第××页"的简化。本文凡引《形式》文仿此，不另出注。

的补充或公共附属物；公社实际上只存在于公社成员的集会和他们为了公共目的的联合之中。这三种所有制虽然各有不同特点，但都离不开共同体的存在，任何所有者都必须和必然具有共同体成员的身份。马克思在《形式》中总结说：

> 这种所有制所表现出来的一切形式，都是以这样一种共同体为前提的，这种共同体的成员彼此间虽然可能有形式上的差异，但作为共同体的成员，他们都是所有者。所以，这种所有制的原始形式本身就是直接的共同所有制（东方形式，这种形式在斯拉夫人那里有所变形；在古代的和日耳曼的所有制中它发展成为对立物，但仍然是隐蔽的——尽管是对立的——基础）。（《形式》，第490—491页）（按："共同所有制"，《全集》中译本第1版译作"公有制"）

在这里，马克思揭示了三种所有制的共同点和它们之间的区别。其中，只有亚细亚所有制（文中所称"东方形式"）是"原始形式"，表现为"直接的共同所有制"。[1] 古代的和日耳曼的所有制是"产生出来的东西"，是"解体"的形式，它们已经产生了公有制的对立物——个体私有制；[2] 但这两种形式下的个体私有仍以共同体的存在为前提，正是在这个意义上马克思指出公有制仍然是它们"隐蔽的基础"。

既然亚细亚形式是原始形式，古代的和日耳曼的形式是解体形

---

　①　在同一手稿《形式》一文前面，马克思写道："历史却表明，共同财产（如印度人、斯拉夫人、古克尔特人等等那里的共同财产）是原始形式，这种形式还以公社财产形式长期起着显著的作用。"（《马克思恩格斯全集》第30卷，第29页）"共同财产"与上引文"直接的共同所有制"同一意义。这段话也同样把印度等地存留的"共同财产"制定位为"原始形式"，而与其他的"公社所有制形式"区分开来。

　②　《形式》谈到古代形式的公社时说："在这里它已经是历史的产物，不仅在事实上，而且在人们的意识里也是如此，因而是一个产生出来的东西"（《形式》，第470页）。个体私有制有了进一步发展的日耳曼形式的公社更不在话下。"解体"形式也是马克思的原话，参见《马克思恩格斯全集》第30卷，第470页。

式，这就意味着古代的和日耳曼的形式是从亚细亚类型的所有制演变而来的，也就是说，亚细亚形式虽然以代表性的地域命名，实际上包含了超越地域的普遍意义，是东西方都要经历的一种所有制形式。马克思写《形式》时，没有读过毛勒关于德国马尔克制度的著作。1868 年 3 月 14 日，马克思在给恩格斯的信中说，他最近阅读了毛勒的有关著作，这些著作"详尽地论证了土地私有制只是后来才产生的，等等。……我说过，欧洲各地的亚细亚的或印度的所有制形式都是原始形式，这个观点在这里（虽然毛勒对此毫无所知）再次得到了证实"① （按：马克思阅读的毛勒有关著作出版于 19 世纪 50 年代中期到 60 年代中期，这时毛勒对马克思关于"欧洲各地的亚细亚的或印度的所有制形式都是原始形式"的观点"毫无所知"，这说明马克思这一观点的形成应在此以前或与此同时，具体时间难考其详，但从现存材料看，《形式》中有关论述无疑集中体现了这一观点②）。这样，马克思在阐述劳动者同劳动的物质条件的原有关系时，通过对东西方公社形式的比较，揭示了人类原始社会形态的一个基本特征——天然共同体的土地共同所有制。

为什么会形成这样的土地原始公有制？马克思是从初始形态的人类社会中人与自然以及人与人的关系进行分析的：作为自然的人（"主体的自然"）与他依以生存的自然，首先与土地（"客体的自然"）是不可分离的，人占有自然（土地）就是占有他自己的生存条件，这实际上是他双重存在（"主体的自然"与"客体的自然"）的表现（《形式》，第482页）。但在生产力低下的原始时代，

---

① 《马克思恩格斯文集》第 10 卷，第 281—282 页。

② 有的学者说马克思是在 19 世纪 60 年代看了毛勒的著作后，才认识到"以土地公有制为基础的社会形式不仅在亚洲存在，而且在欧洲也存在过"（涂成林、杨耕：《论马克思东方社会理论的生成逻辑》，《哲学研究》2007 年第 12 期）。这种说法与马克思本人的表述直接相忤。马克思在给恩格斯的信中明白无误地说毛勒的著作"再次证实"了他原来的判断，而不是改变了他原来的看法。再者，1859 年 1 月出版的《政治经济学批判》中，明确指出"从印度的公有制的各种形式中""可以推出""罗马和日耳曼的私有制的各种原型"（《马克思恩格斯全集》第 31 卷，第 426 页），时间也在马克思阅读毛勒著作之前。

人们必须通过依存于共同体的"共同生产"（或曰"共同劳动""协作"）①来利用土地。"所以孤立的个人是完全不可能有土地财产的，就像他不可能会说话一样"。共同体"并不是共同占有（暂时的）和利用土地的结果，而是其前提"（《形式》，第466页）。进一步说：活的个体所归属的"某一自然形成的社会，部落等等"也是"生产的自然条件之一"（《形式》，第484页）。这样，以共同体为基础的劳动者土地所有制作为人类初始社会形态的特征，也就是自然的和必然的。

　　在此基础上，马克思提出"原始共产主义"的概念。《政治经济学批判》（1857—1858年手稿）后半部分有这样一段话：

　　　　不久前有人又发现公社所有制是斯拉夫族特有的一种奇异现象。事实上，印度为我们提供了这种经济共同体的各种各样形式的典型，它们虽然或多或少已经解体了，但仍然完全可以辨认出来；经过更仔细地研究历史，又发现这种共同体是一切文明民族的起点。以私人交换为基础的生产制度，最初就是这种原始共产主义在历史上解体的结果。②

　　我们知道，马克思和恩格斯自19世纪40年代初从革命的民主主义者转变为共产主义者，共产主义就成为他们经常的话题。但是据我所见，"原始共产主义"一词在马克思、恩格斯著作中是19世纪50年代末才首次出现的。除上述引文外，1858年4月2日马克思

---

　　① 马克思把原始公有制和共同生产（共同劳动）联系起来。在《形式》中，以印度和斯拉夫人公社为代表的亚细亚形式，实行比秘鲁的派生形式更"古老的更简单的""公有制和共同生产"。"靠共同劳动来利用"（《形式》，第469页）土地的程度，在很大程度上决定了共同体土地公有的程度，东方社会共同修建灌溉渠道的需要，是其公社共同所有制长期保存的重要条件。在《政治经济学批判》第1章中，马克思指出"共同劳动"是"一切文明民族的历史初期自然发生的"现象，并把它和"原始的公有制的形式"联系在一起。（《马克思恩格斯全集》第31卷，第425—426页及注）在《资本论》第1卷第1章中，马克思称"共同的劳动即直接社会化的劳动"，是"一切文明民族的历史初期都有过的这种劳动的原始的形式"。第11章提到"在人类文化初期"的"那种在劳动过程中占统治地位的协作"（《马克思恩格斯全集》第44卷，人民出版社2001年版，第95、388页）。

　　② 《马克思恩格斯全集》第31卷，第294页。

在给恩格斯的信中也说过：

> 价值本身除了劳动本身没有别的任何"物质"。……这种规定本身就已经假定：（1）原始共产主义的解体（如印度等）；（2）一切不发达的、资产阶级前的生产方式（在这种生产方式中，交换还没有完全占支配地位）的解体。虽然这是一种抽象，但它是历史的抽象，它只是在一定的社会经济发展的基础上才能产生出来。①

在 1861—1863 年的《剩余价值理论》中，马克思径称"亚洲村社（原始共产主义）"。②

这三处的"原始共产主义"都与"印度"或"亚洲村社"相联系，显然是指以实行直接公共所有制的印度村社或亚洲村社为代表的一种社会类型，马克思指出它是"一切文明民族的起点"，赋予它超越地域作为人类社会发展的一个时代的属性。可见，在准备撰写《政治经济学批判》的过程中，不晚于 1858 年，关于原始社会形态新的科学概念已在马克思脑海中成形。

以上所引，与《序言》提出的"亚细亚生产方式"，无论时间、内容、语言表述上都极为接近，无疑真实地反映了"亚细亚生产方式"概念形成的思想轨迹。它清楚地表明，"亚细亚生产方式"的提出决不是偶然的，它作为表示原始社会形态的概念毋庸置疑。有人说，马克思始终没有给亚细亚生产方式一个明确定义；我认为，以"亚洲村社"为代表的"原始共产主义"就可以视为它最初的定义。

二　从《形态》到《形式》的探索历程

为进一步理解亚细亚生产方式的意义，需回头看看《形态》中的"部落所有制"。《形态》是马克思、恩格斯唯物史观的奠基之

---

① 《马克思恩格斯文集》第 10 卷，第 158—159 页。
② 《马克思恩格斯全集》第 26 卷第 3 册，人民出版社 1974 年版，第 465—466 页。

作，它既阐述了唯物史观的基本原理，又展示了人类社会所有制的演进序列，这种"所有制形式"，就是后来提出的"经济的社会形态"的雏形。马克思、恩格斯说：

> 第一种所有制形式是部落〔Stamm〕所有制。这种所有制与生产的不发达阶段相适应，当时人们靠狩猎、捕鱼、畜牧，或者最多靠耕作为生。在人们靠耕作为生的情况下，这种所有制是以有大量未开垦的土地为前提的。在这个阶段，分工还很不发达，仅限于家庭中现有的自然形成的分工的进一步扩大。因此，社会结构只限于家庭的扩大：父权制的部落首领，他们管辖的部落成员，最后是奴隶。潜在于家庭中的奴隶制，是随着人口和需求的增长，随着战争和交易这种外部交往的扩大而逐渐发展起来的。①

"部落所有制"的内涵是什么？人们"靠狩猎、捕鱼、牧畜，或者最多靠耕作为生"，这种生产力属于原始社会范畴是清楚的。但生产关系的性质就比较模糊。马克思、恩格斯认为私有制是社会分工的产物，部落所有制时代分工很不发达，仅仅是家庭自然分工的扩大，与此相应，社会结构也只是作为家庭扩大的部落。② 部落中包含了奴隶，马克思、恩格斯强调它是从潜在于家庭中的奴隶制逐步发展起来的。可见，这里说的还不是奴隶制社会本身，而是它所由起始的形态。在《形态》中"野蛮向文明的过渡、部落制度向国家的过渡"等列并提，又说"私法是与私有制同时从自然形成的共同体（引者按：即部落）的解体过程中发展起来的"③，据此部落所有

---

① 《马克思恩格斯文集》第 1 卷，人民出版社 2009 年版，第 521 页。

② 关于这里的"部落"（Stamm），马克思、恩格斯全集的编者指出："德语 Stamm 这一术语在 19 世纪中叶的历史科学中含义比现在要广，它表示渊源于同一祖先的人们的共同体，包括近代所谓的'氏族'（Gens）和'部落'（Stamm）两个概念。另外，马克思关于原始社会和早期部落制中家庭关系的观点，即认为人们最初先是形成为'家庭'，然后从家庭发展和扩大而成为'氏族'，也是沿月当时历史科学中的观点。"（《马克思恩格斯全集》第 30 卷，第 630 页注 14。）

③ 《马克思恩格斯文集》第 1 卷，第 556、584 页。

制应定位在私有制和国家出现以前。然而《形态》又称："家庭中这种诚然还非常原始和隐蔽的奴隶制，是最初的所有制，但就是这种所有制也完全符合现代经济学家所下的定义，即所有制是对他人劳动力的支配。"① 那么，作为这种家庭扩大形态的"部落所有制"自然也应包括在该定义适用范围之内。总之，"部落所有制"是马克思、恩格斯当时对人类社会初始状态生产力和生产关系所作的概括，但它并没有和建立在私有制基础上的阶级社会划清界限，还没有能够上升到原始社会生产方式或社会形态高度。

在《形态》中，"所有制"相当于后来所说的"社会形态"或"社会经济形态"，但这种表述是不够确切的。1847年年底，马克思在《雇佣劳动与资本》中对什么才是"具有独特的特征的社会"做了进一步说明：

> 生产关系总合起来就构成所谓社会关系，构成所谓社会，并且是构成一个处于一定历史发展阶段上的社会，具有独特的特征的社会。古典古代社会、封建社会和资产阶级社会都是这样的生产关系的总和，而其中每一个生产关系的总和同时又标志着人类历史发展中的一个特殊阶段。②

这是马克思社会形态概念的早期表述。在这里和稍后的《共产党宣言》中，都没有在"古代社会"（奴隶社会）以前列出一个原始社会来，我认为并非由于偶然的疏忽或其所论述仅局限于阶级社会历史，而是和当时对人类的原始时代的探索，尚未能构成"具有独特的特征的社会"的概念有关。

这种情况反映了那个时代人类认识水平的局限。1888年恩格斯为《共产党宣言》（英文版）"至今一切社会的历史都是阶级斗争的历史"一语作注时说："这是指有文字记载的全部历史。在1847年，

① 《马克思恩格斯文集》第1卷，第536页。
② 《马克思恩格斯选集》第1卷，人民出版社2012年版，第340页。

社会的史前史、成文史以前的社会组织，几乎还没有人知道。"① 当时，史前考古学尚处于初创阶段，而且考古学虽然能够提供人类太古时代物质生产和生活方面的宝贵材料，但难以单独依靠它来复原当时的社会制度。民族学已经积累了一些原始民族的材料，但并没有进行系统的整理和研究。因此，当时人们只能利用后世文献（如《旧约》等宗教经典）中有限的而且局限性较大的对这一时代的追述。"在六十年代开始以前，根本谈不到家庭史。历史科学在这一方面还是完全处在'摩西五经'的影响之下。人们不仅毫无保留地认为那里比任何地方都描写得更为详尽的这种家长制的家庭形式是最古的形式"②，家长制家庭，亦称父权家族，特点是专制父权和包括奴隶等非自由人在内。它当时被认为是最古老的社会组织形式而构成"部落所有制"概念的基础，而实际上只不过是父系家族公社的晚期阶段。③《形态》中的"部落所有制"既像原始社会的东西，又像奴隶社会的东西，扑朔迷离，其源盖出于此。

或多或少、或显或晦保留土地公有制成分的公社，是在 1847 年以后才陆续被发现的。而对传统"家庭"观念的突破，从而使家庭史研究得以开始，则要迟至 1861 年巴霍芬《母权论》的出版。在人类对原始社会认识史的这种时代背景下，让我们来看看《形式》中对劳动者、对劳动物质条件的所有制的描述，并与《形态》中的"部落所有制"作些比较。

关于亚细亚所有制形式，马克思指出它的"第一个前提首先是自然形成的共同体。家庭和扩大成为部落的家庭，或通过家庭之间互相通婚［而组成的部落］，或部落的联合"（《形式》，第 466 页）。在《形式》中，部落或部落体等同于共同体或天然的共同体，原始

---

① 《马克思恩格斯选集》第 1 卷，人民出版社 2012 年版，第 400 页注②。

② 《马克思恩格斯全集》第 22 卷，人民出版社 1965 年版，第 247 页。

③ 马克思在 19 世纪 80 年代初写道："传统说法是：认为父权家族——其拉丁形式或希伯来形式——是原始社会｛家族｝的典型形式。"而实际上"闪族部落的父权家族制属于野蛮期的最晚期，而且在文明期开始以后还保持了一些时期"（马克思：《摩尔根〈古代社会〉一书摘要》，中国科学院历史研究所翻译组译，人民出版社 1965 年版，第 37、36 页）。

共同体则被归结为部落体。它既说明马克思早年关于部落、家庭以及两者关系的观点这时还没有改变，也说明《形式》中的劳动者对劳动物质条件所有制与《形态》中的部落所有制有着一脉相承的一面。

但《形式》中的劳动者与劳动物质条件的所有制比起《形态》中的部落所有制，又有很大不同。第一，《形态》从"古典古代的公社所有制和国家所有制"以及"封建的或等级的所有制"追溯其初始形式而形成的部落所有制的概念，主要依据西方社会的历史材料，文中提及罗马人和日耳曼人等。《形式》研究和阐述劳动者同劳动物质条件统一的所有制，不但用了西方材料，而且用了东方材料；不但有古代的和日耳曼的形式，而且有亚细亚的和斯拉夫的形式，尤其是亚洲村社材料的加入，激活了整个研究。第二，通过比较，肯定了共同体的公有制（共同所有制）是东西方社会都要经历的所有制的原始形式，即使是已经产生个体私有的解体形式，公有制仍然是其隐蔽的基础。这就更正了"家庭中……的奴隶制是最初的所有制"的提法。向世人展示了先于私有制阶级社会的没有剥削的平等的公有制社会。第三，所有制由此获得重新定位。在《形态》中，马克思、恩格斯把分工和所有制联系在一起，他们说："分工的各个不同发展阶段，同时也就是所有制的各种不同形式。这就是说，分工的每一个阶段还决定个人在劳动材料、劳动工具和劳动产品方面的相互关系。"① 这一表述包含了把所有制归结为劳动者与生产资料的关系的思想。但他们又沿袭了"现代经济学家"关于"所有制是对他人劳动力的支配"的说法，认为"分工和私有制是相等的表达方式，对同一件事情，一个是就活动而言，另一个是就活动的产品而言"。② 这就把所有制和私有制等同起来。《形式》中所说的所有制，是以劳动者同生产资料的关系为核心的，所谓"劳动的客观条件""劳动的物质条件"等，主要就是指生产资料而言。虽然《形式》着重研究的是劳动者同劳动物质条件"原始统一"（《形式》，

① 《马克思恩格斯文集》第 1 卷，第 521 页。
② 《马克思恩格斯文集》第 1 卷，第 536 页。

第 488 页）的各种形式，但它对所有制的这种定位，抓住了所有制的本质，并把它拓展到新的领域，是具有普遍意义的。① 它突破"所有制是对他人劳动力的支配"的限制，既适用于以私有制为基础的阶级社会，也适用于以公有制为基础的无阶级社会。第四，上文谈到，《形态》中的部落所有制没有和建立在私有制基础上的剥削制度划清界限，《形式》则把以共同体为中介的劳动者同生产资料统一的所有制与奴隶制、农奴制明确地区分开来：

  在奴隶制、农奴制等等之下，劳动者本身表现为服务于某一第三者个人或共同体的自然生产条件之一……因而，财产就不再是亲身劳动的个人对劳动客观条件的关系了。奴隶制、农奴制等等总是派生的形式，而决不是原始的形式。（《形式》，第 489 页）

  如果把人本身也作为土地的有机附属物而同土地一起加以夺取，那么，这也就是把他作为生产条件之一而一并加以夺取，这样便产生奴隶制和农奴制，而奴隶制和农奴制很快就败坏和改变一切共同体的原始形式，并使自己成为它们的基础。简单的组织因此便取得了否定的规定。（《形式》，第 484 页）

  可见，《形式》中的劳动者对劳动物质条件的所有制和《形态》中的部落所有制有着明显的区别，它们分别处于不同认识层次上。

  《形式》是谈所有制形式，而不是谈社会形态的。但社会经济形态即生产方式是生产关系的总和，而以劳动者与生产资料的关系为中心内容的所有制是生产关系的核心，所以《形式》的论述又是与

_____

　① 马克思在《资本论》中说："不论生产的社会的形式如何，劳动者和生产资料始终是生产的因素。但是，二者在彼此分离的情况下只在可能性上是生产因素。凡要进行生产，它们就必须结合起来。实行这种结合的特殊方式和方法，使社会结构区分为各个不同的经济时期。"（《马克思恩格斯全集》第 45 卷，人民出版社 2003 年版，第 44 页。）

生产方式密切相关的。事实上，亚细亚生产方式就是从劳动者对劳动物质条件天然统一的所有制形式中，尤其是从亚细亚所有制形式中抽象出来的。我们既不能把两者等同起来，也不能把两者割裂开来。上文谈到，可以把亚细亚生产方式定义为"原始共产主义"，以共同劳动为基础的、以亲属关系为纽带的原始共同体共同所有制是其核心。马克思说："在人类文化初期，在狩猎民族中，或者例如在印度公社的农业中，我们所看到的那种在劳动过程中占统治地位的协作，一方面以生产条件的公有制为基础，另一方面，正像单个蜜蜂离不开蜂房一样，以个人尚未脱离氏族或公社的脐带这一事实为基础。"① 这可以视为对"原始共产主义"的诠释，也可以视为对亚细亚生产方式的诠释。科学技术的发展证明，这确实是原始社会最基本的特点。如果说，19 世纪 40 年代提出的"部落所有制"对人类社会的原始状况的描述还不很准确的话，那么，从亚细亚形式中抽象出来的亚细亚生产方式已经具有不同于奴隶社会和封建社会的"独特的特征"，能够构成人类历史上第一个独立的社会经济形态了。

　　这样一来，部落所有制似乎又在公社所有制的名义下获得新的意义。在《形式》中，部落和公社是可以互换的同类概念。这种以共同体为中介的劳动者的所有制不但被称为"公社所有制"，而且有时还直接称为"以部落体为基础的财产"（《形式》，第485页。按：此"财产"与所有制同义）。所以，劳动者同劳动的物质条件统一的所有制，既是对部落所有制的扬弃，也可视为对部落所有制的升华。

　　那么，为什么不把原始社会形态直接称为"公社生产方式"呢？有学者认为，马克思在《形式》中已经把原始社会形态称为"原始所有制"或"公社的生产方式"了，所以"亚细亚生产方式"不可能用作原始社会形态的名称。② "原始所有制"竟成为否定亚细亚生产方式原始社会形态属性的理由。

---

　　① 《马克思恩格斯全集》第 44 卷，第 388 页。
　　② 甄修钰、张新丽：《马克思研究农村公社的动机和方法论——兼论走出"亚细亚生产方式"问题的困境》，《历史研究》2012 年第 3 期。

上文已说明，亚细亚生产方式和《形式》中的所有制原有形式既不能等同，也不能割裂，而这就是把两者割裂的一例。这种割裂没有道理，不必细说。需要指出的是，所谓马克思把原始社会形态称为"原始所有制"的说法是不确切的。

《马克思恩格斯全集》中译本第 1 版第 46 卷所载《形式》一文中确有"原始所有制"一词，但这不是马克思的原话，而是出自《马克思恩格斯全集》俄文版的编者。俄文版编者给《形式》一文加了两级标题，文章开头处的小标题就是"劳动的个人对其劳动的自然条件的原始所有制"。中译本第 1 版是从俄文版翻译的，这话也就照搬过来。这里的"原始所有制"是在限定的意义上使用的，是指劳动者对劳动自然条件的所有制，即劳动者对劳动的物质条件原有统一的各种形式，包括亚细亚所有制、古代所有制、日耳曼所有制以及作为亚细亚所有制变形的斯拉夫所有制等。这些所有制相对于奴隶制和农奴制，确实带有某种原始的性质，但它们之间是有区别的。《形式》开篇就说，资本主义生产的前提是"自由劳动同实现自由劳动的客观条件相分离"，要完成这一分离，首要的是要实现两种解体，即"自由的小土地所有制解体，以及以东方公社为基础的公共土地所有制解体"（《形式》，第 465 页）。在《剩余价值理论》中，马克思也表述了相同的意思：

> 劳动者和劳动条件之间原有的统一｛我们不谈奴隶关系，因为当时劳动者自身属于客观的劳动条件｝有两种主要形式：亚洲村社（原始共产主义）和这种或那种类型的小家庭农业（与此相结合的是家庭工业）。这两种形式都是幼稚的形式，都同样不适合于把劳动发展为社会劳动，不适合于提高社会劳动的生产力。因此，劳动和所有权（后者应理解为对于生产条件的所有权）之间的分离、破裂和对立就成为必要的了。[①]

---

① 《马克思恩格斯全集》第 26 卷第 3 册，第 465—466 页。

所谓"东方公社"云云，相当于亚细亚所有制形式。所谓"自由的小土地所有制"云云，在这里指的是古代的和日耳曼的所有制形式；在《政治经济学批判》（1857—1858 年手稿）的另一个地方，马克思称为"由自由土地所有者组成的西方公社"，而与"东方公社"相区别。① 这两类所有制，马克思以"幼稚的形式"名之。但它们之间有着明显区别：亚细亚形式实行直接的共同所有制，古代的和日耳曼的所有制则已产生公有制的对立物——个体私有制。所以在马克思看来，只有亚细亚所有制是原始的形式。把这些不同形式笼统地称为原始所有制，并不符合马克思的原意。马克思并没有提出"原始所有制"，更没有用"原始所有制"称呼原始社会形态。马克思用作原始社会形态代称的，是从亚细亚所有制形式抽象出来的、以"原始共产主义"为内涵的"亚细亚生产方式"。②

"原始所有制"问题说明白了，马克思为什么没有用"公社生产方式"命名原始社会形态，也就清楚了。因为有各式各样的公社，不是任何公社都实行反映原始社会形态特征的直接共同所有制。在《形态》中，马克思、恩格斯还曾经用"古代公社所有制和国家所有制"作为奴隶社会的名称。所以把原始社会形态称为"公社生产方式"是不够妥当的。

应该指出，马克思、恩格斯著作中确实有过"公社的""生产方式"的提法，它仅见于《政治经济学批判》（1857—1858 年手稿）中，排列在《形式》一文之前。其文为：

> 凡是这种自由劳动者的数量不断增多，而且这种关系日益扩展的地方，旧的生产方式，即公社的、家长制的、封建制的生产方式等等，就处于解体之中，并准备了真正雇佣劳动的要素。③

① 《马克思恩格斯全集》第 30 卷，第 458 页。
② 笔者在《马克思恩格斯原始社会理论的若干问题》中，辨析不慎，误把俄文版编者所说"原始所有制"当成马克思原话，遂把"原始所有制"与"亚细亚生产方式"等同起来，把劳动者同劳动的物质条件统一的几种所有制形式都归入原始社会范畴，是错误的。
③ 《马克思恩格斯全集》第 30 卷，第 463 页。

该手稿的"生产方式"指社会经济形态。"公社的""生产方式"置于"家长制的（引者按：即早期奴隶制）和封建制的生产方式"前，无疑是原始社会形态。这表明马克思确实曾想使用"公社生产方式"指称原始社会形态。但1859年《政治经济学批判》正式出版时，还是选择了"亚细亚生产方式"这一名称。这显然是因为从实行直接公有制的亚细亚所有制形式抽象出来、以"原始共产主义"为内涵的"亚细亚生产方式"，比"公社生产方式"能更准确地反映原始社会形态的本质。

三　研究方法：抽象、逆向推演和残片复原
——兼谈人类历史发展的普遍性和特殊性

从上文论述看，亚细亚生产方式作为代表原始社会形态的概念是清楚的，但为什么不少学者仍把亚细亚生产方式视为人类进入阶级社会以后的一种社会形态或社会发展阶段？我认为重要原因之一，是他们把经过抽象的作为"一般"概念的亚细亚所有制和亚细亚生产方式，同作为亚细亚所有制素材的亚洲村社和东方社会实态混同起来了。其实作为亚细亚所有制形式素材的亚洲村社和东方社会，并不等同于亚细亚所有制形式"一般"，更不等同于亚细亚生产方式"一般"；即使是亚细亚所有制形式，也并不完全等同于亚细亚生产方式。①

要说清楚这个问题，必须了解马克思的研究方法，而这又需要从体现马克思这种研究方法的文本和马克思对自己研究方法的诠释来把握它。

马克思1857—1858年《经济学手稿》（《政治经济学批判手稿》是它的主要组成部分）的《导言》中有专文论"政治经济学的方法"，强调抽象在政治经济学研究中的作用。因为感性的具体只是

---

①　为什么亚细亚形式和亚细亚生产方式不能混同？因为亚细亚形式等是从劳动者同劳动物质条件的关系来把握的所有制形式，生产方式则是社会生产关系的总和，虽然前者是生产关系的核心，但后者涵盖的范畴要宽广得多，两者并不等同。下文还要谈到，亚细亚生产方式是在亚细亚所有制形式的基础上再次抽象而形成的。

"混沌的表象"，只有通过分析，抽取出关键因素，形成"简单的概念"，才能把握事物的本质。经过抽象形成的概念，超越了它的具体形态，从而具有更为普适的意义。例如《资本论》是从分析商品开始的，这里的商品，是商品的理论抽象，即商品"一般"，它既不同于英国的商品实态，也不同于法国的商品实态，但却能够深刻地反映一切国家、一切时代商品的共同本质。思维如何掌握具体？马克思提出从抽象上升到具体的研究路线。即通过分析，从"完整的表象蒸发为抽象的规定"，然后通过对各种抽象出来的概念、范畴进行综合，使"抽象的规定在思维行程中导致具体的再现"，这种"具体"已不是"混沌的表象，而是一个具有许多规定和关系的丰富的总体了"。(《方法》，第41—42页)①

　　这种方法可以应用于历史研究。社会是历史地生成和发展的，而不是静止和亘古不变的，现实中有历史传统、历史积淀和历史遗存，所以可以从现实透视历史，从"比较发展"的社会透视"比较不发展"的社会。马克思说：

　　　　资产阶级社会是最发达的和最多样性的历史的生产组织。因此，那些表现它的各种关系的范畴以及对于它的结构的理解，同时也能使我们透视一切已经覆灭的社会形式的结构和生产关系。资产阶级社会借这些社会形式的残片和因素建立起来，其中一部分是还未克服的遗物，继续在这里存留着，一部分原来只是征兆的东西，发展到具有充分意义，等等。人体解剖对于猴体解剖是一把钥匙。反过来说，低等动物身上表露的高等动物的征兆，只有在高等动物本身已被认识之后才能理解。因此，资产阶级经济为古代经济等等提供了钥匙。(《方法》，第46—47页)

从发展阶段较高的社会透视发展阶段较低的社会，并非抹杀不

---

① "《方法》，第××页"是"《政治经济学的方法》，《马克思恩格斯全集》第30卷，第××页"的简化。本文凡引《方法》文仿此，不另出注。

同社会发展阶段的历史差别。"在一切社会形式中都有一种一定的生产决定其他一切生产的地位和影响，因而它的关系也决定其他一切关系的地位和影响。"马克思称为"普照的光""特殊的以太"(《方法》，第48页)。"一个比较不发展的整体的处于支配地位"的简单范畴，在"一个比较发展的整体"中却会被"当作一种从属关系保存下来"(《方法》，第43页)。例如，在前资本主义的农业社会，土地所有制处于支配地位，工业、工业的组织以及与工业相应的所有制形式都多少带着土地所有制的性质，自然联系占优势。在资本主义社会中，工业处于主导地位，农业越来越变成仅仅是一个产业部门，资本支配着一切，土地所有制是从属的关系，社会、历史所创造的因素占优势。如此等等。

研究原始社会也可以应用这种方法吗？答案是肯定的。马克思指出："资产阶级经济学只有在资产阶级社会的自我批判已经开始时，才能理解封建的、古代的和东方的经济。"(《方法》，第47页。)这里的"东方的经济"与"东方形式""东方公社"一脉相承，从其逆排序看，应是指原始社会的经济。这清楚地说明，马克思研究原始社会的经济关系，也是使用《导言》阐述的方法。

这种方法不同于一般的历史叙事方法，它是一种立足于基本的历史事实和基本的历史联系的逻辑演绎的方法，表现出逆向推演和残片复原相结合的特点。先说逆向推演。在《手稿》中，《形式》的前一节"资本的原始积累"有以下一段话：

我们的方法表明历史考察必然开始之点，或者说，表明仅仅作为生产过程的历史形式的资产阶级经济，超越自身而追溯到早先的历史生产方式之点。因此，要揭示资产阶级经济的规律，无须描述生产关系的真实历史。但是，把这些生产关系作为历史上已经形成的关系来正确地加以考察和推断，总是会得出这样一些原始的方程式，——就像例如自然科学中的经验数据一样，——这些方程式将说明在这个制度以前存在的过去。

这样，这些启示连同对现代的正确理解，也给我们提供了一把理解过去的钥匙——这也是我们希望做的一项独立的工作。另一方面，这种正确的考察同样会得出预示着生产关系的现代形式被扬弃之点，从而预示着未来的先兆，变易的运动。①

《形式》承接这一思路展开分析。资本与劳动对立的基础是劳动者同劳动的物质条件的彻底分离，这既是资本主义生产的历史前提，也是历史发展的结果，那么在这种分离以前必然存在着劳动者同劳动的物质条件天然统一的状态。而事实也正是这样。劳动者与劳动条件的统一——劳动者与劳动条件的分离——在新的基础上劳动者与劳动条件的重新统一，这正可理解为上引文所讲的"原始方程式"。劳动的物质条件在人类社会的早期主要表现为自然条件，首先是土地。这样，劳动同劳动的自然条件的统一，或者说劳动者对土地的所有制，就成为马克思研究人类早期经济关系的逻辑起点。马克思又发现，劳动者土地所有制的各种形式都是以劳动者的公社成员身份为前提的，原始共同体在这里成为逻辑中介，通过这个中介得出劳动者土地所有制的原始形式是原始共同体的共同所有制这一结论，它可视为马克思研究劳动者同劳动物质条件早期关系的逻辑终点。②

再说残片复原。上述逻辑演绎的事实依据主要是存在于资本主义支配的世界各地的公社残片。人们不应忘记的事实是：马克思研究劳动者同劳动的物质条件原有统一的所有制形式，并由此作出亚细亚生产方式的概括时，知识界尚未发现独立存在于文明世界之外的原生的完整的原始公社的实例。马克思只能利用文明世界中各地的公社遗存和公社残片为素材。具体说来，古代的形式取材于古希腊罗马的城市

① 《马克思恩格斯全集》第30卷，第452—453页。
② 马克思在1858年4月2日致恩格斯的信中指出：把价值"纯粹归结为劳动量"，"只是资产阶级财富的最抽象的形式"，它意味着原始共产主义和一切不发达的、资产阶级前的生产方式的解体，"这是一种抽象，但它是历史的抽象"。（《马克思恩格斯文集》第10卷，第158—159页）我们同样可以说，以土地的共同所有制为原始形式的劳动者同劳动物质条件的统一是一种"历史的抽象"。

公社，日耳曼的形式取材于欧洲中世纪农村公社比较晚后的形式，亚细亚的形式则取材于印度等地的亚洲村社。马克思指出："因为资产阶级社会本身只是发展的一种对立的形式，所以，那些早期形式的各种关系，在它里面常常只以十分萎缩的或者完全歪曲的形式出现。公社所有制就是个例子。"又说资产阶级经济的范畴"可以在发展了的、萎缩了的、漫画式的种种形式上，总是在有本质区别的形式上，包含着这些社会形式（引者按：指资本主义以前的社会形式）"。（《方法》，第47页）这里说得很清楚，文明社会中的公社残片往往是"以十分萎缩的或者完全歪曲的形式出现"的，已经不是其原生形态，但与资本主义等阶级制度又有着某种"本质区别"。事实正是如此。上述作为研究素材的公社遗存，毫无例外都打上阶级社会的烙印，而这对于它们的原型来说，是被"完全歪曲"的形式，但同时它们又包含着或者比较显露或者比较隐蔽的区别于阶级制度的元素。因此，利用这些残片复原公社制度，必须使用抽象的方法，经过分析研究，提取出反映公社原有本质的因素和关系，舍象阶级社会后加给它的种种成分，从而矫正其被歪曲的形象。例如，作为古代的所有制形式素材的古希腊罗马奴隶社会中的城市公社，《形态》是这样描述的：它"首先是由于几个部落通过契约或征服联合为一个城市而产生的。在这种所有制下仍然保存着奴隶制。除公社所有制以外，动产私有制以及后来的不动产私有制已经发展起来，但它们是作为一种反常的、从属于公社所有制的形式发展起来的。公民仅仅共同拥有支配自己那些做工的奴隶的权力，因此受公社所有制形式的约束。这是积极公民的一种共同私有制，他们面对着奴隶不得不保存这种自然形成的联合方式"。① 然而在《形式》中，这里的奴隶制关系完全被舍象了，而突出了公社以城市为中心的存在和劳动者与劳动的物质条件的统一。不独古代

---

① 《马克思恩格斯文集》第1卷，第521页。恩格斯也说过："在自发的公社中，平等是不存在的，或者只是非常有限地、对个别公社中掌握全权的成员来说才是存在的，而且是与奴隶制交织在一起的。在古希腊罗马的民主政体中也是如此。"（《马克思恩格斯全集》第20卷，人民出版社1971年版，第668—669页。）

的形式，《形式》中各种原有的所有制形式，劳动者都通过公社的中介成为所有者，都与奴隶制和农奴制划清界限①，这是经过抽象的复原了的公社形象。所以，复原后的公社形式虽然取材于但并不等同于残存于阶级社会中的公社实态。

逆向推演和残片复原两者不是相互分离，而是相辅相成的，前者是后者的导向，后者是前者的支撑。

现在回到亚细亚生产方式、亚细亚形式与亚洲村社、东方社会实态区别的话题来。作为亚细亚形式素材的历史上实际存在的印度村社，按马克思的说法，是"带着种姓划分和奴隶制度的污痕"的"小小的半野蛮半文明的公社"②，是东方专制制度的基础。而《形式》中经过抽象的"亚细亚形式"，以直接公有制和共同生产为特点，是劳动者同劳动的物质条件统一的所有制的原始形式，刻印在它身上的种姓划分和奴隶制度被舍象了。前者是地域性存在，后者则成为超地域性的人类历史的一种所有制形态。如果说，劳动者、共同体、所有者三位一体的所有制是从残存于各地的公社实态中抽象出来的，则亚细亚生产方式是从这种三位一体的所有制，尤其是亚细亚所有制再一次抽象的结果。正如上引《政治经济学批判》（1857—1858 年手稿）中所言，印度提供的公社所有制典型在现实中"或多或少已经解体了"，它们的原型是需要"辨认出来"的；而实行"原始共产主义"的共同体"是一切文明民族的起点"的判断，则是"经过更仔细地研究历史"得出的结论。前者属于第一次的抽象，后者属于再一次的抽象。亚细亚生产方式、亚细亚所有制形式与东方社会的亚洲村社实态的区别是明显的。

但由于作为亚细亚形式素材的亚洲村社存在于早已产生阶级和国家的东方社会，村社本身带着阶级的烙印。奴隶、种姓、专制君

---

① 《形式》明确指出，在奴隶制和农奴制下，劳动者本身变成生产的自然条件，或与牲畜同列，或作为土地的附属物，而被他人占有，"财产就不再是亲身劳动的个人对劳动客观条件的关系了"：它们与劳动者对劳动客观条件"原有"所有制的区别是十分清楚的。

② 《马克思恩格斯选集》第 1 卷，第 854、853 页。

主等现象，马克思、恩格斯在论述亚洲村社和东方社会时多次提到，在剖析亚细亚所有制形式时也间有涉及。这种情况难免使人迷惑，以至把亚细亚形式和亚细亚生产方式混同于亚洲村社和东方社会。最容易令人产生错觉的是《形式》的下面一段话：

> 这种以同一基本关系为基础的形式，本身可以以十分不同的方式实现。例如，跟这种形式完全不矛盾的是，在大多数亚细亚的基本形式中，凌驾于所有这一切小的共同体之上的总合的统一体表现为更高的所有者或唯一的所有者，因而实际的公社只不过表现为世袭的占有者。（《形式》，第467页）

马克思还指出，这种"总合的统一体"是由"许多共同体之父的专制君主"（《形式》，第467页）来体现的。难道这不是表明亚细亚所有制形式和亚细亚生产方式属于阶级社会中的范畴吗？然而这里所指并非经过抽象的亚细亚形式"一般"，而是它的"实现"方式，属于亚洲村社的实态。它的上面已经出现了"专制君主"，显然不是纯粹的村社共同所有制，不能等同于"原始共产主义"性质的亚细亚生产方式。更为明显的是，马克思明确指出，亚细亚所有制是超地域的，希腊、罗马人和日耳曼人也曾经历过所有制形态的这一发展阶段，在亚细亚形式的基础上概括出来的亚细亚生产方式也是超地域的，是人类"经济的社会形态演进的几个时代"之一；但在小共同体之上形成"总合的统一体"只存在于一定的地域和一定的条件下①，并没有超地域的普适性，希腊人、罗马人和日耳曼人的公社之上就没有形成过以专制君主为代表的"总合的统一体"。

那么，为什么马克思说这种"总合的统一体"与亚细亚所有制

---

① 关于早期专制政体出现的条件，恩格斯曾经说过："在有的地方，如在亚洲雅利安民族和俄罗斯人那里，当国家政权出现的时候，公社的耕地还是共同耕种的，或者只是在一定时间内交给各个家庭使用，因而还没有产生土地私有制，在这样的地方，国家政权便以专制政体而出现。"（《马克思恩格斯全集》第19卷，人民出版社1963年版，第541页。）

"这种形式"是"完全不矛盾的"？原来这里的"形式"是指"以同一基本关系为基础的形式"。"基本关系"是指劳动者与公社的关系，即公社是土地的所有者，社员是土地的占有者，同时通过公社的中介成为土地的共有者；这和《形式》探讨的主题相关，故谓之"基本关系"。以专制君主为代表的"总合的统一体"的出现，并不破坏这种"基本关系"。所以《形式》在上述引文之后接着说："在东方专制制度下以及那里从法律上看似乎并不存在财产的情况下，这种部落的或公社的财产（引者按：这里的'财产'和'所有制'相通）事实上是作为基础而存在的。"（《形式》，第467页）上文已经说明，在《形式》中，劳动者对劳动物质条件统一的所有制和奴隶制、农奴制已经划清了界线。在《形式》的另一个地方，马克思说奴隶制和农奴制"必然改变部落体的一切形式（引者按：这是指劳动者对劳动物质条件统一的所有制的各种形式）。在亚细亚形式下，它们所能改变的最少"。又说"奴隶制在这里既不破坏劳动的条件，也不改变本质的关系"。"劳动的条件"指"自给自足的工农业统一"；"本质的关系"等同于上文的"基本关系"，指"单个的人从来不能成为所有者，而只不过是占有者"。可见，以专制君主为代表的"总合的统一体"已经被奴隶制改变过，而不是亚细亚所有制形式的原型，尽管公社和劳动者的基本关系仍然保持着，但公社成员"实质上就是作为公社统一体的体现者的那个人的财产，即奴隶"（《形式》，第485—486页）。

总之，弄清马克思从历史残余中恢复其原始形态的研究方法，把阶级社会中残存的、被歪曲的或萎缩了的公社实态，和经过矫正的复原后的公社原型区别开来，既是理解马克思在《形式》中的有关论述的关键，也是理解亚细亚生产方式的关键。

在亚细亚生产方式的争论中，除了主张原始社会形态说外，还有主张它属于阶级社会范畴的。后者依各人的不同认识，或认为是奴隶社会的早期，或认为是奴隶社会的东方类型，或认为是封建社会的东方类型；更有一些学者认为它既非奴隶社会、又非封建社会，是东方的特殊社会形态，姑称为东方特殊论，等等。说法虽各异，但毫无例外都混淆了亚细亚所有制形式、亚细亚生产方式和亚洲村社、东方社会的实态之间的界线，都误把马克思对亚洲村社和东方社会实态的阐析当成是对亚细亚生产方式的表述。

现在换一个角度，回到《序言》来。本文开头曾引用恩格斯的话，强调人们进行科学研究一定要按照所利用著作的"原样"来阅读和理解它。让我们看看这些主张和《序言》有关表述的原意和逻辑是否契合。

马克思在《序言》中对他研究政治经济学所得并用以指导其研究工作的"总的结果"做了经典性的概述。他指出同"物质生产力的一定发展阶段相适合的生产关系""构成社会的经济结构"，即"制约着整个社会生活、政治生活和精神生活的过程"的生产方式，也就是经济的社会形态。生产力继续发展到一定程度，又同现存的生产关系发生矛盾，使之"由生产力的发展形式变成生产力的桎梏"，从而引发社会革命，导致经济社会形态的变更；其更替的大体次序就是本文开始引的那句话。① 列宁在介绍马克思的唯物主义历史观时基本上完整地引用了马克思这一大段前后呼应的论述，称为"对推广运用于人类社会及其历史的唯物主义的基本原理"②。唯物史观基本原理所概括和表述的当然是整个人类社会和全部人类历史的规律，而非局限于某些地域或某些时段。作为马克思唯物史观基本原理的一部分，亚细亚的、古代的、封建的和现代资产阶级的生产方式，既是人类社会的几种经济社会形态，又是人类历史的几个时代，这些形态当然不是局限于某一地域；它们之间是"演进"的关系，构成依次更替的序列，覆盖人类的全部历史。在马克思、恩格斯的其他论著中，也可以找到对这种完整的演进序列的表述。例如马克思撰写、恩格斯整理、1894 年出版的《资本论》第三卷说："作为商品而进入流

---

① 详见《马克思恩格斯全集》第 31 卷，第 412 页。

② 《列宁选集》第 2 卷，人民出版社 2012 年版，第 423—424 页。恩格斯则称之为对"唯物主义历史观""要点"的"扼要的阐述"。（《马克思恩格斯全集》第 13 卷，人民出版社 1962 年版，第 526 页。）

通的产品，不论是在什么生产方式的基础上生产出来的，——不论是在原始共同体的基础上，还是在奴隶生产的基础上，还是在小农民和小市民的生产的基础上，还是在资本主义生产的基础上生产出来的，——都不会改变自己的作为商品的性质。"① 这里"在原始共同体的基础上""在奴隶生产的基础上""在小农民和小市民的生产的基础上"和"在资本主义生产的基础上"的生产方式，正分别与《导言》中"亚细亚的、古代的、封建的和现代资产阶级的生产方式"相对应。1884 年出版的《家庭、私有制和国家的起源》（以下简称《起源》），恩格斯阐述实行"原始共产制"的"史前"社会的瓦解导致文明时代的诞生，而"奴隶制是古希腊罗马时代世界所固有的第一个剥削形式；继之而来的是中世纪的农奴制和近代的雇佣劳动制。这就是文明时代的三大时期所特有的三大奴役形式"。② 该书的"史前"社会实际上就是马克思所称的"亚细亚生产方式"。可见，《序言》的生产方式排序不是随意的，而是马克思、恩格斯的一贯思想，是对人类历史发展阶段规律性的概括。东方特殊论认为，奴隶社会→封建社会→资本主义社会的更替只属于西方历史，东方则是一以贯之的"亚细亚生产方式"，两者是以一对三的并列，不能构成演进的序列。这显然是和《序言》反拧着的。可是东方特殊论者总是一厢情愿地把《序言》的亚细亚方式当作自己的理论依据，罔顾基本逻辑的矛盾，堪称学术史上的一朵奇葩。③ 早期奴隶社会

① 《马克思恩格斯全集》第 46 卷，人民出版社 2003 年版，第 362 页。

② 《马克思恩格斯选集》第 4 卷，人民出版社 2012 年版，第 192—193 页。

③ 我们反对否定人类社会形态演进具有共同规律的东方特殊论，并非否定东方社会历史的特殊性。东方社会的历史发展当然有特殊性，但不是特殊到不包含普遍性。马克思、恩格斯虽然没有对东方社会形态的演变作过专门的论述，但他们从来没有说奴隶社会和封建社会只适用于西方，不存在于东方。例如马克思称印度村社"身上带着种姓划分和奴隶制度的标记"；恩格斯明确指出"在亚细亚古代和古典古代，阶级压迫的主要形式是奴隶制"（《马克思恩格斯选集》第 4 卷，第 273 页）。马克思、恩格斯在他们的著作中，多次论及地处东亚的日本封建制度，领土主要在西亚的土耳其封建制度，地处东欧的波兰封建制度，领土横跨欧亚大陆的俄国农奴制等。马克思论述封建的劳动地租时，也曾举出与印度小农"带有自发性质的生产公社"相关的例子（《马克思恩格斯全集》第 46 卷，第 893 页）。恩格斯《起源》所说的"文明时代的三大时期所特有的三大奴役形式"当然也不是只限于西欧。

说、东方类型奴隶社会说、东方类型封建社会说虽然承认人类历史
发展的普遍规律，但原始社会、奴隶社会和封建社会的依次演进变
成两种奴隶社会和一种封建社会或一种奴隶社会和两种封建社会的
相互更替，也和《序言》所表述的思想和逻辑抵牾，完整的人类经
济社会形态的演进序列由此残缺和失序，而且这些主张都把马克思
对东方社会地区性特点的一些论述当成亚细亚生产方式的属性，这
就不可避免地给东方特殊论提供了可以出入其间的暗道。因此，只
有肯定亚细亚生产方式是原始社会形态，才能消除上述主张与《序
言》之间的逻辑矛盾，才能堵死东方特殊论的通路，才能维护唯物
史观的完整性和普适性。

　　近年又出现了认为马克思的"亚细亚生产方式"包括"两种类
型"的新观点。在"共同劳动"基础上实行原始的公有制，这是亚
细亚生产方式的一种类型；在小共同体之上产生了"总合的统一
体"，这是亚细亚生产方式的又一种类型。前者与亚细亚生产方式原
始社会形态论相近，后者则把作为亚细亚形式依以抽象的亚洲村社
实态视为与《序言》的亚细亚生产方式并列的另一种"亚细亚生产
方式"。作者又认为，第一种类型属于"普遍史观"，体现了西欧中
心论，第二种类型属于"特殊史观"，或者是"特殊史观"的肇始，
马克思晚年提出跨越"卡夫丁峡谷"的东方道路摆脱了西欧中心论，
是"特殊史观"的正式形成。作者显然是肯定后者而对前者持批评
态度。这样，不但马克思的亚细亚生产方式被"一分为二"，马克思
的唯物史观也被"一分为二"了。这可算得是"读出原著中没有的
东西"的一个例证。[①] 笔者不打算在此对这种观点全面予以评论，只

---

　　① 涂成林：《亚细亚生产方式类型与东方发展道路》，《哲学研究》2014 年第 5 期；
《世界历史视野中的亚细亚生产方式》，《中国社会科学》2013 年第 6 期。涂成林在《世
界历史视野中的亚细亚生产方式》开篇中说："可以肯定的是，有关亚细亚生产方式问题的正
确答案并没有被预先藏在马克思著作的某个角落中，等待我们去细心地考证和发现。"（《中
国社会科学》2013 年第 6 期。）这表明作者一开始就没有信心也不打算严格按照马克思著作
的"原样"求解"亚细亚生产方式"的本义。涂文用很大篇幅介绍马、恩以后世界社会主
义运动中对亚细亚生产方式的讨论，这些讨论当然有助于我们对亚细亚生产方式理论及其
后续影响的了解，但"亚细亚生产方式"的本义，主要只能从马克思的原著中求索。

就与亚细亚生产方式概念形成的认识路线有关的普遍性与特殊性的关系问题谈些简单的看法。

我们知道，特殊的具体事物中包含着普遍性，普遍性存在于特殊的具体事物之中。没有不包含普遍性的特殊性，也没有离开特殊性单独存在的普遍性。特殊性和普遍性的这种关系，马克思和列宁常常用个别和一般的范畴来表达。例如列宁在《谈谈辩证法问题》中指出："个别就是一般。"因为"个别一定与一般相联而存在。一般只能在个别中存在，只能通过个别而存在。任何个别（不论怎样）都是一般。任何一般都是个别的（一部分，或一方面，或本质）。任何一般只是大致地包括一切个别事物。任何个别都不能完全地包括在一般之中，如此等等。"① 马克思提出的"从个别上升到一般"的命题，是在个别与一般辩证统一基础之上，从事物的特殊性中发现它的普遍性，从个别中通过分析和抽象形成反映事物本质的一般概念或范畴。人们在思维中通过"一般"来认识和把握客观事物的本质、共性和规律，而在现实中"一般"只能存在于（或依附于）"个别"的具体事物之中。普遍性和特殊性的二元对立违背特殊性和普遍性辩证统一的马列主义常识。

实际上，亚细亚生产方式概念的形成，正是"从个别上升到一般"的认识路线的体现，也是一般和个别不可分离关系的体现。马克思的研究是从东方社会的特殊性出发的，正是发现了东方社会不存在土地私有制这一不同于西方社会的现象，才激发起他的探索热情。但马克思不是孤立地看待事物的特殊性，而是从事物的特殊性中发现其包含的普遍性，从个别上升到一般。一方面，通过比较和分析，认定原始共同体的共同所有制的原始性，并从中概括出亚细亚生产方式的概念，这就体现了特殊的东方社会所包含的人类社会历史的普遍性。另一方面，虽然东西方都要经历公社的土地公有制，但它们的表现形式和发展走向却有所不同。东方社会这种共同体公

① 《列宁选集》第2卷，第558页。

有制的形式保持比较长久，进入阶级社会以后变化比较不那么显著，原因是修建大型灌溉渠道需要共同劳动和集体协作，这就使共同体的维持和延续成为必要，并且在小共同体之上形成"总合的统一体"，以致出现了专制君主。这又体现了东方社会不同于西方社会的特殊性。这种普遍性和特殊性是共存于同一的具体事物中，而不是分裂为两种不同的事物。东方社会的历史确实有其特殊性，其实无论东方或西方，任何地区任何民族的历史发展都有其特殊性。但世界上没有不包含普遍性、摒绝一般规律的特殊性，也没有互相分离和对立的特殊性和普遍性。亚细亚生产方式所代表的社会形态是东西方都经历的，与亚细亚生产方式同为"社会形态演进的几个时代"的奴隶社会和封建社会当然也是东西方都经历的。所以亚细亚生产方式本身就是对东方特殊论的否定。这一点，亚细亚生产方式"两种类型"论者想也心知肚明，但并不以为然，他们承认《序言》中的亚细亚生产方式是指原始社会形态，而将它们划归为体现西欧中心论的"普遍史观"，又别出心裁地提出另一种特殊的"亚细亚生产方式"，直接与跨越"卡夫丁峡谷"的设想挂钩，说成是马克思从"普遍史观"到"特殊史观"的转向。这实际上就否定了《序言》所宣示的亚细亚生产方式和唯物史观。

　　但马克思跨越"卡夫丁峡谷"的设想真的能够为东方特殊论提供理论支撑吗？"卡夫丁峡谷"设想探讨的对象是在19世纪70年代特殊的历史条件下俄国农村公社的命运和前途。马克思晚年对农村公社的认识的确有很大发展，他不但给农村公社在原始公社发展序列中重新定位，揭示农村公社的两重性和特点，而且指出农村公社的生命力比奴隶社会、封建社会和资本主义社会都要强大。他曾设想当时仍然存在于俄国的农村公社可能跨越资本主义的"卡夫丁峡谷"，避免覆灭的命运，直接进入社会主义。但这种"跨越"论是有条件的，而不是无条件的。条件就是资本主义世界已经出现危机而社会主义革命正在兴起。同时它又是或然的，而不是必然的，"跨越"只是诸种可能性之一。而且实际上这种可能性并没有实现，资本主义的发展还是导致了俄国农村公社的覆灭。因此，无论在理论上还是在实践中，"跨越"论都不是对人类经济社会形态演进普遍规律的否定，而是对这种普遍规律在不同地区、不同民族、不同历史条件下实现形式多样性的一种预测。① 马克思主义关于社会经济形态有规律演进的学说，是统一性与多样性的统一，常规性与变异性的统一，共性与个性的统一，不应把这两方面对立起来。

可见，亚细亚生产方式的争论，关系到是否承认人类社会历史发展的普遍规律，关系到如何认识不同地区不同民族社会历史发展的特殊性和普遍性的关系，是一个不可小觑的问题。

四　余论

马克思利用抽象、逆向推演、残片复原等方法获得很大成功，在材料还相当缺乏的情况下大体把握住原始社会生产关系最基本的特点，从而第一次对原始社会生产方式做出理论概括。但这种理论概括仍然是初创性的，不够完备。从 19 世纪 50 年代至 70 年代末，马克思、恩格斯关于原始社会的理论尚未形成完整的科学体系，有些论述是比较笼统的、原则性的，同时还包含了某些不确切的地方。例如，没有弄清楚原始社会组织的内部结构和本质，仍然认为家庭是原生的最早的社会细胞，氏族部落是家庭的扩大；也没有弄清楚原始社会组织的演进序列，以亚洲村社为代表的公社类型被当作原始公社最古老的形式，或者在谈论村社时把农村公社以前的公社形态也包括进去，实际上亚洲村社大体上属于原始公社演进最后阶段——农村公社。如此等等。但是，马克思、恩格斯并没有停止探索，他们时刻关注和吸收科学发展的最新成果，不断补正和发展原

---

① 马克思主义者从来不否定某些民族在特定的历史条件下实现跨越式发展的可能，例如中华人民共和国成立以后，原来处于奴隶社会、封建农奴制社会，以至原始社会的一些民族，在国家和兄弟民族的帮助下，直接跨入新民主主义社会和社会主义社会。但谁也不会把它看成是对社会形态演进规律的否定。

有理论。尤其是 1877 年摩尔根《古代社会》的发表，揭开了氏族的秘密，展示了原始共产主义社会内部组织的典型形式，成为马克思、恩格斯构建新的更完整的原始社会理论体系的主要思想资料。马克思、恩格斯据此纠正了家庭先于氏族、部落存在的传统认识，理顺了家庭、氏族、部落的关系；在此基础上区别了原始共同体的不同形态及其发展序列，把农村公社定位为"原生的社会形态的最后阶段"。①从 19 世纪 70 年代末开始，马克思就为写一本科学的原始社会史做了大量准备工作。《路易斯·亨·摩尔根〈古代社会〉一书摘要》、《科瓦列夫斯基〈公社土地占有制、其解体的原因、进程和结果〉一书摘要》、给查苏利奇复信的草稿等，反映了 80 年代初马克思对原始社会认识的新飞跃。在这个崭新的原始社会理论体系即将诞生的时候，马克思于 1883 年与世长辞。一年以后，恩格斯为完成马克思的遗愿而撰写的《起源》出版，详细论述了原始社会演进不同阶段的生产力、生产关系和上层建筑，以及私有制和国家的起源，它的问世标志着马克思主义原始社会理论体系的形成。

在这里，还有一个问题需要讨论。国内外学术界流传马克思、恩格斯晚年抛弃了"亚细亚生产方式"的说法。林志纯、廖学盛早就批驳了这种观点，他们指出，1867 年出版的《资本论》第一卷说："在古亚细亚的、古希腊罗马的等等生产方式下，产品变为商品、从而人作为商品生产者而存在的现象，处于从属地位，但是共同体越是走向没落阶段，这种现象就越是重要。……这些古老的社会生产机体比资产阶级的社会生产机体简单明了得多，但它们或者以个人尚未成熟，尚未脱掉同其他人的自然血缘联系的脐带为基础，或者以直接的统治和服从的关系为基础。"1887 年出版的由恩格斯编的英译本《资本论》第一卷在"共同体"之前增加"原始"二字，"尚未脱掉同其他人的自然血缘联系的脐带为基础"改为"以个人在原始部落公社中尚未脱掉同其他成员联系的脐带为基础"。这

---

① 《马克思恩格斯全集》第 19 卷，第 450 页。

样一来，"古亚细亚的"生产方式属于原始公社制时代，"古代的"生产方式属于统治和服从关系的奴隶制时代，先后相承，一目了然。可见马克思、恩格斯晚年并没有放弃"亚细亚生产方式"的概念。① 这种解释是合理的。它不但说明马克思在 1867 年仍然使用亚细亚生产方式这一概念，而且说明恩格斯在《起源》出版后的 1887 年也没有否定和放弃这一概念。但恩格斯的《起源》中的确没有出现"亚细亚生产方式"一词，而是称原始社会形态为"史前"社会，这又是为什么呢？如上所述，马克思提出"亚细亚生产方式"这一概念时，人们尚未发现原生的、完整的原始公社的实例，只能利用留存于文明世界中的公社残片来复原原始社会形态，而这些"残片"中最典型、最能体现原始社会特性的就是仍然保留公社土地共同所有制的亚洲村社，故而用"亚细亚"来命名这种生产方式。但 19 世纪 70 年代末期以后，原生的原始公社的实例已经被人们发现和研究，如美洲易洛魁人的社会等，再不需要用亚洲村社做复原原始公社的典型。在这种情况下，总结这些新发现和新研究成果时，继续沿用具有特定时代烙印的"亚细亚生产方式"就不那么合适了。所以恩格斯虽然在编辑《资本论》第一卷的英译本时照录马克思"古亚细亚"生产方式的提法，而且对其内涵做了更加明晰的表述，但在撰写《起源》时已经不用"亚细亚生产方式"的概念。不过，"亚细亚生产方式"概念所揭示的原始社会形态的基本特征，如原始共产制、土地公有制、原始共同体等，仍然被吸收进去，其精神体现在《起源》的全部论述之中。摩尔根的《古代社会》和马克思对这本著作的摘录和评论，是恩格斯写作《起源》的主要依据。1884 年 3 月 7 日，即着手撰写《起源》的前夕，恩格斯致信左格尔，请他读摩尔根的《古代社会》，指出摩尔根"巧妙地展示出原始社会和原始社

---

① 参见林志纯、廖学盛《怎样理解马克思说的"亚细亚生产方式"？》，《世界历史》1979 年第 2 期。引文出自 1972 年人民出版社出版的《马克思恩格斯全集》第 23 卷，第 96 页。他们指出中译本中的"古希腊罗马的"，按原文应改为"古代的"。新版中译本已作改正。

会共产主义的情景。他独立地重新发现了马克思的历史理论……"①
这里所说的马克思的历史理论，不但包括而且主要应是指以原始共
产主义为核心的亚细亚生产方式理论，摩尔根的发现与研究证实了
马克思这一理论的正确性，并提供了大批新鲜的、更加典型的材料。
《起源》是在这种基础上写成的，它作为马克思、恩格斯共同建构的
原始社会理论体系的代表作，是对亚细亚生产方式理论的继承和发
展，怎么可能是对亚细亚生产方式理论的抛弃呢？

　　马克思、恩格斯原始社会理论形成和发展的历史表明，这些理
论既不是从天上掉下来的，也不是他们头脑中固有的，而是在几十
年的探索中，运用正确的立场方法，总结当时有关科学发展的最新
成果而建立起来的。在马克思主义的理论中，原始社会理论体系形
成较晚，这是因为有关原始社会的各个学科是比较晚后才发展起来
的。恩格斯说过："我们只能在我们时代的条件下进行认识，而且这
些条件达到什么程度，我们便认识到什么程度。"② 马克思、恩格斯
的高明之处，不在于他们未卜先知，也不在于他们说的每一句话都
正确无误，而在于他们总是不断吸收最新的科学成果，来补正、充
实和发展自己的理论。马克思主义本质是发展的、生机勃勃的、不
断前进的。学习马克思主义原始社会理论，应该全面地、正确地理
解它，首先要掌握它的基本原理和基本方法，切忌断章取义，脱离
具体条件，把他们的某些论断绝对化，生搬硬套；其次要善于运用
其立场、观点和方法，去研究新问题，吸收新材料，推导出新结论。
对待马克思主义原始社会理论应该这样，对待马克思主义的东方社
会理论也应该这样。马克思主义并没有结束真理，而是在实践中不
断开辟认识真理的道路。

（原载《中国社会科学》2016 年第 9 期）

---

① 《马克思恩格斯全集》第 36 卷，人民出版社 1975 年版，第 127 页。
② 《马克思恩格斯全集》第 20 卷，第 585 页。

传统农业与现代化

树立现代化社会主义大农业的经营思想，促进我国农业的发展[*]

加快我国农业的发展速度，一个重要问题是必须打破小农经济思想的束缚，树立起现代化社会主义大农业的经营思想，这是许多同志都同意的。但什么是传统的小农经济思想（或称小生产的传统观念）？如何看待我国传统的小农经济？现代化的社会主义大农业同建立在小农经济基础上的传统农业和传统农艺究竟是什么关系？现代化的社会主义大农业的经营思想应该建立在什么基点上？这些问题并没有得到充分研究和讨论。本文拟就现代化社会主义大农业经营思想的问题谈一些肤浅的意见。

一

目前，一种看法认为单一的小农经济结构是我国长期动乱贫穷的病根，我们认为这种意见需要研究。这里，"经济结构"是指农业内部各个生产部门之间的结合形式及其比例关系，不同于马克思所讲的"一切生产关系的总和"那个"经济结构"。我们认为，称之为"生产结构"较为确切，它属于生产力的范畴。所谓"小农经济"，是指个体农户占有一定的土地和其他生产资料、进行独立经营所形成的一种经济。它基本上属于生产关系的范畴。因此，对"小农经济"和"生产结构"这两个属于不同范畴的概念，不应该混为

　＊　合作者：郝盛琦、秦其明。

一谈。再则，众所周知，前资本主义时期的小农经济，一般说来是由一个农户同时经营多种生产项目的自给自足的自然经济，它的生产结构并不是"单一的"；如果是"单一的"，就不成其为自给自足的小农经济。可见，"单一的小农经济结构"这个概念是不科学的。这里提出了一个应该如何认识我国传统的小农经济问题。我们认为：

第一，认为单一的小农经济结构是我国长期动乱贫穷的病根，是颠倒了社会经济历史的真实关系。

小农经济从来不是一种独立的经济形态，它产生于原始公社瓦解时期，在以后各种生产方式中都曾不同程度存在过。马克思说："小农经济和独立的手工业生产，一部分构成封建生产方式的基础，一部分在封建生产方式瓦解以后又和资本主义生产并存。同时，它们在原始的东方公有制解体以后，奴隶制真正支配生产以前，还构成古典社会全盛时期的经济基础。"[1] 在不同的生产方式中，小农经济各有其不同特点，这些特点及其演变是由当时占统治地位的生产关系所决定的。换句话说，小农经济在这些生产方式中，不可能对促进或阻碍社会生产力的发展起主要的决定的作用。例如在希腊的古典奴隶制中，个体小农曾是平民阶层中的主体，随着奴隶制的发展而不断分化，一些人变成了债务奴隶；梭伦改革后，废除了债务奴隶制，扩大了奴隶主的统治基础，有些平民（小农）走上了利用奴隶进行生产的道路，小农也就愈加鲜明地打上了奴隶制的烙印。在古代东方奴隶制下的个体农民，表面上保存了村社社员的身份，其实如同马克思所说，他们不过是专制国家的"普遍奴隶"，仍然摆脱不了奴隶制给他们打上的印记。小农经济的普遍存在是封建社会的特点之一，无论中国或西欧莫不如此。这种小农经济存在的形式，是封建土地所有制决定的。在西欧是封建领主制，农奴领得一块份地，同时要在领主土地上服劳役；在我国，战国、秦汉以后是封建地主制，农民拥有一小块土地，向地主阶级的封建国家纳赋服役，

---

① 《资本论》第一卷，人民出版社 1975 年版，第 371 页注 24。

或者向地主租种一块土地，交纳实物地租。农奴和农民的独立经济是为了保证可供地主阶级剥削的劳动人手。正如列宁指出的，这种农民经济是地主经济存在的必要条件。可见，在封建主义的生产方式中，小农经济也是处于被决定的地位。

还必须指出，我国陷于长时间的贫穷落后，主要是封建社会晚期以后。明中叶以前，我国曾以繁荣的经济、发达的科学技术和灿烂的思想文化长时期在世界上处于领先的地位。我国历史上不乏相对长治久安的朝代。西欧中世纪则长期陷于分裂，其王朝更替之频繁，起码不亚于我国。因此，用"动乱、贫穷"来概括我国春秋以来两千多年的历史是很不确当的。封建社会晚期以后中国陷于长期贫穷落后的内在原因是值得深入探讨的。但是，无论如何也得不出小农经济是我国长期贫穷动乱根源的结论。

如上所述，小农经济曾经广泛存在于不同历史时代的各个国家，并非我国春秋以后所特有。如果小农经济能构成动乱贫穷的病根，那么历史上大概没有哪个国家和哪个朝代能逃脱动乱贫穷的厄运。就我国封建社会的特殊性看，凡是封建政府能够采取比较切实有效的措施、使小农获得相对稳定的生产条件时，社会就相对安定，经济就呈现繁荣；相反，如果听任土地兼并，破坏农民的生产条件，使小农大量贫困破产，社会就动乱，经济就崩溃。

马克思指出："无论哪一个社会形态，在它所能容纳的全部生产力发挥出来以前，是决不会灭亡的；而新的更高的生产关系，在它的物质存在条件在旧社会的胎胞里成熟以前，是决不会出现的。"[1]对我国封建社会的小农经济也可以这样看。我们并不否认，在我国封建社会后期，规模狭小的小农经济对生产力的进一步扩展也起着某些限制作用；然而也应当承认，小农经济在当时还是基本上同生产力的水平相适应的，它还有生命力。当时成为社会生产力、特别是农村生产力桎梏的，主要还是占主导地位的封建生产关系，近代

———————
① 《马克思恩格斯选集》第2卷，人民出版社1995年版，第33页。

则加上帝国主义和官僚资本主义。正是因为"三座大山"的压迫，广大农民常常同农业生产的主要生产资料——土地在一定程度上或完全处于分离状态，生产情绪才受到很大压抑和限制。这种压迫使农民不但无力进行扩大再生产，甚至连简单再生产也常常难以维持。他们终年劳碌，不得温饱，遇有灾荒或军阀混战，则四处逃亡，田地荒芜，饿殍遍野。造成农业生产力的这种严重破坏，以至整个社会的贫穷、动乱、落后，其根源在于封建的经济政治制度，在于帝国主义、封建主义和官僚资本主义，而不是"单一的小农经济结构"。这种意见陈述了"单一的小农经济结构"造成的"恶果"，实际上并不准确。例如说到我国历史上土地兼并的恶性发展引起对社会生产力的周期性大破坏，这是我国封建土地所有制的固有特性所产生的必然现象，不能怪罪小农经济。恰恰相反，小农经济的贫困破产、林牧业生产条件的破坏，倒是地主阶级压迫和土地兼并直接造成的。把我国封建社会中产生的各种社会问题，都记到"小农经济"（或"经济结构"）的账上，是欠科学的。事实上，我们党领导的民主革命，正是针对着造成近代中国贫穷落后的"三座大山"这个病根。挖掉了这个病根，社会生产力就冲破了束缚它的罗网。解放战争胜利和土地改革以后，我国农业生产迅速恢复和发展的事实，充分证明了这一点。只是在这之后，随着农村生产力的进一步发展，个体农户那种分散经营的、规模狭小的经济形式才会逐渐显示出对生产力发展的不适应，以致最后成为生产力发展的障碍。只有在这时，改造小农，引导他们走集体化的道路才是必要的。这就是社会主义革命的到来。我们应该合乎历史事实地把我国近代长期以来贫穷动乱的原因归之于封建生产关系，归之于"三座大山"的压迫，而不是归之于小农经济。否则在实际上就否定了我党半个世纪以来领导中国革命的基本理论和基本实践。

第二，不把握住小农经济的真正特点，就找不到克服小农经济思想局限性的关键所在。

无论中国和西欧，封建社会小农经济的特点并非什么"单一经济结构"，而是所谓"小而全"的自然经济。"小"，是指生产资料的简陋和经营规模的狭小。"全"，就是同时经营多种项目，既种粮食，又种经济作物；既饲养一些家畜家禽，又搞一点采集、捕捞，乃至经营一点纺织之类的家庭手工业。这样一个农户，就形成了封建社会农村中的一个自给自足的经济单位。现在有的同志把单一搞粮食也作为小农经济思想的表现，实在是张冠李戴。

那么，小农经济的局限性及其在思想意识上的反映主要表现在什么地方呢？我们认为有以下三点：①生产规模的狭小限制了人们的眼界，在利用和改造自然的斗争中缺乏全局观点和长远打算。②生产项目的多样，生产、生活方面的需要基本上靠自给自足，使他们较少与别的生产者发生交换关系，产生出"自给不求人"的思想。③千百年来都是沿用传统的生产工具和生产技术，凭老经验办事，思想偏于保守而较难接受新鲜事物。概言之，就是小农经济特点所产生的狭隘性、孤立性和保守性。应该指出，实现了合作化以后，我国的农业已经不是小农经济，而是发展中的社会主义大农业。前些年破坏我国农业生产发展的主要原因，也不是小农经济思想的影响，而是极"左"路线和极"左"思想。但小生产的习惯和观念在部分同志中仍然存在，在我们发展农业的政策指导上也有反映，这种思想和林彪、"四人帮"的极"左"路线是有本质不同的，但在某种程度上也被极"左"路线所利用。因此，打破小农经济的这种狭隘性、孤立性和保守性，仍然是今天建设现代化的社会主义大农业所面临的重要课题。

第三，对建立在小农经济基础上的传统农业和传统农艺持全盘否定态度是片面的、不科学的。

我国传统农业与传统农艺存在不少问题。但比之同时期西欧的农业和农艺，在当时的历史条件下达到了相当先进的水平，这也是举世公认的。在这个问题上，我们既不应夜郎自大，也不应采取民族虚无主义的态度。这里，我们就我国传统农业和传统农艺的历史特点、它的优点与缺点、主流与支流作一些粗略的分析。

　　我国的传统农业与西欧中世纪的农业有共同之处，但它们之间又各具不同的历史特点。中世纪的西欧通行封建领主制。封建领主的庄园建立在农村公社的残骸上，土地不能买卖。领取小块份地的农奴，对封建领主有人身依附关系，他们虽然进行独立的经营，但这种经营是缺乏自主性的。当时实行三圃制的休闲耕作制，一部分耕地种冬谷，另一部分耕地种春谷，再一部分耕地休闲，互相轮换，其次序为数百年来村社的传统习惯所固定。但他们的生产条件也相对比较稳定，不但份地可以世袭，一般没有丧失的危险；同时还有可以放牧的村社公共牧场和草地。我国封建社会自战国以后实行封建地主制，农村公社的残余早已消失，土地可以买卖。相当一部分农民为自耕农，他们拥有自己的一小块土地；另一部分农民是佃农，向地主租种一小块土地。他们的经营比起西欧的农奴有较大的自主性，封建国家和地主一般较少进行干涉。但他们的生产条件经常受到地主阶级兼并土地的威胁，不但没有固定的公共牧场，而且"田无常主"，生产条件极不稳定。

　　正是我国传统小农经济的这种历史特点，产生了我国传统农业的优点与缺点。由于土地可以私有，人身相对自由，经营比较自主，我国封建社会农民生产的积极性和主动性远比西欧农奴为高。他们除了双手别无其他长物，唯有起早贪黑，在属于他们所有的或租佃来的一小块土地上多多投放劳动，对庄稼进行精细的耕作管理，以期在有限的土地上获得尽量多的产品，来解决一家人口的生计。我国农业精耕细作的优良传统，正是在这种历史条件下产生的。最充分地利用土地与积极养地相结合，是我国传统农业的另一个优点。我国传统农业的土地利用率是很高的。早在春秋战国之际就从休闲制逐步转为连作制。历代农民创造了多种轮作、复种和间、混、套作等形式；同时历代农民又非常重视养地，很早就懂得利用天然绿肥、人畜粪便，并且懂得种植绿肥，实行绿肥与谷物轮作。相当一部分农区，耕地复种指数相当高，但种植数千年而能使地力保持不衰，曾被外国人视为奇迹。宋代的农学家陈旉批判那种认为土地经过耕种地力必然衰退的论调，指出只要经常增施粪肥，土地可以越种越肥美，地力可以经常保持新壮。这种地力常新壮的思想，正是我国传统农业思想的精髓。近些年来，有些地方在耕作改制中，出现了片面追求复种指数而忽视养地的倾向，有的同志也把这当作传统小农经济思想的影响，这未免是厚诬古人了。我国传统农业还有一个突出的优点，就是虽然经营范围很小，但在这一定的范围内实行多种经营的结合，不但在经济上和时间上是节省的，而且在对自然的利用上也有不少合理的地方。例如，我国农民的养畜养禽积肥就是一条非常成功的经验。利用农副产品并广泛采集野生植物喂养猪、牛、羊等，对牲畜粪尿积攒沤制，用以肥田，这充分利用了动植物之间互相依赖、互相促进的关系，把农牧业在一定范围内有机结合起来。西欧中世纪虽然由于农村公社牧场的存在，牧业比重较大，但是公共牧场是固定的，并不与耕地轮换，牲畜粪便也没有很好地积攒起来肥田，以牧促农的作用未能得到充分发挥。我国传统农业中，这种合理利用自然和巧妙利用各种动植物之间互相依赖关系的成功事例是很不少的，我们应该认真总结和发扬。

　　我国传统农业虽然有许多优点，创造出比西欧中世纪高得多的劳动生产率，但它毕竟经营规模十分狭小，生产条件很不稳定，一般只能维持简单再生产，无力扩大生产的规模。在一定范围内可能对自然作某些合理的利用，但从总体看，这种分散的、彼此孤立的个体农民，不可能在较大范围内合理利用自然，也无力战胜各种自然灾害。特别是在地主阶级的压迫下，在土地兼并浪潮的冲击下，小农经济经常陷于贫困破产的困境。我国历史上相当一部分农民破产失去土地之后，被迫上山开荒，采取一种落后的"畲种"方式，即放火烧荒，种上三两年后即行抛弃，另外觅地烧荒。这种不得已的谋生方式对自然植被造成了破坏。但其根本原因不在小农经济本身，而在于反动的封建生产关系。从整个历史长河看，它不是我国传统农业的主流。

二

现代化社会主义大农业的经营思想应该建立在什么基点上呢？要建设现代化的社会主义大农业，对于我国传统的农业和资本主义的现代农业，都不能采取一概肯定或一概否定的态度。现在有一种倾向，认为我国的传统农业没有什么可以值得继承的，而对资本主义的现代农业却全盘肯定，这是一种形而上学的思想。事实上，建立在小农经济基础上的我国传统农业，其中也有不少合理的、科学的成分，这已如上所述；而资本主义的现代农业也并非一切皆好，我们要学习和借鉴的，是资本主义现代农业中先进的科学技术、物质技术装备和合理的经营管理方法。即使是学习其中先进的东西，如不结合我国的实际情况，也会适得其反。例如美国的农业，实现了高度的机械化，劳动生产率很高，但单产并不很高，物资、能源的耗费十分巨大，对自然资源的利用不够合理，水土流失、环境污染的问题也没有得到很好解决。马克思曾经指出："历史的教训是（这个教训也可以从另一角度考察农业时得出）：资本主义制度同合理的农业相矛盾，或者说，合理的农业同资本主义制度不相容（虽然资本主义制度促进农业技术的发展），合理的农业所需要的，要么是自食其力的小农的手，要么是联合起来的生产者的控制。"① 可见，对资本主义国家的农业不加分析、全盘肯定也是不正确的。总之，我们认为，必须从我国的自然条件、社会经济条件和历史传统的实际出发，吸收我国历史上和外国一切好的东西，抛弃一切不适合我国现实需要的东西，建立具有我国特点的现代化的社会主义大农业。根据这个原则，我们认为我国现代化的社会主义大农业的经营思想，从组织生产力的角度来说，应该包括下列几个基本点：

第一，要有一个符合客观实际的发展农业生产的总体规划。

---

① 《资本论》第三卷，人民出版社 1975 年版，第 139 页。

　　小农经济虽然能在一定范围内巧妙地利用各种自然物互相之间促进的关系,但不能在较大规模上有计划地合理利用自然。资本主义农业由于生产资料私有制和生产的无政府状态,也不可能完全做到这一点。只有社会主义制度,才为我们自觉地认识自然,有计划地、合理地利用和改造自然,提供了必要的前提条件。但可能并不等于现实。三十年来,我们在制定农业生产的规划上,既缺乏对自然资源、自然条件和社会经济条件做全面深入的调查,也缺乏从农业的各个部门之间、农业再生产各个环节之间的联系上做总体的安排。因而,我们指导社会主义大农业,在相当大的程度上还是盲目的。许多地方的森林、草原遭到破坏,湖泊被淤填,水土流失严重,合理的生态平衡受到破坏,这固然在很大程度上是由于极"左"路线和极"左"思想影响产生的瞎指挥所造成的恶果,但是,因缺乏符合客观实际的总体规划而形成的指导农业生产的盲目性,也不能不说是一个重要原因。历史的经验教训告诉我们,指导社会主义的大农业,没有一个总体规划,或者这个总体规划不是建立在客观需要和实际可能的基础上,缺乏对农业生产的各个部门和各个方面做通盘安排,我们的农业生产就只能始终是打乱仗,各行其是。为此,必须把当前正在进行的农业自然资源和农业经济调查工作放在一个重要的位置上,并进而制定出农业的自然区划和经济区划。只有这样,才能把农业生产规划建立在科学的基础上,使我们能真正按自然规律和经济规律办事。

　　农业发展的总体规划要包括农业生产和建设的各个方面,但社会主义大农业的这种全面发展同小农经济的"小而全"是有本质区别的。不但其内容和规模为小农经济所无法比拟,而且它不是搞"万事不求人"的封闭式的经济体系。我们要逐步实行生产的区域化和专业化,但又不能照搬美国那种"玉米带""小麦带"的布局。美国在几个州的范围专门种植某一种作物,这样虽有利于提高劳动生产率,但对自然资源的利用却不尽合理,对交通运输条件的要求高,抗御自然灾害的能力也较低。我们不应采取这种单打一的方式,而是要在全面发展中突出重点,在全面发展的前提下,贯彻因地制宜、适当集中的方针。

制定农业发展的总体规划，必须以建立合理的农业生态系统为其重要目标。但是，这种生态系统是改造自然与保护自然的结合。我们反对恣意开发和滥用自然资源，然而这并非说我们应该保存原始的自然状态。离开对自然的改造，就没有农业生产的发展。有人估计，在消极利用自然的原始的采集和狩猎时代，全球的自然资源仅能养活一千万人左右。如果像一些同志认为的那样，"自然生态平衡"触动不得，我们至今也只好仍然和禽兽共同栖息。事实上，原始农业的产生，就是从破坏旧的生态平衡开始的。一部农业发展史，就是旧的生态平衡不断破坏，新的生态平衡不断建立的历史。在很长时间内，由于人们没有真正掌握自然规律，人们对自然界的胜利，往往引起自然界的报复，这些经验教训要认真记取。但就历史的发展看，在一定意义上也可以说，这种情况的产生是不可避免的。

第二，必须大力发展农村商品经济。

社会主义大农业不可能建立在自给自足经济的基础上。自给自足的农业经济，不能满足社会主义国民经济发展和人民生活改善对农产品日益增长的需求，不能为农业本身的扩大再生产和现代化积累必要的资金。只有大力发展农村商品生产，才能打破小生产式的自我封闭状态，沟通地区之间、生产单位之间的经济联系，使农村经济真正活跃起来，使社队和农民富裕起来。农业合作化以后，我国农村商品经济本应有一个大发展，但是，在人民公社化初期，陈伯达之流否定价值规律，鼓吹取消商品生产和货币交换；"文化大革命"中，林彪、"四人帮"又把商品生产和货币交换同资本主义等同起来，大张挞伐，使我国农村商品经济的发展受到严重挫折。这种极"左"的流毒影响至今还未肃清，使我们一些同志不敢理直气壮地去发展农村商品经济。目前，我国农产品的商品率很低，农业生产仍然处于自给、半自给状态；地区之间、社队之间的交换关系很不发达，这是我国农业和国民经济发展的一个突出问题。积极发展商品生产和商品交换，已成为使农村经济变活的关键。

　　现在的状况是限制农村商品生产的条条框框还是太多,而促进农村商品生产的具体措施又嫌太少,许多问题的存在都涉及现行体制和有关政策。如不下决心解决,农村商品经济要有一个大发展很难。我们认为,为了促进农村商品经济的发展,在计划管理上,国家不应统得太死、管得太细。应让社队有一定的灵活性,使农民能放开手脚,广开生产门路,广辟生财之道,不但能在国家计划的指导下,努力提高出售给国家的农产品的商品率,而且可以根据国内外市场的需要,积极发展计划以外的农副产品。在经营体制上,应当允许社队集体经济能够加工和销售自己生产的农副产品,农村人民公社不但可以有自己的加工厂,而且可以逐步建立起自己的商业机构,使产供销结合、农工商综合发展。同时,在保证集体经济占优势和社员以集体生产劳动为主的前提下,要鼓励和扶持社员经营好自留地和家庭副业,积极发展商品性生产。还要利用集市贸易和其他渠道,促进地区之间、社队之间的经济往来,互通有无,打破彼此隔绝的状态,使整个农村经济活跃起来。在价格政策上,应当按照价值规律的要求,在调查研究的基础上,逐步制定出一套合理的农副产品的价格体系,缩小工农业产品价格的“剪刀差”。在收购工作中坚持等价交换的原则,防止压级压价,使农民出售自己生产的农副产品不但可以补偿自己的劳动耗费,而且真正有利可得。此外,国家也要进行必要的扶持,财贸、工交等部门也要适应农村商品经济的发展。

　　第三,要注重提高农业集约化的程度。

　　从世界农业发展的趋势看,集约经营是各国农业发展的共同方向。我国传统农业的主流也是集约农业,其特点是大量投放活劳动,在农艺上是精耕细作。这种精耕细作的传统,虽然是在小农经济基础上产生的,它却是我国劳动农民智慧和经验的结晶,不但许多技术经验足资今天借鉴,而且就通过精细管理提高单产这一发展方向而言,也仍然符合我国今天人口多、耕地少的国情,绝不能简单地贬之为“老路”。我国精耕细作的优良传统应当继承和发扬,但我国传统农业建立在手工劳动、部分使用畜力和直观经验基础上,劳动生产率极低的落后状况也一定要根本改变。马克思曾指出："一个不容置疑并早已为人所共知的事实是，农业本身的进步，总是表现在不变资本部分对可变资本部分的相对的增加上。"① 从我国的具体情况看，农业集约化程度的提高，虽然在一个相当的时期内，还需要更多地投入活劳动，但是，八亿农民搞饭吃的状况必须改变，现代农业科学技术将越来越广泛地应用，现代化农业生产资料将越来越多地追加，因此，我们绝不能因为我国农村劳动力充足，而放松了对农业的技术改造。从国外和国内一些先进农业单位的经验看，当前，特别应当重视农业科技知识的普及和农业科学技术的研究推广工作，这是发展社会主义大农业的一项投资少、见效快、收效大的重要措施。

由于我国经济基础薄弱，自然条件和耕作制度复杂，搞农业机械化比欧美一些国家要困难得多，只能分阶段有步骤地进行。有的同志提出，首先可把农业现代化的重点放在生物技术的现代化上，同时进行有选择的机械化，然后实行全盘机械化。我们认为，这个意见是可取的。在我国农业机械化中，必须解决的一个课题是，如何把农业机械化与精耕细作的传统结合起来。农业机械化必须有利于精耕细作和促进单产的提高，否则，就将在中国的土地上失去生命力。当然，这并非说要农业机械单方面地去适应农业技术和耕作制度，而是要使农机和农艺相互适应。主要是在手工劳动条件下形成的我国的传统农业生产技术和耕作制度，不应该也不可能一成不变。

我们建立的是现代化社会主义的大农业。现代化社会主义大农业的建立过程，也即是小农经济落后的经营方式和思想意识逐步得到克服的过程。在这个过程中，吸收我国传统农业的合理因素，抛弃它的不合理部分，并学习外国现代农业的长处，在中央两个农业文件精神的指引下，我国农业必将以崭新的面貌出现，以前所未有的高速度前进。

（原载《经济研究》1980 年第 3 期）

---

① 《资本论》第三卷，第 857 页。

中国农业史上的"多元交汇"

——关于中国传统农业特点的再思考

1983 年成都举行的中国社会经济史学术讨论会上，我在提交的论文中把中国古代农业的特点概括为三点：（一）农业技术的主流是精耕细作；（二）以种植业为中心、农牧结合、综合经营的广大农区与以游牧为主的广大牧区同时并存和相互补充；（三）各地区、各民族农业发展的不平衡。① 当时我是想突破以往农业史只讲农区（主要是先进地区）农业的局限，比较全面地反映作为多民族统一国家的我国古代农业的发展。在这以后，我继续思考这个问题。我感到光讲发展不平衡是很不够的，事实上，我国不同地区、不同民族存在着不同类型的农业文化，我国古代农业是在这些不同类型的农业文化的相互交流和融汇中向前发展的。1990 年夏，我在与一位日本学者交谈中提出"中国古代农业是一个多元交汇的体系"，"多元交汇和精耕细作构成中国古代农业的基本特点"。近年来，我以此作为研究和撰写中国农业史的指导原则之一。我认为这对正确认识我国古代农业发生发展的机制和规律是颇为重要的。现把有关想法写出来，希望引起讨论。

一 起源的多源与发展的多元

以往人们把黄河流域视为中华民族文化的摇篮，认为我国农业

---

① 《试论中国古代农业史的分期和特点》，载《中国古代社会经济史诸问题》，福建人民出版社 1990 年版。

首先发生在黄河流域，然后逐步传播到其他地方。新中国考古学的发展已从根本上推翻这种观点。20 世纪 70 年代在浙江余姚河姆渡发现了距今近七千年的丰富的稻作遗存，完全可以和同时代黄河流域的粟作文化相媲美，而文化面貌却有明显的差异。这一惊人发现无可辩驳地证明长江流域和黄河流域一样是中华农业文化的摇篮。又从现有材料看，华南地区农业也发生相当早。这里的新石器时代早期洞穴遗址中，新石器时代文化层往往直接叠压在旧石器文化层之上，时代则可追溯到距今近万年甚至一万年以上，其经济生活虽然仍然以采猎为主，但不少地方已出现了农业经济的因素，如适于垦辟耕地的磨光石斧、点种棒上的重石，与定居农业相联系的制陶，人工饲养的猪，等等。从当地生态环境和有关民族志材料看，这里的农业很可能是从种植薯芋等块根块茎类作物开始的。

远古时代不同作物种植区农业有各自独立的起源，这是比较明显的，但同一作物种植区内农业文化的源头恐怕也不止一个。农业起源与作物起源是既有联系又有区别的。当一个地区社会经济的发展产生某种内在要求时，当地居民就会从采猎生活逐步转变为农业生活，而他们种植的作物，既可以是独立驯化的，也可以是引进的。因此，同一作物种植区内也可能有不同的农业源头。从考古发掘情况看，截至 20 世纪 80 年代中期，我国新石器时代遗址已发现七千余处，分布在从塞北到岭南、从东海之滨到青藏高原的广阔地域上。考古学家把数量众多、内涵丰富的新石器时代文化遗址划分为不同的区系类型，各家划分方法虽有差异，但无不承认各地区的新石器文化有其自身发生发展的过程，形成区别于其他地区的不可替代的特点，它们不是出自某一中心文化的传播，而是从本地区旧石器文化中发展而来的。[①] 我们知道，新石器时代文化的基本特征之一是农业的发明，新石器时代文化不同区系的独立形成和发展，反映了这

---

① 苏秉琦：《关于考古学文化的区系类型问题》，《文物》1981 年第 5 期；佟柱臣：《中国新石器时代的多中心发展和发展不平衡论——论中国新石器时代文化发展的规律和中华文明的起源》，《文物》1986 年第 2 期。

些不同地区的农业起源，应是相对独立的。例如，长江流域中游和下游存在不同的新石器时代文化系统，两地都种稻，长江下游发现了距今七千年的稻作遗存，长江中游也发现了距今九千年的稻作遗存（湖南澧县彭头山）；但又各有不同特点，长江下游种的是籼稻和粳稻的混合体，从耜耕发展为犁耕，长江中游种的差不多是清一色的粳稻，主要使用石锄类生产工具。有人分别称之为耜耕稻作农业和锄耕稻作农业，它们起源与发展的相对独立性是明显的。在黄河流域，则存在以关中晋南豫西为中心的前仰韶—仰韶文化系统和以山东为中心的北辛—大汶口文化系统，两者之间相隔着广漠的湖沼洼地。虽然农业面貌相似，均种植粟黍，但亦各有特点。北部辽燕地区的前红山—红山文化系统也属粟作农业区，但自旧石器时代晚期以来，其文化发展在黄河流域及其以北地区常处于前导地位，很难想象其农业是由接受中原某地农业的传播而形成的。以上三文化区在旧石器时代晚期已逐步形成，其农业的起源和发展虽然相互影响，但也应是相对独立的。

总之，我国农业不是从单一中心起源向周围辐射，而是在若干地区同时或先后发生的。在这种多中心起源的基础上，我国农业在其发展过程中，基于各地自然条件和社会传统的差异，经过分化与重组，逐步形成不同的农业类型。这些不同类型的农业文化，往往是不同民族集团形成的基础。中国古代农业是由这些不同地区、不同民族的不同类型农业融汇而成，并在它们相互交流和相互碰撞中向前发展的。这种现象，我们称为"多元交汇"。

二 长城内外：农区与牧区

我国历史上不同类型的农业文化，可以区分为农耕文化和游牧文化两大系统，形成并立的农耕文化区和游牧文化区。农区和牧区的分立和关联，农耕文化和游牧文化的交流和碰撞，是我国古代农业史的主要线索之一。

　　我国农耕文化区和游牧文化区大体以秦长城为分界线。长城分布在今日地理区划的复种区北界附近，这并非巧合，它表明我国古代两大经济区是以自然条件的差异为基础，并形成明显不同的土地利用方式、生产结构和生产技术。

　　长城以南、甘肃青海以东的地区，气温和降雨量都比较适合农耕要求，可以实行复种。在这里，定居农业民族占统治地位，其生产结构的特点是实行以粮食生产为中心的多种经营。粮食主要是谷物。因而班固说"辟土殖谷为农"，中原人又因此被称为"粒食之民"。不过，班固的定义并不全面。事实上，农区每个经济单位，无论地主或农民，都是既种粮又养畜，并视不同条件各有侧重地栽桑养蚕，种植棉麻、蔬果、油料作物、染料作物，樵采捕捞，以至从事农副产品加工。就是种粮也实行多作物多品种搭配，所谓"必杂五种"。依着原料的解决以种植业为基础。麻棉直接来源于种植业，蚕丝生产亦以桑树栽培为前提，是植物性生产与动物性生产、农业生产与手工业生产的结合。农桑并举或耕织结合成为传统小农经济的基本特点。我国农区历史上存在过大规模的国营牧业和大牧主，但在广大农户中，畜牧业是作为副业存在的。主要饲养猪、禽和耕牛。它一方面利用部分农副产品（如秸秆糠秕，蔬菜的残根老叶，粮食、油料加工后的糟渣，也包括一些饲料作物）为饲料，另一方面为农业提供畜力、肥料和部分肉食。由于食物中以植物性的粮菜为主，肉类较少，农产品加工备受人们重视。如把瓜菜、果品、鱼肉、蛋类等腌制储存起来，以备缺乏时、尤其是冬季食用。尤有特色的是利用微生物发酵制作酱、豉、酒、醋等。

　　在长城以北，横亘着气候干燥寒冷、沙漠草原相间分布的蒙新高原，发展农耕条件比较差，但却是优良的牧场。在这广阔的舞台上，匈奴、柔然、鲜卑、突厥、契丹、女真、蒙古等游牧、半游牧民族相继代兴。他们拥有牲畜数以万计、十万计甚至百万计的庞大畜群，在茫茫的草原上逐水草而居，食畜肉、饮潼酪、衣皮革、被毡裘、住穹庐。畜群是他们的主要生活资料，也是他们的生产资料。

他们的畜群以羊为主体，马占重要地位，还有被农区人视为"奇畜"的驴、骡、骆驼等。狩猎有保卫畜群和演习军事等作用，又是生活资料和生产资料的补充来源。游牧民族并非没有种植业，他们很早就懂得种植黍稷等，不过种植业比重很小。与游猎相结合的游牧几乎是唯一的衣食之源。

以往谈我国古代农业生产技术时，往往一言以蔽之：精耕细作。但"精耕细作"一语虽然抓住了农区生产技术的主流，却难以概括牧区的生产技术。事实上，我国古代农业生产技术存在不同的传统。就畜牧技术而言，农区畜牧业是与农业相结合、为农业服务的，较早形成了舍饲与放牧相结合的生产方式，讲究畜舍的布局与卫生，饲料的广辟与加工，喂饲的适时与适量，役使的合理与适度，又有精料集中喂饲、限制畜禽运动以快速育肥等办法，体现了集约经营的精神，也可视为"精耕细作"在畜牧生产中的延伸。牧区的畜牧技术则大异其趣。由于实行逐水草而居的游牧方式，强调要使牲畜"遂其天性"，重视牧场的保护和合理利用。游牧生产方式孕育了动物种内与种间杂交的成功实践。在阉割术和外科技术方面则表现了技术娴熟、方式粗朴的风格。游牧经济的特点是移动性，其对象为活的畜群，而在畜群中又总以羊为主体；要有效地控制大规模游动的畜群，必须依靠骑术的掌握。骑术是人与马的结合，这种结合使人能利用马的善跑和灵活，产生巨大的机动能力，从而能驾驭庞大的畜群。骑术的掌握成为大规模游牧经济形成和发展的关键。故北方草原游牧民重视对乘骑的训练，出现很有特色的"控马法"等。牧民的农耕方式也是与其游牧方式相适应的，如有的牧民"借荒""寄田"农区，唯于春秋前往播种和收获，自然也谈不上精耕细作了。

我国历史上的农耕文化和游牧文化虽然在地区上分立并峙，在经济上却是相互依存的。偏重于种植业的农区需要从牧区取得牲畜和畜产品，作为其经济的补充。牧区的游牧民族种植业基础薄弱，靠天养畜，牧业的丰歉受自然条件变化影响极大，其富余的畜产品固然需要向农区输出，其不足的农产品和手工业品更需要从农区输入，遇到自然灾害时尤其如此。在通常的情况下，两大经济区通过官方的和民间的、合法的和非法的互市和贡赐进行经济联系。从匈奴人到蒙古人，无不热衷于同汉区做生意。但和平的贸易并不是总能够维持的。农区统治者往往把交市作为控制、驾驭游牧民族的一种手段，从而使正常的贸易受到障碍。游牧民族多处于奴隶制或初期封建制阶段，游牧经济的单一性形成的对农区经济的依赖性，有时以对外掠夺的方式表现出来，对定居农业生活构成威胁。上述情况都可能导致战争。战争造成了巨大的破坏，但加速了各地区各民族农业文化的交流和民族的融合，为正常的经济交流开辟道路。因而战争又成为两大农业文化区经济交往的特殊方式。农牧区的这种关系，对中国古代政治经济发展的影响极大。我国游牧民族尽管有时把它的势力范围扩展到遥远的西方，但它的活动中心和统治重心，始终放在靠近农耕民族统治区的北境。中原汉族政权和北方草原的游牧民族政权之间虽然在历史上打过不少仗，但打来打去还是走到一块，多民族统一国家总的来说是越来越扩大，越来越巩固。这些现象都可以从两大农业文化区的相互对立和相互依存中找到它最深刻的经济根源。

我国古代农牧区分立和对峙的格局经历了一个形成和发展的过程。我国新石器时代农业遗址一般呈现以种植业为主、农牧采猎相结合的经济面貌，与营农氏族部落错杂并存的是以采猎为生的氏族部落，游牧民族尚未形成。后世的牧区，情形也是如此。如西戎兴起的甘肃、青海地区和匈奴兴起的漠南河套地区的新石器时代文化，当时属中原仰韶文化和龙山文化的地方变体，而后来东胡活动中心的辽河上游地区，则分布着发达的定居农业文化——红山文化和富河沟门文化。晚至黄河中下游地区由原始社会向阶级社会过渡的同时或稍后，游牧部落才从西部、北部和东部某些地区陆续出现。黄河上游的甘青地区，新石器时代晚期的齐家文化仍以种粟养猪为主，但已形成适于放牧的羊群。相当于中原夏代的四坝文化和卡约文化等，畜牧业逐渐占据主导地位，并随着人口的增加、氏族分化和活动地区的扩展形成游牧民族。这些以氏羌族为主体、被称为"西戎"的游牧或半游牧部落群首先强大起来，逐渐向中原进逼，迫使周王室从镐京迁到洛邑。从西周中期至春秋时代，形成"华（农耕民族）夷（游牧民族）杂处"的局面。西戎人以养羊为主体，他们和华夏各国打仗都采用步战，说明当时他们还不会骑马。到了战国时期，随着黄河流域的大规模开发，进入中原的游牧人基本上接受了农耕文明，融合为华夏族的一部分。与此同时，除了部分羌人仍在甘青地区活动外，又有以骑马为特征、被称为"胡"的游牧民在北方崛起。后来，匈奴把北方草原这些原来互不统属的游牧部落统一起来，并与羌人联合，形成威胁中原农业民族政权的强大力量。这样，农耕民族统治区和游牧民族统治区终于在地区上明显地分隔开来。秦始皇把匈奴逐出黄河以南鄂尔多斯地区，连接和修筑万里长城，标志着这种格局被进一步固定下来。

我国农牧区分立的格局形成后，农牧区的界线并非固定不变，在不同的时期互有进退，总的趋势则是农耕区和农耕文化的扩展。而进入农区的游牧人都毫无例外或迟或早地被农耕文化所同化。

战国秦汉是农区向牧区扩展的重要时期，扩展的方式主要是移民实边和戍军屯垦，扩展的主要结果之一是在农区和牧区之间造成一个颇为广阔的半农半牧地带。它原是戎狄的游牧区，以后游牧人被排挤或融合，农耕在这里发展起来，但仍然保留比较发达的畜牧业。司马迁说"龙门（今陕西韩城）碣石（今河北昌黎）北多马、牛、羊、旃裘、筋角"，又说凉州（今甘肃境）"畜牧为天下饶"，就是指西汉疆域内的这个半农半牧区。汉武帝在河套地区和河西走廊等地大规模移民实边和屯田，同时大兴水利，推广耦犁、代田法等先进工具与技术，使该地区成为全国农牧业生产最发达的地区之一。尤其是河西农区的建立像插进牧区的一根楔子，把游牧的匈奴人和羌人隔开，同时把中原农区与南疆分散农区联结起来。汉朝的屯田还深入西域和羌人活动的青海河湟地区。在东北地区，燕国和秦汉相继用兵东北，占领辽河东西等地区，通过置郡屯戍，大批汉人进入东北，铁器牛耕等随之传入，开创了东北农业的新局面。辽东辽西从此成为中原农耕文化向东北扩展的桥头堡。除了屯戍以外，流移或被俘进入牧区的汉族人民对农耕文化在当地的传播也起了很大作用。

魏晋南北朝时期，随着东汉末年以来匈奴、羌、氐、羯、鲜卑等族的内迁和南下，出现了与秦汉相反的牧进农退的变化。这些民族原来都以游牧为生，有的虽然内迁已久，逐步适应了农耕生活，但在战乱频仍、荒田遍野的情况下难免部分地恢复其旧日的习惯。在原农区东北部，由于乌桓、鲜卑的南迁，尤其是鲜卑慕容氏在蓟燕地区多次建立割据政权，燕、代一带实际上成为半农半牧区。在西北部，黄土高原和河套地区多为南下游牧人所据，农耕区退至关中北山和山西吕梁山一线以南。河西走廊魏晋和前秦时农业尚较繁荣，十六国后期农业衰落，北朝时回复到以牧为主，北魏的国家牧场正设置在这里。北魏甚至在洛阳附近黄河南岸广阔地带设置牧马场。中原农耕文化经受了一次严峻的历史考验。不过，内迁各族在与汉族接触中都或迟或早接受农耕文明，并逐步与汉族相融合。例如活动在黄土高原的匈奴后裔稽胡人北朝时已基本上转以营农为主。即使与汉族接触较晚的拓跋鲜卑部，在建立北魏前已在河套平原、银川平原和河北地区屯田，成绩显著，又把山东人民迁到平城一带，计口授田。为了抵御柔然的侵扰，北魏在赤城（今河北赤城）至五原（今内蒙古五原）一线修筑长城，俨然以农耕文明的保卫者自居。这也清楚地表明，长城作为农牧分区的标志，实质不在于区别不同种族，而在于区别不同类型的农业文化。这一时期农耕文化向游牧民族统治区的扩展没有停止。西域农业继续有所发展，吐鲁番盆地魏晋时是中原王朝屯田基地，以后建立的高昌国，水利发达，谷麦一岁再熟，成为西域地区主要农业中心。在东北，慕容鲜卑建立的前燕招募汉族流人，对辽东地区农业发展起了积极作用。

隋唐是农区和农耕文化再度扩展时期。这一时期半农半牧区界线与汉代差别不大，但该区内部农业比重却有明显增加。河套和河西地区屯田水利有新的发展。河套黄河两支间得到深入开发，唐徕渠的建成使银川平原灌区向北扩展，黄河两岸平原尽成旱涝保收农区。河西经唐初百余年经营，农桑繁盛，士民殷富，粮食自给有余，有时还能调入内地救灾。吕梁山西，银绥两州之南，农耕比汉代有显著发展。唐代在陇右、陕北乃至西北遍设牧场，表明这一地区牧业也比较发达。与汉代大量移民实边不同，唐代广泛吸收游牧民族内附，使之逐步向农耕文化靠拢。如在陕甘蒙交界地区设置六胡州，安置内迁游牧人。鄂尔多斯高原在隋唐时基本上是游牧人的天地，农耕反逊于汉。隋唐时西域重新归入中原帝国版图。唐代在此广开屯田，屯田重心除在吐鲁番盆地外，又发展到山北的庭州（今吉木萨尔北），并向西推进到恒罗斯（今江布尔）。从汉到唐，新疆，尤其是南疆农业有了长足发展，以至唐末回纥西迁新疆后，不得不接受当地的生产方式，由游牧过渡到定居农业。唐朝还攻灭高句丽，把势力伸展到辽东以至朝鲜半岛，突厥族和契丹族在唐朝农耕文化的影响下，种植业有所发展，其游牧经济发生了深刻变化。

中唐以后，情况又有所变化。河陇各地被吐蕃占领，许多地方转化为牧场。唐收复失地后，农耕地区有所恢复，但远比不上盛唐时代。由于吐蕃势力的扩展，党项、吐谷浑、沙陀等游牧民族多被迫内迁，分布于灵、庆、银、夏诸州（今宁夏、陕北一带），并东渡黄河，以至陉岭以北。这一地区，宋代出现了西夏王朝。甘肃、青海则多为吐蕃余部所据。这些民族虽在与汉族接触中逐步学得农业技术，但在相当长时期内大部分仍从事畜牧业。上述情况，使畜牧业比重在一个时期内明显上升，但并未改变秦汉以来半农半牧区的基本面貌和界线。唐代以后的又一重要变化，是对中原农区构成威胁的游牧人，主要已不是来自西北，而是来自东北了。起源于东北的契丹、女真、蒙古族相继进入中原，分别建立辽、金、元王朝。它们的统治使黄河流域农业受到程度不同的破坏，但农区以种植业为主的格局并未改变。契丹人在宋朝割让的燕云十六州等地统治基

本上照顾了农耕文化的固有特点。蒙古人虽一度想把汉区农田收为
牧场，但很快就认识到不能把游牧方式照搬到农区。元世祖建立劝
农机构，制定劝农条例，组织编写农书，以恢复和发展中原传统农
业文化为己任。又致力于河套等地的水利建设和河西屯田等。与此
同时，农耕文化也加速向北方草原伸展。契丹人很早就重视农业，
他们以"投下军川"的形式把俘获的汉人、渤海人、高丽人集中建
立居民点，从事农业生产，使草原上出现插花式农业点。女真人建
立的金朝把中原和辽本土的大量农业人口迁往其起源地黑龙江，使
东北地区农业有了突出的发展。蒙古人统治期间，相当重视蒙古地
区的经济开发，在克鲁伦河、叶尼塞河上游屯田，尤以益兰州和称
海两地最佳，单纯游牧的面貌有了很大改变。在新疆和西北也开展
了屯田。当时新疆社会比较安定，农业生产有所发展。

　　明清时代，我国农牧区关系进入一个新的关键时期。明代统治
区域西部不超过嘉峪关，新疆、漠北以至河套地区的大部分为游牧
的蒙古人所占据。但明朝辖内的半农半牧区面貌发生了巨大变化，
基本上转化为单纯的农区，从而结束了该区长期以来农耕和游牧两
种生产方式拉锯式进退的局面。明政府鼓励垦荒，又实行大规模屯
田，尤以西北为最。军民商屯并举，在黄土高原，"即山之悬崖峭
壁，无尺寸不垦"，原来的游牧地基本消失。明政府只在六盘山东西
固原、会宁和陕西西北隅定边、靖边诸县设置一些马苑。在河西的
屯田扭转了这一地区自中唐以来牧重于农的状况。作为九边重镇之
一的银川平原也获得进一步开发。明初曾迁江淮齐鲁居民到东北屯
垦，当时有"辽东皆沃壤"之说。明筑边墙，从山海关往东北到今
辽宁省开原一带，再折向东南，直到鸭绿江边，大体把种植业比较
发达的地区圈在里面。满族入关建立清朝以后，合内地和草原为一
家，结束了游牧民族与农耕民族长期军事对峙的局面，内地与北部、
西部少数民族之间的民间贸易和文化交流更广泛地展开。又由于人
口激增，耕地吃紧，传统牧区成为人们开辟新耕地的重要方向。东
北、内蒙古、新疆、青海等地都由此获得进一步开发。传统游牧民

族统治区中不少地方转化为农区或半农半牧区，单一游牧经济的面貌也发生重大变化。为了恢复在明清之际战乱中受到破坏的东北农业，清初一度鼓励农民出关开垦，乾隆初年以后又实行全面的封禁，以确保旗人对东北土地和资源的垄断，但冲破封禁进入东北的内地流民有增无已，并逐渐从南向北发展。清政府实行旗人移垦戍边政策，实际上也引发了汉民的垦荒浪潮。在汉满各族人民共同努力下，雍正以后辽东已有粮食外运，吉林、黑龙江的开发也获得较大进展，为东北建成我国近代重要农业区奠定了初步基础。经过元末战争，退守漠北的蒙古人几乎完全回到单纯的游牧经济。后来蒙古人进入漠南，嘉万之际，俺答汗招徕汉民，大力开发古丰州川，部分蒙古人也从事农业。入清，政府采取扶持蒙古人发展农业的政策，而汉民的大量流入成为推动蒙古地区农业发展的主要力量。清初虽然实行蒙汉分治、蒙地禁垦政策，但不久就发生了松动。经过各族人民将近一个世纪的辛勤劳动，以卓索图盟为主的蒙古东部地区，归化城土默特地区，察哈尔南部地区，伊克昭盟南部的河套部分地区，被开发成稳定的农区和半农半牧区，使蒙古部众和边外汉民的粮食获得基本解决。如果说清代东北、内蒙古的开发以流民自发移垦为主，新疆的开发则主要是通过政府有计划的屯田实行的。新疆屯田以巴里坤为门户，分别向天山北路和南路推进，尤以伊犁、乌鲁木齐屯田规模最大。参加屯田的有汉族、维吾尔族、锡伯族、满族等各族人民。随着农田水利的兴修，耕地面积大幅度增加。北疆农业的巨大发展，改变了长期以来单一游牧经济的面貌，正是从清代新疆屯田开始的。

由此可见，在我国古代农业中，农区和农耕文化处于核心和主导地位。农区文化对牧区的影响是显而易见的。但牧区文化对农区的影响同样不可忽视。而这正是以前研究的薄弱环节。事实上，历史上牧区向农区输送牲畜和畜产品是经常的、大量的，对农区的农牧业生产是很大的支持。这在半农半牧区表现得最为明显，汉唐政府在这一地区设置的牧场，私人大牧主在这里经营的大型畜牧业，很多是靠从牧区取得牲畜源源不断的供应。原产北方草原的驴、骡、骆驼等，汉初还被视为"奇畜"，汉魏以后已成为华北农区的重要役畜了。农区畜种的改良，往往得利于牧区牲畜品种的引入。甘青马、西域马、蒙古马、东北马等，都对中原马种改良起了巨大作用。中原羊种原属羌羊系，随着中原与北方游牧民族交往的增多，华北地区成为蒙古羊的重要扩散地，中原羊种因而得到改良，而与原来羊种迥异。太湖流域著名绵羊地方良种——湖羊，也是在蒙古羊基础上育成的。唐宋在陕西育成的同羊，则兼有羌羊、蒙古羊和西域大尾羊的血统，等等。牧区的畜牧技术对农区也有影响。骑术是从北方草原民族传入中原的，"胡服骑射"就是其中的突出事件。这些技术往往是由通过内迁、被俘、被掠为奴等途径进入中原的牧区人民传播的。曾做过汉武帝马监的金日磾就是被俘的匈奴人。我国古代华北地区农业科技的经典《齐民要术》记述马、牛、羊等牲畜牧养、保健和畜产品加工技术颇详，这与当时大量游牧民进入中原有关，这些记述中应包含了牧区人民的珍贵经验。如书中称羊脓病、口颊生疮为"可妒浑"，显然是胡语的音译。中原从游牧民族统治地区引进的作物也为数不少。除人们熟知的张骞凿空前后从西域引进的葡萄、苜蓿等外，仅就《齐民要术》看，就有不少来自胡地、冠以"胡"名的作物和品种，如胡谷、胡秫、胡豆、胡麻、胡桃、胡瓜、胡葵、胡葱、胡蒜、胡荽、胡栗、胡椒等。该书中所载窍瓠、契批等农具，亦应来自东北民族地区。[①]

　　以前的农业史研究往往比较注重农耕经济，相对忽视游牧经济，这是一种很大的缺陷。这样是难以写出全面的，与多民族统一国家相称的农业史来的。例如有人断定中国传统农业是"单一农业"或"跛足农业"，这种观点，就农区而言也是不全面的，更何况它把我国古代发达的、与农区农牧业相互依存的游牧经济排除在视野之外！因此，把这种理论限制在一定时期一定范围内尚可，如果作为对整

---

① 　参见卢勋、李根蟠《民族与物质文化史考略》，民族出版社 1990 年版。

个传统农业的概括，岂不是本身就有"单一"或"跛足"之嫌吗？即使局限在农耕经济的研究，如果不同时注意游牧经济的发展、演变及其与农耕经济的相互关系，也难以将其发展机制与规律完全阐发出来。例如上文谈到的在中国农垦史上占有十分重要地位的边境屯田，就是农牧区军事对峙局面的产物，农耕文化向牧区推进的杠杆，其兴废直接关系着农牧区的进退盈缩。北方骑马民族的崛起，两大农业文化区的对峙，又有力地刺激了农区以养马业为基干的国营畜牧业的发展。为了对付"飙举电至"的北方游收民族的强悍骑兵部队，有必要由政府掌握大量马匹，以便保持一支有迅速应变能力的常备军。我国汉唐政府养马均达几十万匹之多，其规模在世界畜牧史上是空前的。我国传统相畜和兽医技术的发展，均与国营牧业有着密切关系。而农耕区与游牧区的分立，农区内官营军用大牧业和民营农用小牧业的分化，构成中国古代农牧关系的两大特点。可以说，不了解游牧经济，就不可能真正了解中国古代畜牧业。又如下文将要谈到的我国农业经济重心的转移，固然由于北方旱农体系的相对停滞和南方泽农体系的持续发展，但也和北方游牧民族多次入侵中原，使黄河流域农业再三受到破坏有关。

三 淮河南北：旱农与泽农

在农区内部，也存在不同的农业类型，例如在濒临湖海江河的某些地区形成以捕鱼为主的类型，在林木丰茂的某些山区形成以采伐为主的类型。但最主要类型则是旱作农业和水田农业，并大体以淮河秦岭为界形成北方旱农区和南方泽农区。两者虽然都实行以粮食生产为中心的多种经营，但自然条件各异，具体生产内容和水土利用方式有较大差别。北方也有水田和水浇地，但发生较晚，且一直以旱作为主。南方也在丘陵山地种杂粮，但以水田稻作农业为主。这种格局，原始时代已经形成。两个地区的农业各有其向广度和深度的发展，这种发展又是在相互关联中展开的。中唐以前，黄河流域旱地农业处于领先地位，中唐以后，南方水田农业取而代之，导致全国经济重心的历史性转移。明清时代，华北农业获得恢复和发展，南北差距缩小，但南方比北方先进的基本格局没有改变。这两种类型农业地区的形成、发展和相互关系，以及它们在全国农业中所占的地位的消长，是中国古代农业史的又一主要线索。

淮河秦岭以北的黄河流域属温带干凉气候类型，年降雨量400—750毫米，集中于高温的夏秋之际，有利于作物生长。不过降雨量受季风进退的严重影响，变化很大，黄河又容易泛滥，因此，经常是冬春苦旱，夏秋患涝，尤以干旱为农业生产的主要威胁。黄河流域绝大部分地区覆盖着黄土，平原开阔，土层深厚，疏松肥沃，林木较稀，用比较简陋的工具也能垦耕。但平原坡降小，地下水位高，泄水不畅，内涝盐碱比较严重，上古时尤其如此。这种自然条件，使黄河流域最早被大规模开发，并长期成为我国经济和政治的重心，同时又决定了该区农业是从种植黍粟等耐旱作物开始的，而防旱保墒一直是农业技术的中心。

黄河流域是我国原始农业遗址分布最为密集的地区之一。这里较早进入以使用耒耜为特色的锄耕农业阶段，距今七八千年前已出现以种植业为主的定居村落。人们种植粟黍，饲养猪、狗、牛、羊、马、鸡等，居住半地穴式或平地起建房舍，用窖穴储粮，并有发达的制陶业。根据目前的考古材料，黄河流域农业最早发生在太行山东麓（磁山文化）、伏牛山、熊耳山、嵩山山麓（裴李岗文化）、秦岭两侧及北山山系前缘（老官台文化）和泰沂山麓（北辛文化），逐步向海拔较低的地区扩展。至龙山文化时期，西至黄河上游，东到华北大平原南部、西部和中部，都有农业遗址。它们一般分布在黄河支流两岸阶地上，表明人们经营的是旱地农业，而不是依靠黄河泛滥的灌溉农业。

虞夏至春秋，虽然青铜器已越来越多地应用于农业生产各领域，但木制耒耜在很长时期仍是主要耕播农具。在薮泽沮洳较多的自然环境中，人们为了开发低平地区，采用"二耜为耦"的办法开挖用于排水洗碱的田间沟洫，形成畎亩结构的农田。作为当时黄河流域农业主导形式的这种沟洫农业是一种垄作形式的旱地农业。耒耜、沟洫、井田三位一体，构成黄河流域上古农业的重要特点，也是我国上古文明的重要特点。不过当时农田垦辟毕竟有限，耕地主要集中在若干都邑附近，稍远一点就是荒野，可充牧场，未经垦辟的山林川泽尚多，而国与国之间存在大片的隙地。正是这种情况，使游牧民族穿插活动其间成为可能。

战国秦汉铁器牛耕的推广导致黄河流域农业的新飞跃。农业生产获得全方位发展，北方旱地精耕细作体系亦告形成。这时井田沟洫制已被废弃，大型农田水利灌溉工程相继兴修，是黄河流域农田水利史上少有的黄金时代。但由于水资源的限制，能灌溉的农田毕竟只是一部分，旱作农业仍然是华北农业的主体，当地防旱保墒问题很大程度上依靠土壤耕作措施来解决。以防旱保墒为目的的耕—耙—耢—压—锄耕作体系成为北方旱地精耕细作技术体系的重要内容与特色之一。生产力的跃进大大推进了黄河流域的开发过程，以前难以利用的盐碱荒滩、丘陵瘠地被垦为良田。黄河中下游农区基本上连成一片，改变了前此星点式或斑块式分布状况。关中盆地、汾涑平原、黄河下游平原南部是当时先进农业区，黄河下游平原的北部和东部仍较荒凉。东汉末年以后，黄河流域长期战乱，后来，一些内迁的原北方游牧民族相继在中原建立割据政权，农业生产受到严重破坏，但农业生产工具仍在发展，精耕细作传统没有中断，且更趋完善，各地区各民族农业文化交流在特殊条件下加速进行，华北大平原北部和东部也获得进一步开发，黄河中下游各地发展更趋平衡。这样，经过北魏以来的恢复，迎来隋唐的统一，黄河流域农业又获得迅猛发展，继续保持在全国领先地位。

黄河流域之所以首先成为全国农业经济重心所在，固然因为这里平原开阔、土壤疏松、森林较稀，在生产力水平不太高的条件下就可以进行大规模开发，同时也和这里地处中原，便于吸收和融汇各地区各民族农业文化有关。试以古代黄河流域种植的"五谷"为例。粟、黍是居住在黄河流域的华夏族先民驯化的。菽是异地同源，即由黄河流域、长江流域、东北等地原始居民从当地野生大豆驯化而来。周代居于燕山以北的山戎出产的戎菽，是大豆的一个优良品系，春秋时齐桓公把它引进到中原，适应了当时黄河流域从休闲制转变为连种制培肥地力的需要，获得迅速推广，以至在春秋战国之际至秦汉之际，大豆成为与谷子并列的最主要的粮食作物。汉代以后，除被广泛用于与禾谷类作物轮作外，又被加工为豆腐、豆芽等副食品，充当饲料，用以榨油，用途多样化，对农业发展和人民健康作用重大。小麦起源于西亚，我国最早种麦的是西部民族。在新疆孔雀河畔的古墓沟出土了距今近四千年的栽培小麦遗存。据报道，在甘肃民乐东灰山遗址也发现了距今五千年的小麦，这里正是后来氐羌人活动的区域。有关文献记载表明，羌人有植麦与食麦的传统。黄河流域中下游种麦，很可能是由羌族通过新疆河湟这一途径传入的。小麦古称"来"，"来"在甲骨文中是小麦植株形象，因小麦为引进作物，"来"取得"行来"之义。由于冬麦有"续绝继乏"之功，历来颇受重视，但这种原产西亚冬雨区的越年生作物并不适应黄河流域冬春雨雪稀缺的自然条件。为了克服这些困难，黄河流域人民在土壤耕作、种子处理、栽培管理、及时收获以及加工保藏等方面创造了一系列特殊的技术和工具，才终于使小麦在北宋以后代替谷子成为北方人民的主粮，并处于华北整个种植制度的中心。小麦的全部栽培史都说明它是引进作物，而非黄河流域原产。中原面食的方法，不少也来自西部民族地区。水稻是百越族先民从野生稻驯化的。原始社会晚期已从南方扩展到黄河、渭水南岸及稍北。大禹治水后曾组织在黄河流域的卑湿地推广种稻。以后，随着黄河流域农田水利的发展，水稻生产遍及黄河流域各地，成为该地区重要粮食作物。事实上，黄河流域从各地引进的作物绝不止这几种，它起源甚早，数量甚多，可以写出一部有分量的引种史。汉武帝在上林苑中广植从各地征集而来的奇卉异木，从农学看正是引种试验，这是黄河流域引种史上的一段插曲。元代农书《农桑辑要》提倡在黄河流域引进和推广棉花、苎麻，对唯风土论进行批判，指出在人的干预下，能够改变农业生物的习性，使之适应新的环境，从而突破原有的风土限制。这种有风土论而不唯风土论显然是人们对在长期引种中积累的经验所作的理论概括。

我国农田灌溉与大型农田灌溉工程最早均出现在南方，战国时代黄河中下游农田灌溉水利工程的兴起，与南方农田灌溉技术的传播有关。早在20世纪30年代徐中舒先生已指出这一点。[①] 黄河下游与吴楚接壤的郑国，春秋时可能已有灌溉工程。战国时郑灭于韩，其东部沃壤尽入于魏。战国时代黄河流域最早出现的大型农田灌溉工程是魏国的漳水十二渠，另一兼有运输和灌溉之利的大型运河鸿沟也出现在魏国，而修建战国时最大渠灌工程郑国渠的主持者，则是韩国的水工郑国。不过，黄河流域居民并非照搬南方稻作区的成法，而是根据自身条件和经验创造性地加以发展。例如，他们在平原在盆地发展大规模渠系工程，并往往利用黄土地区河流含沙量大的特点，采取放淤和淤灌的办法，用以肥田和改良盐碱地。这种采取工程手段有计划进行的淤灌，既不同于古埃及利用尼罗河泛滥来淤地，也不同于我国南方的稻田灌溉。

从目前的材料看，最早的石犁（始见于长江下游的崧泽文化）和铜犁（始见于江西新干大洋洲商墓）出土于南方越人活动地区，最早的生铁和钢的实物遗存发现于春秋战国时的吴越湘楚之地。犁耕和冶铁术很可能是首先从南方发展起来的。中原犁耕和冶铁的发生发展是否与南方有关技术传播或影响有关，是值得研究的。

在畜牧生产方面，上文谈到农区从牧区引进的牲畜资源和畜牧技术，大多与黄河中下游地区有关。

总之，黄河流域的农业是在华夏族先民创造的粟作农业的基础上，吸收南方稻作文化、西方麦作文化和北方游牧文化的某些因素而发展充实起来的。

---

① 徐中舒：《古代灌溉工程原起考》，载《中央研究院历史语言研究院集刊》第五本，1935年。

　　在淮河秦岭以南的长江中下游及其南境，基本上属于亚热带和暖温带气候类型，雨量充沛，河湖密布，水源充足，资源丰富；但雨量亦受季风进退影响，有些河流容易泛滥，旱涝不时发生。河流两旁往往有肥沃的冲积带，是理想的农耕区，但缺乏华北那样广袤的平原，山区丘陵多为酸性淋余土，适耕性较差，山多林密、水面广、洼地多，也给大规模开发带来许多困难和问题。这种自然条件决定该地区很早就以种植水稻等喜温作物为主，而农田灌溉设施成为农业发展的重要的或先决的条件，这也决定该地区农业虽然出现很早，但要达到大规模开发，需要比黄河流域有一个更长的过程。

　　长江中下游是我国原始农业遗址另一分布密集地区，距今七千年，已有足以与黄河流域相媲美的发达定居农业。主要作物为水稻，家畜除猪狗外，有水牛而无马。也和黄河流域一样养蚕缲丝，但最初更偏重于对野生植物纤维的利用。捕鱼业相当发达，"食稻羹鱼"一直是南方的传统。住房中有北方罕见的干栏式木构建筑。玉器制作水平颇高。这些都显示出不同于黄河流域农业的特色。在南方两广和闽、赣等省不同类型的新石器时代遗址中、采捕鱼类和贝类在经济生活中常占重要地位，块根块茎类植物栽培和利用可能较早。但至迟距今四五千年，一些河流两旁的台地遗址已经以种植水稻为主了。从各地具有大致相同的农业类型看，原始社会晚期南方已大体形成以水田稻作为主的农业区。

　　在原始时代以后相当长一段时期内，南方农业仍然是与黄河流域并驾齐驱的。在北方骑马民族崛起以前，南方稻作文化集团（苗蛮、淮夷、于越等）是与中原粟作文化集团（华夏族）相抗衡的重要力量。春秋时南方民族所建立的吴越楚蜀等国，农业发达，多所建树。如上文谈到最早发展农田灌溉，最早实行犁耕，最早或较早发明冶铁炼钢术，等等，所有这些南方民族的重大创造，都在黄河流域的农业发展中结出了硕果。这时还很难说南方农业比北方落后。进入战国以后，差距拉开了。当黄河流域因铁器牛耕的推广获得大规模开发的时候，南方铁器牛耕的推广程度远逊于黄河流域，农业开发始终没有突破星点式或斑块式分布的状况。秦汉时代江南以地旷人稀著称就说明了这一点。如汉平帝元始二年（公元二年）黄河流域的河南、山东、山西、河北、陕西五省共有人口二千八百多万，占全国总人口的2/3，而面积数倍于它的中东南八省（江苏、浙江、福建、江西、湖北、湖南、广东、广西）共六十八万余人，仅占全国总人口的十分之一强。[①] 人口这样稀少，自然不可能有真正大规模的开发。由于地旷人稀，耕作相当粗放，许多水田长期采取"火耕水耨"的方式，旱田则多行刀耕火种，这与黄河流域农业的精耕细作形成鲜明对照。总之，长江中下游及其南境的农业已明显落后于黄河流域。

为什么会发生这样一种变化呢？南方的被征服地位在一定时期内使其经济发展受到影响，这是原因之一。但更根本的原因应从自然环境与生产力发展的相互关系中去找寻。上文谈到，南方的自然条件对农业开发有有利一面，也有困难一面。当较易开发的地区开发殆尽的时候，农业要再上一个台阶，由星点式或斑块式开发进到大规模连片开发，比起黄河流域，需要劳动力和生产资料等要素积累到更高的程度。当这些条件尚未具备时，农业发展呈相对停滞状态不足为奇。南方气候湿热，时有瘴疫流行，威胁人们健康，影响劳动力的再生产。又由于"天然食品库"的丰裕，人们可以较多依赖采集捕捞取得生活资料，不愁衣食，也延缓了人们为发展农业所作的努力。南方农业的落后，是上述因素综合作用的结果。

东汉末年以来，苦于长期战乱的中原人陆续大量迁移到他们原来视为畏途的南方，使这里进一步开发所最需要的劳动力有了明显增加，成为当地农业"起飞"的直接启动力。从魏晋到唐宋，南方农业持续发展，终于实现了对黄河流域农业的历史性超越，导致全国经济重心的转移。对于这一过程，人们论列已多，毋庸赘述。

作为这次飞跃在技术上的表现，则是南方水田精耕细作技术体

---

① 赵文林、谢淑君：《中国人口发展史》，人民出版社1988年版。

系的形成和成熟。它与北方旱地精耕细作体系基本原则是相通的，但内容与形式都有各自的特点。它拥有比华北地区更高的土地利用率，不但创造了多种充分利用水土资源的形式（涂田、圩田、架田、梯田等），而且多熟种植出现较早，发展较快，并由此带动了一系列技术的进步（如土壤耕作、育秧移栽、水浆管理、施肥、育种等）。以前人们往往认为它是北方先进农业生产技术在南方传播的结果，这种看法是不全面的。诚然，南迁的北方人带来了先进的工具、技术和各种作物品种，对南方水田精耕细作技术体系的形成起了重大作用。但它并非北方旱地精耕细作体系的移植，而是以南方民族原有的水田技术为基础形成的，是南北两地和南方各地农业文化交流的结果。汉魏时代，南方农业技术在总体上虽然逊于北方，但在稻作技术上并不比北方差，某些方面甚至比北方先进。汉代越人以善治水田著称，内迁越人曾受命经营废弃的河东渠田。岭南地区不晚于汉代已有双季稻连作。从考古文物看，当时岭南和四川部分地区实行水稻育秧移栽，即与种双季稻有关。① 育秧移栽是水田精耕细作技术的关键之一。唐宋时代，这种技术在水稻生产中普及，适应了多熟种植发展的需要，推动了水田耕作的精细化。适合于育秧移栽整地要求的水田耙—耖，不晚于晋代，已在岭南出现，宋代传到了江南。江南在唐代创造了当时全国最先进的曲辕犁。元代又有中耕用的耘荡的发明。于是形成了耕—耙—耖—耘—耥相结合的水田耕作体系。这一体系与烤田（初见于《齐民要术》，大概实行于淮河流域）、排灌等水浆管理措施密切配合，促进土壤熟化，大异于以抗旱保墒为中心的北方旱地耕作体系。唐宋以来江南形成水稻与小麦、油菜等"春花"作物复种，水旱轮作，一年两熟的制度。小麦、油菜均从北方传入。这种制度反映了南北农业技术的结合。唐宋以来，南方形成低地以筑堤挡水护田为主、丘陵以陂塘蓄水灌溉为主的水土利用方式，都可以从南方农业自身发展中找到其渊源。如春秋时

---

① 在北方，汉代《四民月令》虽有"别稻"记载，但从《齐民要术》记载看，那是把稻苗拔起后栽回本田，目的在于便于除草，不同于另有秧田的育秧移栽。

代的吴越，已在长江下游围田，逐步发展，中唐以后太湖流域形成治田与治水相结合的塘埔坪田体系，奠定了江南作为全国首富之区的基础。明清时代洞庭湖流域和珠江三角洲等地形成新的农业发展地区，亦与围田经验的推广有关。最早的大型陂塘灌溉工程——期思陂和芍陂，出现在春秋时的楚国，以后成为南方主要水利形式之一。春秋时代的吴越，首先利用陂塘养鱼。汉代出土不少陂塘水田模型，反映当时利用陂塘蓄水种稻，同时养鱼和种植水生作物，实行大田与水体的综合利用，是南方固有的经验。这种经验从丘陵推广到低洼地区，明清时代出现了比较广泛流行于长江下游和珠江三角洲的堤塘生产方式：低洼地挖池，堆土为堤（或称"基"），池中养鱼，堤上植桑（或种果、蔗或其他作物），桑叶饲蚕，蚕矢饲鱼，池泥壅桑，循环利用，成为现代立体农业或生态农业的雏形，而所有这些，显然是与"饭稻羹鱼"的传统一脉相承的。

总而言之，无论北方的旱农还是南方的泽农，其生产结构和生产技术都是自成体系的，同时又是在多种农业文化相互交流融汇中形成和发展的。

四　从东北到西南：农牧交错

游牧民族统治地区情形也并非千篇一律。严格意义上的游牧区只有蒙新高原，东北和新疆都有营农民族和渔猎民族的分布。甘青地区的氐羌各族以游牧为主，也种植稞麦。大抵羌族经济偏于游牧，氐族经济偏于种植。我国西南部，包括四川、云南、贵州、西藏等省区，原是游牧民族与农耕民族错杂并存的地区。如果加上上文谈到的半农半牧区，则从东北到西南构成一条两头大中间小的农牧交错地带。这一地带的农牧经济同样显示了多元交汇的特点。

在整个北方地区中，东北地区离海较近，雨量较多，森林沼泽密布，渔猎资源丰富，又有宜于农耕的平原和肥沃的黑钙土。本区的西部则属蒙古草原的一部分。本区的新石器时代遗址，可区分为以定居农业为主和以渔猎经济为主两大类型。但农耕遗址中往往保留较多的渔猎经济成分，渔猎遗址也往往包含农耕经济的因素。普遍包含或多或少地用于渔猎的细石器，如石镞、小型刮削器和切割器等，是东北地区新石器时代遗址的显著特色，但细石器往往与可用于农耕的大型磨制或打制石器，如石斧、石锄、石耜、石磨盘等并存。根据文献记载，东北地区原始民族有东胡、濊貊、肃慎三大系统，它们的农业各有不同发展道路，形成不同类型。一方面，这些民族之间彼此斗争、相互渗透；另一方面这些民族与中原汉族和大漠南北的游牧民族之间彼此斗争、互相渗透。本区农业生产就在这一过程中曲折地发展。

东胡系统诸族主要活动在本区西部，即大兴安岭以西的蒙古大草原东部。它们一般逐步形成游牧经济。如前所述，作为春秋战国时重要游牧民族的东胡形成是较晚的。继东胡而代兴的东胡系各族游牧经济的形成也往往有一过程，并深受原草原游牧民族的影响。如鲜卑本是活动在大兴安岭林区的一个狩猎民族，他们在南迁和西迁过程中与匈奴余部相结合后，才发展起强大的游牧经济。南北朝隋唐时的室韦诸部，属东胡族系而又吸收了肃慎族系的一些成分，活动在嫩江流域和呼伦贝尔湖一带，以狩猎为生，种黍、麦、穄，斫木为犁，不知用牛，收成较低，饲养马、牛、猪，而无羊，基本上定居放牧，只有部分室韦人冬天逐水草而居。室韦族中的一支，居住在额尔古纳河一带的蒙兀室韦，即蒙古族前身，这时也过着农牧猎相结合的生活。公元 8 世纪中，蒙古人西迁至斡难河、秃忽剌河、怯绿连河一带，因适应草原地区自然条件，并受了游牧的突厥人的影响，学会牧羊，才形成了游牧经济。在历史上大抵随着东北民族之西进，蒙古马和蒙古羊①也逐步向东北地区扩展，今日东北的马种和羊种，即属蒙古马和蒙古羊的系统。这反映草原文化对东北地区影响是很深的。东胡族系中也有形成半游牧民族的。如活动于

---

① 蒙古马和蒙古羊是北方草原的马种和羊种，非专指蒙古族所养之马和羊。

燕山以北的山戎，商周时已有种植业，他们出产的戎菽和冬葱春秋时引种到中原，促进中原农业的发展。南北朝至宋辽时游牧在西拉木伦河的奚族即山戎的后裔，他们也有种植业，尤以在山区开辟梯田最有特色。

濊貊族是由濊人和貊人汇合而成，以农业城栅为特点，不同于游牧民族。分布在今辽西海滨、辽东半岛和朝鲜西北部的古朝鲜族是濊貊系的一支，较早进入文明时代。周武王灭商，封箕子为朝鲜国王，传播中原的"田蚕织作"技术，促进了当地农业的发展。汉代，濊貊族系相继在松嫩平原和鸭绿江及其支流浑河流域建立夫余国和高句丽，均以农耕为主，使用铁器牛耕，兼营畜牧渔猎，在当时东北诸族中是最先进的。夫余产五谷名马，号称殷富。高句丽晋末占领辽东后，农业加快发展，南北朝以后已是"种田养蚕，略同中国"。夫余北魏时灭于肃慎系统的勿吉，高句丽灭于唐。从此，东北地区三系鼎立让位于东胡族系和肃慎族系相继代兴的局面。但濊貊族系的农业文化已融合于其他民族中。

东北各民族农业文化的交流与融汇，在肃慎族系农业的发展中表现更为明显。肃慎族系居住的白山黑水间拥有丰富的野生动植物资源，是采猎的宝库。这里的居民长期以来以渔猎为生。历史上，肃慎族系不断有先进部分分化出来，向西发展，吸收其他民族农业文化，建立比较发达的农牧经济，但也总有一部分人居住在原处，维持传统的渔猎经济。同时又发生过多次反复。但总的趋势是渔猎经济地盘日益缩小，农牧经济地盘日益扩展。先秦时代，居住在松嫩平原的肃慎人已开始经营农业，形成渔猎与定居农牧业相结合的类型。肃慎以善射和养猪为特点，尚处于石器时代，不知养马，经济发展比较迟缓。魏晋时，随着各民族农业文化的交流，肃慎人开始使用铁器和养马，成为经济加速发展的契机。南北朝时，肃慎族系迤逦西进，据有夫余故地。肃慎族系的勿吉与夫余融合，形成粟末靺鞨。唐代，以粟末靺鞨为主体的靺鞨人与部分高句丽遗民相结合，建立渤海国，据有松花江以南至日本海的广大地域，形成渤海族，普遍使用铁犁牛耕，农牧渔业均相当发达。东北东部地区较大规模开发，始自渤海国。契丹人攻灭渤海国后，渤海人成为辽国主要农业人口之一。仍活动在白山黑水一带的肃慎族系余部女真人不少仍以渔猎为生，但畜牧业已较发达，以出产名马著称，辽代的群牧就是在俘获女真马匹二十万匹的基础上发展起来的。以后女真人的农业也获得了发展。12 世纪女真人建立的金朝，由于把中原和辽本土农业人口大量迁往女真人的发源地黑龙江地区，导致了东北农业人口的增长和农业区的扩展。从考古发掘看，金代东北农村经济是相当发达的。但由于依靠汉区输入的铁农具和汉人的奴隶劳动，其基础是不扎实的。蒙古人灭金后，进入中原和辽河流域的女真人逐步融合于汉族中，留在故地的女真诸部，由于战争的破坏，由于与汉区的隔绝和农业奴隶来源的断绝，农业明显衰落，主要过着"逐水草为居，以射猎为业"的生活，仿佛回到起跑线上重新发展。明代，女真人逐步向西向南发展，与汉区接触频繁，农业生产迅速发展，尤其是女真人建立了自己的冶铁业以后，农业有了新飞跃。女真人的畜牧业也很发达，尤以养马为盛。明朝设辽东马市，主要是为了购买女真诸部的马匹。采猎在女真人经济中仍占重要地位，人参、貂皮、东珠为其名产。正是在农牧业生产巨大发展的基础上，以建州女真为核心的女真诸部形成新的民族共同体——满族，统一东北，进而统一全国，建立清朝。女真族—满族的农业既包含了肃慎族系的传统，又受到东胡族系、原濊貊族系各族以及汉族影响，形成以种植业为主，农牧采猎相结合的经济。女真人从来没有发展为单纯的游牧民族。也许正是由于这一点，在入主中原的北方民族中，满族在处理农业民族与游牧民族、农区与牧区的关系方面，是最为成功的。清军入关以后，满族成为统治民族，汉人大量进入东北，满族在与汉族等各族人民共同开发东北的过程中，其农业生产结构与技术已和汉族基本相同。但即使到了近代，源于肃慎族系的一些民族，如赫哲、鄂伦春、鄂温克等族仍然过着以渔猎为主的生活，为我们认识古代肃慎人的渔猎经济提供了一把钥匙。

东北民族农业史，是民族地区农业发展多元交汇的一个例证。

新疆历史上曾属游牧民族统治区，实际上也是农牧交错的。该地区有广阔的草原和沙漠，提供了优良的牧场，在某些草原沙漠的边缘和内陆河流流经的绿洲，也存在发展农耕的有利条件。汉魏时代，大抵以天山为界，北疆与蒙古草原相连通，是匈奴、乌孙、丁零等族的游牧地，南疆则多为有城郭田庐的"城国"。城国也分两类：鄯善、诺羌、且末以游牧为主，多马、驴、骆驼，耕地少，往往要"寄田仰谷旁国"，不妨称为半游牧民族，而且末以西则多五谷果木，亦有畜产，但以农耕为主。每个城国实际上是一个较大的绿洲。以农耕为主的固然经营绿洲农业，以游牧为主的亦以绿洲农业为依托。绿洲农业以水利为命脉，是绝对意义上的灌溉农业。因为新疆地处内陆，气候十分干燥，雨水十分稀缺，没有灌溉农业就不可能存在。农业只能在依靠暖季高山融雪和低山降雨汇流成河所浸润淤积而成的绿洲中发展起来。尽管绿洲内有密集的人口，发达的农业，其周围却是人烟罕见的沙漠。各个绿洲之间相互隔绝。西域三十六国在张骞凿空前即已存在，可见新疆农业是有独立于黄河流域的起源的。目前新疆已发现距今近四千年的农牧业遗址，但尚未发现原始灌溉遗址。有人向当地专家与老农调查访问，认为新疆原始灌溉是一种不加人工控制的自流灌溉，尚存于近世的"撞田"即其孑遗。撞田依靠夏秋洪水泛滥浸灌，没有坝闸渠道，或仅筑简单堤防，旋用旋淤，故后世难觅其迹。撞田以山前冲积扇、河流下游和低洼河阶地为宜。绿洲农业耕地是由河流下游向上游发展，由河岸低洼地向高阶地发展的。[①] 这种情形与黄河中下游的旱地农业正好相反。黄河中下游原始农业遗址一般分布在河旁台地，由高处向低处发展。人工灌溉出现较晚，能灌溉的也只是部分农田，多数农田依靠天然降雨和耕作保墒。随着西汉王朝在西域的屯田活动，中原的灌溉渠系工程技术传到了新疆，促进了当地绿洲农业的发展。但

---

① 张波：《绿洲农业起源初探》，《中国历史地理论丛》1992 年第 3 期。

在这个过程中，新疆各族人民根据自身条件有所创造，如对雪水的利用、蓄水池和涝坝的修建以及渠道防渗技术等。总之，新疆绿洲农业的存在和发展，再次说明我国古代农业多元交汇的特点。

自汉以降，农耕文化在新疆有很大扩展，不少游牧民地有转化的定居的农人。近代新疆主要民族之一的维吾尔族，就是游牧的回纥人西迁后与当地土著居民以及汉族移民等融合而成，其经济也体现了多种农业文化因素的汇合，以经营绿洲农业为主，种植小麦、玉米、水稻、棉花等，盛产瓜果，以饲养牛羊为主的畜牧业也比较发达。同时，直到近代，也仍然有游牧民族（如哈萨克、柯尔克孜、蒙古等族）与定居农业民族杂处共存。

我国西南地区自然条件复杂，境内有云贵高原、横断山脉、青藏高原、成都平原等，各地地形、土壤、气候差异巨大。长期为众多民族所聚居，其原始成分分属氐羌百越两大系统。故该地区农业文化呈现出类型多样性和发展不平衡性的特点。

最先发展起来的是巴蜀地区。巴蜀本属南夷。商周时代这里已有发达的青铜文化。古蜀国人民很早就在成都平原开辟耕地，兴修水利，春秋中期的鳖灵治水成为后来都江堰工程的基础。巴族是最早植茶的民族。春秋战国时巴蜀的农业已颇发达。秦并巴蜀后设置铁官，后蜀卓氏等也在四川发展冶铁业。秦又在古蜀国治水基础上修建都江堰，使成都平原成为不忧水旱的"天府之国"。巴蜀农业属稻作农业系统。从出土的汉代图像材料看，当时四川水稻生产已采用插秧、施肥、灌溉、耘耨等先进技术，并利用稻田养鱼。汉政府往往利用巴蜀粮食赈济关东饥民。蚕桑、茶叶、水果生产也很发达。四川农区是当时南方最富庶地区，在经济上它与关中农区紧密相连，成为秦汉帝国的重要仓库和经营西南夷的基地。秦汉时代巴蜀农业虽然吸收了中原农业文化因素，但显然是在自身基础上发展起来的。

四川南部和云贵各族，汉代称"西南夷"，名目繁复，但从其农业类型看，可归并为两类：一类是"耕田，有邑聚"的"魋结"之民，另一类是"随畜迁徙毋常处"的"编发"之民。前者可以

"滇"王国为代表,后者可以"昆明"人为代表。属于百越系统的滇人在滇池周围的平坝上开辟了大量耕地,种水稻,使用青铜农具,尚处于锄耕阶段。畜牧渔业颇发达,大量饲养犁牛。是南方稻作文化的一个分支。属于氐羌系统的"昆明"人以同师(今云南保山)和楪榆(今云南大理)为活动中心,是北方草原游牧文化在西南的延伸,或谓横断山脉大江流域的"石棺葬文化"即"昆明"文化的遗存。① 这种农牧错杂情况后世发生了变化,但仍留下深深的印痕。汉朝在西南夷地区设置郡县,铁器牛耕逐步推广。魏晋南北朝时西南夷处于分裂割据状态,但农业继续发展。唐宋时本区出现了以彝族和白族先民为主体的地方割据政权——南诏和大理,政治经济重心转移到滇西以洱海为中心的地区,种植业成为主要经济部门。但养马业也相当发达,大理马成为宋朝战马的重要来源。直到唐代,仍有部分昆明人转入高山游牧,"夏处高山,冬入深谷"。作为昆明人后裔的彝族,部分人至明代仍保留上述习惯。元朝时,云贵重新纳入统一帝国版图。元明清三代,云贵地区屯垦持续发展,农区从腹地向边疆,从平坝向山区扩展。汉人大量进入,逐渐成为当地主体民族。但直到清代,云贵地区畜牧业仍相当繁盛,并产生春夏在高山放牧,秋冬在收割后的水田放牧的畜牧方式,这大概是从游牧向农耕过渡中出现的一种形态;而随着坝区农业的发展,放牧区逐渐向山坡以至深山转移。利用草山草坡放牧的畜牧业则一直延续到当代。本地区多种农业文化因素的交汇与并存还可以举出其他一些例子。如属于滇文化系统的距今三千一百多年的剑川海门口遗址,同时出土了百越人驯化的稻谷和羌人首先种植的麦类遗存。我国实行稻麦复种制以云南为早。南诏时代水稻收割后复种大麦已相当普遍。这虽与云南有明显干湿季区分的自然条件有关,但也是不同农业文化融汇的产物。还应指出,由于自然条件的复杂和历史发展的不平衡,直至近代,本区农业仍呈现多种形态并存、立体分布的特

① 刘小兵:《滇文化史》,云南人民出版社 1991 年版。

点。河谷、平坝和高原湖围以农耕为主，山区半农半牧，高山则有采猎与游耕相结合的类型等。

居住在西藏的藏族与羌人有密切的渊源关系。这里农业发生也相当早。在澜沧江上游的卡若发现了距今四千多年的定居农业村落。种粟，饲养猪牛等，与甘肃地区原始农业有许多共同因素。7世纪初，在农业发展基础上，山南雅隆部落首领松赞干布在西藏建立吐蕃国，并一度占领河陇地区和云南西北部。当时雅鲁藏布江和澜沧江流域河谷地带为农区，其余地区则以牧猎为主。其农牧业具有高寒型特征。主要作物为青稞。藏族以麦熟为岁首，是大麦最早驯化者之一。高原牧业则以畜养牦牛为主，很早就育成牦牛与黄牛的杂交后代——犏牛。13世纪以后，西藏正式归入中国版图。元明清三代，西藏与内地联系不断加强，农牧业生产也发生重大变化。原来分散的垦区逐步扩大范围，由气候温暖的雅鲁藏布江中游和藏东三河河谷发展到寒冷的各河流上游和藏南高原的河谷湖盆地区，逐步形成今日农牧分区的格局。

五 两种文化交流：以植物驯化、引种为例

我国历史上栽培植物种类繁多，其中很大一部分是本土驯化的。20世纪初，苏联著名遗传学家瓦维洛夫首创栽培植物起源多样性中心学说，把中国列为世界栽培植物八大起源中心中的第一中心。中国起源的栽培植物多达136种，占全世界666种主要粮食、经济作物以及蔬菜、果树的20.4%。以后作物起源学说陆续有所补充、修正和发展，而中国作为世界作物起源中心之一的地位始终为研究者所公认。这许多本土起源的栽培植物并非汉族单独驯化的，而是中国境内各民族的共同创造。各民族在各自的自然环境中驯化了不同的植物，并通过彼此交流，融汇到中华农业文化的总体中。我国的栽培植物中，又有相当一部分，包括一些很重要的种类，是从国外引进的。这里存在另一种文化交流：一方面起源于我国的作物陆续

传播到世界各地，另一方面又不断从国外引进栽培作物的新种类和新品种，并用传统技术把它们改造得符合中国的水土条件。还应指出，许多作物的引进和外传，是以边疆少数民族为中介的。也就是说，两种交流是交织在一起的。正是在这两种交流中，我国栽培植物种类日益丰富，农业文化不断提高，并对世界农业做出自己的贡献。

上文已谈到了"五谷"。试看小麦，从引进到成为北方主粮、全国第二大粮食作物，历时数千年，克服了多少困难，它说明中国人民是有吸收外来文化的胸襟与能力的。高粱原产非洲，何时传入我国难以确考。最初大概在西南民族地区种植，故有"蜀秫""巴禾"之称。宋元后始在黄河流域大量种植，逐渐发展成为我国北方的重要粮食作物。明清时代，原产美洲的玉米①、甘薯、马铃薯的引进和推广，适应了当时人口激增的形势，为中国人民征服高寒地区和贫瘠山区，缓解民食问题做出了巨大贡献，成为我国农业史上有革命意义的重大事件。

我国传统衣着原料是麻类和蚕丝。大麻原产华北，苎麻原产南方，养蚕缫丝则是南北若干地区同时或先后发明的。而近世最主要纤维作物棉花则原产非洲、印度和美洲。宋元以后，棉花在长江流域和黄河流域推广，引起衣着原料生产的革命。而不晚于汉代，新疆、云南（哀牢夷）和华南少数民族已在种植棉花了。我国对动物油脂利用较早，对植物油脂利用较晚。西汉张骞通西域后引进了原产地中海的胡麻（芝麻）及榨油技术后，我国才有了真正的大田油料作物。而胡麻传入中原以前，胡麻早在新疆安下了家。明清时代又引进了原产美洲的花生，再次引起油料生产的革命。另外两种重要经济作物甘蔗和茶叶，则分别是岭南地区和巴蜀地区的少数民族首先利用和栽培的。

有人统计，在我国常见的一百种左右的蔬菜中，原产和引进的

---

① 或认为我国西南也可能是玉米的原产地之一。

各占一半。宋元以前，葵（冬寒菜）是百菜之主。汉魏时江南人民从芜菁中育成了菘—白菜，开始只能在南方种植，经过品种和栽培技术的改良，明清时在黄河流域安了家。它和另一种古老蔬菜萝卜代替了葵成为全国最重要蔬菜。从少数民族地区传到中原的蔬菜（晋人潘尼说"西戎之蒜、南夷之姜"即其一例），从国外传到我国的蔬菜，不胜枚举，而后者亦往往得力于少数民族。如原产印度的黄瓜首先被西域各民族所引种，张骞出使西域时传入中原，故有"胡瓜"之称。原产撒哈拉大沙漠的西瓜也首先由西域各族人民引种，契丹得自回纥，引种到东北，洪皓又得自女真人，引种至中原。还应指出，这些引进的瓜菜经过我国各族人民的改造，已经面目一新，异彩纷呈。远的如黄瓜，育成许多适应不同季节和气候条件的品种，完全改变了瓜小肉薄的原始状态。近的如明末引进的辣椒，经过几百年的培育，我国已成为拥有世界上最丰富的辣椒（包括各类甜椒）品种的菜椒品种输出国了。

世界上三个最大的果树原产地，我国占了两个，即华北和华南及其毗邻地区。起源华北的果树有桃、杏、中国李、枣、栗、中国梨和柿等。起源于南方的则有橙、柚、荔枝、龙眼、枇杷、梅、杨梅、橄榄、香蕉等。新疆也是著名的瓜果之乡，是奈（绵苹果）、胡桃等的原产地。我国也有不少果树是引进的。如西汉时引进的葡萄、石榴（亦以西域为中介），唐宋时引进的菠萝等。现在成为北方主要栽培果树的西洋苹果，则是晚清北美洲传入我国的。

历史上通过各种途径传播到世界各地的我国栽培植物，其数量也是相当多的。大豆、茶叶等仅为其荦荦大者。美国人类学家安德生（E. N. Anderson）甚至说："如果不是由于西方农民和食品购买者根深蒂固的保守观念，我们所输入的，或许还要多上几百种。对比之下，中国人（一向被认为是：盲目的固守传统）却几乎借取了一切能种在自己国家上的西方植物。"如此看来，所谓"中国传统农业文化本质上是封闭的、保守的"等说法，其正确性是十分可疑的。

在农业技术方面，这两种交流也是存在的。关于国内各民族、各地区间农业技术的交流，上文已谈了不少。我国农业技术的外传对东亚和西欧农业发展产生巨大作用，也是公认的。如唐代我国水车传到日本，促进了日本农业发展。18世纪中国传统犁传到西欧，引发了西欧耕犁体系的改进，成为西欧近代农业革命的起点。国外农业技术的引进对我国农业发生影响，也是有线索可寻的。如新疆等地的原始"撞田式"漫灌，与埃及、西亚利用河流自然泛滥实行自流漫灌十分相似，前者很可能要溯源于后者。① 此事似乎还应与麦作的西传联系起来考虑。出土距今三千八百年的小麦遗存的新疆孔雀河畔古墓沟遗址中的古尸，经鉴定为与西亚民族有血缘关系的塞种人。我们似应从这一事实中得到某种启发。有人认为新疆的坎儿井来源于西亚。② 中国古代的筒车，也可能传自印度。③ 这些都是值得研究的。我们反对中华文化西来说，是就中华文化的主体而言的。至于中华文化在发展过程中吸收外部（包括在我国西方的国家）文化，这是完全正常的，如果没有这种吸收，倒是不可理喻的。这正是农史研究应该加强的薄弱环节。农史研究中有一种倾向，似乎要把什么作物、什么技术都说是中国首先驯化或发明的。如果事实如此，当然甚好；但根据不足而强为之证，则大可不必。事实上，任何一个国家、任何一个民族、任何一种文化，都不可能包打天下；它的生命力在于不断吸收异质文化来充实和发展自己。而中国的农业文化，历来有这种兼容并包的气度和能力。

六　多元交汇与精耕细作

人们常说，中国传统农业的特点是精耕细作。这无疑是对的，但并不全面。精耕细作是以汉族为主体的农区农业技术发展的主流。由于我国农耕经济始终占据主导地位，因此，精耕细作代表了我国

---

① 黄盛璋：《新疆水利技术的传播和发展》，《农业考古》1984年第2期。
② 张波：《绿洲农业起源初探》，《中国历史地理论丛》1992年第3期。
③ 沈宗翰、赵雅书等：《中华农业史》第一编第三章，台湾商务印书馆1979年版。

古代农业技术发展的主流。但我国是一个幅员广阔的多民族统一国家，各地区、各民族农业的发展不但有发展程度或发展阶段的差异，而且有不同类型的区别。农业生产不但包括农业技术，还包括土地利用方式、生产结构、地区布局等方面。农业类型是农业生产结构、土地利用方式、农业技术等因素综合的表现。把农业类型、农业区域和民族等因素联系起来作动态的分析，不难看出我国农业是一个多元交汇的体系。"多元交汇"，从更高和更为综合的层次上反映了我国古代农业的特点。用"多元交汇"的观点处理中国农业史，兼顾各种农业类型、各种农业区域和各类民族的农业及其相互关系，兼顾农业发展中广度和深度的关系，将能够更全面、更真实地反映我们这样一个多民族统一国家农业发展波澜壮阔、异彩纷呈的面貌。

　　关于我国农业技术精耕细作传统的形成原因，一般从封建地主制下小农经济的特点去寻找。笔者也曾持有类似的观点。诚然，在封建地主制下，个体小农有较多的人身自由、有较大的经营自主权，而经营规模狭小，经济力量薄弱，土地所有权或使用权不稳定，这就使得他们有必要、有可能、而且愿意通过多投放活劳动，精细耕作管理，争取在有限的土地上生产尽可能多的产品，以解决一家数口的生计。精耕细作传统的形成和发展，无疑与此有相当密切的关系。不过，把它作为精耕细作传统形成的主因，就不大妥当了。精耕细作属于生产力范畴，封建地主制属于生产关系范畴。根据马克思主义的原理，在一般情况下是生产力决定生产关系，而生产关系对生产力也有反作用。上述观点违背了这一原理。同时，更重要的是它与客观实际并不相符。我们知道，因果关系必须表现为时间链条上的前后顺序，即先有因，后有果，而不是相反。而精耕细作技术却发生在封建地主制形成之前。后者当然不能成为前者的起因。例如，我国黄河流域旱作农业精耕细作技术体系中重要的一环是对中耕的重视，日本学者有称我国传统农业为"中耕农业"的。这一技术的出现不晚于商代，到了周代，重视中耕的记载不绝于史。中耕是与垄作和条播相互依存的。中耕以条播为前提，而垄作为条播提供了方便。三者都是以沟洫农业中的农田畎亩结构为基础的。我国黄河流域的沟洫农业萌芽于黄帝时代,盛行于夏商周三代。《吕氏春秋·任地》等篇被公认为体现精耕细作精神的我国传统农学的奠基作,它取材于《后稷》农书,主要反映了战国以前的农业技术成就。而这时封建地主制尚未建立。

在封建地主制建立以后,精耕细作可以但不一定与小农经营、多劳集约相联系。汉代有名的丰产栽培法——代田法和区田法,可以代表精耕细作技术发展的两种方向。区田法的目标是夺取小面积的高额丰产,它不一定要求成片耕地,不一定采取铁犁牛耕,但要求投入大量劳动,是典型的多劳集约式精耕细作,比较适合缺乏牛力和大农具、经济力量薄弱的小农经营。代田法则与推广耦犁、耧车等"便巧"农器相辅而行,二牛三人可耕田五顷(汉大亩),其劳动生产率为原来一夫百亩(小亩)的 12 倍,亩产则提高 25%。这是产量与效率并重型精耕细作。它对牛力和农具要求比较高,比较适合大农经营,与小农经营则有一定矛盾。它的推行在相当时期内导致了农户规模和经营规模的扩大。但由于在中国封建社会的发展中,小农分散经营越来越占优势,精耕细作也就越来越被限制在多劳集约的轨道上运行了。这是我国封建社会农业经济中的一个深刻矛盾。但我们不能说精耕细作一定要求多劳集约。可以说,地主制下的小农经济是多劳集约型精耕细作形成的主要原因,但不能一般地说地主制下的小农经济是精耕细作形成的主要原因。

那么,精耕细作传统形成的根本原因是什么呢?我认为,正好用"多元交汇"来解释它;而多元交汇和精耕细作形成的共同基础是我国古代农业所由发生的特殊的自然环境。所以,在这里还要从自然环境对农业发展的作用谈起。

我们知道,农业生产以动植物为对象,而动植物生长离不开它所依存的自然环境,自然环境如何,对农业生产的发展影响极大。不过,农业生产的主体是人,而人不但能消极地适应自然,而且能能动地改造自然。我们承认地理环境对农业发展以至整个社会发展的巨大作用，但反对地理环境决定论。所谓自然环境的优劣，是相对而言的；它对农业生产的作用是正是反，是大是小，往往以人类利用和改造自然能力的发展为转移。自然环境的作用是可变的，不是因为自然环境本身的变化（它也是在变化，但比起人类社会发展来，它的变化十分缓慢），而是因为人类对自然的认识能力和改造能力变化了。由于自然环境对农业发展不是脱离人的活动发生作用的，因此，自然环境对农业发展作用的大小，与自然条件的"好坏"并不一定成正相关。有时，过于"优厚"的自然条件（如过于丰裕的天然食品库）往往助长人们对自然的依赖，而相对严峻的自然条件，反而能激发人们改造自然发展农业的勇气和才智。同时，对农业生产发展最有意义的，不是自然条件的"优厚"而是它的多样性。

我国自然条件对农业生产有其有利的一面，也有不利甚至是严峻的一面。例如黄河中下游雨量并不充沛，且年变率大，历史上旱涝频仍，黄河经常泛滥，而精耕细作农业技术恰恰在这一地区首先发生。黄河流域的古代居民在防洪排涝斗争中创造了农田沟洫体系，在抗旱保墒的实践中形成了耕—耙—涝—压—锄的耕作体系。唐宋以来成为全国粮仓的江南，在《禹贡》中所反映的时代是"厥土惟涂泥，厥田为下下"的。该地区古代人民为了克服低洼易涝的自然环境所造成的危害，经过长期的摸索，建立了治水与治田相结合的塘浦圩田系统，才使经济面貌发生了彻底改变。我国古代农民在改造利用盐碱地、干旱地、山区低产田等方面，有许多独特的创造，表现了征服自然的勇气和智慧，他们是在对不利自然条件的斗争中创造了高度的农业文明的。因此，在某种意义上讲，精耕细作是充分发挥人的主观能动性，克服自然条件中的不利方面，利用其有利方面的一种巧妙的农艺。

但是光这样说还是不够的。它可以说明某一地区某项技术的形成，却难以解释精耕细作何以在全国形成一种包容极广、持续甚久的传统。这就必须与"多元交汇"联系起来考虑了。我国农业环境还有一个任何文明古国都难以比拟的"得天独厚"之处，这就是它的大容量和多样性。我国古代农业发生在一个十分广阔的地域内，原始农业遗址几遍全国各省区。它跨越寒温热三带，有辽阔的平原和盆地，连绵的高山丘陵，众多的河流湖泊，丰富的动植物资源。各地自然条件差异很大，形成大大小小有相对独立性的地理单元。而其他大多数文明古国，其农业均发生在自然条件单一的一隅之地。① 正是在这样一种地理环境中，活动于不同地理单元的各民族，基于自然条件和社会传统的多样性而形成相对异质的农业文化，这些文化在经常的交流中相互补充、相互促进构成多元交汇、博大恢宏的体系。在这样一个农业体系中，中国古代劳动人民的农业实践，无论深度和广度，在古代世界都是无与伦比的。这样丰富的实践，是精耕细作优良传统形成和发展的真正基础。正是各地区、各民族农业文化的交流，促进了精耕细作技术的形成和完善。上文谈到北方旱地精耕细作体系和南方水田精耕细作体系的形成，不正是说明了这一点吗？也正是各地区各民族农业文化的交流，使精耕细作技术不断扩充它的地盘，不断丰富它的内容，使之成为覆盖宽广、影响深远，连续不断的体系。因此，不妨说，精耕细作是"多元交汇"农业体系的产物。

以多元交汇、精耕细作为特点的我国古代农业，不但创造了灿烂的物质成果，而且表现出强大的生命力。我国历来以自然灾害频繁著称，这对农业生产造成巨大威胁。封建剥削的苛重，土地兼并的恶性发展，往往促使各种社会矛盾激化，导致大规模农民起义或统治阶级内部各集团间的战争。民族矛盾也会发展为民族战争。民族战争有时和阶级战争接踵而至。战乱又往往和天灾纠结在一起，像一个血盆大口，无情地吞噬着多少年积累的农业生产成果。在我

① 古埃及文化的发源地，是被大海和沙漠所包围、面积仅三四万平方千米的尼罗河下游冲积平原。美索不达米亚文化的孕生地，是由几万平方公里的两河流域冲积平原和地中海东岸滨海地区组成的"肥沃新月带"。印度文化的地域较大，包括印度河流域、恒河流域和德干平原，但为喜马拉雅山和帕米尔高原所阻隔，活动范围基本上限于属于热带范围的印度半岛。古希腊文化则起源于若干被崇山峻岭包围的滨海小平原。

国历史上，由于天灾人祸相继发生造成赤地千里的惨况屡见不鲜。清代，我国农业又面临人口膨胀所造成的巨大压力。然而，这些困难和挫折虽然给我国古代农业造成严重的破坏，但不能终止它前进的步伐。这是因为在多元交汇的体系下包含着各种异质文化，我国古代农业有发展和创新的内在动力。而且它的回旋余地很大，"东方不亮西方亮，黑了南方有北方"。这使它在总体上具有极强的抗御灾害、克服困难、涉险前进的能力。精耕细作也是我国古代农业能渡过一个个难关的重要保证。我国古代农业尽管有过大大小小的天灾人祸，但从来没有由于技术指导的错误引起重大的失败。不管遇到什么困难和挫折，精耕细作的传统始终没有中断过，而且，正是它成为农业生产和整个社会在困难中复苏的重要契机。北魏时，在长期阶级战争和民族战争中受到严重破坏的黄河流域农业亟待恢复，这时出现了《齐民要术》。元统一后，又一次面临振兴因游牧人的蹂躏而残破的农业经济的任务，这时出现了《农桑辑要》和王祯《农书》。这并非巧合，它一方面说明精耕细作的传统绵延不断，另一方面又说明人们自觉或不自觉地把发扬精耕细作传统作为克服困难、振兴经济的重要手段。由于有多元交汇的博大体系和精耕细作的优良传统，正如已故的著名农史学家石声汉所说的：我国传统农业犹如一棵根深蒂固的大树，砍断了一个大枝，很快又长出新的大枝来代替，不但依然绿荫满地，而且比以前更加繁茂。

在世界古代文明中，中华文明是唯一起源既早、成就又大，虽有起伏跌宕，但始终没有中断过的。以多元交汇、精耕细作为主要特点的中国古代农业所具有的强大生命力，正是中华文化得以持续发展的最深厚的根基，也是中华文明火炬长明不灭的奥秘之一。

后记： 费孝通先生提出"中华民族多元一体格局"的命题，是从中华民族的形成和发展立论的。这一命题已为民族学界、考古界、文化学界所广泛接受。但也有不同意见，关键是如何认识民族关系中的"多"和"一"的问题。本文是从中国古代农业的发展立论。

历史上存在不同农业类型，中国传统农业是由这些不同类型的农业文化融汇而成的，其中农耕文化处于主导地位，但很难说已形成统一的农业体系。故不宜采取"多元一体"的提法。

（原载《中国经济史研究》1993 年第 1 期）

长江下游稻麦复种制的形成和发展[*]

——以唐宋时代为中心的讨论

长江下游①稻麦复种制的形成和发展是中国耕作制度史上的一件大事。以前我在一篇题为《中国古代耕作制度的若干问题》的文章中探讨过②，限于篇幅，有些问题没有展开，又由于不是刊登在公开发行的刊物上，看到的人可能不多。最近我看了一些文章和材料，感到这个问题还有讨论的必要，于是有了本文的写作。前文的主旨是批评对唐宋稻麦复种制研究中拔高的倾向；本文在继续反对这种倾向的同时，也批评了低估宋代稻麦复种制发展的倾向。我的基本看法是：唐代长江流域稻麦复种制已形成或推广，根据尚不充分；长江下游的稻麦复种到宋代、尤其到南宋才有一个较大的发展，形成一种有相当广泛性的、比较稳定的耕作制度，而长江三角洲在这一发展中处于领先地位。

上篇：唐代长江流域稻麦复种制是否已经形成和推广

中外学术界有一种颇有影响的观点，认为长江流域（主要是江

* 本文承吴承明、游修龄、吴慧、董恺忱、闵宗殿、王曾瑜、叶坦、姜锡东、曾雄生诸先生审阅，提出许多宝贵意见；尤其是游修龄先生纠正了初稿中的某些错误，王曾瑜先生提供了资料线索，特此致谢。本文即将脱稿时，笔者得阅台湾学者梁庚尧先生的大作《宋代太湖平原农业生产问题的再检讨》（《台大文史哲学报》2001 年第 54 期），获益良多，并吸收了其中的若干资料和观点，然亦有所讨论。

① 本文使用的"长江下游"的概念与广义的"江南"接近，包括宋代行政区域两浙东、两浙西、江南东、江南西、淮南东、淮南西诸路的全部或大部。这一地区的中心是长江三角洲的太湖地区，亦即江南平原。包括现在的苏南、浙北，过去的苏、松、常、杭、嘉、湖六府。

② 《中国古代耕作制度的若干问题》，载中国农业博物馆内部刊物《古今农业》1989 年第 1 期。

南）的稻麦复种制在唐代已经形成并获得推广，李伯重在中外学者有关研究的基础上对此做了比较详细的论证。① 鉴于李文基本上归纳和发展了持这一观点的学者的各种论证，为了讨论方便，兹根据李文提出的论据辨析如下。

论据一：《蛮书》卷7《云南管内物产》关于南诏境内稻麦复种制的记述。② 南诏受内地影响至巨，此复种技术可能是从唐朝统治下的剑南或其他地方传入的；当时的南诏耕具和耕法比较落后，尚可产生稻麦复种，生产水平更高的长江流域地区更有可能实行了。

按，据笔者所知，迄今没有发现唐代或唐代以前剑南或其他与云南毗邻地区实行稻麦复种的记载，剑南传入说仅仅是一种推测；而且即使是从剑南传入，江南是否实行稻麦复种仍须论证。实际上，云南地区较早实行稻麦复种是由这里特殊的自然条件和历史传统所决定的，不能简单地与江南类比。关于自然条件，韩茂莉论之最详：

> 云南与江南有着明显不同的雨量季节变化规律。从十一月至四月，云南全区均为干季，这时云量稀少，日照丰富，气温较高，降水不多，从而明显构成干季气候特点。干季的出现，解决了许多水田改旱地而带来的耕作技艺上的麻烦，因而云南人民是有可能率先采用稻麦两熟制的。江南与云南不同的是四季都有雨水的浇淋，从现代气候资料来看，上海秋冬两季降水量占全年总量的34.9%，九江占30.5%，南昌占25.1%，南京占30.5%。在这种降水季节分布规律下，由水田转旱地的耕作技艺就要复杂得多，江南人民要经过一段时间的摸索，才能在生产上实施水旱轮作的

---

① 李伯重：《我国稻麦复种制产生于唐代长江流域考》，《农业考古》1982 年第 2 期。作者的结论是："稻麦复种技术，大约在高宗武后时期，在长江流域少数最发达的地方已出现；作为一种较为普遍实行的制度，则大约形成于盛唐中唐时代，实行的地域主要是在长江三角洲、成都平原和长江沿岸地带。到晚唐以后，更加进一步扩大。"本节引李氏观点均出自此文。

② 原文是："自曲靖已南，滇池已西，土俗唯业水田……从八月获稻，至十一月十二月之交，便于稻田种大麦，三月四月即熟。收大麦后，还种粳稻。"

制度，因此，江南实行这种耕作方式可能要比云南滞后一些。①

这一分析，应该说是比较合理的。关于历史传统，我曾经指出：

> 为什么稻麦复种制首先发生在这里呢？除气候和自然条件外，还由于这里有种麦的传统。西部民族是我国最早的麦作民，小麦是通过新疆、河湟这一途径传入中原的，而我国西南少数民族地区是大麦的起源地，或起源地之一。在距今三千多年的云南剑川海门口遗址中，在发现栽培稻的同时发现了麦穗。这里种麦的历史和种稻的历史一样悠久，生息在这里的民族首先把稻和麦这两种作物结合成一种耕作制，是不足为奇的。②

由此可见，云南之所以较早实行稻麦复种制，是由特定条件所决定的；根据唐代云南实行稻麦复种推断唐代江南也实行稻麦复种，理由是不充分的。

论据二：《吴郡图经续记》有关于北宋苏州实行稻麦复种的明确记载，北宋去唐未远，且宋元丰以前苏州户口尚不及唐元和时，其生产水平当不会超过中晚唐太远，故唐代时苏州也可能实行稻麦复种。

按，这只是一种推论，不足以作为唐代时苏州已经实行稻麦复种制的确证。正如李氏自己说的，"宋毕竟非唐，仅作此推证，仍不足以服人"。③

---

① 韩茂莉：《宋代农业地理》，山西古籍出版社1993年版，第213—214页。

② 李根蟠：《中国古代耕作制度的若干问题》，《古今农业》1989年第1期。文中还指出："类似的情形还出现在新疆的吐鲁番。当中原禾麦复种还处于偶发和散在阶段时，那里禾麦复种已经普遍化。《魏书·高昌传》说当地'气候温暖，厥土良沃，谷麦一岁再熟'。在吐鲁番出土的汉晋文书中，亦有关于麦粟两作的明确记载，有的租佃契约规定了夏秋两季交租。吐鲁番自古也是盛产麦类的。由此可见，耕作制的发展受多种因素的制约，有自然因素，有社会经济因素，其中还包括生产传统和民族习惯，应该联系起来对它们进行综合的考察。"需要补充的是，在制约耕作制发展的诸因素中，还有属于消费范畴的饮食习惯等。

③ 其实古人已有见及此。宋陈振孙《白文公年谱》宝历"二年丙午"条下云："公之去苏盖在秋冬之交，有《自问行何迟》诗，除日有《答梦得同发楚州》诗。"见汪立名编《白香山诗集·年谱旧本》。

论据三：唐诗中的有关记载。如白居易《答白太守行》："去年到郡日，麦穗黄离离。今年去郡日，稻穗白霏霏。"李氏指出：白氏于宝历元年五月五日到苏州任，次年八月离任。在八月扬花的水稻，应在麦收后的六月插秧，这种生产安排若非稻麦复种就难以解释。李氏又指出："在元和和乾符之间的宝历时代，苏州每单位面积土地所负载的人口数，不会少于元和时代浙西地区的平均数，亦即每户平均占有耕地的数量，当在 18.5 亩（约合 14.8 市亩）以下。在这种人地比例条件下，不实行复种是不行的。"又元稹《竞舟》："年年四五月，茧实麦小秋。积水堰堤坏，拔秧蒲稗稠……"写岳州农村情况，把麦熟与插秧联系起来，可见二者当有一定关系。

按，既然苏州的稻麦复种北宋已有明确记载，则其历史追溯到唐代不无可能。但白居易的诗却不能证明这一点。张泽咸已对此做了令人信服的分析。他指出：江南一般小满前后（四月中下旬）收麦，白氏宝历元年五月之所以还看到"麦穗黄离离"的景象，是因为当年闰七月，节气偏晚。又据《白居易集》记载，宝历二年九月二十五日白氏还在苏州以前苏州刺史的身份给"华严经社石"写题记，因此他离任最早也是九月底，而不是李文说的八月，这时看到"稻花白霏霏"，则这些稻田插秧应已入秋。稻麦复种一般是四五月间麦收后立即耕田插秧，不应拖到七月。因此，白诗描述的现象不可能是稻麦复种。[①] 其实，即使季节上没有矛盾，白诗也不可能成为唐代苏州实行稻麦复种的确证，因为复种是在同一块田上实行的，而白诗是泛指苏州的情况，不是讲发生在同一田块上的事情。不过光指出这一点，辩者可能会说：白氏诚然是泛指，但也可能包括了同一田块的情况；张氏的分析则把可能辩解的口子给堵死了。关于元稹的岳州诗，张氏指出这是元稹路过岳州时写的，"全诗 40 句，

---

① 水稻从插秧到开花大概两个月左右，由此推断，白居易去苏时所见之稻插秧已届初秋，张氏疑为双季稻的晚稻。按，宋代江南存在少量的双季稻是可能的。《宝祐川志》载有"乌口稻"，是"再莳晚熟"的品种。此品种又见于明黄省曾《稻品》和清道光《苏州府志》。

只有两句提及'麦秋'和'拔秧',诗篇赞美贤刺史对那些不事生产争相竞度的人加以节制,这怎么能证明是描写稻麦连作的呢?""岳州不同于苏州,唐宋人的论著包括范致明的《岳阳风土记》等在内,并不见有稻麦复种的记事,甚至在本世纪四五十年代以前,除洞庭湖岸圩田外,岳阳一般田地也未见有复种,说一千多年前的唐代岳阳稻麦复种恐怕是望文生义的事。"①

论据四:唐代关于官员替代时职田收获物处理办法的变化。李氏指出,职田收获物一般归"耕种时在职者";开元年间规定的期限分别是:陆田三月三十日,稻田四月三十日,麦田九月三十日,与粟、稻、麦三大谷物播种期的后限一致。大中元年屯田的奏文引述开元令后说:"据今条,其元阙职田,并限六月三十日,春麦限三月三十日,宿麦限十二月三十日。已前上者入新人,已后上者,并入旧人。"这个"今条",大概是对开元旧令的补充规定。以六月三十日为断的田应是五六月栽插的中晚稻田,以十二月三十日为断的宿麦田,是由于在稻田种麦,使麦类的播种期延后。因此"今条"所提到的六月三十日为断的田和以十二月三十日为断的田,实即同一块田———块实行了稻麦复种的田。宣宗对该奏书而发出的诏书明确地提到了"二稔职田"(一年二熟田),即是指这种稻麦复种田。而仅有在长江流域的稻麦复种区,才存在二稔之田。李氏认为,这是唐代长江流域实行稻麦复种的"更为有力的证据"。

按,这一证据,常为主张稻麦复种产生于唐代的学者所援引②,但尚未见到对"稻麦复种产生于唐代"质疑者对此"证据"的正面讨论。因为这是一个关键性的论据,不能不详加分析。为了讨论的方便,兹把《唐会要》中的有关记载移录于下:

---

① 张泽咸:《中国魏晋隋唐时期粮食作物的复种及其他》,载《高敏先生七十华诞纪念文集》,中州古籍出版社 2001 年版。张氏又说:"关于人口密集问题,《新唐书·地理志》记唐代 320 余直属州中,苏州人口数位居全国第 32 位,岳州是第 183 位,说苏州岳州的人口密集而发展复种,说服力恐怕不够强。"

② 例如吴存浩《中国农业史》第 673 页就主要以此为据论证稻麦复种产生于唐代,警官教育出版社 1996 年版。

　　大中元年十月屯田奏：应内外官请职田，陆田限三月三十日，水田限四月三十日，麦田限九月三十日。已前上者，入后人；已后上者，入前人。伏以令式之中，并不该闰月，每遇闰月，交替者即公牒纷纭。有司即无定条，莫知所守。伏以公田给使，须准期程，时限未明，实恐遗阙。今请至前件月，遇闰即以十五日为定式，十五日以前上者，入后人；已后上者，入前人。据今条，其元阙职田，并限六月三十日，春麦限三月三十日，宿麦限十二月三十日。已前上者入新人，已后上者，并入旧人。今亦请至前件月，遇闰即以十五日为定式。所冀给受有制，永无诉论。敕曰：五岁再闰，固在不刊；二稔职田，须有定制。自此已后，宜依屯田所奏，永为常式。

　　谷物成熟曰"稔"；"二稔职田"应指职田中一年收获两次者。但"二稔职田"是否专指实行稻麦复种制之田，"今条"是否专门为这种"二稔职田"规定的则大有疑问。李氏引用"今条"时，把"春麦限三月三十日"一语漏掉了。① 实际上"今条"规定的是三个期限，而不是两个期限；因而不能与"二稔职田"直接挂钩。"今条"有"并限六月三十日"的规定，为什么要说"并"呢？把"今条"与开元令②对照一下即可发现，"并"是兼指陆田和水田而言的。可见，"六月三十日"的期限并非专指水田，更非专指中晚稻田。"今条"在把陆田和水田合并规定同一期限外，又把麦田分解为两种情况，即种春麦的田和种冬麦（"宿麦"）的田，从而规定了两个期限。

　　这些规定意味着什么呢？说"今条"是开元令的补充规定大概

---

　　① 吴存浩《中国农业史》也沿用了李氏的这一错误。
　　② 所谓"开元令"是指开元七年和开元二十五年对职分田收获物归属的交接断限的规定，上引《唐会要》文开头对陆田、水田、麦田断限的规定即属开元令的内容。此外，《唐六典》卷3"户部郎中员外郎"条注，《通典·食货二·田制下》《通典·职官十七·职田公廨田》《册府元龟·邦计部·俸禄》等，都记载了有关内容。日本学者仁井田《唐令拾遗》"田令"部分比较全面地收集和整理了有关记述。

是正确的①，但需要补充的是什么呢？

从开元令规定的期限看，它主要是根据黄河中下游的情况做出的，如水田的期限是根据北方水稻的播种期制定的，陆田则似乎只考虑了北方早谷子（禾）的播种期。② 对中原以外的情况，如南方稻作区、西方春麦区的情况，没有予以充分考虑。从开元到大中，一百多年过去了，情况发生了不少变化，经济重心已经逐渐向南方（主要是江南地区）转移，麦作和轮作复种制都有新发展，原来的规定已不完全适应这种情况，因此需要有所补充。"今条"中六月三十日的期限，充分照顾了南方稻作区的情况。因为唐代南方（尤其是江南）稻作以晚稻为主③，有的稻田插秧是相当晚的。如杜甫《行官张望补稻畦水归》云："六月青稻多，千畦碧泉乱。插秧适云已，引溜加溉灌。"六月插秧才刚完。张籍《江村行》："南塘水深芦笋齐，下田种稻不作畦……桑林椹黑蚕再眠，妇姑采桑不向田。江南热旱天气毒，雨中移秧颜色鲜。"插秧时已入炎夏。由于插秧晚，插秧作业可以安排在麦收后进行，有利于实行稻麦复种；不能排除晚插田中已有麦收后复种晚稻的可能性，但不能说这些晚稻田都是由于实行稻麦复种才晚插的。例如有些"下田"要避开春水，只能种晚插的稻，肯定与稻麦复种无涉。"今条"中六月三十日的期限，也充分考虑到旱地（"陆田"）耕作的复杂情况。例如，《齐民要术·种谷第三》就已经指出，有二三月种的禾（早谷子），有四五月种的穄禾（晚谷子）。而且"岁道宜晚者，五六月初亦得"。④ "今条"

---

① "今条"是针对"元阙职田"的，"阙"通"缺"，"元阙职田"似指对职田中原本没有考虑到的情况的补充规定。

② 《齐民要术·水稻第十一》："三月种者为上时，四月上旬种者为中时，四月中旬种者为下时。"《种谷第三》："二月、三月种者为上时，四月、五月种者为下时。"

③ 李文说："据这个规定，我们可以得知当时南方水稻尚以一年一作为主，而且多为早稻，故在四月底以前已将稻田耕种完毕。"事实上，唐代南方稻作是以晚稻为主的（后文还将详论），有的插秧较晚，四月底以前已种完毕是北方情形。

④ 夏谷子可以在麦收后播种，现在一般要在阳历 6 月 15 日左右播种，最晚可至 7 月 1 日。如果这和"今条"六月三十日这个期限不是巧合，那么，这个期限可能意味着北方禾麦复种的发展。唐代关中已有禾（粟）收获后种麦的记载；不过，迄今还没有发现麦收后种禾——夏谷子的记载。

分别规定春麦田和冬麦田的期限，反映了麦作的发展和受到的重视。三月三十日这个期限，可能主要是适用于西部春麦区。十二月三十日这个期限，则全面考虑了南方麦类生产的情况。江南种冬麦一般在八九月，陈旉《农书》仍然强调"麦经两社"，要求在"八月社前"种麦；实际上冬麦的播种期往往延后，若晚稻收割后复种冬麦更是如此，不过也不至于到十二月。但岭南地区晚稻收获后复种冬麦，冬麦的播种期就可能要到十二月了。

　　对"今条"做了以上分析以后，再回到"二稔职田"的问题上去。唐宣宗对屯田奏文的批示提到的"二稔职田"应该引起重视，它说明当时确实出现了一年可以收获两次的田，反映了唐中叶以后轮作复种制的发展。不过，尽管"今条"所作的规定应该包括对"二稔职田"这种新情况的考虑在内，但不能说"今条"是专为"二稔职田"制定的，也不能把"二稔职田"和实行稻麦复种的田等同起来。"二稔职田"这个词，就我们目前掌握的资料看，仅此一见，我们很难对它的性质、范围作进一步的判断。"二稔"诚然指一年中收获两次，但是不是年年如此的稳定的一年两熟制，尚有待证明，很难说这种"二稔"田有多么普遍。张泽咸说："唐代的'二稔职田'，地无分南北，'二稔'也不限于复种，举凡一年能收两次的如轮作、套种、间作、复种诸方式都包括在内，因此，只以两税与二稔职田以证明唐代江南推行稻麦复种，恐怕不是很妥帖的吧！"[①]这一意见值得考虑。

　　论据五：两税法的实行。在引证了"今条"的"二稔职田"后，李氏进一步推断："大致说来，作为一种具有普遍意义的新的种植制度（而不是稻麦复种技术本身），稻麦复种至少应在大中以前。确切地说，当在开元与建中之间（713—780）。正是因为这种夏秋两熟的复种制已经形成于长江流域，因此，以长江流域为主要征税地区、以夏秋两征为主要特点的两税法，才能颁布于建中

---

　　①　张泽咸：《中国魏晋隋唐时期粮食作物的复种及其他》。

元年，并一直实行下去。"两税法之所以规定"夏税勿过六月，秋税勿过十一月"，是因为"六月份，农民已收上麦，插下秧；十一月份，农民已割完稻，种毕麦"，正是封建国家征税的有利时机。因此，两税法的颁布与施行，正是长江流域稻麦二作制已经形成的反映。

按，夏秋两征是两税法的特点之一，它是以全国各地麦作有大的发展，以至夏收和秋收一样成为重要的收获季节这一事实为前提的。但不能说，两税法是以稻麦两熟的复种制为基础的。因为两税法中户税是按户赀计征的，地税虽然是按地亩多少计征，但也落实到户，并非一块地一块地地征税，因此不必实行稻麦复种才能实施夏秋两征。两税法是全国性的税收制度，即使长江流域真的普遍实行稻麦复种制，也不可能只根据一个地区的耕作制度来制定全国性的赋税制度。就夏秋两征时间的确定而言，也是综合考虑了全国各地情况的。具体说，夏征最后期限定在六月底，主要照顾了北方情况，因为长江流域一般四月下旬或五月初收麦，黄河流域五月收麦，北方有些地方更晚一些；秋征最后期限定在十一月底，主要照顾了南方情况，因为黄河流域秋收在七月、八月，长江流域晚稻收割在九月、十月，岭南晚稻收割在十月、十一月。假如稻麦复种确是两税法的基础，这也要以稻麦复种的普遍实行为前提。李氏是先用"二税职田"论证江南稻麦复种制的普遍性，然后指出这种普遍实行的稻麦复种是两税法的基础，再反过来说两税法的施行是稻麦复种制形成的反映。笔者已经分析了用"二税职田"论证稻麦复种制普遍实行之不可靠，对"两税法反映稻麦复种的形成"这一观点的评议也就不用多费笔墨了。近年，李氏提出江南的稻麦复种制即使在宋代也并不普遍①，实际上已经否定了自己以前的观点了。对于李氏的观点，我们在撰写《中国农业科学技术史稿》时曾认真地考虑过，并做出"主张唐代长江下游已普遍实

① 李伯重：《宋末至明初江南农业技术的变化——十三、十四世纪江南农业变化探讨之二》，《中国农史》1998 年第 2 期。

行稻麦两熟制""论据尚嫌不足"的判断。① 我在《中国古代耕作制度的若干问题》中也曾经说过:"唐代江南尽管很可能已有稻麦复种,但说那时稻麦复种已获得推广,是缺乏充分根据的。"现在我仍然坚持这一基本看法。

下篇:如何估价宋代长江下游稻麦复种制的发展

宋代长江下游稻麦复种制比前代有所发展,这大概没人反对;但发展程度如何,中外学者估计很不一致。近年来,这一问题的讨论已和对宋代农业发展的总体估计联系在一起。② 需要辨析的问题是:宋代,尤其是南宋长江下游的稻麦复种是否已形成一种具有相当普遍性的稳定的耕作制度,从而使中国复种制度的发展史进入一个新的阶段,达到一个新的高度? 与此相关的问题是:宋代与冬麦复种的是早稻还是晚稻、唐宋江南稻作以早稻为主还是以晚稻为主、如何估计宋代江南平原稻麦复种制的推广程度,等等,下面分别进行探讨。

(一) 宋代稻麦复种的发展简况

江南稻麦复种最早的明确记载参见《吴郡图经续记》和《吴郡志》引述的赵霖奏。它们反映的都是北宋神宗时吴郡的情况。这些记载表明,宋代苏南稻麦复种确实出现了,已不是零星的现象,但它的实行仍受人力、土宜条件的制约,不能说已经普及了。类似的情况还出现在淮南东路的泰州(见表1)。事实上,北宋时代江南种

---

① 《中国农业科学技术史稿》,农业出版社 1989 年版,第 341 页注 2。

② 近年来,李伯重引人注目地连续撰文批评宋代"农业革命"说,其中涉及对宋代稻麦复种实行程度的估计。这些文章是:"十三、十四世纪江南农业变化探讨"之一至四:《宋末至明初江南人口与耕地的变化》《宋末至明初江南农业技术的变化》《宋末至明初江南农民经营方式的变化》《宋末至明初江南农业变化的特点和历史地位》,分别刊载于《中国农史》1997 年第 3 期,1998 年第 1、2、3 期;《"革命"乎?"虚像"乎? ——宋代江南农业的时空变化》,载《九州》第 2 辑,商务印书馆 1999 年版;《"选精""集粹"与"宋代江南农业革命"》,《中国社会科学》2000 年第 1 期;《历史上的经济革命与经济史的研究方法》,《中国社会科学》2001 年第 6 期。

麦并不普遍，苏东坡甚至有"浙中无麦"之说。[①] 类似的议论延续到南宋初年。[②] 江南冬麦和稻麦复种较大的发展是在南宋时期。由于两宋之际习惯面食的北方人大批流寓江南，麦价陡涨，加上当时租佃农民若实行稻麦复种，可以只纳秋课，不交麦租，在这样刺激下，人们"竞种春稼，极目不减淮北"。[③] 这些"春稼"，显然包括与水稻复种的冬麦。南宋有关稻麦复种的记载明显多了起来。王曾瑜曾收集有关记载论证稻麦复种制在南宋时的长江流域已"处于稳定的成熟的发展阶段"。[④] 兹根据王文的例证并补充其他资料列表如下：

表 1　　　　　　　　　　宋代稻麦复种资料

	时间	地点	内容	出处
1	熙宁四年（1071）	两浙西路吴郡昆山	熙宁四年大水，众田皆没，独长洲尤甚，昆山陈新、顾晏、淘湛数家之圩高大，了无水患，稻麦两熟，此亦筑岸之验	范成大《吴郡志》卷 19 引赵霖奏[(1)]
2	元丰（1078—1085）年间	两浙西路吴郡	其稼则刈麦种禾，一岁再熟，稻有早晚，其名品甚繁。农夫随其力之所及，择其土之所宜，以此种焉	朱长文《吴郡图经续记》（1084 年）卷上
3	绍圣（1094—1098）初	淮南东路泰州	谪守海陵，逮麦禾之两熟	陆佃《陶山集》卷 13《海州到任谢二府启》[(2)]

---

① 《杭州上执政书二首》，《苏东坡全集·后集》。

② 南宋初赵鼎说："大抵江浙须得梅雨，乃能有秋，是以多不种麦。"（《建炎以来系年要录》卷 100 "绍兴六年四月壬子"）董煟也说："今江浙水田种麦不广。"（《救荒活民书》卷 2《义仓》董煟是绍熙五年（1194 年）进士，已接近南宋中期。董氏强调冬麦的救荒作用，期望麦作有更大的推广。他所谓"水田种麦不广"是相对于水稻而言的，带有比较性和期望性。参见梁庚尧《宋代太湖平原农业生产问题的再检讨》一文的分析。

③ 庄绰：《鸡肋编》卷上。

④ 王曾瑜：《宋代的复种制》，载《平准学刊》第 3 辑上册，中国商业出版社 1986 年版。本文的写作请教了王曾瑜先生，并参阅和利用了此文。

	时间	地点	内容	出处
4	建炎 （1127—1130） 后	江、浙、湖、湘、闽、广	建炎后，江、浙、湖、湘、闽、广，西北流寓之人遍满。绍兴初，麦一斛至万二千钱，农获其利，倍于种稻。而佃户输租，只有秋课；而种麦之利，独归客户。于是竞种春稼，极目不减淮北	庄绰《鸡肋编》卷上[3]
5	南宋初	长江下游地区：淮南东路扬州或位处两浙西路的杭州	早田刈获才毕，随即耕治晒暴，加粪壅培，而种豆麦蔬茹，以熟土壤而肥沃之，以省来岁功役；且其收，又足以助岁计也	陈旉《农书》（1149 年）卷上《耕耨之宜篇》[4]
6	绍兴 （1131—1138） 初	江南东路	粗已耕垦，趁种早禾了当，唯有二麦收刈后，合重行耕犁，再种晚禾。今已将毕，约于六月终周遍	叶梦得《石林奏议》卷 11《奏措置买牛租赁与民耕种利害状》[5]
7	绍兴年间	淮南西路庐州（今合肥）	土豪大姓、诸色人就耕淮南，开垦荒闲田地归官庄者，岁收谷麦两熟，欲只理一熟。如稻田又种麦，仍只理稻，其麦佃户得收	《宋会要》食货 63 之 117[6]
8	南宋初	处两浙西路的杭州或两浙东路金华	雨余乾鹊报新晴，晓风清……麦垅黄云堆万顷，收刈处，有人耕	曹冠《燕喜词》《江神子·南园》[7]
9	南宋初	两浙西路嘉兴	晚禾未割云样黄，荞麦花开雪能白，田家秋日胜春时，原隰高低分景色……牧童牧童罢吹笛，领牛下山急归吃，菜本未移麦未种，尔与耕牛闲未得	许纶《涉斋集》卷 4《田家秋日词》[8]
10	乾道四年 （1168）左右	两浙东路台州	隔岁种成麦，起麦秧稻田。晚禾亦云竟，冬菜碧相连。收割不闲手，垄亩无空阡。家畜千指客，始知有丰年	曹勋《松隐文集》卷 21《山居杂诗》[9]
11	乾道七年	江浙一带	近日雨旸尤好，麦已登场，稻亦下种矣	《皇宋中兴两朝圣政》卷 50 载宋孝宗语[10]

	时间	地点	内容	出处
12	乾道八年	两浙西路吴郡	梅花开时我种麦,桃李花飞麦丛碧。多病经旬不出门,东陂已作黄云色。腰镰刈熟趁晴归,明朝雨来麦沾泥。犁田待雨插晚稻,朝出移秧夜食麨	范成大《石湖诗集》卷11《刈麦行》(11)
13	乾道(1165—1173)年间	四川地区	四川田土无不种麦,今岁气候颇早,大麦约三月半间收获,小麦须至四月初间方熟	汪应辰《文定集》卷4《御札再问蜀中旱歉》(12)
14	南宋中期	淮南西路?	1. 秧欲雨,麦欲晴,补疮割肉望两熟,家家昂首心征营 2. 麦上场,蚕出筐,此时只有田家忙。半月天晴一夜雨,前日麦地皆青秧	陈造《江湖长翁文集》卷9《田家叹》、《田家谣》(13)
15	淳熙六年(1179)	两浙东路衢州	黄云割露几肩归,紫玉炊香一饭肥。却破麦田秧晚稻,未教水牯卧斜晖	杨万里《诚斋集》卷13《西归集·江山道中蚕麦大熟》
16	淳熙十三年	两浙西路吴郡	五月江吴麦秀寒,移秧披絮尚衣单	范成大《石湖诗集》卷27《四时田园杂兴六十首》
17	绍熙元年(1190)	两浙西路吴郡	树围平野合,水隔别村孤……小麦田田种,杨柳岸岸栽……乱港交穿市,高桥过得桅	杨万里《诚斋集》卷28《朝天续集·过平望》(14)
18	绍熙二年	江南东路建康府	金陵六月晓犹寒,近北天时较少暄……九郡报都雨足,插秧收麦喜村村	杨万里《诚斋集》卷31《江东集·夏日杂兴》(15)
19	绍熙(1190—1194)年间	两浙西路湖州	腰镰刈晚禾,荷锄种新麦。田家竟作苦,羔豕劳岁夕	虞俦《尊白堂集》卷1《和姜总管喜民间种麦》(16)

续表

	时间	地点	内容	出处
20	绍熙年间	两浙西路华亭（松江）	今华亭稼穑之利，田宜麦禾，陆宜麻豆，其在嘉禾之邑又最腴者也	杨潜《绍熙云间志》[17]
21	绍熙前后	浙西吴郡	1. 小麦连湖熟……妇姑插秧归…… 2. 麦地宜秧谷	周南《山房集》卷1《山家》、《山居》[18]
22	嘉定（1208—1224）年间	浙西太湖平原	吴中之民，开荒垦洼，种粳稻，又种菜、麦、麻豆，耕无废圩，刈无遗陇	吴泳《鹤林集》卷39《兴隆府劝农文》[19]
23	咸淳七年、八年（1271、1272）	江南西路抚州	1. 每年春夏之间，旧谷既尽，新谷未种，天特生麦以济缺乏，使尔人民吃此麦饭，种此禾稻，循环接续，常得饱足…… 2. 收麦在四月，种禾在五月初，不因麦迟了种禾	黄震《黄氏日钞》卷78《咸淳七年中秋劝种麦文》、《咸淳八年中秋劝种麦文》[20]
24	绍熙、庆元（1194或1195）间	两浙东路山阴	处处稻分秧，家家麦上场	陆游《剑南诗稿》卷27《五月一日作》[21]
25	淳熙十年（1183）	荆湖北路鄂州	蚕沙麦种，四月收贮……月建在午（五月），秧苗入土	罗愿《罗鄂州小集》卷1《鄂州劝农》[22]
26	南宋晚期	长江下游地区	今禾既登场，所至告稔……乃季秋以来，雨不时至，高田之麦，欲种而无水以耕；下田之麦，已种而无水以溉，此农夫之所甚忧	真德秀《西山文集》卷52《诸庙祈雨祝文》[23]
27	南宋末	泛指南宋各地	后世大水大旱，田全无收……民间不敢报水旱者有之。假如报官，水则不敢车戽，旱则不敢翻耕，或以存活浸之水，或以留旱苗之根，查以待官府差吏核实，则秋冬不敢种麦，而来年失种矣	方回《续古今考》卷19《附论汉文帝复田租不及无田之民》[24]

续表

	时间	地点	内容	出处
28	?	广南东路潮州	秋成之后为园，若田半值大小麦，逾岁而后熟，盖亦于一熟者种耳	《永乐大典》卷5343 "潮州府" 引《三阳志》[(25)]

说明：（1）吴郡包括吴县、长洲、昆山、常熟、吴江 5 邑，是现在苏南一带。冬麦与水稻复种的技术前提之一是水田的排水，质量较好的圩田可排可灌，具备实行稻麦复种的条件，故能做到稻麦两熟。

（2）陆佃于北宋哲宗绍圣（1094—1097）初谪泰州，旋改海州，文中海陵即属泰州（今江苏泰州），均为淮南东路地。北宋时淮南各州经济发达，水田占耕地十分之五六，宋人诗文中常见对当地稻花陂水的描写。参见韩茂莉《宋代农业地理》第 78—79、第 218 页。尤其海陵是有名的粮仓，宋人有"吴地海陵之仓，天下莫及"（苏籀《双溪集》卷 9《务农劄子》）之说。这里"麦禾两熟"的"禾"应指水稻。

（3）庄绰，生卒年不详，他经历了北宋和南宋初期的神宗、哲宗、徽宗、钦宗、高宗五朝，足迹遍及大半个中国。《鸡肋编》成书于绍兴年间，作者根据亲见亲闻记述和保留了宋代珍贵的历史资料，不但记述了南宋初年麦作的推广，而且反映了稻麦复种的发展："种麦之利，独归客户"，是指佃户在租种地主的稻田中所种麦子归佃户所有，这种麦子显然是与水稻复种的。南宋政府为鼓励种麦实行的这种优惠政策，确实延续下来。例如，黄震的《咸淳七年中秋劝种麦文》说："唯是种麦，不用还租，种得一石是一石，种得十石是十石。"（《黄氏日钞》卷 78）方大琮的《将邑丙戌（宝庆二年，1226 年）秋劝种麦》说："故禾则主佃分之，而麦则农专其利。"（《铁庵集》卷 30）元初方回在《续古今考》卷 18 "附论秦力役三十倍于古……"中谈到宋末情形："今民贫租主家田，田佃户率中分……大小谷麻粟豆不等，惟种麦、荞麦则每户自得。"这种政策的制定和延续是与稻麦复种的推广相表里的。

（4）陈旉自称"西山隐居全真子"，"躬耕西山"，以 74 岁高龄携农书至仪征访真州知府洪兴祖，其躬耕之地当在附近，推断是扬州西山；也有人因南宋淮南屡被金兵骚扰，难以安居写书，从而推断陈旉所居是杭州西山。前者属淮南东路，后者处两浙西路。农书写成于绍兴十七年（1147），其内容当系较长时期农业生产经验的总结，主要反映长江下游、尤其是当地的丘陵山区的农业生产情况。

（5）绍兴八年至十三年（1138—1143），叶梦得再度任江南东路安抚制置大使，其间，淮西、江东牛疫，叶梦得奉旨措置买牛租赁与民耕种，在奏文中谈到采取各种措施以后江东路的农作情况。奏文应写于五月，其时早稻已插完，麦收和插晚稻也将要完成。

（6）这是绍兴十六年（1146）淮南庐州知府吴逵的奏文。他讲的情况在淮南应带有一定的普遍性。

（7）曹冠，南宋婺州东阳（今浙江金华）人，活动在高宗、孝宗朝。该诗的地点未详，可能是杭州或金华。诗中写到麦收后马上耕田，无疑是为了复种晚稻；这和杨万里"却破麦田秧晚稻，未教水牯卧斜晖"的诗作描写的是同一情景。

（8）许纶，嘉禾（两浙西路嘉兴府）人，南宋孝宗隆兴元年（1163）进士。该诗描述在晚稻黄熟待割的秋日，田家呼唤牧童赶快领牛回家，以便饲牛备耕，因为晚稻收割后马上就要移菜种麦了——这正是晚稻与冬菜或冬麦复种的情景。诗中谈到的荞麦可能是早稻收获后种植的。

（9）曹勋（1098—1174），河南阳翟人。《山居杂诗》是其晚年的作品，诗中有"休宦伏畎亩，农事未历览"，"吾年今七十，非杖或能行，食罢散步或，欲与跛鳖争"等句，老态龙钟的形象跃然纸上。以此推断，该诗写于 1168 年左右。诗中反映的地区不可能是河南，因为当地的气候和耕作习惯不可能实行稻麦复种。《山居杂诗》中有"年来则知喜，岁歌颇不鉴。蟆则曰蠖，不实乃言冇"句，自注："台州方言禾黍不实曰冇，音喊上声。"当地村民庆丰收时唱的歌，作者有些听不大懂，故特在诗中记述并注明这些方言的含义。曹勋在孝宗朝曾以三朝元老加太尉、提举皇城司、开府仪同三司，因河南已沦于金兵，故在台州置有山庄别墅，晚年休官后在此闲养，《山居杂诗》应写于此。

（10）转引自王曾瑜《宋代的复种制度》，王氏认为，孝宗说的应是江浙一带的情况。

（11）诗中"梅花开时我种麦"不大好理解，因为梅花开花在腊月或早春，腊月种冬麦显然太晚，我曾释为顶凌播种春麦。后游修龄先生的来信释我疑团，指出："范成大诗之'梅花'是可疑的，'桃李花飞麦丛碧'是阳历四月，这是去年秋播麦的生长情况。若是春播麦，没有经历冬季冷冻期（春化作用），是不会抽穗开花结实的……即使梅花时节春播可以结实，那将迟至阳历六月以后才收获，哪有在六月底、七月初才犁田种晚稻的？我以为'梅'当是'菊'之误，则可以通解。但我不敢随便改古人诗的误传误刻。"又如，承曾雄生告我，他看到的一个版本"梅花"作"黄花"，与游先生推测正相吻合。诗集中该诗前后诗均为壬辰年（乾道八年，1172年）作品，推断本诗亦写于此年。

（12）汪应辰乾道年间（1165—1173）任四川制置使，知成都府。王曾瑜说："所谓'四川田土无不种麦'，当然也包括水田种麦、稻麦复种制在内的。"

（13）陈造（1133—1203），高邮人，孝宗淳熙二年（1175）进士，官至淮南西路安抚司参议，自号江湖长翁。《田家叹》写麦子黄熟，也正是晚稻育秧之时，它们对雨旸有不同要求，农民则在这种矛盾中冀求两熟。《田家谣》写趁晴收麦后紧接着趁雨插秧，以致"前日麦地皆青秧"；只有实施稻麦复种，才要这样抓紧农事季节。

（14）这是作者于绍熙元年（1190）路过平望镇所作。平望镇在吴郡吴江县西南运河西岸，是典型的江南水乡。时值冬季，秋播的麦子已经出苗，故诗中有"麦苗染不就"句。"小麦田田种"，则亟言种麦之广；这些"田"，如果不是全部的话，大部分也应是稻田，而且多为低田。

（15）该诗作于光宗绍熙二年（1191），当时杨万里出任江东转运副使，权总领淮西、江东军马钱粮。作者在建康等地修圩筑堤，发展水利，著名的《圩丁词十解》就是这一时期的作品。时江东路辖两府（建康府、宁国府）、五州（徽州、池州、信州、饶州、太平州）和两军（南康军、广德军），故称"九郡"。现实农业生产的顺序是收麦插秧，为了符合诗词格律而倒置为"插秧收麦"（《景定建康志》卷37载此诗作"播秧收麦"）；"九郡"之内"喜村村"，则表明这种稻麦复种的方式相当普遍。

（16）虞俦，宁国人，孝宗隆兴元年（1163）进士，光宗绍熙五年（1194）知湖州，推行荒政，全活甚众。该诗可能是作者在湖州任内所作。其中明确谈到晚稻收割后种麦的情况。又，《尊白堂集》卷1《喜雨》："梅雨知时节，农家喜若何。积薪蚕下箔，锄水稻分窠。绿有笋成竹，黄无麦作蛾。"卷4《五月四日过西山道院田间记老农语》："老尽吾蚕桑自绿，化残胡蝶麦犹黄，迎梅已过三旬雨，秧稻初齐五月凉……"两诗都描述了初夏时节水稻趁梅雨插秧，已经黄熟收割的麦子的残粒却在梅雨天气中化作飞蛾，反映了麦收后复种晚稻的情景。这两则材料可与陈造的《田家叹》相互参照，可以看出南宋初赵鼎所说的"大抵江浙须得梅雨，乃能有秋，是以多不种麦"的情形已有很大改变。

（17）此据《委宛藏书》。杨潜，南宋人。"云间"即华亭县，今之松江，元代置华亭府，旋改称松江府。《云间志》成书于绍熙四年（1193）。"田宜麦禾"与"陆宜麻豆"并提，前者指水田，后者指旱地。水田种麦，应是与水稻复种。

（18）周南，吴郡人，绍熙元年（1190）进士，著有《山居集》。该诗反映的应是其家居时看到家乡的情况。

（19）吴泳，嘉定二年（1210）进士，长期在南宋中央政府任职，后以中央官员身份出任地方官。兴隆府（今南昌，时属江南西路）劝农文可能写于端平年间（1234—1236）。文中对吴中与豫章的农业生产情况做了比较。吴中泛指太湖地区。

（20）黄震（1213—？），浙东慈溪人，宝祐进士，他的仕宦生涯是从担任吴县（今苏州）尉开始的，后权知华亭县（松江）、长洲县（今苏州，近代并入吴县），均属江南平原。可见，他在江西抚州劝农时所依据的，主要还是在江南平原做官时获得的经验。

（21）陆游，越州山阴（今浙江绍兴）人，著名诗人。绍熙三年（1192）致仕，赋闲在家，该诗应写于这一期间，作者已经年届七十。

（22）罗愿，徽州歙县人，乾道二年（1166）进士。淳熙年间知鄂州（今湖北武汉），有治绩，卒于官。古诗《鄂州劝农》以四言诗的形式叙述一年四季农业生产的安排，其适应范围当不以鄂州为限。

（23）真德秀（1178—1235），建州浦城（今属福建）人，庆元进士，历任江东转运副使、知泉州、潭州、福州。该文具体写于何时何地，未详，但不出南宋晚期和长江下游的范围。文中所说的麦子，无论高田、下田，已种、未种，都是在水稻收获后复种的。早期淳熙年间，朱熹巡视浙东地区灾情时，谈到绍兴府灾情特别严重，存粮维持不到新麦登场，而"下田之麦，亦有遭雨浸损去处，已无复食新之望"（《晦庵集》卷17《乞给降官会等事仍将原籴常平米斛减价出粜状》卷17《乞给降官会等事仍将山阴等县下户夏税秋苗丁钱并行住催状》）。均说明宋代与水稻复种的麦子不但种在高田，也种在低田。

（24）方回（1227—1307），宋末元初徽州歙县人。文中分析了当时民间不敢呈报受灾情况的原因，是怕因需要保留受灾现场待官核实而影响秋冬种麦。这些原来必定是种有水稻等作物的，否则谈不上受灾，可见冬麦是与水稻等作物复种的，而且有一定的普遍性。

（25）该材料转引自梁庚尧的《宋代太湖平原农业生产问题的再检讨》。梁氏指出："所谓'盖亦于一熟者耳'，应指潮州的稻作有每年两熟的情形，两熟的稻田即无必要轮作麦类。"从这一记载看，当时潮州既有双季稻，也有稻麦复种制。

　　表1收集的材料虽然还不全面，但已能反映宋代稻麦复种制发展的大势。表中收录材料28则，材料14、材料21和材料23实际上各包含两则材料，材料4、材料19、材料26的注中分别补充了3则、2则、1则材料以资参证，因为它们反映的是同时同地的事或同类的事，所以归并在一起。28则材料中，属于北宋时代的3则，涉及两浙西路（苏州）的2则（材料1、材料2），涉及淮南东路（泰州）的1则（材料3），均在长江下游的范围内。属于南宋时代的25则，涉及的地区有长江下游的两浙西路、两浙东路、江南东路、江南西路、淮南东路、淮南西路和长江中游的荆湖北路（鄂州），长江上游的四川，韩江流域的广南东路（潮州）；其中属于长江下游地区的占了21则。

　　从其反映稻麦复种的明确程度看，上述材料又可分为两类：一类是直接地明确地谈及稻麦复种，多数属于这一类，如材料1、材料2、材料3、材料4、材料5、材料6、材料7、材料9、材料10、材料12、材料14、材料15、材料16、材料17、材料18、材料19、材料21、材料23、材料26、材料27、材料28；另一类没有直接谈及稻麦复种，但从它描述的情况分析，应该是稻麦复种或包含稻麦复种，材料8、材料11、材料13、材料20、材料22、材料24、材料25属于这一类。如陆游诗"处处稻分秧，家家麦上场"，虽然没有直接说麦收后种稻，但从诗中描述收麦与分秧的密切联系及其普遍性看，应该包含稻麦复种在内。宋代诗词中把麦和秧联系在一起的描写相当多，一定程度上也是稻麦复种的反映。① 又如，赵鼎《泊柴家湾风物宛如北上》："雨过平田陇麦青，春深桑柘暖烟生。"② 这些种在"平田"中的麦恐怕起码有一部分是与水稻复种的吧。但由于尚欠明确，笔者没有把它们列进表中。

　　应该指出，南宋稻麦复种制的发展是与麦作的推广密切联系在一起的。麦作发展的动力，一方面来自大量北方移民引起的饮食习惯的变化以及对麦类需求的相应增长，另一方面来自南宋政府的大力推广和相关的优惠政策。表 1 引庄绰《鸡肋编》的记述已透露了有关信息。南宋皇帝推广种麦的诏令，见于史书记载的就有 3 次。③ 长江下游以水稻生产为主，水田多、旱地少，麦作扩展到一定程度，就要向平原发展，向水田发展，必然要走稻麦复种的道路。吴泳在温州劝农时说"古之劝农者一（按指劝种稻），今之劝农者二（按指既劝种稻又劝种麦）"，这是因为"向也涂泥之地，宜种粳稻，罕种䅯麦，今则弥村布垄，其苗，无不种之麦矣。"④ 这些涂泥宜稻之地种麦，自然是要与水稻复种了。表 1 引黄震在抚州的《劝种麦文》，其中讲到天下皆种麦，江西十州也都种麦，唯独抚州不种麦，虽其抑扬意在劝导，亦见南宋种麦之广。他宣传种麦的好处是稻麦复种、"循环接续"，而农民可全获种麦之利，说明稻麦复种是推广麦作的题中应有之义。针对部分地主对推广麦作的疑虑⑤，他大谈"主佃相依"，种麦在季节上不妨碍种稻的道理后说："纵使田土不

---

① 如范成大《寺庄》"大麦成苞小麦深，秧田水满绿浮针"；陆游《丰年行》"稻陂正满绿针密，麦陇无边黄云平"；方岳《农谣》"春雨初晴水拍堤，村南村北鹁鸪啼。含风宿麦青相接，刺水柔秧绿未齐"；孙觌《分宜道中》"老牯挽犁泥没膝，㓠㓠青挟针水出，大麦登场小麦黄，桑柘叶大蚕满筐"；洪咨夔《沁园春·寿淮东制置》"麦摇熏吹，黄迷断垄，秧涵朝雨，绿遍平畴"；黄机《诉衷情·宿琴圻江上》"秧田车水，麦陇腰镰，总是关心"；等等。
② 《忠正德文集》卷 5。
③ 孝宗乾道七年、淳熙七年、宁宗嘉定八年；分见《宋史》卷 173《食货志上一》、卷 39《宁宗本纪》。
④ 吴泳：《鹤林集》卷 39《温州劝农文》。
⑤ 根据政府规定，南宋佃农在稻田种麦不用上租，收成全归佃户，地主认为这对他没有什么好处，又怕稻田种麦消耗地力，所以对推广种麦采取消极态度。

愿多种，抚州无限山坡高地，又因何不种了？"可见，南宋麦作的推广主要是在水田里与水稻复种，其次才考虑开荒种麦。因此，从南宋时代麦作的扩展中也可以折射出稻麦复种制的发展。①

　　总之，南宋时代的长江流域，尤其是长江下游，稻麦复种已经不是偶发的、零散的现象，而是具有相当普遍性的一种耕作制度了。

　　中国的复种起源很早，但在很长时期内，或者只是零星和散在的现象，或者只是存在于个别部门和个别地区中。就部门而言，蔬菜种植中较早实行复种的，见于《氾胜之书》和《齐民要术》。《齐民要术》还记载了禾谷类与绿肥作物的复种，但最有实质的经济意义的是粮食作物复种制却告阙如。② 从地区看，南方由于气候比较温暖，具有发展复种制的优越的条件，岭南的双季稻、云南的稻麦复种制，新疆吐鲁番地区的粟麦复种制，出现都相当早，但它们对全国的农业经济影响不大。长江下游地区的稻麦复种制则不然，它不仅是主要粮食作物的复种制，而且发生在全国经济重心所在的地区，因而对全国农业经济发生重大影响，标志着复种制发展进入一个新的阶段。

　　对宋代复种制度的发展，既不宜拔高，也不宜低估。有的学者把唐代复种制的发展估计过高，明清的发展也估计较高，宋代的发展却估计较低，顶多是唐代发展的一种延续。这样，唐宋至明清的稻麦复种制发展曲线似乎成了两头高中间低的倒马鞍形。实际上，宋代稻麦复种制的发展大大超越了唐代，形成中国历史上复种制度发展中的第一个高峰。

（二）　陈旉《农书》对复种制度的有关论述

　　南宋时代，以长江下游地区稻麦复种制的形成和初步发展为标志

---

　　① 　关于南宋麦作的推广，可参见韩茂莉《宋代农业地理》第 8 章第 3 节第 1 小节"小麦的推广及其地理分布"（山西古籍出版社 1993 年版）。韩著指出：南宋时小麦的种植范围逐渐由原来的坡地、旱地、高亢岗地扩展到平原地带；北宋时期被一些人目为"无麦"或"少麦"的两浙地区，南宋时州州种麦。

　　② 　在北方要发展复种制，冬麦处于枢纽的地位。但从《氾胜之书》《四民月令》到《齐民要术》都强调种麦的田要夏天要"曤地"。例如，《齐民要术·大小麦第十》明确指出："大小麦皆须五月、六月曤地"，因为"不曤地而种者，其收倍薄"。由于麦类需水量较大，在北方一般安排在比较潮湿的"下地"，因此需要在夏天翻耕曝晒（"曤地"）。麦地必须在五六月份翻耕曝晒，这种情况决定了冬麦一般不可能与其他禾谷类作物复种。

的复种制度的发展，在中国传统农学中已有所反映。陈旉《农书》不但记载了稻麦复种等技术方法，而且在理论上有所总结。"六种之宜篇"云："种莳之事，各有攸叙，能知时宜，不违先后之序，则相继以生成，相资以利用，种无虚日，收无虚月，一岁所资，绵绵相继，尚何匮乏之足患，冻馁之足忧哉!"这里讲的是按时宜安排种植次序，在作物可以生长的季节中把耕地安排得满满的，使之"相继以生成，相资以利用"，其中就包括稻麦复种在内。这是对当时以稻麦复种为代表的复种轮作等农业生产经验崭新的理论概括。《吕氏春秋》《氾胜之书》《齐民要术》都没有谈大田复种问题，唯有陈旉《农书》谈及这个问题，并概括出精彩的理论，这在中国农学史上是空前的。

虽然对稻麦复种等新鲜经验做出了前所未有的总结，但陈旉总结的技术仍然带有一定地区的和时代的局限性。

从复种的内容看，当时复种的主茬可能是收获较早的晚稻（关于这一问题，下文还要作比较详细的论述）。此外，其他的旱作物也可能作为前茬；据"六种之宜篇"所述，麻枲（正月种，五六月收获）、粟（二月种，七月收获）、早油麻（三月种，七月收获）、早豆（四月种，七月收获）收获以后都可能再种一季庄稼。后作则是"豆麦蔬茹"，并不完全是麦类。从"六种之宜篇"看，所谓"蔬茹"，主要可能是萝卜和菘菜。这种情况在其他材料中也有反映，如曹勋《山居杂诗》："隔岁种成麦，起麦秧稻田。晚禾亦云竟，冬菜碧相连。"讲的是冬麦收获后种晚稻，晚稻收获后种冬菜。总之，不是每年都刈稻种麦，不是严格的"稻—麦"一年两熟制。

从复种的范围看，陈旉《农书·耕耨之宜篇》提到各类土地耕作方法："平坡易野"耕翻后冬浸；"山川原隰多寒"之地，冬耕晒垡；"晚田"冬闲，准备春耕；只有"早田"才在收获后复种。可见，当时只有一部分土地种植越冬作物。

从水改旱的技术措施看，陈旉《农书》指出这种复种制的好处是："以熟土壤而肥沃之，以省来岁功役（按指免去明年的春耕工夫）；且其收，又足以助岁计也。"把"熟土壤而肥沃之"放在首位，可见作者对水旱轮作培肥土壤的作用有相当深入的认识。但是，水改旱如何进行？陈旉只提到"耕治晒暴，加粪壅培"，没有提到后来广泛采用的起垄开沟等技术措施。如果是"低田"种麦，光是"耕治晒暴，加粪壅培"显然是不够的。所以陈旉《农书》用作复种的"旱田"，应是一种地势较高的田。它基本上没有接触和反映"低田"水改旱的技术。此外，陈旉《农书》所载仍属稻麦复种制发展的初级阶段，而且没有充分反映低田稻麦复种的技术，带有一定的局限性。

（三）宋代与冬麦复种的是早稻还是晚稻？

陈旉《农书》的"旱田"指什么？有的学者把"旱田"等同于"早稻田"或"早稻"，据此判断宋代稻麦复种中与麦类复种的是早稻，并在这种认识的基础上划分稻麦复种的发展阶段。如日本学者北田英人提出宋代江南的"旧二作制"是早稻与冬麦复种，种在高田；明清的"新二作制"是晚稻与冬麦复种，种在低田。[①] 中国农业遗产研究室编写的《太湖地区农业史稿》也把从早稻与冬麦复种转变为晚稻与冬麦复种，作为明清时代太湖地区稻麦复种进入新阶段的标志。[②] 这是一个值得研究和讨论的问题。

其实，在稻麦复种中，早稻是很难与冬麦搭配的。宋代的早稻和晚稻，大体是按成熟期区分的。由于各地气候不同，所据历法也不完全一致，并没有形成统一的标准。不过也有某些共同点或相似点，大体说来：早稻六月或七月成熟，以七月成熟的较多；[③] 晚稻九

---

① 北田英人：《宋明清时期江南三角洲农业の进化と农村手工业に关发展する研究》第 1 章，1986—1987 年度科学研究费补助金（一般研究 C）研究成果报告书，高崎，1988 年。

② 《太湖地区农业史稿》，农业出版社 1990 年版，第 123—124 页。

③ 这方面的记载很多，如苏东坡《上吕仆射论浙西灾伤书》说："浙中无麦，须七月初乃见新谷。"（《苏东坡全集·续集》卷 11）陆游诗云："东吴七月暑未艾……早禾玉粒自天泻，村北村南喧地堆。"（《剑南诗稿》卷 67《秋词》）《宋史》卷 176《食货上四屯田》载：北宋时何承矩在河北沿边引淀水种稻，"初年种稻，值霜不成。懋（指闽人黄懋）以晚稻九月熟，河北霜早而地气迟，江东早稻七月即熟，取其种课令种之，是岁八月，稻熟。"江西也是"七月早禾才熟"（黄震：《乞借旧和籴赈籴及宽减将来和籴申省状》，《黄氏日钞》卷 75）。

月乃至十月收获，早熟的可在八月收获。兹略举数例：

> 早禾收以六月，中禾收以七月，晚禾收以八月。（《宋会要》"食货" 58 之 24）

> 大率西昌俗以立春、芒种节种①，小暑、大暑节（六月）刈为早稻；清明（三月上旬）节种，寒露、霜降节（九月）刈为晚稻。（曾安止：《禾谱》）

> 稻有七月熟者，有八、九月熟者，有十月熟者谓之晚稻。（沈括：《梦溪笔谈》卷 26）

> 明之谷，有早禾，有中禾，有晚禾。早禾以立秋（农历七月初）成，中禾以处暑（农历七月底）成，中最富，早次之。晚禾以八月成，视早益罕矣。（绍定：《四明志》）

由于当时的中稻实际上是成熟较晚的早稻，所以有的人仅做早晚稻的区分，把中稻归为早稻一类。② 宋代水稻的生育期一般偏长，若按北宋曾安止《禾谱》所载，水稻的全生育期，早稻为 150—165 天，晚稻为 180—200 天。陈旉《农书》说："高田早稻③，自种至收不过

---

① 正月"立春"播种，似乎太早；芒种播种，又似乎太迟，游修龄怀疑记载有误，曾雄生则把"立春芒种"视为"秧期"，不过，这秧期也太长了。但二月播种早稻，在唐诗中可以找到例证。例如：元稹《春分投简阳明洞天作》："中分春一半，分日半春徂……新雨草芽苏，薅余秧渐长。"春分时秧田已经经过除草，可见播种一定在春分之前，可能是惊蛰。

② 宋代关于早稻晚稻的概念与现代农业科学关于早稻晚稻的概念不完全一样，但两者是可以吻合的。现代讲的早稻晚稻主要是依据其对光照长度的反应区分的，早稻是钝感型或无感型，晚稻是敏感型。早种早熟的品种一般属于钝感型，晚种晚熟的品种一般属于敏感型。

③ 《知不足斋丛书》本作"旱稻"，万国鼎校改为"早稻"，因为下文明确提到灌溉，讲的是水田。万氏的意见是正确的。

五六月。"亦大体一致。① 我们取其最低标准——姑且把早稻生育期设为五个月。若收获期为七月下旬，则播种期应在二月下旬（春分）；当时育秧期较长，设为一个半月或更长些，则四月上旬或中旬就要开始插秧了。宋陆游《代乡邻作插秧歌》说："浸种二月初，插秧四月中。"讲的也是早稻。当时的长江流域大抵八九月种麦，次年四月中下旬（小满前后）收获，所以黄震说"收麦在四月"（材料23），嘉泰《会稽志》说早熟的小麦在小满前可以收获；但也有迟至五月收获的，如范成大说"五月江吴麦秀寒"（材料16）。早稻收获后种植冬麦自然是没有问题的，但稻麦复种最紧张是收麦插秧季节，麦收后插早稻，除了早熟的大麦（三月下旬即可收获），季节上是安排不下来的。由于看到了早稻与冬麦大田生长期重合给复种带来的困难，日本学者大泽正昭设想宋代有一些大田生长期非常短促（如一个半月）的早稻品种与冬麦复种。② 陈旉《农书·地势之宜篇》载有黄绿谷，芒种节（五月上旬）后种，"自下种至收刈，不过六七十日"，还不到半月，属于大泽氏所说的水稻类型。从季节上看，安排与冬麦复种是没有问题的，但它当时一般是用于在春水过后的湖滩地抢种一茬，"亦以避水溢之患也"；是否用于与冬麦复种未详。宋代还有其他可以安排与冬麦复种的生长期短的早稻品种。如嘉泰《会稽志》载录名为"八十日"的"秋初乃熟"的早稻品种（属占城稻系统），顾名思义，其大田生长期只需80天（暂时排除因强调其生长期短而可能有的某种虚夸成分，实际上不一定刚好80

---

① 曾雄生认为，《禾谱》和陈旉《农书》所载的"早稻"并非真正的早稻，参见《试论占城稻对中国古代稻作的影响》（《自然科学史研究》第10卷第1期）。我们还看到一些出自低纬度地区的早稻品种引进长江流域后生育期变长的现象。例如，岭南的"蝉鸣稻"是一种插秧后60日成熟的早熟稻，早在魏晋南北朝时期已引进中原；但唐代江南种植的蝉鸣稻成熟时已届晚秋。骆宾王《在江南赠宋五之问》诗云："蝉鸣稻叶秋，雁起芦花晚。晚秋云日明，亭皋风雾清。"又如，占城稻是从占城国引进的有名的早稻品种，但宋真宗在江南、淮南、两浙路推广占城稻时，据《宋会要》"食货农田部"所载，从浸种到收获长达180天；后来各地才培育出生育期长短不等的各种占城稻种。

② 转引自李伯重《宋末明初江南农业技术的变化》（《中国农史》1998年第1期）。大泽氏认为，这种水稻是原始粗放的，只能充当救荒作物。由于认定冬麦只能与这类速生早稻搭配，这也成为他论证宋代稻麦复种不可能普及的依据之一。

天，可能是80多天），假如七月中下旬收获，插秧期当在五月初或四月底，可以安排在麦收之后，虽然比较紧张。类似的品种应该还有。不过，在稻麦复种制中水稻是主茬，农家主要向水稻要产量，其次才是冬麦。姑置毋论大泽氏所说的只能做救荒作物的速生早稻品种，一般而论，生长期短的早稻产量远不及晚稻；速生早稻加冬麦的产量也未必抵得上一茬好晚稻。农家是不会因种麦而牺牲水稻产量的。所以在稻麦复种中，只要晚稻能够与冬麦搭配，一般是不会选择生长期短的早稻的。

　　那么，晚稻是否能与冬麦复种呢？晚稻插秧较晚，一般在五月进行（唐代已如此，见上文），完全可以安排在麦收后进行。所以黄震说："收麦在四月，种禾在五月初，不因麦迟了种禾。"（材料23）。这不会有争议。但晚稻收获后能否安排种麦，学术界是有不同看法的。我认为应该对此做出肯定的回答。根据上面列举的材料，早熟的晚稻可在八月收获，收获后种麦是来得及的（有关早熟晚稻品种增加的情况，详见下文）。或谓陈旉《农书》上卷《六种之宜篇》说："七月治地，屡加粪锄转，八月社前，即可种麦，麦经两社，即倍收而子颗坚实。"① 如是，即使晚稻八月收获，收获后要排水整地才能种麦，仍然来不及；麦子只能安排在早稻收获后播种。这种看法，把"麦经两社"的记载绝对化了。我们知道陈旉《农书·六种之宜篇》是讲旱作物种植安排的②，未可与水田的稻麦复种机械地联系在一起。而且"麦经两社"是从北方的生产经验中总结出来的，此说早已见于《齐民要术》，它随着麦作本身一起从北方传到江南，又与容易使人产生某种神秘感的"麦备四时之气"的说法相结合，成为某些人心目中的教条。但这种经验并不适合南方的情况，因为南方温暖，种麦过早反而会因出现冬前旺长等一系列问题而影响产量。所以在实际生产中人们并不刻板地遵从"麦经两社"

---

　　① 秋社为立秋后的第五个戌日，一般在八月中旬，但有时也会在八月上旬或下旬。

　　② 曾雄生指出，"六种"即"陆种"；从陈旉《农书·六种之宜篇》的具体内容看，也是讲旱作物的。参见《中国科学技术史·农学卷》有关篇章。

的教条，而往往把播种期延后。例如，嘉泰《会稽志》说："浙东艺麦晚，有至九月者。"黄震在抚州的劝种麦文选择在中秋节发布，他当然会把宣传贯彻的时间计算进去，实际上种麦要到九月了（材料 23）。真德秀的祈雨文谈到季秋（九月）以来少雨，下田已种之麦（因下田墒情较好）和高田未种之麦（因高田墒情更差）均受干旱的威胁，则种麦也在九月以至更晚（材料 26）。方回谈到南宋末年民间因担心影响秋冬种麦而不敢呈报所受水旱灾害，虽然是泛指各地情况，也可说明晚宋南方一般是在秋冬之际种麦的（材料 27）。所以，当时早熟晚稻收获后种麦应该是没有问题的。明人万表说："按《四时纂要》及诸家种艺书云：八月三卯日种麦全收。但江南地暖，八月种麦，麦芽初抽，为地蚕所食，至立冬后方无此患。吾乡近来种麦不为不广，但妨早禾，纵有早麦，亦至四月中方可收获，只及中禾，若六七月旱，中禾多受伤，不若径种晚禾。"[1] 他明白地告诉我们：①江南种麦宜晚不宜早；②在稻麦复种中麦收后种早稻是安排不了的，早麦收获后可勉强安排"中禾"，但又容易受旱，所以一般安排晚稻与冬麦复种。这话虽出于明人之口，但应视为江南地区农业生产长期积累下来的经验谈。

　　总之，冬麦的收获期是相对"刚性"的，难以提前，它的播种期则是相对"弹性"的，可以延后；晚稻与冬麦复种季节上大致没有问题，早稻与冬麦复种季节上矛盾却很大；而晚稻产量远高于生长期短的早稻——由于以上原因，冬麦一般安排与晚稻复种，而难以安排与早稻复种。[2]

　　从表 1 所引宋代稻麦复种的实际材料看，也确实是如此的。能

---

　　[1]　《灼艾余集》卷 2《郊外农谈》。万表（1498—1556），明安徽定远人，曾任都指挥，督全浙粮道。文中所说的"中禾"，若按元末《吴门事类》关于早、中、晚稻的划分标准，应该包括宋代的早熟晚稻。

　　[2]　首先提出宋代与冬麦复种的是晚稻这一观点的并不是我。王曾瑜在 1986 年出版的《平淮学刊》第 3 辑上册发表的《宋代的复种制》中，已明确指出宋代稻麦复种的基本形式是晚稻与冬麦的复种；并以此作为宋代复种制臻于稳定和成熟阶段的标志。我在 1989 年写作《中国古代耕作制度的若干问题》时还没有看到此文。

够判断水稻类型的几乎都是晚稻。如曹勋《山居杂诗》："隔岁种成麦，起麦秧稻田。晚禾亦云竟，冬菜碧相连。"（材料10）杨万里《江山道中蚕麦大熟》："却破麦田秧晚稻，未教水牯卧斜晖。"（材料15）范成大《刈麦行》："犁田待雨插晚稻，朝出移秧夜食麨。"（材料12）明白无误地表明当时麦收后复种的是晚稻。尤其是叶梦得《奏措置买牛租赁与民耕种利害状》中说："……粗已耕垦，趁种早禾了当，唯有二麦收刈后，合重行耕犁，再种晚禾。"（材料6）清楚地指出早稻在麦收前已经插秧，只有晚稻才是在麦收后犁地插秧的。这种情况并非孤例，如范成大的《四时田园杂兴》就描写了麦收前的插秧（早稻）。苏轼《和蔡准郎中见邀游西湖三首》："田间决水鸣幽幽，插秧未遍麦已秋。"[1] 也说明早稻插秧在麦收之前。可见，材料中凡是五六月收麦插秧的，都应该判断为晚稻。晚稻收获后可继续播种冬麦，如虞俦《和姜总管喜民间种麦》"腰镰刈晚禾，荷锄种新麦"（材料19），或冬菜（如材料9、材料10所显示的那样）。

　　持早稻与冬麦复种观点的论者，能够拿得出来的证据主要就是陈旉《农书》中关于"早田"的记载。我在《中国古代耕作制度的若干问题》一文中曾说，认为"早田"指早稻，"有望文生义之嫌"。这话说得可能有些绝对化，因为在宋代文献中确实能够找到"早田"指早稻田的根据。如陆九渊就说过："江东西田分早晚，早田者种早禾，晚田者种晚大禾。"[2] 但"早田""晚田"的含义是随着时代变化的，陆氏毕竟比陈旉晚生63年[3]，陈旉讲的"早田"未必就是陆氏讲的"早田"。就我接触的材料看，"早田""晚田"之称最早出现在《齐民要术》，分别指早熟的"谷（粟）田"和晚熟的"谷（粟）田"。[4] 唐代的"晚田"似乎泛指种植各种大秋作物的

---

① 《苏轼集》卷3。

② 陆九渊：《象山先生全集》卷16《与章德茂》。

③ 陈旉生年为公元1076年，《农书》写成于1149年；陆九渊的生卒年为公元1139—1173年。

④ 《齐民要术·种谷第三》。

田，而不是专指谷田。① 南方以水稻种植为主，宋代南方不少地方把水田（水稻田）称为"田"，把旱地称为"地"；"早田"主要种早稻，"晚田"主要种晚稻的区分就是建立在这样一个前提之下的。但陈旉《农书》却是"高田"与"下地"并称，这里的"地"当然不可能是专种旱作物的，则"田"也并非专指水稻田。陆九渊关于"早田"和"晚田"划分的标准，似乎不能机械地套用到陈旉《农书》上。而且，如果把陈旉《农书》的"早田"理解为"早稻田"，从而认定与麦类复种的是早稻，那么就会与陈旉《农书》关于早稻生育期的记载直接发生冲突。因此，我仍然不打算采用"早田"即"早稻田"的解释，而对陈旉《农书》的"早田"作比较宽泛的理解，即理解为种植成熟较早的水稻或其他旱作物的田。这里虽然不完全排除早稻的种植，但与冬麦复种的主要恐怕还是成熟较早的晚稻。事实上，宋人早稻晚稻的概念并不很严格，他们往往把成熟较早的晚稻称为"早熟"稻种甚至称为"早稻"（下一节还将论及此事），从中可以看到，我对"早田"的这种解释是有根据的。去宋未远的王祯《农书》谈到"高田早熟"实行稻麦复种的"再熟田"，所谓"早熟"，只能理解为早熟晚稻；王祯的"高田早熟"实际上与陈旉的"早田"一脉相承，这也可以反过来印证我对陈旉《农书》"早田"的理解。当然，不应该把这一论断绝对化。在两种情况下，早稻是可能参加到这一复种制度的行列中来的；在大麦或某些冬菜收获后可以复种早稻，此其一；由于早稻是对光照钝感的类型，它也可以当晚稻种植，此其二。但后者只是晚稻权宜的替代物。这些都不能改变主要是晚稻与麦类复种的事实。②

---

① 常衮《减征京畿夏麦制》："其京兆府今年所率夏麦，宜于七万硕内。五万硕放不征，二万硕容至晚田熟后取杂色斛斗续纳。"（《全唐文》卷414）可见"晚田"的生产物包括"杂色斛斗"。

② 对于陈旉《农书》的上述记载，王曾瑜先生有另一种解释。他认为："陈旉此处介绍的应是早稻与麦类轮作，或是可早在三月半收获的大麦与早稻复种。据前引的不少诗文，稻麦复种的基本形式，仍应是晚稻与冬麦的连作。陈旉对此不作介绍，正是农书的缺陷，也说明此项复种技术的发展和推广，有一个相当长的过程。"王氏的这种解释亦可通，尤其是他指出陈旉《农书》有缺陷这一点是很有启发性的。

或以《便民图纂》"早稻收割毕，将田锄成垄，令四畔沟洫通水。下种（按指麦种），灰粪盖之"的记载，作为明末以前的稻麦复种是早稻与冬麦复种的证据。① 按，《便民图纂》虽然谈到"早稻"与大麦的复种，但《便民图纂》中的"早稻"是清明前（三月）浸种，寒露前（九月）收获的②，生育期近六个月，所以名为"早稻"，但不是现在科学意义上的早稻，只是早熟的晚稻而已。因此，把它作为早稻与冬麦复种的证据也是不能成立的。③

梁嘉尧《宋代太湖平原农业生产问题的再检讨》一文，以丰富的史料论证了宋代的稻麦复种有可观的发展，与本文论述的主旨是一致的。梁氏为了回答李伯重关于"早稻与冬麦生长期有重叠之时，因而占城稻的推广不可能导致稻麦复种制的普及"的问题，在分析了水稻和冬麦的播种期、收获期以后提出，宋代麦作与早、晚稻可以互相配合、交替种植：早稻收成后，接续以麦作，次年麦子收成时，虽来不及种早稻，却可以种晚稻，晚稻九、十月间成熟，已无法种麦，于是次年再种早稻，形成两年三作制，梁氏称之为"稻麦轮作"。在这里，梁氏试图突破"在稻麦复种中，冬麦主要与早稻配合"的框框，但由于对晚稻收获后复种冬麦的可能性和好处估计不足，实际上没有能够完全摆脱这种传统观点的影响。梁氏设想的制度在理论上似乎可以说得通，也不排除实际生产可能存在类似的安排，即在稻麦复种的链条中的某个环节插进早稻种植，但我们毕竟

---

① 《太湖地区农业史稿》，第 124 页。
② 《便民图纂》卷 3："浸稻种"——"早稻清明前，晚稻谷雨前"；"收稻"——"寒露以前收早稻，霜降以前收晚稻"。
③ 最近我将拙文初求教于游修龄先生时，他对宋代晚稻与冬麦复种的观点做了肯定。他说："宋代稻麦两熟之稻是晚稻，明清以来直至现在也还如此。原先的晚稻田是冬季休闲过冬，把小麦下到稻田冬种，便成了稻麦两熟。宋代还有早稻和中稻，通常是在稻子收获后，再种一点蔬菜、荸荠、荞麦之类生长期短的小作物。南宋一些较详细的方志中有提及。历史上的水稻都以晚稻为主，因晚稻是短日照植物，南方是短日照地区，野生稻的短日性最为严格，从野生稻驯化的当然是晚稻。早稻对日照不敏感，是人工选择出来的，黄河流域夏天是长日照，只有早稻能适应。徐光启首次在天津推行种稻，请南方农民带了稻种去，结果不能抽穗而失败，即因南方稻种要求严格的短日照，北方不能满足之故。反之，北方稻种引到南方种植，则提早抽穗结实，产量极低，也没有引种价值。"

看不到关于这种规整制度的记载。究其原因，我想是因为早稻和晚稻对水土条件有不同的要求，人们往往把它们安排在不同的田块上种植（有的地方甚至以此区分"早田"和"晚田"），因而难以和麦作结合成规整的种植制度。因此，在实际生产中所实行的只能是一种以晚稻与冬麦复种为中心的制度，如同上文分析和列举的资料中所展示的那样。

（四）唐宋江南稻作以早稻为主还是以晚稻为主？

与此相联系，还有一个问题需要讨论，这就是唐宋时代的长江下游究竟是种早稻为主，还是种晚稻为主？有些学者认为，中国唐宋及其以前江南的稻作以早稻为主。[①] 如果这一观点能够成立，又承认早稻很难与冬麦复种，那么，逻辑的结论必然是宋代江南的稻麦复种少之又少。这一观点是日本学者加藤繁有关研究的延伸。加藤繁认为，唐宋以前中国水稻品种一般是七月左右收获的早稻，中晚稻品种是唐代至南宋末年逐渐形成的[②]。李伯重进一步指出南宋江南水稻品种仍以早稻为主，因为南宋江南的一些方志所载水稻品种以早稻为多。[③] 加藤繁做出魏晋水稻品种主要是早稻的判断，其根据是《齐民要术》和《初学记》引《广志》的材料，但他的论证有颇多牵强之处[④]，而且《广志》并非经过调查制定的全国性品种名录，而是对各地品种尤其是中原以外的品种撷拾与记录。个别地方志的记载品种名称更不足以代表一个比较大的区域种植和推广的实际情

---

① 李伯重：《宋末至明初江南农业变化的特点和历史地位——十三、十四世纪江南农业变化探讨之四》，《中国农史》1998 年第 4 期。

② 加藤繁：《中国稻作的发展——特别是品种的发展》，《中国经济史考证》中译本第 3 册，商务印书馆 1973 年版。

③ 李伯重：《宋末至明初江南农业技术的变化——十三、十四世纪江南农业变化探讨之二》，《中国农史》1998 年第 1 期。

④ 《齐民要术·水稻第十一》引《广志》云："有虎掌稻、紫芒稻、赤芒稻、白米。南方有蝉鸣稻，七月熟……"清楚地把蝉鸣稻与虎掌稻等区别开来。加氏却根据后出的类书《初学记》的引文（"有虎掌稻、紫芒稻、赤芒稻、蝉鸣稻，七月熟"），判断虎掌稻等均为七月成熟，显然是不恰当的。把宋以前的水稻品种都说成是早稻，明显与《诗经·豳风·七月》"十月获稻"相抵牾，为此，加氏又把"十月获稻"解释为豳地的特殊现象，也是很难站住脚的。

况；因为某一类型品种在某一地区是否占主要地位，不是决定于该类型品种数量的多少，而是决定于该类型品种种植面积的大小。① 因此，考察某时代某地区某作物的品种类型时，更应注意文献中反映的该品种类型种植的普遍情况。如果按照这样的思路进行考察，中国唐宋及其以前稻作以早稻为主的观点是很难得到证实的。

我们知道，《诗经·七月》已有"十月获稻"的记载。《齐民要术·水稻第十一》所述稻作是三月（或四月）种稻，"霜降获之"。《陶渊明集》卷3有陶潜题为《庚戌岁九月中于西田获早稻》的诗，这是"早稻"一词见于古文献之最早者。但这并非真正的早稻，只是较为早熟的晚稻；所谓"早"，是相对于"十月获稻"而言的。② 长沙走马楼吴简《吏民田家莂》记录租佃官田的农民交纳租米，一般在十一月，说明当时种植的是十月左右收获的晚稻，交租米最早的是九月十五日，种的大概就是八月底九月初收获的"早稻"。真正的早稻是从晚稻分化出来的一种对短日照不敏感的类型，在中国出现也很早。据《国语·吴语》载，春秋末年，吴国"大荒荐饥，市

---

① 李氏所举的例证有二：一是淳祐《玉峰志》所载稻种，早稻有12种，"常稻"有11种。按，实际上淳祐《玉峰志》将所载水稻品种分为6类：（1）"稻米之上色者"7品；（2）"稻禾之早者"8品；（3）"稻米之最晚者"1品；（4）"稻米之常种者"10品；（5）"糯米之早者"2品；（6）"糯米之常种者"8品。"常种"之稻是普遍种植的"当家品种"，从该志的分类看，主要应是晚稻。"稻米之早者"包括真正的早稻（如"六十日稻、百日稻、半夏稻、金城稻"等）和晚稻之早熟者（如"闪西风"等）。因此，该志中的水稻品种统计不能证明当时玉峰（今江苏常熟）的稻作以早稻为主。二是嘉泰《会稽志》所收的早中稻品种有29个，晚稻仅有5个。按，嘉泰《会稽志》将粳籼稻品种分为3类："早熟"5个，"其次"25个，"得霜乃熟"5个，共35个（加上"稻之美者"7个，"再熟"1个，"糯之属"16个，合计59个。原志说"凡五十六品"，与我们的点计数有出入）。"其次"类中包括初秋成熟的品种3个，中秋至霜降前成熟的品种22个。按宋人早晚稻划分的标准，前者属早稻，后者属早熟晚稻。因此，不能说当时会稽（今浙江绍兴）早中稻品种占主要地位。何以判定为早熟晚稻，详见下文。
② 把比较早熟的晚稻当作"早稻"的情况直到近古仍有所见，上文提到的《便民图纂》所说的"早稻"就是一例。曾雄生根据曾安止《禾谱》所载指出：北宋时早稻全生育期为150—165天，晚稻为180—200天。这种"早稻"并非真正的早稻。早稻不仅要求成实早，在大暑前收获，而且要求生育期短，90天到120天之间。占城稻引进前，中国没有真正的早稻（参见《试论占城稻对中国古代稻作的影响》，《自然科学史研究》第10卷第1期）。这一说法似乎有些绝对化，但对我们认识宋以前文献记载的"早稻"是很有启发的。

无赤米"; 这里的"赤米"就是耐旱的早稻。① 《广志》也记录了不少早稻品种, 主要是岭南和巴蜀地区的。但《诗经》《齐民要术》所载的十月或九月获稻, 应该是反映了当时稻作的一般情形。

唐代的稻作普遍是七、八月扬花, 九、十月成熟收获, 唐诗中有大量反映, 兹试举数例:

江南孟秋天, 稻花白如毡。(郑概:《状江南·孟秋》)

稻花秋雨气, 江石夜滩声。(元稹:《遣行十首》)
江亭感秋至……粳稻秀晚川。(李德裕:《早秋龙兴寺江亭闲眺忆龙门山居寄张旧从事》)

粳稻远弥秀, 粟芋秋新熟。(宋之问:《游陆浑南山自歇马岭至枫香林, 以诗代答李舍人适》)

香稻三秋末, 平田百顷间。(杜甫:《茅堂检校收稻二首》)

秋暮天高稻穟成。(徐铉:《九日星落山登高》)

秋雨几家红稻熟, 野塘何处锦鳞肥。(韦庄:《鄠杜旧居二首》)

疏野林亭震泽西, 朗吟闲步喜相携。时时风折芦花乱, 处处霜摧稻穗低。(张贲:《奉和袭美题褚家林亭》)

烟霜栖野日, 粳稻熟天风。(杜甫:《自瀼西荆扉移居东屯

---

① 宋人程大昌《演繁露》云:"按赤米, 今有之……田之高仰者乃以种之, 以其早熟, 且耐旱也。"(转引自中国农业科学院编《中国稻作学》, 农业出版社 1986 年版, 第 21 页及注 12)。

茅屋四首》)

万木已清霜,江边村事忙。故溪黄稻熟,一夜梦中香。(钱起:《江行无题一百首》)

秋深橡子熟……拾之践晨霜……山前有熟稻,紫穗袭人香。(皮日休:《正乐府十首·橡媪叹》)

楚俗不事事……年年十月暮,珠稻欲垂新。(元稹:《赛神》)

白杨萧萧悲故柯,黄雀啾啾争晚禾。(刘长卿:《登吴故城歌》)

岸草连荒色,村声乐稔年。晚晴初获稻,闲却采莲船。(钱起:《江行无题一百首》)

场黄堆晚稻,篱落见冬菁。(刘禹锡:《历阳书事七十韵》)

湖田十月清霜坠,晚稻初香蟹如虎。(唐彦谦:《蟹》)

遥为晚花吟白菊,近炊香稻识红莲。(陆龟蒙:《别墅怀归》)

霜落牛归屋,禾收雀满田。(李建勋:《田家三首》)

稻获空云水,川平对石门。寒风疏落木,旭日散鸡豚。(杜甫:《刈稻了咏怀》)

以上诗句所述稻作无疑是晚稻,与《诗经》"十月获稻"、《齐民要术》"霜降获之"的记载是一致的。它们所反映的不限于某个品种或某个地区，而是带有普遍性的情况。唐代也种早稻，其成熟和收获已进入秋天，在唐诗中仅检索出两例：

> 自春徂秋天弗雨，廉廉早稻才遮亩。（陆龟蒙：《五歌·刈获》）

> 欲羡农家子，秋新看刈禾。（崔道融：《过农家》）

　　唐诗中谈及早稻与谈及晚稻的诗句数量相差悬殊，反映唐代晚稻的种植要比早稻普遍得多。

　　这种情况延续至宋代，在北宋初年尤为明显。我们知道，稻有粳籼之分，而粳稻多为晚稻①，故粳稻的分布大致反映了晚稻的分布。江南历来盛产粳稻。杜甫《后出塞五首》诗云："云帆转辽海，粳稻来东吴。"宋初甚至有人说"江南专种粳稻"。②《宋史》卷88《地理二》称："两浙路……有鱼盐、布帛、粳稻之产。""江南东、西路……茗荈、冶铸、金帛、粳稻之利，岁给县官用度，盖半天下之入焉。"这些粳稻一般收获较晚，时人称"江东霜晚，稻常九月熟"。③宋行两税法，宋初规定"秋税自九月一日起纳，十二月十五日毕"，后根据江南等地实际情况，做了补充："江南、两浙、荆湖、广南、福建土多粳稻，须霜降成实，自十月一日始收租。"④

　　但宋代情况在发展中又有所变化，主要表现在两个方面。

　　一是早稻有较大的发展。宋真宗大中祥符五年（1012）在江、淮、浙引进和推广早熟的占城稻种，由于种它能早熟救饥并避开秋旱，在此后的200多年间获得了迅速推广，种植遍及江、淮、浙及闽、粤等地，甚至成为早稻的代称，早稻在全国的稻作中所占的比

---

① 明人黄省曾《理生玉镜稻品》云："稻之小者谓之籼，籼之熟也早，故曰早稻。粳之熟也晚，故曰晚稻。"

② 《宋史》卷173《食货上一》。司马光也说过："臣闻江淮之南……土宜粳稻，彼人食之不尽。"（《宋史》卷175《食货上三》）

③ 《续资治通鉴长编》卷34，淳化四年（993）三月壬子。

④ 《宋史》卷174《食货上二·赋税》。

例也因而相应地扩大。但早稻的扩展（主要表现为占城稻的传播）在各地是不平衡的。江南西路占城稻推广最快，南宋初江西路安抚制置大使李纲说，洪州境内"乡民所种稻田，十分内七分，并是早占米，只有三二分布种大禾"。① 江东诸州早稻亦占主要地位。两浙路的浙东由于山地较多，占城稻推广也颇快。由于早稻的推广，以早稻为主的籼米成为不少地方人民大众的主要粮食。但这是宋代稻作发展新出现的现象，而非旧格局的延续，而且各地情况不完全一致。例如，作为宋代主要粮食产区的浙西则基本上仍是粳稻为主。南宋初年曹勋说："浙西纯种晚秋禾。"② 乾道（1165—1173）时知湖州的王炎说其"管内，多系晚田，少有早稻"。③ 南宋中期的吴泳指出："吴中之民，开荒垦洼，种粳稻，又种菜、麦、麻、豆，耕无废圩，刈无遗陇；而豫章所种，占米为多。"④ 曾雄生说："太湖地区的水稻品种无论是占城稻引进前，还是引进后都是以一季晚粳为主，直到近代才提出农业改制问题，即晚稻改早稻，单季改双季。"⑤ 这一结论是符合实际的。

以前在有些学者中存在一个误区，即认定宋代与冬麦复种的是早稻。由于占城稻是早稻，有些人就强调占城稻推广对稻麦复种制发展的意义，并夸大占城稻普及的程度。当占城稻普及的程度受到质疑的时候，有些人又据此否定宋代稻麦复种获得了推广。两种貌似对立的观点，实际上都掉到了"冬麦与早稻复种"的陷阱中。如前所述，与冬麦复种的主要是晚稻。占城稻的作用主要是耐旱御灾和早熟救饥，它推广的意义不是为稻麦复种提供适宜的品种，倒是

---

① 李纲：《申省乞施行籴纳晚米状》，《梁溪全集》卷106。占城稻引进江淮浙以后，该地原有的粳稻被称为"大禾谷"，占城稻则被称为"小禾谷"。参见舒璘《与陈仓论常平》（《舒文靖集》卷下）。

② 曹勋：《松隐文集》卷20《浙西刈禾以高竹叉在水田中望之如群驼》。

③ 《王双溪先生集》卷12《申省状》。

④ 吴泳：《兴隆府劝农文》，《鹤林集》卷39。

⑤ 曾雄生：《试论占城稻对中国古代稻作的影响》，《自然科学史研究》第10卷第1期（1991年）。关于宋代早晚稻的地区分布，可参见曾氏《宋代的早稻和晚稻》（《中国农史》2002年第1期）。

为后来明清双季稻的发展创造了重要条件。据李彦章《江南催耕课稻编》所载，鸦片战争前夕，宋代占城稻发展最快的在今江西、安徽、浙江中南部等地，"岁种再熟田占其大半"，原来的稻麦复种的地盘多被双季稻所挤占，而继续保持以晚粳为主格局的苏南（苏、松、常）、浙北（杭、嘉、湖），仍然普遍实行稻麦复种。[①] 又由此可见，明清的复种指数诚然超越宋代，但就稻麦复种而言则未必；宋代的稻麦复种，无疑是历史上的一个高峰。

二是晚稻品种多样化，尤其是早熟晚稻品种增多。前面谈到，唐代以前的晚稻多为九、十月收获，八月收获的晚稻可能有[②]，但非主流。而宋代八月收获的晚稻，已占有比较显著的地位。常为人们引用的绍定《四明志》就有"晚禾以八月成"[③] 的记载。由于它与传统的九、十月获稻的记载相悖，有人对其正确性表示怀疑。但八月收晚稻的记载不但见于《四明志》，《宋会要》"食货"58之24 也说"早禾收以六月，中禾收以七月，晚禾收以八月"。如果说前者还可以理解为某一个地方的特殊现象，那么后者已经毋庸置疑地表明这种现象带有相当的普遍性。因为后者是在淳熙元年尚书省臣僚批评"歉灾救济手续繁琐，十二月份才能发放，离收晚稻已四阅月"的时候说的。臣僚们为了强调其论点，只提及早熟的晚稻，其实并非所有的晚稻都是八月成熟和收获的。《梦溪笔谈》说："稻有七月熟者，有八九月熟者，有十月熟者谓之晚稻。"这就比较全面。宋代保存至今的地方志12 种，共收录水稻品种 213 个[④]，其中就包含了八月收获的晚稻品种。如宝祐《重修琴川志》卷9 载有"闪西风"，注明为"八月熟"；该品种又见于

---

① 《江南催耕课稻编·林则徐叙》说："吴民终岁树艺一麦一稻，麦毕刈，田始除，秧于夏，秀于秋及冬乃获。"

② 《齐民要术》引《杂阴阳书》："稻生于柳或杨，八十日秀，秀后七十日成。"生长期为 150 天。又说种水稻三月为上时，如果三月种稻，正好八月收获。

③ 此记载亦见于南宋宝庆《昌国县志》。四明即今浙江宁波，昌国即今浙江定海，两地相邻，同属浙东路。

④ 游修龄对有关记载进行了整理和分析，参见《中国稻作史》第 3 章《中国水稻品种资源》（中国农业出版社 1995 年版）。

淳祐《玉峰志》，属"稻米之早者"。嘉泰《吴兴志》载有"八月白""八月乌"。"八月白"亦见于《嘉定赤城志》，又如，方岳《田头》诗云："秧田多种八月白，草树初开九月花。"[①] 这些就是八月成熟的晚稻品种。宝祐《重修琴川志》所载稻种不少注明"有早晚二种"，如红莲、白稻、野稻、稻公拣等。这些稻种或见于唐诗：如"遥为晚花吟白菊，近炊香稻识红莲"（陆龟蒙：《别墅怀归》），"水满寒塘菊满篱……南亩清风白稻肥"（韦庄：《题汧阳县马跑泉李学士别业》）等，均属晚稻："穇秠"，《琴川志》谓系"熟最早"者，但在唐诗中，"罢亚百顷稻，西风吹正黄"（杜牧：《郡斋独酌》），也是晚稻。这样看来，宋代在原有的晚稻品种中培育出了新的早熟类型；而所谓"八月白"，很可能就是从传统的晚稻"白稻"中分化出来的。[②] 嘉泰《会稽志》把水稻品种按熟期分为"早熟""其次""得霜即熟"三类，"其次"类中既包括"白婢暴"等"初秋乃熟"的 3 个品种，也包括"八月白、红糯、红莲子、上秆青（一名中秋白）……"等 20 个品种，前者应该是早稻，后者则是中秋前后至霜降以前成熟的早熟晚稻品种。

　　这些早熟晚稻品种种植范围有多大呢？可以从宋代诗词中做些窥测。苏州人范成大《秋日田园杂兴》有获稻诗："秋来只怕雨垂垂，甲子无云万事宜。获稻毕工随晒谷，直须晴到入仓时。"这首诗安排在中秋诗之前，中秋诗之后则是脱粒诗。在这里，晚稻的收获显然是在八月上中旬。范成大诗只写了八月的获稻诗，不等于没有七月收获的早稻和九、十月收获的晚稻[③]，但无论如何，八月收获的稻谷已在苏州稻作中占有重要地位，所以诗人要着重加以表现。

---

　　① 方岳：《秋崖先生小稿》卷 7。

　　② 白稻这一水稻品种最早见于《管子·地员篇》，这一品种延续到唐宋和明清，并相当早就传到日本；日本《会津农书》载录该品种，并明确说它是晚稻。这说明白稻原来是晚稻，后来才分化出早熟种；它传到日本的时间当在宋代以前。

　　③ 范诗谈到早稻的插秧，其收获应该在初秋。晚秋收获的水稻也应该存在，南宋诗人吴文英"重到苏州"时，就曾看到"雨过中秋……看黄云，还委西畴"的现象（《声声慢》，《梦窗丙稿》卷 3）。

范成大的同乡、与他同时代而稍晚的周南也明确谈到"八月登秔
稻"。① 陆游《秋词》则是七、八、九月都有获稻的描写："东吴七
月暑未艾……早禾玉粒自天泻","八月暑退凉风生,家家场上打稻
声",九月则是"万顷黄云收晚稼"。② 八月获稻起码是三分天下有
其一——这是绍兴的情况。如果说,八月收获的晚稻在四明(宁波)
仍然数量有限("视早益罕"),那么,在绍兴,尤其是苏州已是稻
作中的荦荦大端了。③

前面已经说过,宋代南方种麦在九月或八月下旬,所以中秋前
后收获的稻田并不耽误种麦的季节。因此,这种早熟晚稻为稻麦复
种制实行提供了重要的条件,并且,在相当程度上它是适应稻麦复
种的需要而发展起来的。游修龄先生指出,"太湖地区晚稻品种的多
样化,同宋以后稻麦复种两熟制的发展有密切关系"④,是很有见地
的。还应指出的是,八九月种麦的这种生产安排在明清时代发生了
变化,收稻和种麦的期限后延了。重要原因之一是人们在实践中发
现,冬麦种早了容易冬前旺长、发生虫害⑤,从晚明《沈氏农书》
的记载看,明代江南复种冬麦的播种期已延至十月立冬以后了。
晚稻的收获期也相应延至九月底以至十月初,但不能据此否定宋
代有八月收获的晚稻,并进而怀疑宋代晚稻收获后在八九月种麦

---

① 周南:《山房集》卷1《偕滔中过书坞归二十韵》。值得注意的是,周南的《山房
集》有"麦地宜秧谷"的明确记载,种的应该就是这种八月收获的粳稻,而这种粳稻八月
收获后,是可以继续播种冬麦的。

② 《剑南诗稿》卷67。《秋词》三首,第一、第二首诗中分别指明是写"七月"和
"八月",第三首虽未指明时间,但按时序当系九月无疑。

③ 由于看到了早稻的插秧期在冬麦的收获期以前,李伯重设想宋代与冬麦复种的是中
稻,又说:"从现有文献来看,这些品种究竟是哪些? 难以得知。由此可以推断即使有这样
的品种,其种植也决不会很多。"(《宋末至明初江南农业技术的变化——十三、十四世纪江
南农业变化探讨之二》,《中国农史》1998年第1期)按,如前所述,宋代与冬麦复种的主
要是八月收获的水稻,如按元末《吴门事类》"春分节后种,大暑节后刈,为早稻;芒种节
后及夏至节种,白露节后刈,为中稻;夏至节种,寒露节后刈,为晚稻"的划分标准,这
些八月收获的水稻可称为中稻,但在宋代,它属于早熟的晚稻;而且并非像李氏所说的
"其种植也决不会很多"。

④ 《宋代的水稻生产》,载《稻作史论文集》,农业出版社1993年版。

⑤ 参见前引明万表《灼艾余集》卷2《郊外农谈》。

的可能性。

（五）如何估计宋代江南平原稻麦复种制的推广程度？

日本学者足二启立、大泽正昭、北田英人等在一系列论著中提出：宋代江南的稻麦复种主要实行于西部的河谷丘陵地区（所谓"河谷平原"区域或"高田地带"），作为江南地区主体部分的江南平原（所谓"三角洲"区域或"低田地区"），占主导地位的仍然是一年一作甚至二年一作的"强湿地农法"，至明清之际，稻麦复种才占主导地位，其普及过程的完成，则要到 19 世纪的中叶。[1] 大泽正昭氏也在《中国农史》上发表文章，指称有关宋代生产力的发展存在许多"虚像"，宋代生产力的先进区域依然是"河谷平原"区域，而不是以前人们漠然地所认为的"三角洲"区域；其中也谈到宋代"二作"（按指稻麦复种制）只能行于"高田"。[2] 这种理论对"宋代革命论""江南先进论"等传统观念提出了挑战。它涉及问题很多，本文难以具论；兹仅就如何估计宋代江南平原稻麦复种制推广程度提出一些简单的看法，因为这是正确评价宋代稻麦复种制的发展和把握其时空特点所不能回避的。

大泽等的这一理论注意到了经济发展尤其是农业生产与生态环境的关系，指出长江三角洲低田地带的开发，不但要兴修水利，而且要实现"干田化"，在"干田化"完成以前，难以摆脱生产不稳定状况；因此，这一地区稻麦复种（他们习惯称为"二作"）的推广是一个漫长的发展过程。这些观点对深入研究稻麦复种的形成发展是很有启发意义的，它可以帮助人们纠正那种把稻麦复种制视为一蹴而就的直线发展过程的思维定式。

---

[1]　足二启立：《宋代两浙における水稲作の生产力水准》，熊本大学《文学部论丛》第 17 号，1985 年；大泽正昭：《陈旉农书の研究》，第 245—248 页；北田英人：《宋明清时期江南三角洲农业の进化と农村手工业に关发展する研究》第 1 章，1986—1987 年度科学研究费补助金（一般研究 C）研究成果报告书，高崎，1988 年。转引自李伯重《宋末至明初江南农业技术的变化——十三、十四世纪江南农业变化探讨之二》，《中国农史》1998 年第 1 期。

[2]　大泽正昭：《关于宋代"江南"的生产力水准的评价》，刘瑞芝译，《中国农史》1998 年第 2 期。

对于中国的中原地区，麦类是引进作物而非原产，它的发展在黄河流域和长江流域遇到不同的问题。黄河流域干旱，麦类要种在比较潮湿的低地，故有"小麦宜下田"之说。古歌中还有"高田种小麦，不成穗"的句子。① 江南下湿，麦类最初种在山阜旱地，后来进入了水田与水稻复种，但仍优先选择在排水良好的"高田"，并须配合以起垄开沟等耕作措施。由于排水的困难，低田实行稻麦复种制要比高田复杂得多，要求更高的生产技术和投入更多的劳动力，这种情况当然会成为低田稻麦复种发展的制约因素。王祯《农书·农桑通诀·垦耕篇》说："高田早熟，八月燥耕而曝之，以种二麦。其法，起坡为垄，两垄之间自成一畎；一段耕毕，以锄横绝其垄，泄利其水，谓之腰沟，二麦既收，然后平沟畎，蓄水深耕，俗谓再熟田也。"而"低田熟晚"，则实行冬耕休闲。元代如此，宋代的情况也应基本上是这样。实际上直到明清以至近世，江南有些渍水的下田仍然无法实行稻麦复种。如清康熙年间的《昆山县志》，就有"高乡有麦""水乡无麦"之说。所以，我们不应对宋代稻麦复种的比例估计过高。但是不能把上述认识绝对化，认为宋代低田都不能种麦。其实，宋代不乏低田种麦的记载，例如表1材料1、材料16、材料17、材料22和材料26及注所列举的材料足以说明低田种麦的存在。罗愿甚至说"今小麦例须下田"。②

由此可见，把王祯《农书》关于"高田早熟"的"两熟田"的记载绝对化，从而得出宋代稻麦复种制主要在河谷丘陵"高田地带"发展，难以在江南平原的"低田地带"发展的结论（姑称之为"江南平原落后论"），是很值得商榷的。

"江南平原落后论"之所以难以成立，首先是因为它与宋代文献

---

① 《齐民要术·大小麦第十》。秦汉以来即有"下田宜稻麦"之说，主要是针对北方而言的。有的学者把它作为唐代已实行稻麦复种的证据，把时代和地区都搞错了。

② 《尔雅翼》卷1"麦"。上文谈到，麦类在南方首先种植在高亢的旱地，然后逐步向水田、低地发展；到了罗愿的时代，已经是"小麦例须下田"，反映了改造自然的巨大进步。在该文中，罗愿用反映黄河流域情况的"高田宜黍稷，下田宜稻麦"的古说来论证"今小麦例须下田"，是不妥当的。

反映的事实不符合。从本文搜集的材料（见表 1）看，稻麦复种制首先是在属于"三角洲"的苏州地区发展起来的。在南宋的有关材料中，亦以直接或间接涉及长江三角洲及其毗邻地区的最多（如材料 4、材料 5、材料 8、材料 9、材料 11、材料 12、材料 16、材料 17、材料 19、材料 20、材料 21、材料 22 等）；稻麦复种不但见于现今苏南的苏州、松江地区，而且见于浙北的杭嘉湖地区。[①] 有些材料虽然讲的是其他地方情况，但也与江南平原有关。例如，黄震在抚州劝农，推广麦作和稻麦复种，实际上是以他在江南平原任职时积累的经验为基础的（材料 23 及注）。这种情况无论如何也不能说明宋代稻麦复种制的发展中长江三角洲是落后的。上文谈到，在宋代以占城稻为代表的早稻的推广浪潮中，太湖平原所在的两浙西路却保持了以晚粳为主的格局。之所以如此，除了自然条件和社会经济方面的原因外，与稻麦复种的推广也有很大关系；因为麦收以后以种晚稻为宜，这就强化了该地区稻作以晚稻为主的格局。[②] 反过来说，这种格局的保持和延续，也可以作为宋代太湖流域稻麦复种制得到推广的一个佐证。事实证明，宋代江南平原是全国经济最发达的地区[③]，也是稻麦复种制推广的先进地区。

　　为什么江南平原稻麦复种发展较早较快？这是因为它具有实行稻麦复种制的综合优势。稻麦复种的发展需要多种条件的配合，水田排水改旱技术只是其条件之一。例如，需要解决水稻与冬麦大田生长期重叠的问题，中唐以后盛行的育秧移栽把这个问题解决了；需要适合稻麦复种的品种，唐宋以来水稻品种的多样化，尤其是宋

[①] 《太湖地区农业史稿》认为，宋代实行稻麦复种的只有苏南（苏州）和浙东（绍兴、衢州），浙北的杭嘉湖地区不见实行稻麦复种的材料，不确。

[②] 游修龄：《宋代的水稻生产》，载《稻作史论文集》，中国农业出版社 1993 年版；曾雄生：《宋代的早稻和晚稻》，《中国农史》2002 年第 1 期。

[③] 宋代的太湖地区（即大泽正昭氏所说的"三角洲"区域）是全国的粮仓，不但是国家财赋之源，首都（杭州）粮食的主要供应地，而且其粮食运销到浙东的宁绍平原、温台沿海平原和福建、淮南等地，甚至运销到金国。水田在耕地中的比例，浙西也高于浙东。江南平原的发达和先进是事实，称为"虚象"难以令人信服。参见韩茂莉《宋代农业地理》第 4 章第 2 节。

代早熟晚稻的增多，也把这个问题解决了；又需要肥沃的土地、充足的肥料、丰裕的劳动力资源等，这些对稻麦复种制的发展来说都是非常重要的条件，而在这些方面，所谓"低田地带"的江南平原显然要比"高田地带"优越。宋代江南圩田水利相当发达，在圩田实行稻麦复种水旱轮作也是有条件的。宋代不但确实有"下田"种麦的记载，而且已知时代最早（北宋熙宁年间）的稻麦复种材料正是江南平原（所谓"低田地区"）的昆山圩田的"稻麦两熟"（材料1）。至于圩田中稻麦复种时水改旱排水技术具体如何解决，陈旉《农书》没有记载，这正是它的局限性所在。笔者同意大泽正昭等日本学者关于陈旉《农书》所载技术不是以江南平原农业为基础的判断，但不能认为陈旉《农书》没有记载的技术就不存在，陈旉《农书》没有反映的地区就是落后的——这正是"江南落后论"者思想上的误区之一。[①] 陈旉《农书》既有先进性的一面，也有局限性的一面，它并没有囊括当时现实生活中所有先进技术。既然存在圩田稻麦复种的事实已经存在，就一定会有相应的技术。王祯《农书》中稻麦复种"起坡为疄"的技术，也不应视为元代才有的，很可能南宋以至北宋即已出现，它可能有一个发展过程，到了元代才见于文字记载。同时，王祯说稻麦复种的"再熟田"主要在"高田早熟"的条件下发展，不等于说稻麦复种只能在所谓"高田地带"中发展。模糊"高田"和"高田地带"界限，甚至把它们混同起来，是"江南落后论"者思想上的又一个误区。事实上，"高田"和"高田地带"，"低田"和"低田地带"应是相关而又不同的两个概念，被称为"低田地带"的江南平原中同样也有"高田"，即使不

---

① 持此论的学者认为，江南平原不能实行稻麦复种的论据之一，是他们认定陈旉《农书》中与麦类复种的是早稻——占城稻，而占城稻是耐旱的品种，不能在低田地带种植（参见《中国农史》1998 年第 2 期大泽正昭文）。如前所述，宋代与麦类复种的稻主要是晚稻，而非早稻；即使陈旉《农书》中与麦类复种的是占城稻，为什么别的地方也一定是占城稻而不能是其他稻种呢？谁给了陈旉《农书》这种垄断地位呢？如果一方面主观上视陈旉《农书》为宋代农业技术的最高代表，另一方面又多方压低陈旉《农书》所载技术的先进性，难怪见到的只是一片低迷景象了。

算经过改造可以复种小麦的"低田"，这些"高田"也已经提供了江南平原发展稻麦复种制的广阔的空间。

苏州是宋代稻麦复种的先进地区。宋人郏亶说："天下之利莫大于水田，水田之美莫过于苏州。"① 苏州水田之所以"美"，实行稻麦复种应是其原因之一。范成大是苏州人，晚年在家养病时写了脍炙人口的《四时田园杂兴六十首》，是被誉为"字字有来历"②"曲尽吴中农圃故事"③ 的写实作品，从中也可以窥见当地稻麦复种制发展之一斑。

"高田二麦接山青，傍水低田绿未耕。"（《春日田园杂兴》）——"高田"的"田"应指水田，水田种麦，自然是与水稻复种。看来，宋代苏州地区稻麦复种主要在高田实行，而相当一部分低田只种单季稻。

"五月江吴麦秀寒，移秧披絮尚衣单。"（《夏日田园杂兴》）——范诗中吟咏插秧的有两个地方：《晚春田园杂兴》有"新绿园林晓风凉，晨炊早出看移秧"（在谷雨诗前）句，讲的是麦收前的早稻移秧；这里讲的则是麦收后的晚稻移秧。"江吴"，周汝昌解释为"吴地水乡"④，可从。可见稻麦复种不只在高田实行，在低田也有实行的。吴泳说："吴中之民，开荒垦洼，种粳稻，又种菜、麦、麻豆，耕无废圩，刈无遗陇。"也应包括低洼水田粳稻与菜、麦、豆的复种在内。在典型的江南水乡平望镇，杨万里看到的是"小麦田田种"的景象，其中应该包含了相当数量的低田。认为宋代江南平原很少稻麦复种，占主导地位的种植制度是水稻的一年一作以至二年一作的观点，缺乏足够的证据。

"蝴蝶双双入菜花，日长无客到田家"（《晚春田园杂兴》），"梅子金黄杏子肥，麦花雪白菜花稀"（《夏日田园杂兴》）。——当时已经种植油菜，故晚春初夏时节，菜花飘香，梅杏累累；油菜也是越

---

① 郏亶：《吴门水利书》，归有光：《三吴水利录》卷1。
② 《永乐大典》卷900"诗"字引顾世美《梅山集·题吴闲僧白云注范石湖田园杂兴诗》云："一卷田园杂兴诗，世人传颂已多时。其中字字有来历，不是笔来不得知。"
③ 王世贞：《弇州山人四部稿》卷130《范文穆吴中田园杂兴一卷》。
④ 周汝昌：《范成大诗选》，人民文学出版社1984年版，第240页。

冬作物，可能已参加到水旱轮作的行列中来了。①

"新筑场泥镜面平，家家打稻趁霜晴。笑歌声里轻雷动，一夜连枷响到明。"（《秋日田园杂兴》）——前已论及，此诗安排在获稻和中秋诗之后，说明当时种的多为适应稻麦复种要求的早熟晚稻。可注意的是，诗中提到的脱粒农具。曾雄生指出，不同水稻品种对脱粒农具有不同的选择，粳稻较难脱粒，一般用连枷，籼稻较易脱粒，一般用禾桶；因此，从脱粒农具的选择也可判别水稻品种。这里用连枷脱粒，与楼璹《耕织图诗》"连枷声乱发"一致，表明太湖流域有多种适于与冬麦复种的晚粳。②

"二麦俱秋斗百钱，田家唤作小丰年。饼炉饭甑无饥色，接到西风稻熟天。"（《夏日田园杂兴》）——二麦收获后可以吃到八、九月晚稻收割之时，麦价便宜到每斗百钱。③ 上文谈到，南宋初年北方人南迁引起的麦价陡涨（一斛至万二千钱），刺激了麦作的发展。据《宋史》卷373《洪皓附子遵传》载，绍兴三十年（1160），"平江、湖、秀三州（按，平江就是苏州，秀州就是嘉兴，这三州均在江南平原上）水，无以输秋苗，有司抑令输麦"。说明：该地麦作已有相当的发展，否则就不可能提出这样的替代办法；但当时麦价尚贵，所以洪遵对"有司"的举措提出异议。26年后，范成大写《四时田园杂兴》时（淳熙十三年，1186年），情形已大异。在这么短的时间内，麦价由高而低，相差逾百倍，反映了麦作推广之快，收获之丰。梁庚尧指出，宋高宗后期都城驻军马料"岁用大麦七十万斛，其半令浙西郡民以苗米折纳"④，苏州就在折纳范围之内。临安府赡军酒库造曲用麦动辄以万斛的麦子，也都在浙西军州采购。⑤ 这既是

---

① 宋代诗词中述及"菜花"或"油菜"者不少。如郑熏初《乌夜啼·题月海星天观，即宋武所居故地》："无限青青麦里、菜花黄。"可见，当时的"春稼"中是包含了菜花的。

② 参见曾雄生《农具的选择：以稻谷脱粒农具为例》（"农业历史与文化"网站，2002年3月下旬上网）。

③ 陆游《剑南诗稿》卷18《明州》诗云："丰年满路吴歌声，蚕麦俱收谷价平。"这里所描述的情况与范诗相似。

④ 《建炎以来系年要录》卷182"绍兴二十九年六月丁未"。

⑤ 《宋代太湖平原农业生产问题的再检讨》，《台大文史哲学报》第54期。

浙西地区麦作发展的推动力，同时也是以麦作的发展为前提的，因为如果没有麦作的相应发展，是不可能承担这样的任务的。浙西水田面积很广，如苏州水田占全部耕地的九成以上①，这样多的麦，自然不可能只种在旱地上，应该有相当一部分种在水田上，也不会把原有的主要作物水稻挤掉，而是在水稻田里实行稻麦复种水旱轮作。也就是说，麦作在江南地区的这种发展，必然伴随着稻麦复种制的相应发展。

　　总的来说，虽然不能把宋代江南平原稻麦复种制的发展估计过高，不必轻易地做出"取得支配地位""成为主导性种植方式"的判断。但无论如何，宋代江南平原稻麦复种已有了很大的发展，而且在当时全国各地稻麦复种制的发展中，居于领先的地位。

（原载《历史研究》2002 年第 5 期）

---

　　① 据鲍廉《琴川志》卷6，苏州常熟县有水田 2919842 亩，旱地 208038 亩，水田在总田亩中占 92%。苏州其他各邑应该相似，转引自韩茂莉《宋代农业地理》第 111 页。

中国传统农业的可持续发展思想和实践[*]

中国和埃及、巴比伦、印度并称世界四大文明古国。但随着历史的推移，古埃及、古巴比伦和古印度文明相继衰落了。曾经登上古代文明巅峰的古希腊、古罗马，在公元 5 世纪蛮族入侵后，也进入了漫长的、黑暗的中世纪。在世界古代文明中，唯有中华文明起源早、成就大，虽有起伏跌宕，但始终没有中断过。造成世界文明史上这一奇观的原因是多方面的，其中重要的一条是：中华文明有一个发达的、稳定的、具有强大生命力的传统农业为它提供了牢固的物质基础。在中华民族的农业开发史上有着众多的发明创造，形成了精耕细作的技术体系，在农艺、农具、土地利用率和土地生产率等方面长期居于世界领先地位，对东亚和西欧的农业发展产生了深刻的影响。不要以为中国历史上农业的发展是一帆风顺的，天灾人祸交织导致的剧烈社会动乱多次造成农业生产的巨大破坏，使中国社会陷入困境。但这些困境没有一次是由于农业技术指导的失误引起的。相反，正是精耕细作的传统成为农业生产和整个社会经济在困难中复苏的重要契机。正如著名农史学家石声汉所指出的，具有精耕细作优良传统的中国传统农业，犹如一棵根深蒂固的大树，砍断一个大枝，很快又长出新的大枝来代替，不但依然绿荫满地，而且比以前更加繁茂了。①

近代，中国逐渐沦为资本主义列强的侵略对象，中国传统农业也在近代科学技术和劳动生产率等方面被西方远远拉大了差距，但

---

* 本文系 2006 年秋作者在韩国举行的东亚农史国际研讨会上的主题报告。未在报刊上刊载。

① 石声汉：《中国农业遗产要略》，农业出版社 1980 年版。

中国在有限的土地上养活越来越多的人口而地力经久不衰的事实，仍然引起一些西方学者的惊奇和关注。美国的农学家金氏（King）是最早试图探索其中奥秘的西方学者之一。1909 年，他拖着老迈之躯花了五个月时间到中国和日本、朝鲜考察农业，其中在中国待了四个多月。回国后撰写了 Farmers of Forty Centuries 一书，高度评价东亚的传统农业。该书的副题是 "Permanent Agriculture in China, Korea and Japan"， "Permanent Agriculture" 可以翻译为 "永久农业"，也可以译成持续农业。① 金氏堪称近代可持续发展思想的先驱，而他所属意的可持续发展的模式正是中、日、韩的传统农业。②

的确，中国传统农业是一种可持续发展的农业。它在近世虽然落伍了，但包含着足资现代人借鉴的丰富历史经验，包含着至今仍有强大生命力的合理内核，是绝不应忽视的。那么，中国传统农业和传统农学中，包含了哪些可持续发展的思想和实践呢？

一 "三才"观

我们现在提倡可持续发展。但可持续发展的根据是什么？何以能实现可持续发展？

按照现代的生态理念，地球生物圈是各种生物之间、生物与环境之间相互依存的变动不居、生生不息的生态系统，人类是生物圈的一个成员，人类的经济系统是生物圈生态系统中的一个子系统，人类的经济活动是在生物圈的生态系统中进行并由人和自然协同完成的。因此，如果人类的经济活动能够遵循生态规律，保持经济系统与生态系统的协调，那么，它就有可能像大自然的再生产那样生生不息。我认为，这就是可持续发展现实可能性的客观根据。

---

① 金氏著作已有中译本出版，取名《四千年农夫》，东方出版社 2011 年版，2016 年再版。

② 参见陈仁端《关于太湖流域的水环境与生态农业的若干思考》，《古今农业》2005 年第 2 期。

中国传统农业之所以能够实现可持续发展，正在于摆正了人与自然的关系，摆正了经济规律与生态规律的关系，摆正了发挥主观能动性和尊重自然界客观规律的关系。

中国精耕细作传统农业的指导思想是"三才"理论。"三才"一词最初出现在战国时代的《易传》中，指作为宇宙构成三大要素的天、地、人，或天道、地道、人道。"三才"理论是在农业生产中孕育出来的，并形成一种理论框架，推广应用到政治、经济、思想、文化的各个领域中去。[①] 农业上的"三才"理论的经典表述见于《吕氏春秋·审时》：

> 夫稼，为之者人也，生之者地也，养之者天也。

"稼"是指农作物，扩大一些，也不妨理解为农业生物，这是农业生产的对象。而人则是农业生产中的主体。"天"和"地"在这里并非有意志的人格神，"天"指自然界气候，"地"指土壤、地形等，它们共同构成农业生产中的环境条件。因此，上述引文是对农业生产中农作物（或农业生物）与自然环境和人类劳动之间关系的一种概括；它把农业生产看作稼、天、地、人诸因素组成的整体。在这一整体中，农业生产建立在自然再生产的基础之上，经济系统和生态系统是统一的。它反映了经济再生产和自然再生产结合在一起的农业生产的本质，与现代生态理念完全吻合。

在"三才"理论中，自然（"天""地"）是能动的有机体。由于它是能动的，所以能够作为农业生物的生养者参与农业生产过程；[②]

---

① 参见李根蟠《"天人合一"与"三才"理论——为什么要讨论中国经济史上的"天人关系"》，载《中国经济史上的天人关系》，中国农业出版社 2002 年版。

② 天地作为万物的生养者，光说是"能动的有机体"是不够的。古人所说的天地，相当于现在所说的大自然，更切近地说是地理生物圈。生命是大自然进化的伟大创造。古人说"天地细缊，万物化醇"，又说"天施地生"。天是施气者，地是受气者。天施的是阳气，阳气来源于太阳。太阳是天的中心，是生命依以生存的能量的来源。太阳运行形成的气候季节变迁制约着生物生命活动的节律。地则是万物的承载体，是阳光、空气、雨露的承受体，是地球生物圈生命循环依以展开的平台。

由于它是可变的，所以能够提供人们发挥主观能动性的广阔空间。与"天""地"并列的"人"，既非大自然（"天""地"）的奴隶，又非大自然的主宰，而是"赞天地之化育"的自然过程的参与者和调控者。这就是所谓"天人相参"。因此，人和自然不是对抗的关系，而是协调的关系。以"三才"理论为指导思想的中国传统农业，并非因任自然、无所作为的；"精耕细作"本身就要求主观能动性的高度发挥，但这是建立在尊重自然界客观规律基础之上的。中国古代没有出现"客观规律"这个词，但传统农业强调因时制宜、因地制宜、因物制宜，正是体现了从实际出发、尊重客观规律的精神。劳动力是农业生产的基本要素之一，人们在农业生产实践中很早就直觉地认识到这一点，从而有"人力"概念的出现。但农业生产不能光靠拼体力，更需要认识和掌握自然规律；于是又提出了"知"。明代马一龙说：

> 故知时为上，知土次之。知其所宜，用其不可弃，知其所宜，避其不可为，力足以胜天矣。知不逾力者，劳而无功。①

在这里，对客观规律的认识——"知"被置于首要的地位，人在农业生产中主观能动作用的发挥是建立在这样一个基点之上的。这正是中国传统农学的精髓所在。

总之，"三才"理论是中国传统农学的核心和灵魂，中国传统农业可持续发展的全部思想和实践，都是从"三才"理论中派生出来的。

二　农时观

中国传统农业的农时观念非常强烈。在新石器时代已出现观日测天图像文字的陶尊。《尚书·尧典》："食哉唯时。"把掌握农时当

---

① 马一龙：《农说》。

作解决民食问题的关键。先秦诸子政见多有不同，但异口同声主张
"勿失农时""不违农时"。如孟子说："不违农时，谷不可胜食也。"
（《孟子·梁惠王上》）荀子说："春耕、夏耘、秋收、冬藏，四者不
失时，故五谷不绝，而百姓有余食也。"（《荀子·王制》）不独农作
物如此，诸如"鸡豚狗彘之畜"的交配和孕育，也要"无失其时"，
才能保证肉食的需要（《孟子·梁惠王上》）。

　　顺"时"的要求也贯彻到林木砍伐、水产捕捞和野生动物的捕
猎等广义农业生产的各个方面。我国早在先秦时代就已经有了一套
相当成熟的，对林业资源、渔业资源、野生动物资源的保护利用措
施。这些措施可以用"以时禁发"（或简称为"时禁"）来概括。也
就是只允许在一定时期内和一定程度上采集利用这些动植物，禁止
在它们萌发、孕育和幼小的时候采集捕猎，更不允许焚林而搜、竭
泽而渔。"禁"就是保护，"发"就是利用。"以时禁发"也就是在
保护基础上有限制地利用。①

　　我们知道，农业生产的对象是经过人工驯化的或野生的动植物，
它们的生长发育离不开它周围的自然环境，首先是直接受自然界气
候季节变化的制约。

　　　　春气至则草木产，秋气至则草木落。产与落或使之，非自
　　然也。故使之者至，则物无不为；使之者不至，则物无可为。
　　古人审其所以使，故物莫不为用。（《吕氏春秋·义赏》）

　　　　春者，阳气始上，故万物生；夏者，阳气毕上，故万物长；
　　秋者，阴气始下，故万物收；冬者，阴气毕下，故万物藏。故
　　春夏生长，秋冬收藏，四时之节也。（《管子·形势解》）

　　这是以阴阳二气的消长来解释气候的变迁，以草木万物的生长

---

　　①　详见李根蟠《先秦保护和合理利用自然资源理论及其基础》，载《中国传统社会经
济与现代化》，广东人民出版社 2001 年版。

荣枯对气候变迁的依赖来说明掌握农时的重要性。所谓"产与落或使之，非自然也"，是指草木的生长、成熟和凋谢受气候的制约，并非自身能够单独完成的过程。所以要"审其所以使"——顺应气候变化的规律，才能使物为我用。而"春耕、夏耘、秋收、冬藏"这种生产秩序正是适应气候季节变化的节奏而形成的。

"顺时""趋时"是中国传统农业农时观的核心。其深刻的意义在于保证生物体的自然再生产按照自然的节律正常进行，在此基础上加以利用。孟子在总结牛山林木受到破坏的教训时指出："苟得其养，无物不长；苟失其养，无物不消。"（《孟子·告子上》①）"用养结合"不但适用于野生动植物的采捕，而且适用于整个农业生产。这里所说的"养"首先是一种自然活动，或径称为"天养"，用现在的话说，就是自然再生产。对于生物体的自然再生产，人们可以协助或参与，但不是"越俎代庖"，而是遵从生态规律以保证其正常进行，并使之向满足人类需要的方向发展。班固在总结古代农业生产活动时说了以下一段话：

　　于是辩其土地川泽丘陵衍沃原隰之宜，教民种树畜养；五谷六畜及至鱼鳖鸟兽萑蒲材干器械之资，所以养生送终之具靡不皆育。育之以时，而用之有节。草木未落，斧斤不入于山林；豺獭未祭，罝网不布于野泽；鹰隼未击，矰弋不施于徯隧。② 既顺时而取物，然犹山不茬蘖，泽不伐夭，蝝鱼麛卵，咸有常禁。③

---

　　① 《孟子·告子上》的原文是："牛山之木尝美矣，以其郊于大国也，斧斤伐之，可以为美乎？是其日夜之所息，雨露之所润，非无萌蘖之生焉，牛羊又从而牧之，是若彼濯濯也。人见其濯濯也，以为未尝有材焉。此岂山之性也哉！"人们已经认识到，这种生态的恶化不是自然的本性所产生的，而是人类违反自然规律的不合理的经济行为所造成的；它实际上是自然界对人类的一种报复。
　　② 这里的"祭"指"杀而陈之"，像人们祭祀的样子。孟春"獭祭鱼"，季秋"豺祭兽"，孟秋"鹰祭鸟"是古人开始捕猎和射猎活动的物候。
　　③ "茬"是伐木后留下的残体；"蘖"是萌蘖；"夭"是初生草木；"蝝"是小虫；"麛"是小鹿；"卵"是虫鱼之卵，泛指怀卵的虫鱼。这段的意思是保护幼小的尚在成长之中的动植物。

> 所以顺时宣气，蕃阜庶物，稸足功用，如此之备也。（《汉书·货殖列传》）

"顺时宣气，蕃阜庶物"八个字比较准确地概括了中国传统农业中经济再生产与自然再生产的关系。这在本质上是承认自然再生产的基础作用，遵守生态规律，从人与自然的统一中摆正了农业生产的地位。自然再生产是生生不息的，自觉地建立在自然再生产基础上的农业生产也因而是生生不息的。这正是传统农业能够持续发展的重要基础之一。

三　地力观

土地是农作物和畜禽生长的载体，是主要的农业生产资料；农业生产能否持续发展，很大程度上取决于土地能否充分和持续地予以利用。土地种庄稼是要消耗地力的；只有地力恢复或补充以后，才能继续种庄稼，如果地力不能获得补充从而恢复，就会出现衰竭，古今中外莫不如此。关键是用什么办法恢复地力，从而在多大程度上保证土地的持续利用，正是在这一点上区分出各种耕作方式和耕作制度的高下。中国在战国时代已从休闲制过渡到连种制，并在这基础上逐步发展了间套轮作和多熟种植。几千年来，中国的土地在保持了不断提高的利用率和生产率的同时，地力基本上没有衰竭，不少土地越种越肥，这不能不说是世界农业史上的一个奇迹。

造成这一奇迹的"秘密"何在？有的西方学者强调中国黄土的"自行肥效"，似乎中国的耕地天生不会发生地力衰竭，这是不符合事实的。在连种制逐步取代休闲制的战国时代，中国曾经出现过局部的地力衰竭现象。《吕氏春秋·音初》说："土弊则草木不长。"《礼记·乐记》说："土敝则草木不长。"就是这种情况的反映。不过，中国古代人民通过自己的实践解决了这一问题。他们的办法是用地和养地相结合，采取了多种多样的手段改良、恢复地力、培肥土壤。合理的土壤耕作、合理的农田排灌、合理的种植制度都发挥了积极的作用，而最重要的手段则是施肥改土。

中国传统农业这种成功的实践升华为有关的农学理论，而这种理论又反过来引导农业实践走向新的成功。

中国传统土壤科学包含了两种很有特色而相互联系的理论——土宜论和土脉论。土宜论指出不同地区不同地形不同土壤各有适宜生长的植物和动物。土脉论则把土壤视为有血脉的、能变动的、与气候的变化相呼应的活的机体。两者本质上都是一种土壤生态学。尤其是后者，像一盏明灯照亮了传统农业改土培肥的道路。

"土脉论"的出现不晚于西周末年。《国语·周语上》载西周末年虢文公云：

> 夫民之大事在农。……古者太史顺时覛（韦注，视也）土，阳瘅（厚也）愤（积也）盈，土气震发，农祥晨正（农祥，房星也。晨正谓立春之日，晨中于午也。农事之候，故曰农祥也），日月厎于天庙（厎，至也；天庙，营室也。孟春之月，日月皆在营室），土乃脉发（脉，理也。《农书》曰："春土冒橛，陈根可拔，耕者急发。"），先时九日，太史告稷曰："自今至于初吉（按，初吉指每月上旬的吉日，这里指立春而言），阳气俱烝（升也），土膏其动（膏，土润也；其动，润泽欲行），弗震弗渝（变也），脉乃满眚（灾也），谷乃不殖。"

在这里，"土气"表示土壤温湿度的变化，水分、养分、气体的流动的综合性状，"土膏"指土壤中某种肥沃润泽的精华之物，"土脉"则是"土气"或"土膏"有规律的脉动和流通。土壤气脉，在一定意义上可以理解为土壤的肥力，或土壤肥力的基础。

土脉论的深刻意义在于从理论上揭示了作为农业环境的重要组成部分的土壤的能动性、可变性以及人工培肥土壤的可能性。既然土壤有气脉，气脉有盛有衰，可损可益，那么土壤的肥力状况就可以在人力的影响下变化。在《周礼·大司徒》的记载中，有"土"和"壤"的区分，它们相当于现代土壤学所说的自然土壤和耕作土壤，表明人们很早就认识到，通过人类的农业活动，可以使自然界土壤发生适合人类需要的变化。《吕氏春秋·任地》则明确指出"地可使肥，又可使棘（瘠）"，并据此制定了把土壤力与柔、息与劳、肥与棘、急与缓、燥与湿的偏颇状态改变为适中状态的"耕之大方"，后来《氾胜之书》又概括为"和土"的耕作原则。《周礼·草人》也提出使土壤变得肥美而适合农作需要的"土化之法"。东汉王充进一步指出瘠土转化为沃土的条件是"深耕细锄，厚加粪壤，勉致人功，以助地力"（《论衡·率性》）。

魏晋南北朝以后，中国经济重心逐步转移到长江流域，形成了南方以水田为中心的精耕细作技术体系，施肥改土的技术又有了进一步的发展。南宋陈旉在其《农书》中满怀信心地指出：

> 或谓土敝则草木不长，气衰则生物不遂，凡田土种三五年，其力已乏。斯语殆不然也，是未深思也。若能时加新沃之土壤，以粪治之，则益精熟肥美，其力当常新壮矣，抑何弊何衰之有！

这就是中国传统农学中最光辉的思想之一的著名的"地力常新壮"论，它和"土脉论"是一脉相承的。正是这种理论和实践，使历史上的中国能把大量原来条件恶劣的土地改造为良田，能够在高土地利用率和高土地生产率的条件下保持地力的长盛不衰，从而为农业的持续发展提供了坚实的基础。

四　物性观

中国传统农业的技术措施可以分为两大类：一是适应和改善农业生物的环境条件；二是提高农业生物自身的生产能力。后者也包括两个途径：一是通过驯化、引进、育种相结合来取得高产优质的作物和禽畜品种；二是根据农业生物的特性采取相应的措施。两者都是以日益深化的对各种农业生物的特性的正确认识和巧妙利用为基础的。农业生物各有不同的特点，需要采取不同的栽培管理措施，人们把这概括为"物宜"。"物宜"这一概念，战国时《韩非子》中已经出现；明清时，人们把"物宜"和"时宜""地宜"合称"三宜"。清杨屾《知本提纲》说："物宜者，物性不齐，各随其情。"

中国传统农学的物性观内容十分丰富，其中与可持续发展关系最为密切的有两点：一是物性可变的观点；二是物性相关的观点。

中国古代人民很早就认识到，生物的性状不但可以代代相传（遗传性），也会发生变化（变异性）。如北魏贾思勰在《齐民要术》中指出，在粟的诸多品种中，"成熟有早晚，苗秆有高下，收实有多少，质性有强弱，米味有美恶，粒实有息耗"，即是生物变异的表现。贾思勰还观察了作物引种到新环境后发生的各种变异，看出作物具有逐步适应新环境并形成新的特性的能力。如四川的花椒引种到山东，"此物性不耐寒，阳中之树，冬需草裹，不裹即死；其生小阴中者，少禀寒气，则不用裹，所谓习以性成"（《齐民要术·种椒第四十三》）。生物的遗传和变异，即其可变性，不但是人类能够选育新品种的客观依据，而且是人类能够引进新物种的客观依据。

早在先秦时代，人们就认识到在一定的土壤气候条件下，有相应的一定的植被和生物群落；而每种农业生物都有它所适宜的环境。"橘逾淮而北为枳"，这就是中国古代的"风土论"。这种看法是有道理的。不过，若把这种关系固定化和绝对化，正确就会转化为错误。元代，政府在中原推广棉花和苎麻，有人以风土不宜为由加以反对。《农桑辑要》的作者著专文予以驳斥。文中举出我国历史上引种成功的事例，说明在人的干预下，能够改变农业生物的习性，使之适应新的环境，从而突破原有的风土限制。这种有风土论而不唯风土论的意义，在于指出农业生物的特性是可变的，农业生物与环境的关系也是可变的。

正是在这种物性可变论的指引下，中国古代人民不断培育新的品种和引进新的物种，从而不断为农业的持续发展增添新的因素、提供新的前景。

不是孤立地而是从相关性中去认识和把握物性，并采取相应的栽培管理措施，是中国传统农学和农业的一大特点。

这种"相关性"又分两种：一种是同一农业生物内部的相关性，即农业生物的营养生长与生殖生长之间，各个不同生长部位和生长时期之间的相互关联。人们可以抑此促彼，为我所用。《氾胜之书》记载用耙耧壅根的办法抑制小麦的冬前生长，以保证明春小麦返青后的正常生长（农谚"子欲富，黄金覆"，"麦无两旺"）；《齐民要术》记载的"嫁枣法"①、"枣树振狂花法"；② 瓜类的摘心掐蔓；桑果的修剪整形；畜禽的阉割、强制换羽等——均其例。

另一种是不同农业生物之间的相关性，即农业生态系统中各种生物之间的相互依存和相互制约。自然界的不同生物，有"相生"（共生互养）的，有"相克"（互抑）的，人们也可以巧妙地加以利用，趋利避害，使之向有利于人类的方向发展，从总体上提高农业生物的生产能力。生物"相生"关系的利用，如古代人民很早就发现豆科作物的根部有根瘤，大豆的古称"尗"在金文中就表现了地下根部丛生的根瘤。《氾胜之书》明确指出"豆有膏"，已认识到大豆根瘤的肥地作用，故从《齐民要术》开始，豆科作物被广泛用作禾谷类作物的前茬，禾豆轮作成为我国最主要的轮作方式之一。陈旉《农书》指出早熟稻田收割后"种豆麦蔬茹"，既"足以助岁计"，又可"熟土壤而肥沃之"；又指出把深根的桑和浅根的苎麻搭配间作，可两"不相妨，而利倍差"。动物生产中共生互养，则有草

---

① "嫁枣法"是用斧背疏疏落落地敲击树干，使树干的韧皮部局部受伤，阻止部分光合作用产生的有机物向下输送，使更多的有机物留在上部供应枝条结果，从而提高产量和质量。林檎、李树也用类似方法。现代果树生产中的环剥法，就是由此演变而来的。

② 中国古代很早就认识到果树的大小年现象，并且采取人工的措施予以调节，"振狂花法"即其一种，相当于后世的疏花疏果。

鱼和鲢鱼等鱼类的混养①，等等。生物"相克"关系的利用，如人们认识到芝麻对草木的生长有抑制作用，因而被广泛利用为新垦地的先锋作物；稻田养鸭吃蝗螟、蟛蜞；饲养黄猄蚁防治柑橘害虫，等等。

在利用农业生物的相关性的基础上，中国传统农业很注意建构合理的农业生物群体和合理的农业生产秩序。早在先秦时代，人们就通过垄作、条播、中耕等方法，使农田作物行列整齐、通风透光，变无序为有序。轮作倒茬、间套混作、多熟种植的安排，本身就是建立在对作物种间互抑或互利关系的深刻认识之上的。南宋陈旉对此有所总结，他说：

> 种莳之事，各有攸叙，能知时宜，不违先后之序，则相继以生成，相资以利用，种无虚日，收无虚月，一岁所资，绵绵相继，尚何匮乏之足患，冻馁之足忧哉?!（《农书·六种之宜篇》）

这里讲的就是如何通过合理安排种植制度，保证农业的持续发展以满足人们的物质需要。合理安排种植制度的前提是"知时宜"，也就是充分了解和利用"天时"所提供的光热资源，在"天时"所许可的各种作物的生长季节中，按照作物生长和收获的顺序，把耕地安排得满满的，使各种作物"相继以生成"。我们知道，农业是通过绿色植物吸收太阳光能转化为有机物质的。中国传统农业种植制度的特点是在连种制的基础上实行丰富多彩的轮作倒茬、间作套种和多熟种植方式，一方面尽量扩大耕地里绿色作物的覆盖面积，以至"种无闲地"；另一方面尽量延长耕地里绿色作物的覆盖时间，以至"种无虚日"，使地力和太阳能得到最充分的利用。所谓"相资以利用"，则是上面所说的把自然界不同生物的共生互养关系巧妙利

---

① 据明王士性说，这些鱼类混养的好处是："草鱼食草，鲢则食草鱼之矢，鲢食矢而近其尾，则草鱼畏痒而游……鲢草两相逐而易肥。"（《广志绎》卷4，江南诸省）

用到农业生产中来。这种认识和实践完全符合现代生态学的理论，是建立在生态规律基础之上的，因而能够成为农业生产"绵绵相继"的重要途径和重要保证。

"相资以利用"之妙不但可分别应用于作物的种植和动物的畜养中，也可以把动植物生产联结起来。最简单和最普遍的方式是农牧互养：利用人类不能直接食用的农作物秸秆糠秕饲畜，畜产品除供人类食用外，其粪溺皮毛骨羽用于肥田，还可利用畜力耕作。类似的例子还有稻田养鱼、稻田养鸭等。还可以把更多的生产项目配合在一起。如据张履祥《补农书》记载，明末清初浙江嘉湖地区形成"农—桑—鱼—畜"相结合的模式：圩外养鱼，圩上植桑，圩内种稻，又以桑叶饲羊，羊粪壅桑，或以大田作物的副产品或废角料饲畜禽，畜禽粪作肥料或饲鱼，塘泥肥田种禾等。类似的还有珠江三角洲的桑基鱼塘等。这些生产方式，巧妙地利用水陆资源和各种农业生物之间的互养关系，组成合理的食物链和能量流，形成生产能力和经济效益较高的人工生态系统。实为今日所提倡的生态农业的雏形。

五　循环观

农业生产对太阳能的利用是不会导致枯竭的，但对地力的利用则需要人工的补偿。如前所述，陈旉《农书》强调了施肥的作用，指出施肥是实现"地力常新壮"的保证。中国何时开始施肥是有争议的，但施肥受到重视毫无疑问是从休闲制向连作制过渡的战国时代开始的。正是施肥解决了实施连种制以后出现的局部地力衰竭的问题，使中国传统农业能够沿着高土地利用率和高土地生产率的方向前进。但施肥的重要性还不止于此。在中国传统农业中，施肥还是废弃物质资源化，实现农业生态系统内部物质循环的关键一环。既使地力获得及时的恢复，也在相当程度上消除了生产生活废弃物对环境的污染。

　　中国传统农业的施肥基本上是农业生态系统中的"废物"利用。中国古代肥料称为"粪"，而"粪"字的含义有一个演变过程。在甲骨文中，"粪"字作双手执箕弃除废物之形，其本义是"弃除"（《说文》）或弃除物，后来，人们把包括人畜粪溺在内的废弃物施用于土地，"粪"就逐渐变为肥料和施肥的专称。"粪"字字义的这种变化，说明中国人很早就懂得农业内部的废物利用，变无用之物为有用之物。

　　自战国以降，人们不断开辟肥料的来源。战国秦汉，"溷（按，'溷'是合畜圈和人厕为一的设施）中熟粪"和蚕矢是主要肥料之一。魏晋南北朝，出现了人工栽培的绿肥。宋代，陈旉《农书》记有"火粪"（焦灰土、熏土）、麻枯等新的肥料种类和"沤池""粪屋"等积制肥料的设施；收集城市的粪便、垃圾以及河泥等做肥料也见于载籍，标志着城市生活中的废弃物也纳入农业物质循环的大系统，这逐渐成为中国农业（尤其是南方农业）的优良传统。清杨屾《知本提纲》提出"酿造粪壤"之十法，即人粪、牲畜粪、草粪（天然绿肥）、火粪（包括草木灰、熏土、炕上、墙土等）、泥粪（河塘淤泥）、骨蛤灰粪、苗粪（人工绿肥）、渣粪（饼肥）、黑豆粪、皮毛粪，差不多包括城乡生产和生活中的所有废弃物以及大自然中部分能够用作肥料的物资。

　　更加难能可贵的是，这些感性的经验已经上升为某种理性的认识，不少农学家对利用废弃物作肥料的作用和意义做出了很有深度的精彩阐述。如元王祯《农书》说：

　　　　夫扫除之秽，腐朽之物，人视之而轻忽，田得之而膏泽，唯务本者知之，所谓惜粪如惜金也。故能变恶为美，种少收多。

清杨屾《知本提纲》进一步指出：

　　　　粪壤之类甚多，要皆余气相培。如人食谷肉果菜，采其五行之气，依类添补于身。所有不尽余气，化粪而出，沃之田间，渐渍禾苗，同类相求，仍培禾身，自能强大壮盛。

这就是所谓"变臭为奇，化恶为美"。我们知道，农业的基础是依靠绿色植物的光合作用，把太阳能转化为人类所需要的食物和衣着原料。人畜以植物为食，绿色植物对人畜等是食物链的起始链，但人畜对其食物中的能量并不能完全地加以利用，在其排泄物和废弃物中包含着的能量，若让它们回到土壤中，经过微生物的分解，就可以释放出能被绿色植物重新利用的营养物质。"余气相培"实际上就是指这种情况。它使用的是中国传统哲学关于"气"的理论和语言，表达的却是对农业生态系统中物质循环和能量转化及其利用的一种朴素的认识。

六 节用观

可持续发展不但需要合理的生产安排，而且需要有节制的消费作为保证。中国古代人民对这一点也有相当清醒的认识。

春秋战国的思想家、政治家，无不把"节用"作为他们思想理论的重要内容①，而"强本节用"成为当时一个响亮的口号。《荀子·天论》："强本而节用，则天不能贫。"《管子》也谈到"强本节用"。《墨子》一方面强调农夫"耕稼树艺，多聚菽粟"，另一方面又提倡"节用"，书中有专论"节用"的上中下三篇。司马谈《论六家要旨》对此评论说："要曰强本节用。则人给家足之道也。此墨子之所长，虽百家弗能废也。"②"强本"就是努力生产，"节用"就是节制消费，两者密切相连，缺一不可，共同构成经济腾飞

---

① 如孔子主张"节用而爱人，使民以时"（《论语·学而》），孟子主张"食之以时，用之以礼，财不可胜用也"（《孟子·尽心上》），荀子主张"足国之道：节用裕民，而善臧其余"（《荀子·富国》），《管子》"六务"第一条就是"节用"（《管子·七主七臣》），等等。

② 《史记·太史公自序》。

的双翼。

中国古代农学家也十分重视节用，贾思勰在《齐民要术·序》中专门讨论了节用的问题，陈旉《农书》中则有"节用之宜"专篇。

为什么要提倡"节用"？中国是一个自然灾害频繁的国度，"节用"最直接的目的之一是积储备荒。[①] 也有些思想家从自然对农业的制约、生产难以满足人类无限膨胀的消费需求这样一个视角进行分析。例如：

> 生之有时，而用之亡度，则物力必屈。[②]

> 地力之生物有大数，人力之成物有大限，取之有度，用之有节，则常足；取之无度，用之无节，则常不足。[③]

> 天之生财有限，而人之用物无穷。[④]

这里已经接触到人类经济生活中的基本矛盾之一——消费需求的无限性和资源供给的有限性的矛盾。由于一定时期、一定条件下人类所利用的资源的供给是有限度的，因而一定时期、一定条件下建立在自然再生产基础上的农业生产的发展也是有限度的，不可能满足人们消费的无限需求。缓解这一矛盾的正确途径之一是节制消费。当然，上引这些思想家主要是站在封建国家的立场，告诫统治

---

① 例如，《后汉书·章帝纪》载元和元年二月甲戌"给流民公田诏"曰："王者八政，以食为本，故古者急耕稼之业，致来耜之勤，节用储蓄，以备凶灾，是以岁虽不登而人无饥色。"贾思勰说："夫财货之生，既艰难矣，用之又无节；凡人之性，好懒惰矣，率之又不笃；加以政令失所，水旱为灾，一谷不登，货腐相继：古今同患，所不能止也，嗟乎！"（《齐民要术·序》）把"用之无节"视为酿成灾荒和经济危机的首要原因。

② 《汉书》卷 24《食货志》引贾谊语。《新书》载此语作"用之无节"。

③ 陆贽：《均节赋税恤百姓六条》。明湛若水《格物通》卷 85《漕运》亦有类似论述："天之生财有限，人之运力有穷，不可不节也。使用之无节焉，则虽罄民之货，竭民之膏，而其用亦有所不足矣。"

④ 明韩文《裁冗食节冗费奏》。

者对物力的使用不能超越自然界和老百姓所能负荷的限度，否则就
会出现难以为继的危机。①

与"节用"相联系的是"御欲"。荀子把道理说得很透彻：

> 人之情，食欲有刍豢，衣欲有文绣，行欲有舆马，又欲夫
> 余财蓄积之富也；然而穷年累世不知不足，是人之情也。今人
> 之生也，方知畜鸡狗猪彘，又蓄牛羊，然而食不敢有酒肉；余
> 刀布，有囷窌，然而衣不敢有丝帛；约者有筐箧之藏，然而行
> 不敢有舆马。是何也？非不欲也，几不长虑顾后，而恐无以继
> 之故也。于是又节用御欲，收敛蓄藏以继之也。是于己长虑顾
> 后，几不甚善矣哉！今夫偷生浅知之属，曾此而不知也，粮食
> 大侈，不顾其后，俄则屈安穷矣。是其所以不免于冻饿，操瓢
> 囊为沟壑中瘠者也。(《荀子·荣辱》)

这就是说，如果从持续发展的长远利益考虑，而不是只顾眼前
利益，是非实行"节用"不可的；而要把"节用"的原则真正付诸
实施，又非控制人们的消费欲望不可。这种认识是相当深刻的，而
且仍然具有现实意义。印度的甘地说过：自然界能够满足人类的需
要，但是不能满足人类的贪欲。② 如果我们真的希望实现可持续发
展，就必须牢牢记取"节用御欲"的古训。

将近一百年前的美国人金氏（King）把中国传统农业称为"持

---

① 中国古代国家理财的主要原则之一是"生之有道，用之有节"。如《宋史》卷 277
载："论曰：八政之首食货，以国家之经费不可一日而无也。然生之有道而用之有节，则存
乎其人焉尔。"这类提法似乎有一个发展过程。采猎时代或采猎活动的原则是"取之以时，
用之有节"，如果不是"用之有节"，就不可能贯彻"取之以时"的原则。班固在《汉书·
货殖列传》中提出的"育之以时，用之有节"，包括了全部农业生产在内。"生之有道"涵
盖的内容更为广泛，包括了所有生产活动。作为国家理财原则的"用之有节"包含两层意
思：一是指统治者的消费不能越过自然界和人类生产能力所能负荷的限度；二是指统治者
的榨取不能越过老百姓所能负荷的限度。所以又有"生之有道、取之有制、用之有节"等
提法，在此不一一列举。

② 转引自游修龄《中国科学技术史·农学卷》序。

续农业"，是很有眼光的。中国著名学者费孝通对中国社会特点的认
识深受金氏《四千年的农民》的影响，他指出：

> 他（指金氏）是从土地为基础描写中国文化。他认为，中
> 国人像是整个生态平衡里的一环。这个循环就是人和"土"的
> 循环。人从土里出生，食物取之于土，泻物还之于土，一生结
> 束，又回到土地。一代又一代，周而复始。靠着这个自然循环，
> 人类在这块土地上生活了五千年。人成为这个循环的一部分。
> 他们的农业不是和土地对立的农业，而是和谐的农业。在亚洲
> 这块土地上长期以来生产了多少粮食，养育了多少人，谁也无
> 法估计，而且这块土地将继续养育许多人，看不到终点。他称
> 颂中国人是懂得生存于世的人。①

是的，中国传统农业是一种"持续农业"，它之所以成为"持
续农业"正是由于它符合生态规律，而中国人也因此成为大自然生
态平衡中的一环。作为社会人类学家的费孝通，他的认识与农史学
者的研究结论是吻合的。中国传统农学本质上是一种生态农学，它
是我们的祖先留给中国和世界的一份珍贵的文化遗产。

（写于 2006 年秋）

---

① 费孝通：《社会调查自白》（1985），载《学术自述与反思：费孝通学术文集》，生
活·读书·新知三联书店 1996 年版，第 37 页。

传统农业与生态文明

略论中国传统农学的特点和历史地位[*]

一　中国古代有农学

中国古代是否有农学，这似乎是不成问题的；难道研究中国农学史或中国农业科学技术史，不就是以中国自古以来就有农学存在为前提的吗？实际情况并不那么简单。因为自西方近代科学传入中国以来，中国古代是否有科学的问题已经争论了将近一个世纪；这一争论最近又在学术界重新展开。① 认为中国古代没有科学的学者，当然也不会承认中国古代有农学。即使在认为中国古代有科学的学者中，中国古代的"农"是否有"学"，也是存在不同看法的。如果中国古代不存在农业科学，那么人们所习称的"中国古代农学"或"中国传统农学"，就只是农业技术的代名词而已。在当前的研究论著中，农业科学与农业技术浑然不分的情况比比皆是。

农学是中国古代自然科学中真正形成体系的少数几个学科之一。春秋战国时期即已出现总结农业生产管理和技术经验的专门著作——农书和以农业生产问题为主要研究对象的农家。农学和农家

　　* 近年我参加了由董恺忱、范楚玉主编的《中国农学史》的写作，在这个过程中对中国传统农学总体特点和历史地位等问题进行了一些思考。在 1998 年 11 月 4 日广东省农史学会第三次学术年会大会上，我就此做了题为《关于中国农学史的若干问题》的报告，在与会学者中引起一定的反响。本文是在该报告的基础上补充修改而成的。在修改过程中，主编董恺忱提出过宝贵的意见，并用作该书的"结束语"。

　　① 改革开放以后，20 世纪 80 年代初期，这个问题曾有过公开的争论，这次争论后来虽然没有继续下去，但分歧依然存在。1996 年，台湾"中研院"前院长吴大猷撰文，再次提出中国古代只有技术没有科学的主张，给这个讨论以新的推动。最近《中华读书报》和《科技日报》都有这方面的讨论文章。

的出现，标志着在长期农业生产中所积累的农业科学技术知识已经脱离了散在的状态而系统化了。从战国到近代西方农业科学传入中国以前，中国尚存和已佚的农书估计达千种之多，内容涵盖了广义农业生产的各个方面。其卷帙之浩繁、内容之丰富、体裁之多样、流传之广远，在同时代的世界中是独一无二的。按照科学史这门学科的奠基者萨顿（G. Sarton，1884—1956）的定义，科学是"系统化了的实证知识"；中国农书所反映的中国古代关于农业生产的知识体系是如此的博大和丰富，难道还称不上科学吗？

反对者可能会说：中国农书诚然繁多，但所记载的只是实用的技术知识，因此还是不能称之为科学。中国农书的内容可以用"技术"两个字一言以蔽之吗？不能。

兹以现存最早的一组农学论文——战国时代成书的《吕氏春秋》之《上农》等四篇为例予以说明。这四篇中，《上农》是讲农业政策的，《任地》诸篇是讲科学技术的。《任地》以"后稷曰"开始，提出了当时农业生产中的十大问题（中心是如何把涝洼地改造为可耕良田，还有杂草防除，庄稼地通风透光，对农作物产量质量的要求，等等），以后各篇围绕着这些问题展开论述，其中的确广泛记述农业生产中的各项具体操作技术，如畎亩制农田的规格等，但也有不少论述属于统率技术的原则、原理。如《任地》说："凡耕之大方，力者欲柔，柔者欲力；息者欲劳，劳者欲息；棘者欲肥，肥者欲棘；急者欲缓，缓者欲急；湿者欲燥，燥者欲湿。"讲的是如何正确处理土壤中五对相互矛盾的性状的原则，其中蕴含着土壤肥力诸性状可以相互转化的理论前提，已经超越具体的操作技术的范围了。同篇还提出"地可使肥，又可使棘"，土壤肥力可变论表述得更为明确，其属于学理的范畴更加明显了。后来《氾胜之书》的"和土"理论和陈旉《农书》"地力常新壮"的命题，就是在这个基础上提出来的。《审时》论述掌握农时的重要性时，对比了"得时之稼"和"失时之稼"的不同生产效果：等量的植株，产量不一样；等量的谷物，出米率不一样；等量的米粒，食用后对人体健康的作用不一样。这完全是对农业生产原理的一种论证，并不涉及具体的操作。尤其值得注意的是，《上农》等篇的这些理论、原理、原则不是散在的，而是以"天地人"的"三才"理论为核心串联起来：《上农》主要是讲如何调动、组织和管理农业劳动力，《任地》《辩土》主要讲土地利用，《审时》则主要讲天时掌握，而在土地利用和农时掌握中也体现了人的主导作用；四篇构成一个结构严密、相当完整的知识体系。这是战国时代和战国以前农业生产经验长期积累的结晶，其理论之正确和论述之精彩，至今仍然令人赞叹。

我们赞成把科学和技术适当区分开来。传统的农业科学和农业技术是紧密相连的，但两者毕竟不能画等号。技术是具体的操作方法与技能，科学则是指导这种操作的原理和知识体系，并且是经过了总结并多见于文字记载的。有农业就有相应的农业技术，它已经有了近万年的历史，而农业科学知识体系即传统农学的形成距今还不到 3000 年。严复说过："盖学与术异。学者，考自然之理，立必然之例。术者，据已知之理，求可成之功。学主知，术主行。"（《原富》序）这话讲得不错。用这种标准来衡量，绝不能说《吕氏春秋·上农》等篇有"术"无"学"，也绝不能说中国古代农书有"术"无"学"。中国古代农书把"自在"形态的农业技术加以总结，对其机理进行了不同程度的探索，把它提高到"自为"的形态，形成相当完整、不断丰富的知识体系，从而成为中国古代农学的主要载体。因而，说中国古代只有农业技术而无农业科学是不正确的。我国古代虽然没有建立在科学实验基础上的近代形态的农业科学，但已经形成了独具特色、自成体系的传统农业科学。[①]

---

①　我们不应该以西方近代科学的特征（如形式逻辑体系、可控实验、数学表述等）作为衡量标准，来否定中国古代存在科学。因此，我们需要有一个涵盖面较宽、能比较全面反映中外历史实际及其发展趋向的关于"科学"定义，它应该包括以下要素：一是"系统性"。零散的、"自在"形态的知识不能算科学；科学必须是经过总结和整理，使之具有"自为"形态的系统知识。二是"真理性"。不是任何系统的知识都是科学，只有经过实践证明是可靠的即具有"真理性"的系统知识才能称得上科学。这种实践包括了近代的可控性实验，但又不局限于此。这种真理性的标志之一是它的可重复性。严格说来，不论人类社会或自然界都没有完全重复的现象，但科学所讲的重复，是指在一定条件下大致相同的因会产生大致相同的果。在这个意义上，没有重复就没有规律，没有规律就没有科学。三是"学理性"。一般的技术知识，即使是正确的，也不能笼统地称之为科学；科学应该是讲原则、原理的，即应包含"学理性"的知识。

二　中国传统农学发生发展的阶段性与中国农学史的分编

　　中国传统农学的形成和发展有其自身的规律。由于内在矛盾和
外部关系的制约，传统农学在不同的时代需要解决不同的问题，它
所包含的各个方面的发展或迟或速、或显或晦，从而显现出不同的
面貌。我们可以根据这种情况划分农学史的不同发展阶段。农学史
发展阶段的划分主要应该考虑哪些因素呢？

　　农学的发展不是孤立的，它受到社会生产、经济政治的制度及
其发展状况、文化思想、各地区各民族经济文化交流等因素的影响
和制约，这在本书的导论中已有阐述。在制约农学发展的诸因素中，
农业生产的因素最为重要，是农学发展的基础。农学总是在解决农
业生产新问题、总结农业生产新经验中向前发展的。各时期农业生
产的基本问题和基本状况，在很大程度上决定了该时期农学的基本
内容和基本面貌。因此，中国传统农学发展的阶段与中国古代农业
发展的阶段有颇高的一致性。但传统农学是以农书为主要载体的，
农业生产中的经验需要经过农书的总结，才能以农学的形态出现。
而作为农学载体的农书的创作，又有其不同于一般生产发展的特殊
规律。在古代条件下，表现为农书创作的农学总结一般是相对滞后
的。也就是说，生产发展在前，农学总结在后。而且这种总结有赖
于一定社会需要的催生或一定社会氛围的助产。所以农学总结，尤
其是重要农书的创作与社会生产的发展往往并不同步。例如，《齐民
要术》和《农桑辑要》、王祯《农书》不是出现在两汉、唐宋农业
生产大发展的时代，而是出现在北朝和元初农业生产受到严重破坏
而亟待恢复的时代。《吕氏春秋·上农》等四篇以沟洫农业有关的生
产技术的总结为中心，但它的产生不是在沟洫农业最为盛行的西周
春秋时代，而是在沟洫农业走向衰落的战国时代；因为这种总结只
有在战国时代学术下移、百家争鸣的条件下才有可能问世。重要农
书的产生，是一个长时期农业生产经验的总结，不但丰富了传统农

学的内容，而且往往代表了农学发展的一个时代，从而成为农学发展阶段划分的重要因素和标志。

为了凸显中国传统农学自身的发展规律及其呈现的阶段性，本书打破主要反映各种政治力量兴衰嬗代的王朝体系，按长时段把全书分为四编；这种分编与传统农学阶段性的划分是一致的。

第一编是"先秦时期农学"。先秦是中国农学萌芽和形成的时期。它包括两个阶段：从农业起源到春秋以前是农业科学知识积累和传统农学的酝酿阶段；春秋战国是中国传统农学的形成阶段。中国农业起源于距今一万年前后，在黄河流域和长江流域广大地区逐渐形成以粮食种植为中心多种经营的农业生产结构，并在不同地区形成不同的农业经济文化类型，农业实践的深度和广度为世所罕见，为农学的形成和发展奠定了深厚的基础。中国农业发展到西周春秋时期，已经在沟洫农业的形态下出现了精耕细作农业技术的萌芽，但日益丰富的农业技术还没有获得全面的总结。从春秋中晚期到战国时代，以铁农具的普及和大规模农田灌溉水利工程的兴建为标志，农业生产力有了飞跃的发展，不但导致了地主制封建制度和中央集权统一帝国的建立，而且促进了农业科学技术的发展。同时，在当时社会的激烈变动中，"学在官府"的格局被打破，思想文化领域形成百家争鸣的活跃局面，长期积累的农业生产科学技术知识遂由此获得总结，终于导致了中国传统农学的诞生。本时期传统农学形成的主要标志和特点：一是农家、农书和有关农学文献的出现。以《吕氏春秋·上农》等四篇为代表的这一时期的农学文献，数量虽然不多，但水平相当高，综合性强，理论色彩浓。二是精耕细作技术体系的雏形及其初步总结。三是作为传统农学基础的传统农时学、土壤学等的建立。在传统农学的形成发展中，对"天时"的认识和掌握是一马当先的，先秦时代，传统农学的指时手段和指时体系已基本完备，并出现了后世所无的高水平土壤学专著。四是以"三才"理论为核心的农学思想的形成。由此可见，这一时期农学的成就是辉煌的，传统农学体系的框架已经基本建立起来，为传统农学的发展奠定了坚实的基础。

第二编是"秦汉魏晋南北朝时期农学"。秦汉魏晋南北朝是中国传统农学臻于成熟的时期。本时期农业经济的重心在黄河流域,长江流域及其南境的农业相对落后,长城以北则形成骑马民族统治的牧区。秦汉时期我国建立了统一的中央集权的封建大帝国,封建地主阶级政权重视农业的发展。牛耕耦犁在黄河流域的普及,农田水利建设高潮的形成,农业生产全方位的发展,各地区各民族农业文化的交流,给农业科学技术的发展以极大的推动,北方旱农精耕细作技术体系逐步形成。魏晋南北朝国家陷于分裂,原北方游牧族纷纷进入中原,中原人口则大量南迁,加速了不同类型农业文化的交汇与民族融合的过程,使农学发展的基础更加宽阔。黄河流域的农业生产虽一度受到严重的破坏,但农业生产力并没有倒退,黄河流域下游地区有进一步的开发,精耕细作技术体系继续完善,并成为当时克服经济困难的重要手段。这一时期的后期,已经出现恢复被长期战乱破坏的农业生产,重新实现国家的统一的社会要求,在主客观各种条件的配合下,孕育出系统总结北方旱农精耕细作经验,代表当时中国和世界农学最高水平的传统农学经典——《齐民要术》。北方旱农精耕细作技术体系的形成,以《氾胜之书》《齐民要术》为代表的传统农学经典的出现,成为本时期传统农学臻于成熟的两大标志。本时期农学比前代有明显进步并呈现出崭新的面貌。先秦农学建立在耒耜耕作的基础上,本时期农学建立在牛耕技术的基础上;先秦农学主要解决防洪排涝的问题,本时期农学主要解决防旱保墒的问题;先秦农学只有作物栽培总论,本时期农学与农业生产全方位的发展相适应,不但有总论,而且有各种分论,传统农学的范围及其所包含的精耕细作的基本原则已扩展和贯彻到经济作物、园艺作物、林业、蚕桑、畜牧、渔业等领域中去了;先秦农学基础学科的突出成就是指时系统、土壤分类和土壤学理论,本时期农学基础学科的突出成就是土壤耕作学,同时,农业生物学知识及其运用也比前代有长足进步,提高农业生物自身的生产能力与改善农业环境条件被放在同等重要的地位；先秦农学在其发展中形成了"三才"理论，本时期农学则把这种理论具体贯彻到农业生产的所有环节中，反映了农学指导思想的深化和具体化。但本时期农学偏于实用，基础学科的发展，基础理论的探索逊于前代。又缺少对南方农业生产经验的总结，这当然是与南方农业生产的相对滞后有关。

第三编是"隋唐宋元时期农学"。隋唐宋元是中国传统农学向广度和深度扩展的时期。这时，中国封建地主制经济的发展由前期进入后期，土地私有制进一步发展，契约租佃制逐渐普遍，商品经济重新活跃，城镇兴起，这些变化是以农业生产的发展为前提，又反过来给农业生产提出了新问题和提供了新动力。在农业生产扩展基础上全国经济重心的南移，是本时期农业史上最突出的事件。汉末以来已获长足进步的长江流域及其南境的经济，本时期又有持续的发展，而黄河流域的经济在安史之乱和女真人、蒙古人入主过程中屡遭战乱破坏，发展滞缓，终于导致了农业优势的南北易位。这种格局，形成于安史乱后，巩固于宋元之时。与此同时，边疆地区获得进一步开发，北方牧区的农业经济因素有所增长。以南方农业发展为中心，本时期土地利用的广度深度均有很大提高，农业生产结构发生重大变化，农业生产门类显著增多。我国传统农学也由此进入一个新的阶段。南方泽农精耕细作技术体系的形成和南北农业技术的交流融汇，是这个新阶段的重要标志和特点。南方泽农精耕细作技术体系是在南北农业文化交流的基础上形成的，吸收了北方旱农精耕细作技术体系的精华而有所发展，在提高土地利用率方面尤有特色，成就更高；不但创造了多种充分利用水土资源的形式，而且初步建立了多熟种植制度，育秧移栽、细致的整地、耘耨和排灌、重视施肥、培育良种等各项精巧的农业技术都是围绕着用地养地这个中心发展起来的。生物技术有明显进步。农学理论也有不少创新；提出了"盗天地之时利"、掌握农时要灵活处理"时"与"气"的矛盾，通过合理安排，使各种作物"相继以生成，相资以利用"，"地力常新壮""用粪如用药"，不唯"风土论"等重要思想。农学发展新阶段的另一标志和特点是农书创作的新格局，这一时期的重要农书有第一次总结南方精耕农业技术体系的陈旉《农书》，有反映北方旱农技术新经验和囊括南北方农业科学技术精华的《农桑辑要》、王祯《农书》等，又产生了一批反映农具、育种、经济作物、园艺作物、经济林木、花卉、蚕桑、畜牧兽医等方面农学成就的专谱、专科农书。

第四编是"明清时期农学"。明清是中国传统农学继续发展但其局限性已经逐渐暴露的时期；也是中西农学开始了相互交会的时期。本时期的农业既有较大的发展，又受到严重的制约。国家长期和平统一的局面，几种重要新作物的引进和推广，促进了土地大量垦辟，农区不断扩大，南北差距缩小，粮食增产和在这个基础上商品性农业的兴起。随着商品经济的发展，明中叶以后封建社会中已经产生了新的经济因素，但地主制经济仍然有自我调节的能力，继续容纳生产力一定程度的发展，同时又束缚着新经济因素的成长和生产力的更大发展。宋代开始的人口长期增长的趋势到清代进入一个新的阶段，人口激增导致全国性的耕地紧缺，成为本时期农业面临的突出的新问题。为了解决民食问题，除千方百计开辟新耕地和引进推广高产作物之外，还努力提高复种指数。在农业生产继续发展的同时，农具没有改进，生态环境恶化，自然灾害增多，劳动生产率渐呈下降趋势。在这样的条件下，本时期农学的特点是农艺的精细化和向"多劳集约"的方向发展，"粪大力勤"成为农业生产的基本要求。本时期农学的最大成就仍然在土地利用方面，土地利用率和土地生产率都逼近传统农业的极限；意义最为深远的则是"立体农业"或"生态农业"雏形的出现。与此相联系，本时期农学思想中最有价值的，是反映农业生态系统中物质循环和能量转化关系的"余气相培"论的提出。为了在有限的土地上获取尽可能多的产品，如何在尊重客观规律的基础上发挥人的作用受到进一步的重视，"力"与"知"的关系，"时宜""地宜""物宜"的"三宜"原则，都有新的总结和阐述。由于各种条件的汇合，本时期的农书创作出现了空前的繁荣。《农政全书》系统而有鉴别地收集了前代的农学成果和当代农学的新成果，首次把屯垦、水利、荒政等内容纳入综合性农书中，首次在农学研究中应用了"象数之学"，还收录了西方近代水利著作——《泰西水法》，是传统农学中体大思精、内容宏富、继承与创新相结合的集大成的著作。地方性农书大量涌现，反映了精耕细作的农艺和农学知识向更广阔的地区推广，并在一些地方获得适应该地区不同的自然和社会条件的具体表现形式。其中有的（如《补农书》）达到了相当高的水平。专业性农书数量更多、门类更广，其中包括有关新兴作物（烟草、番薯、棉花等）种植、提倡发展双季稻、发展海洋渔业、放养柞蚕、治蝗、荒政、区田法试验等前代所无的新内容。本时期的农学在继续扩展和细化的同时，也提出了进一步予以综合的要求，并出现《农说》《知本提纲·农则篇》等从理论上总结传统农学的著作，从而使传统农学更加条理化和系统化；但由于当时进行这种总结所能使用的理论武器仍然是传统的笼统而模糊的阴阳五行思想，缺乏实验的科学手段和在这个基础上建立起来的精确的理论，传统农学的进一步发展受到了极大的局限，并在世界范围内逐渐相对落伍。与此同时，中西农学交会的漫长过程也在这个时期开始了。

三　中国传统农学体系内在关系和中国农学史的结构

　　既然科学与技术是既有联系又有区别的，中国农学史的撰写就应该区别于农业技术史和一般的农业科技史（这种科技史的重心仍然是技术史），它虽然不应该也不可能脱离农业技术孤立地描述农业科学的发展，但必须突出"科学"的内容，形成不同于农业技术史的农学史体系与结构。

　　20世纪80年代梁家勉先生主编的《中国农业科学技术史稿》，是以农业生产的要素和部门为纲分章编写的。这种写法适合农业技术史的特点，有其合理和方便之处。但如果我们蹈袭这种编写方法，就不但不可避免与该书雷同重复，而且难以反映作为农学史区别于农业科学技术史的特点。

20世纪50年代中国农业遗产研究室编写的《中国农学史》，是以骨干农书为纲分章编写的。上面说过，农书是我国传统农学的主要载体，它不但是我们发掘和研究中国传统农学的主要依据，而且其本身的发展就是中国农学史的重要内容。按照骨干农书编写农学史有其合理和方便之处。但农书的发展只是农学发展的一个侧面，较多地反映了传统农学内容逐渐丰富、规模逐渐扩大等外在的表现和特征，却难以反映中国农学史发展的全貌及其体系的内在特征。

那么，新编的《中国农学史》的体系结构究竟应该如何安排？

要想合理安排中国农学史的体系结构，首先要研究中国传统农学体系自身的特点。

从中国传统农学的内容看，它大体可以归纳为以下三个方面：①精耕细作农业技术体系中的原理、原则；②作为农业科学的基础学科（如土壤学、农时学、农业生物学等）的理论和知识；③以"三才"理论为核心的农学思想或农学理论。这三个方面是相互联系的。精耕细作是近人对中国传统农艺精华的一种概括，它是中国古代人民充分发挥主观能动性，克服自然条件中的不利因素，发挥其有利因素而创造的一种巧妙的农艺。精耕细作首先在以粮食为中心的大田种植业中发生，并逐步推广到农业的其他领域。它在不同的农业领域中有不同的表现形式，但基本上都包括两个方面的内容：一是适应和改善农业生物生长的环境条件，二是提高农业生物自身的生产能力；前者又包括了对"天时"的认识和掌握，对土地的利用和改造。可见，精耕细作技术体系是建立在对"天""地""稼"（或"物"）诸因素认识的基础上的；而这些认识最后归结为"三才"理论。"三才"是中国传统哲学的一种宇宙模式，它把天、地、人看成是宇宙组成的三大要素，这三大要素的功能和本质，人们习惯用天时、地利（或地宜）、人力（或人和）这种通俗的语言来表述，并作为一种分析框架应用到各个领域。它是中国长期农业实践经验的结晶，首先是精耕细作技术体系的理论概括，又反过来成为精耕细作农业技术的指导思想。农业生产离不开"天"（气候、季节等）、"地"（土壤、地形等）、"稼"（农业生物）、"人"（从事农业生产的主体，包括人的劳动和经营等）等因素，中国传统农学正是通过长期的农业实践，在逐步加深对上述诸因素认识的过程中建立和发展起来的。对"天"的认识逐渐积累和发展了农时学和农业气象学的知识和理论，对"地"的认识逐渐积累和发展了农业土壤学的知识和理论，对"稼"的认识逐渐积累和发展了农业生物学的知识和理论。这些构成了中国传统农学的基础学科，各种农业技术的原理、原则大都可以归属到这些学科之中；而"三才"理论则是对"天""地""人""稼"等因素及其关系的总体认识。中国传统农学体系可以用"精耕细作、天人相参"八个字来概括，而"三才"理论是它的灵魂和总纲。抓住"三才"理论这个"纲"，中国传统农学体系的特点和内在关系就比较清楚了。

根据以上认识，这次编写的《中国农学史》按长时段分编以后，每编基本包括三个部分，第一部分是该时期农学发展的历史背景。这是因为农学的发展离不开当时的社会经济、政治、文化等条件，对此必须有一个交代，才能正确说明当时农学发展及其特点的依据。第二部分是该时期的农书。农书是中国传统农学的主要载体，它的发展本身就是中国传统农学的重要内容，需要单独地予以介绍。说明各个时代农书的概貌，重要农书的作者、基本内容、特点、历史地位以及流传和研究情况。第三部分是该时期以基本学科为中心的农学的发展。这是全书重心所在，它以"三才"理论为纲，基本上按"天"（对农时的认识和农业气象知识等）、"地"（土壤学和土地利用等）、"稼"（农业生物学理论知识及相关技术等）、农学思想等次序安排章节，庶几能够更好地反映中国传统农学体系自身的特点及其内在的逻辑关系。

四　中国传统农学对天、地、稼、人诸因素的认识

中国传统农学中关于"天、地、人"关系的经典性论述见之于《吕氏春秋·审时》：

> 夫稼，为之者人也，生之者地也，养之者天也。

在这里，"稼"是指农作物，扩大一些，也不妨理解为农业生物；"天"指气候、季节等因素，"地"指土壤、地形等因素，它们共同构成农业生产中的环境条件；而"人"则是农业生产中的主体。上述引文把农业生产中视为农作物（或农业生物）与自然环境和人类劳动等因素组成的相互联系的整体，反映了作为自然再生产和经济再生产的统一的农业生产的本质。它所包含的整体观、联系观、动态观，贯穿于我国传统农学和农艺的各个方面。

我国古代，在农业生产的"天""地""稼"诸因素中，首先受到重视的是"天时"的因素，人们对天时与农业生产的关系有深刻的论述，农时意识之强烈世所罕见；并摸索出一整套掌握农时的方法。它包括了农业气象学的内容，又不同于一般所说的农业气象学，我们称为"农时学"。对农时的掌握，人们不是采取单一的手段，而是综合运用多种手段，形成一个指时的体系。保留了夏代历法内容的《夏小正》，已列出每月的物候、星象、气象和农事，这就把天上的日月星辰、地上的草木鸟兽和人间的生产活动，以季节变化为轴，联结起来，具备后世"三才"理论整体观的雏形。发展到战国秦汉，传统指时系统已趋完备。它以二十四节气和物候的结合和相互补充为重要特色。二十四节气的制定以标准时体系为核心，并考虑了多方面的因素。而物候指时本身即以对天上、地下、人间万事万物相互联系的认识为前提。即王充所说的"天气变于上，人物应于下"。战国秦汉以后发展变化虽然不大，但这个指时系统一直在指导着农

业生产。

对"地"的因素的认识利用也发生得很早，且贯彻始终，历久不衰。在农作物生长的外界条件中，气候是人们难以控制和改变的，但土壤在很大程度上则是可以改变的，地形在一定程度上也是可以改变的。因此，我国古代人民总是把改善农业环境的努力侧重在土地上。提高土地利用率成为精耕细作技术体系的重要基础；"尽地利"或"尽地力"成为传统农学的基本要求。作为这种实践的结晶并为之提供理论根据的，正是中国传统土壤学中最有特色的"土宜论"和"土脉论"。"土宜论"有丰富的内涵，它建立在对不同土壤、不同地类及其与动植物关系的深刻认识的基础上。中国早在春秋战国时期已对土壤作出细致的分类；这些分类并非孤立进行的，而是十分注意不同土壤、不同地类与不同的动植物的相互依存的关系。中国传统土壤学本质上是一种土壤生态学。"土脉论"把土壤看成是有气脉的活的机体。这种思想西周末年即已出现，为后世农学家所继承，并把它和"土宜论"结合起来。所谓"土脉"，实际上是中国传统农学对土壤肥力的一种表述。既然土壤有气脉，气脉有盛有衰、可益可损，那么，土壤肥力的状况就不是固定不变的，而是可以在人力的影响下发生变化的，后世"地力常新壮"的光辉理论，就是在这一基础上产生的。中国古代人民不但把许多原来条件恶劣、难以利用的土地改造为良田，而且自战国以来已从休闲制过渡到连种制，并在连种制基础上创造了丰富多彩的轮作倒茬、间套复种方式，土地利用率和土地生产率都是很高的。但从总体看，土地种了几千年而地力不衰，被世人视为奇迹。这一切之所以能够实现，主要就是依靠建立在土宜论和土脉论基础上的合理的耕作、施肥、灌溉和栽培等综合措施，而不是依靠什么黄土的"自行肥效"。

中国古代农学提高农业生物自身的生产能力的途径：一是通过驯化、引进、育种相结合来取得高产优质的作物和禽畜品种；二是根据农业生物的特性采取相应的措施。在良种选育方面，人们采取了有性繁殖和无性繁殖，种内杂交和种间杂交等多种手段，成绩斐然。其中田间穗选与单种、单收、单藏、加强田间管理等措施相配合的系统选育法，把育种、繁种和保纯复壮结合起来，最能体现传统农学综合性与整体性的精神。注意外部形态与内部性状的相关性，畜禽繁育与外界环境的协调，是中国古代选育种技术的重要特点。如人们很早就认识到矮秆作物早熟丰产，高秆作物晚熟低产。又产生了根据家畜外形特征来鉴别其优劣的相畜学。在这个过程中，人们加深了对生物遗传性和变异性的认识，如北魏的贾思勰已观察到，不但生物的"性"能遗传，在环境改变时会发生变异；而且这些变异在一定条件下能够固定化而形成新的特性。元明时代的农书对"唯风土论"进行批判，其意义就是指出了农业生物的特性、农业生物与环境的关系都是可变的。中国古代农学的重要原则之一是"因物制宜"，这是建立在对各种农业生物的形态、习性及其对外部环境的要求深入细致观察的基础上的。尤其值得提出的是，传统农学对农业生物内部（如营养生长与生殖生长、不同生长部位和生长时期）、生物群体中同一生物不同个体和不同种类生物之间的相互依存和相互制约有着深刻的认识，并巧妙地加以利用，趋利避害，使之向人类所需要的方向发展。人们很注意建构合理的农业生物群体。早在先秦时代，人们就通过垄作、条播、中耕等方法，使农田作物行列整齐、通风透光，变无序为有序。以后又有轮作倒茬、间套复种、生态农业雏形等的创造，都是对农业生物群体中互养互抑关系的认识与利用。中国古代选种和对生物特性的认识虽然发生很早，但比较系统的记载开始于秦汉魏晋南北朝时期，而且偏重于应用，始终没有形成独立的农业生物学。

在"三才"理论体系中，"人"与"天""地"并列，既非大自然（"天""地"）的奴隶，又非大自然的主宰，他是以自然过程的参与者、调控者的身份出现的。这就是所谓"赞天地之化育"。因此，人和自然不是对抗的关系，而是协调的关系。从而很早就产生了充满睿智的保护和合理利用自然资源的思想。农业生物的生长离不开自然环境，更离不开作为农业生产主导者的人，但人在农业生产中作用的发挥必须建立在尊重自然界客观规律的基础上。农业生物在自然环境中生长，有其客观规律性，人类可以干预这一过程，使它符合自己的目标，但不能凌驾于自然之上，违反客观规律；人们认识了客观规律，才有主动权，不但可以趋利避害，而且可以"人定胜天"。因此，中国传统农业总是强调因时、因地、因物制宜，即所谓"三宜"，把这看作一切农业举措必须遵守的原则。如前所述，中国传统农学认为农业的环境条件不是固定不变的，农业生物的特性及其与周围环境的关系也不是固定不变的，这就展示了人们在农业生产领域内充分发挥其主观能动性的广阔空间。土壤环境的改造，优良品种的选育，都与这种思想的指导有关。即使人们无法左右的"天时"，人们也不是完全消极被动的。在农业生产实践中，人们很早就直觉地认识到劳动力是农业生产的基本要素之一，从而有"人力"概念的出现。但农业生产不能光靠拼体力，更需要认识和掌握自然规律；于是又提出了"知"。明代马一龙论述了农业生产中"力"与"知"的关系："故知时为上，知土次之。知其所宜，用其不可弃，知其所宜，用其不可为，力足以胜天矣。知不逾力者，劳而无功。"反映了对"人"的因素认识的深化。另一方面，农业生产不是孤立的个人行为，而是一种社会活动，因此需要群体的协调，这就是所谓的"人和"。"人和"概念的形成，是传统农学整体观在人的因素中的体现。在传统农学中，"人"的因素的作用不但表现在各种技术措施的制定和实施中，而且表现在"人"对农业生产的管理上，包括国家对农业的宏观管理和地主、农民对其家庭经济的经营管理。这也是中国传统农学的一项重要内容。

从以上简要的叙述中可以看出，中国传统农学是有其鲜明特色的，是有其独特的自然哲学基础的。英国著名中国科学技术史专家李约瑟指出，中国古代的科学技术观是一种有机统一的自然观。这大概没有比在中国古代农学中表现得更为典型的了。

五 "三才"与"气"论

以"三才"理论为核心的中国传统农学所讲"天""地""人""稼"等因素不是相互孤立的,而是统一的;其统一的基础是"气"。

"气"是中国古代哲学中一个非常重要的概念,它主要是指一种流动着的、可以有各种不同表现形态的精微物质。"三才"理论的形成本身就有赖于"气"的概念的介入。甲骨文中的"天"字是大脑袋的人形,意指人头顶上的苍天,在当时宗教神学观念的支配下,"天"被认为是有意志的人格神——"帝"的处所,所以"天"又成为"帝"的代称。甲骨文中的"时",从"日"从"止"(足形之下加一横),用现在的话来说,就是太阳的运行的意思,是一种唯物的观念。但商代和西周初年,人们并没有把"天"和"时"联系起来。到了春秋时代,甚至可以追溯到西周末年,人们开始把"气"视为"天"的本质,把"时"视为"气"运行的秩序,从而逐渐形成"天时"的观念;同时,人们又提出"地气"的概念,把土地看成是有气脉的活的机体,形成了所谓"气脉论"。这样就把"天"和"地"物质化,为"三才"理论提供了重要基础;加上当时在铁农具推广以后的农业实践中,人们对自身在利用和改造自然中的地位和作用有了进一步的认识,于是形成了"人"与天地并列的"三才"理论。

古人认为,天和地统一在"气"之上,地气的运动受天气的影响;大地上动植物的生长和人类的活动都要受到它们的制约,农业活动必须依循天气和地气的这种变化来行事。这种观念在《礼记·月令》和《氾胜之书》等著作中已表现得十分清楚,而且一直延续至后世。元代王祯说:"风行地上,各有方位,土性所宜,各随气化,所以远近彼此之间,风土各有别也。"就是对"天"和"地"在"气"基础上的统一的理解。万物生长也是由于禀受了天地之"气",陈旉说:"万物因时受气,因气发生。"就是对天地和万物在

"气"的基础上的统一的理解。物候之所以能够指时，就是由于天地万物在"气"的基础上存在"动"和"应"的关系。不仅如此，在古人看来，人和天地万物都是由于"气"的流动和转化所形成的不同形态。例如清人杨岫认为，人和天地万物都由"五行之气"组成，人以动植物为食，就是吸收利用其中的五行之气，而人类的排泄物和废弃物仍然包含了没有利用完的五行之气，它们返回土壤，又可以供农作物生长发育之用。这种"余气相培"论，正是对人和天地万物在"气"的基础上的统一的理解。它是对农业生态系统物质循环和能量转化的一种朴素的表达方式，反映了人们对农业生物、自然环境和人类之间关系认识的深化。由此看来，在我国传统农学中，"三才"和"气"论是统一的、不可分割的；或者说，"三才"理论是建立在"气"一元论的基础之上的，

　　以"三才"理论为核心的中国传统农学虽然立足于"气"论，但在很长时间内并没有在这个基础上进一步形成完整的理论体系。在这方面，它与我国的传统医学表现出明显的不同。我国传统医学早在战国秦汉时期就已经在阴阳五行说（实际上也可以视为一种"气"论，或"气"论的一种形态）的基础上形成比较完整的理论体系。但中国传统农学在很长时期内只是停留在一般地以阴阳之气解释时令变化的范围内，没有运用"气"论对农业生产的过程作出系统的说明。直到明清时才出现这方面的尝试；而其达到的理论深度和实用效果都远逊于传统医学。

　　"气"是中国传统哲学思想中的一个"魔物"。它与中国传统农学的关系非常密切，而过去我们对这个问题的研究是很不够的。

六　中国传统农学的优缺点及其近代落伍的原因

　　如前文所述，以"三才"理论为核心的中国传统农学，比较注意农业生产的总体，比较注意适应和利用农业生态系统中的农业生物、自然环境等各种因素之间的相互依存和相互制约，比较符合作

为自然再生产和经济再生产统一的农业的本性。也因而能比较充分地发挥人在农业生产中的能动作用，使人和自然的关系比较协调。在它的指导下，形成了精耕细作的优良传统，在农艺水平、土地利用率和土地生产率等方面长期领先于世界。中国传统农业在其发展过程中并不是没有遇到困难和曲折，但这些困难和曲折从来不是由于技术指导的失误所引起的。相反，由于灾害、战乱等原因而造成的农业生产的巨大破坏，往往依靠坚持和发扬精耕细作的传统而得以克服。中国传统农业犹如一棵根深蒂固的大树，砍断一个大枝，很快又长出新的大枝来代替，不但依然绿荫满地，而且比以前更加繁茂。中华古代文明的繁荣和几千年持续不断的发展，得益于发达的传统农业作为其物质基础；而传统农业之所以富有生命力，重要原因之一是有一个由先进的自然哲学指导的优秀的农业科学技术体系。这个体系，是我们的祖先留给世界文化的珍贵遗产。

但中国传统农学的不足也是明显的。

它重综合而轻分析，重定性而轻定量，重外部表现而轻内部结构，重彼此关系而轻自身要素。在农业气象学方面，虽然很早就形成了综合的指时系统，善于观察自然现象之间的相互联系，以把握气候的实际变化，但始终未能对各种气象因素及其变化作定量分析。在农业土壤学方面，虽然很早就对各种土壤作出细致的分类，敏锐地揭示了不同土壤与不同植物、动物之间的依存关系，创造了改造和培肥土壤的光辉理论和有效方法，但始终没有对土壤本身的成分和结构作深入的理化分析。在农业生物学方面，虽然很早就对各种农业生物的形态、性状作出细致的观察和分类，尤善掌握农业生物与环境条件之间、各种农业生物之间、同一物种外部形态与内部性状之间的关系，并巧妙利用以提高农业生物自身生产能力，但始终未能深入农业生物内部探索其组织结构和生命过程的奥秘。

它重功能而轻机理；重实用而轻基础。早在先秦时代，中国已经有关于土壤学、地植物学等的专门著作（如《尚书·禹贡》《管子·地员》等），但秦汉以后向实用技术发展，有关基础学科的专门著作反而没有了。像《齐民要术》这样光辉的农学著作，的确包含了丰富的农业土壤学和农业生物学知识，但都是附着在各种实用技术应用的解说中，这些知识是分散的，尚缺乏系统化，更没有在理论上加以概括、总结和提高。毋庸讳言，秦汉以后的中国传统农学，确实是过分地附着于实用技术，独立于实用技术之外的以单纯的"求知"为目的的科学探索，是相当的缺乏。甚至那种哲理性的农学理论，在很长时期内只是以只言片语的方式表现出来；虽然它的精神被贯彻到各方面实际技术之中，但它本身并没有经过系统化的总结。总的说来，基础学科和以求知为目的的探索落后于生产技术的发展，理论落后于实践的发展。基础学科和基础理论发展的这种滞后，后来成为我国农业科学进一步发展，尤其是传统农学向现代农学转变的严重障碍。

中国传统农学以特有的自然哲学为其指导思想，其优点已如上述；但它没有形成自己的一套严密的、精确的概念体系，只能借用哲理性的概念（如"气""阴阳"等）阐述农业生产过程的机理。这些概念能较好地反映世间各种事物的统一性及其相互联系和转化，但又是模糊的、多义的，可以在自然与社会、精神与物质、主体与客体之间渗透的。它可以涵容丰富的内容，对各种事物作出左右逢源的解释，这些解释所反映的主要是事物共性的一面，却难以深入反映事物的特性；而且由于给人一种无所不适的满足，也在相当程度上妨碍了进一步的深入探讨。用"气脉"表示土壤肥力性状的可变动性，在先秦时代是一种天才的发现，两千年后仍然是这种解释，就远远不够了。与此相联系，传统农学往往停止在对事物性状的论述，缺乏计量分析和可以计量的研究手段，因而也难以有精确的把握。中国古代人民善于观察并且积累了丰富的经验，明清时代有些农学家已经注意到农学研究中的数量关系，但始终没有提高到可控的实验水平，因而传统农学也就不可能获得精确的表现形式。

我国传统农学的发展也经历过"合—分—合"的过程。如先秦的《吕氏春秋·辩土》诸篇是综合性的作物栽培概论，秦汉以后出现了专业性农书，综合性农书也包含了作物栽培和动物饲养的分论，这也是从合到分的过程。但这种"分"，是按生产对象和生产项目的细分，而不是对各种生产因素的深入分析；这种"分"，仍然没有摆脱对实用技术的附着，在研究手段和理论形态上并没有创新。到了明清时代，传统农学的发展要求在理论上加以总结和提高，这时出现了像明代马一龙《农说》和清代杨屾《知本提纲·农则》这样的农学理论著作。这两部著作虽然对传统的"三才"理论做了进一步的阐述，提出了一些有价值的观点，并使传统农业技术的原则原理更加条理化和系统化，但从马一龙到杨屾，他们所能运用的理论武器仍然是传统的阴阳五行说。如马一龙试图用阴阳消长解释气候季节的变化，解释农作物的生长、发育、成熟、死亡，以至解释各种农业技术。这种理论强调了农作物生长和环境条件密不可分的关系，强调了农作物生长过程中存在相互依存的矛盾的两个方面，一定程度上反映了作物的生长规律，但它毕竟是一种抽象、笼统的原则，完全没有深入生物体内部，完全没有涉及农作物从开花到结实这一关键时期的细节，因而不可能对农作物的生命过程作出科学的解释。面对复杂的农业生态系统和丰富多彩的农业技术，这种抽象的、只反映宇宙事物间某些共性的阴阳学说显得无能为力。当马一龙用它解释具体生产技术时，有时难免以偏赅全，削足适履，甚至用主观臆想代替客观事实。不能说马一龙和杨屾用阴阳五行学说阐述农业生产原理取得了完全的成功。

　　欧洲中世纪的农业技术是远远落后于我国的；但它们有古希腊、古罗马时期遗留下来的为求知而独立探索的传统，有亚里士多德的形式逻辑体系，它们的思维方式虽拙于综合但长于分析。文艺复兴以来，理性精神昂扬，逐渐形成了建立在可控实验基础上的近代科学。相当于明末清初的17、18世纪的欧洲，在农业技术上虽然仍然落后于我国，但在农业实用技术之外已出现了重大的突破。当时已发明了光学显微镜，并用它发现了细胞，观察研究了植物的受精过程，揭示了生物生命过程的奥秘，从而酝酿着生物学和农学的飞跃发展。而同时期的中国农学却没有出现新的理论和研究手段。与西欧同时期相比，中国传统农学的基础学科，尤其是生物学显然是落伍了。我国传统农学落后于西方，也正是从这里开始的。

七　农业现代化与中国农学史研究

20世纪70年代末80年代初，在关于中国农业现代化道路的讨论中，如何对待中国的传统农业和传统农业科学技术，成为人们关注的一个重要问题。当时从美国引进了成套大型农业机械设备，在东北的三江平原进行大规模的农业现代化的试验，在一些同志中产生了盲目乐观的情绪，以为中国的农业问题依靠引进西方先进的农业科学技术就可以解决，传统的精耕细作的农业科学技术已经过时了。中国农业精耕细作的优良传统在农业现代化中还有没有它的地位，一时成了问题。在这次讨论中，绝大多数农史研究者都对此做了肯定的回答。80年代中期，党中央明确指出，在农业现代化的过程中，学习和引进国外的先进农业科学技术必须与我国精耕细作的优良传统相结合。在中央这一方针制定的过程中，农史工作者的研究和论辩是起了作用的。

事情其实是很明白的。农业科学技术是不同地区、不同民族的人民根据不同的自然和社会条件在世代传承中创造出来的，包含了该民族对当地自然条件和社会条件的深刻理解，具有明显的地区性和民族性，是不可能轻易地被抛弃或割断的。我们在实现现代化的过程中，需要学习和引进外国的先进科学技术，但这种引进必须考虑本国的自然条件和社会条件，必须与民族传统相结合。我国传统农学精耕细作的传统，不但创造了历史的辉煌，而且在今天的农业生产的发展中仍然发挥着重要的积极作用。在我国人多地少、耕地后备资源严重不足的情况下，依靠精耕细作，努力提高单位面积产量仍然是发展农业生产的唯一正确的选择。扩大一点说，世界人口总是不断增加，而耕地却不可能无限地开垦，所以从总体看，世界农业必然是要走集约经营、精耕细作、提高单产的道路的。上文说过，中国历史上长期农业实践中所形成的"三才"理论及其所体现的有机统一的自然观，是比较符合作为自然再生产和社会再生产统一的农业的本质的，因而也在相当程度上是符合农业发展的方向的。西方现代农业虽然应用近代自然科学的成果取得重大的成就，但西方近代自然科学是把自然界分解成若干部分进行研究的结果，对事物之间的联系注意不够。因此，西方现代农业在一定程度上违背了农业的本性。20世纪后半期以来，环境污染、水土流失、病虫害抗性增加、能源过分消耗、"投入—产出比"下降等弊端已日益暴露，引起西方学者的反思，并重视从中国传统农业和传统农学获取启示，以寻找农业的可持续发展的道路。在这种情况下，中国传统农学所包含的合理因素、价值和生命力再次显露出来。在实现农业现代化的过程中，我们应该把中国传统农学中的优良传统与西方现代先进的科学技术结合起来，取长补短，建设更新、更高的现代农学。

20世纪70年代末80年代初那次大讨论以来，形势的发展给农业工作者和农史工作者提出的问题，已经不是在农业现代化过程中要不要继承传统农业科学技术的优良传统，而是在农业现代化中如何保存传统农业科学技术中有价值的东西。现在，现代化的浪潮、全球经济一体化的浪潮汹涌澎湃，传统文化受到了严重的冲击，在这个浪潮面前，许多传统的东西，或者迅速消失，或者严重变形，达到了令人触目惊心的地步。传统农业科学技术也同样面临严峻的形势。应该指出，传统农业科学技术中有些东西在农业现代化的过程中消失或发生变化是不可避免的。例如，传统农业科学技术重视中耕，讲究"锄不厌数"，为此要投入大量的劳动力；现在农民劳动的门路多了，劳动力值钱了，不少地方采用了除草剂，传统的中耕技术就不可能按老样子维持下去了。又如传统农业科学技术有一套整理秧田、培育壮秧的精细技术和理论，但现在推广抛秧技术，这一套就派不上用场了。大体说来，凡是与多劳集约相联系的技术，或迟或早要在农业现代化过程中消失或改变形态。现在的问题是要防止玉石俱焚，防止在现代化浪潮中把传统中有价值的东西毁掉，这些东西一旦毁掉，就可能造成不可挽回的损失。

在这样的大形势之下，在即将到来的新世纪中，中国农学史学科将如何发展？中国农学史研究者应该怎么办？这是值得我们思考的问题。我们认为，起码有如下三个方面的工作是应该努力去做的。

第一，认真开展与社会、文化、生态等领域相结合的农学史研究。当前，在现代化过程中，经济取得迅猛发展，但同时出现了一系列严重的社会问题和环境问题，对人类社会造成了现实的或潜在的威胁；因此，经济与社会文化的协调发展，人和自然的协调发展，日益为人类所关注。凡此种种，使综合性研究成为科学发展的不可抗拒的潮流；与此相伴随的则是不同学科理论与方法交叉融合的趋向。例如，自然科学和社会科学相交叉的"科学、技术与社会"（STS）已经迅速成为一个新兴的专门研究领域。在这种情况下，农学史研究更应注意经济与社会、文化、自然诸因素的相互关系及其长期发展趋势的考察，而不能孤立进行。所谓农学史的"外史"，就是从农学与社会、自然的相互关联中去研究它的发展。"外史"的研究已经引起了研究者的注意，但如何把"外史"与"内史"有机地结合起来，仍然需要继续努力。而农学发展与社会变迁的关系，农学发展与环境变迁的关系，农学发展与文化发展的关系，等等，仍然有许多值得深入探索的专门领域。例如，中国传统农业和传统农学是中国传统文化的基础和根柢；过去，无论是研究文化史的学者，或是研究农学史的学者，对这个问题是注意不够的。如前所述，中国传统农学的重要特点是以富有哲理的思想为其统帅，这种农学思想与中国传统文化、传统的思维方式关系非常密切；在这方面还有许多问题值得探讨。只有把传统农学的研究与社会文化的分析结合起来，才能深刻揭示农学发展和变化的规律；才能进一步弄清在现代化条件下，传统农学中哪些东西应该继承，哪些东西必须改变；而继承的依据、改变的方向又是什么。从文化学的视角研究农学史，还有一个应予重视的课题，这就是国内各民族各地区农业文化的交流、中外农业文化的交流和近现代中西农学的交会；这些问题的研究，迄今仍然是比较初步的。

第二，认真开展传统农学与现代科学技术相结合的研究。传统农业科学技术中有许多有价值的东西，但必须用现代科学加以总结和改造，才能使它们得到继承和发扬。首先是需要现代科学去论证其科学性、合理性和存在的价值；其次是需要现代科学去改造和提高它，使之具备现代科学所要求的精确性，适应现代社会的条件。只有这样，它才会被人们所承认，才能存在和发展。这不仅是农史工作者的责任，也是现代科学工作者的责任。现在大学课堂中的农学体系，基本上是照搬西方的，如何与中国传统农学相结合，建设具有中国特色的现代新农学体系，仍然是需要探索的；在这方面，农史工作者应该是有工作可做的。

第三，认真开展农业科学技术史知识的普及和宣传工作。现在的影视和文学作品中，由于缺乏农史知识而闹的笑话屡见不鲜。从农史工作者的角度看，是我们普及和宣传的工作做得不够。同时，我们要继承和发展传统农学中有价值的东西，就不能只在学者的小圈子中进行研究，而必须把有关知识普及到广大农民和农业工作者中，否则这种研究是起不了作用的。农史知识的普及和宣传，更重要的意义应在于此。

（原载周肇基、倪根金主编《农业历史论集》，江西人民出版社2000年版）

环境史视野与经济史研究

——以农史为中心的思考

一 人类回归自然,自然进入历史
——环境史兴起的意义

环境史的兴起是当前史学领域引人注目、意义深远的大事。近代以来,以工业化为核心的现代化进程,在导致人类社会经济突飞猛进的同时,也出现了日益严重的环境问题和社会问题。到了 20 世纪中叶,人们已经深切地感受到生态环境的恶化对人类的生存和发展现实的威胁,环境保护运动因而风起云涌,环境史学科亦应运而生。至 20 世纪末,在西方,环境史已经颇成气候,成为继政治史、经济史、社会文化史之后西方历史编纂学的第四大类型;在中国,与环境有关的历史研究也越来越受到人们的关注。

环境史的兴起,不但开辟了史学的新领域,而且给史学带来了新思维。我们知道,近代自培根以来,主客对立、征服自然的观念长期支配着西方的思想文化界,并产生了世界性的影响。人们在这种氛围中研究历史,往往自觉或不自觉地把人类社会从自然中抽离出来,不论政治史、经济史或社会史,都往往脱离自然的因素来讲述人事;也有论及自然环境的,一般只是把它作为历史发展的背景或外部条件来对待。环境史打破了这种传统。目前,国内外学者对环境史的定义虽有不同的表述,但基本上都认定环境史是研究人与自然间关系的,是研究人与自然间互动的。环境史以现代生态学为理论基础和分析工具。现代生态学不但把自然界看成是生态系统,而且把世界看成是"人—社会—自然"的复合生态系统，从而形成一种新的世界观。在这种思想的指导下：

第一，环境史把人与自然结合起来进行总体的动态的考察。人和自然被汇入同一历史长河中，或者更确切地说，历史研究中一度被人为地从自然中抽离出来的人类社会，被重新放回大自然当中，放回它事实上不可须臾分离的地球生物圈当中。

第二，自然环境对人类历史的作用受到空前的重视。在环境史那里，自然环境并非消极被动的因素，并非单纯的历史发展的背景、舞台或者道具，而是一种积极的能动的因素，是参与历史活剧演出的演员。

以上两点，不妨用"人类回归自然，自然进入历史"去概括它。笔者认为，这是环境史学中最有价值的东西，其意义已经超越了环境史自身。在这样一个高度明确地从人与自然、社会与环境的统一和互动中去考察历史，在人类认识史上还是第一次。这对纠正某些长期流行观点的偏颇，促进历史学的发展，具有革命性的意义。用这种理念研究历史，会产生许多不同于以往的认识和结论。

由于人与自然关系的复杂性，以研究人与自然互动的环境史不能不借鉴多种学科的方法和成果，实行跨学科的研究。以前，历史学的跨学科研究基本上是在社会科学和人文科学的范围内进行，它的口号是历史研究的社会科学化，现在，社会科学与自然科学的结合成为基本的治史方法，这也是前所未有的。

总之，环境史为我们展示了新问题、新领域、新思维、新方法，使史学的发展获得新的契机、新的生长点。

人和自然的互动，首先和主要发生在经济领域，然后扩展到其他领域。环境史学者十分重视经济生活层面的研究。美国著名的环境史学家唐纳德·沃斯特认为环境史要着重研究自然生态、社会经济（包括工具、生产、生产关系、生产方式、权力的配置和布局等）和生态意识这三个层面；又指出环境史研究的第二个层面——以生产技术为中心对自然的开发和利用——亟待加强。这一观点在环境史学界获得普遍的认同。

那么，从环境史的视角观察经济史，可以获得什么启发，从而刷新或深化哪些认识呢？从环境史视角考察经济史，主要是指用现代生态理念①考察经济史。环境史本身就是现代生态理念运用于史学研究的产物。而现代生态理念则是现代全球性生态危机催生的生态觉醒和生态革命的产物。所以问题的实质是经济史学科如何应对这一伟大的生态觉醒和生态革命，如何站在时代认识的制高点来推动学科的发展。

二　自然对经济活动的"参与"
——一个能动的有机的自然

经济的中心环节是生产。按照马克思的说法，生产或劳动"首先是人和自然之间的过程，是人以自身的活动来引起、调整和控制人和自然之间的物质变换的过程"②。生产力要素包括人（劳动者）和物两个方面。物的要素，不论是劳动资料（包括生产工具和劳动条件），或是劳动对象，都是天然的或经过劳动加工的自然物质。马克思把自然界称为"一切劳动资料和劳动对象的第一源泉"③，"劳动的第一个客观条件"④。从这个角度看，自然环境并非外在于人类的经济活动，而是作为基本的实质性的物质要素包括在生产力和劳动过程之中，从而直接参与人类的经济活动。⑤

---

①　环境史是以现代生态学作为理论基础的，或称生态史。笔者这里所说的"现代生态理念"，是指从现代生态学中提炼出来的世界观和方法论。

②　《马克思恩格斯全集》第23卷，人民出版社1972年版，第201—202页。

③　《马克思恩格斯选集》第3卷，人民出版社1995年版，第298页。

④　《马克思恩格斯全集》第46卷（上），人民出版社1979年版，第487页。

⑤　宁可在《地理环境在社会发展中的作用》（载《宁可史学论集》）中指出："人类历史创造活动的一个重要方面是通过和自然界之间的物质变换。或者说，通过对自然物质的调整、控制和改造，以谋求自身的生存和发展。因此，地理环境不单是人类历史活动的沉默背景和消极的旁观者，它本身就是人类历史创造活动的参与者，是这种活动的对象和材料。"

对于这个问题，还可以作进一步的考察。按照现代的生态理念，人类是地球生物圈的一个成员，人类的经济活动是在生物圈的生态系统中进行的，人类的经济系统是生物圈生态系统中的一个子系统，经济系统是以生态系统为基础的。因此，自然不光是以其某些部分作为物质要素参与经济活动，而是整体地与人类协同完成其经济活动。

这种情况在农业中表现得最为明显。作为农业生产对象的动植物是在大自然中按照大自然的节律生长和繁衍的。马克思说：农业"总是同一个自然的再生产过程交织在一起。"① 也就是说，农业生产是自然的活动和人的活动交织在一起共同完成的过程。对此，中国古代人民也有深刻的认识。如《吕氏春秋》说："夫稼，为之者人也，生之者地也，养之者天也。"②（《士容论·审时》）这是作为中国传统农学指导思想的"三才"理论的经典表述。在这里，"天"主要指气候，"地"指土壤、地形等，"天"和"地"共同构成农业生产的自然环境，"人"是农业主体，"稼"是作为农业对象的生物体。这就是把农业视为由相互依存的天、地、人、稼组成的整体，在这一整体中，农业生产建立在自然再生产的基础之上，经济系统和生态系统是统一的。农业生物的生长、发育、成熟离不开自然环境的"天"和"地"，尤其要与气候季节变化节律保持一致。中国传统农业强调"不违农时""以时禁发""因地制宜""因物制宜"，等等，其意义正是保证农业生物自然再生产的正常进行。对于农业生物的自然再生产，人们不能"越俎代庖"，只能在它的基础上加以利用，把它引导到满足人类需要的方向来，即所谓"顺时宣气，蕃阜庶物"③（卷九一《货殖传》）。可见，农业生产是在自然再生产的基础上由"天、地、人"协同完成的，即所谓"天人相参"。

农业生产以外的经济活动，如工业生产，离自然似乎比较远。

---

① 《马克思恩格斯全集》第 24 卷，人民出版社 1972 年版，第 399 页。
② 吕不韦：《吕氏春秋》，上海书店 1986 年版。
③ 班固：《汉书》，中华书局 1962 年版。

按照马克思的说法，在传统农业中，人的劳动只不过是自然过程的助手，而机器大工业则使自然力大规模地从属于直接生产过程，变成社会劳动的因素。但工业等经济活动是以提供食物的农业为基础的，工业的原料直接或间接来自自然，工业生产过程也不能脱离自然再生产。马克思说："对于计算资本周转来说，这样的自然尺度是年，因为年是最重要的生活资料和农产品，即整个生产的物质基础的自然再生产时间，至少在温和的气候条件下，也就是在资本主义生产的祖国是如此。"[①] 在这里，马克思实际上把自然再生产看作整个经济活动的物质基础。而且，自然再生产不能仅仅理解为农业生物的生长和繁衍。"生产过程本身也会使劳动过程从而使劳动时间发生中断，在这个间歇期间，劳动对象听任物理过程对它发生作用，而没有人类劳动参加进去。在这种场合，虽然劳动过程从而生产资料作为劳动资料的职能中断了，但生产过程从而生产资料的职能却继续下去。例如，播在地里的谷种，藏在窖中发酵的葡萄酒，许多制造厂（如制革厂）中听任化学过程发生作用的劳动材料，就是这样。"[②] 也就是说，在包括工业在内的生产活动中，劳动过程可以中断，自然再生产过程则不会中断。

在自然界中，各种生物之间、生物和环境之间是相互制约相互依存的，气候、土壤等环境要素也处于不断变化和不断更新之中——整个自然界是相互依存、变动不居和生生不息的。因此，不妨把自然再生产的概念扩大为环境再生产的概念。不但人类每一项具体生产活动都或明或暗地包含着自然再生产，而且整个人类经济活动都建立在环境再生产基础之上，是在自然和人类的协同作用下进行的。

这里牵涉对自然的认识问题——自然究竟是能动的有机体，还是被动的机械体？

人类对自然的认识经历了一个变化的过程。在古代中国，"有机

① 《马克思恩格斯全集》第49卷，人民出版社1982年版，第334页。
② 《马克思恩格斯全集》第24卷，人民出版社1972年版，第139页。

统一的自然观"（李约瑟语）发展得相当成熟，其典型表现就是
"三才"理论。在"三才"理论中，气候的季节推移和异常变化是
用阴阳二气的消长来解释的（"天时"论），土壤则被看成是有血脉
的、与气候的季节变化相呼应的活的肌体（"土脉"论）。天上、地
下、人间的万事万物是相互联系、相互依存、相互呼应的不断变化
着的整体。在古代西方，也有将自然尤其是地球视作养育众生的母
亲的有机自然论。但在基督教教义中已包含了"征服自然"的思想，
16、17 世纪以后，"有机论"自然观又被"机械论"自然观所取代。
这种机械论自然观"把自然看做死的，把质料看做被动的，所以它
所起到的作用就是微妙地认可了对自然及其资源的掠夺、开发和操
纵"。① 近代西方这种人与自然对立的机械自然观也传到了中国的思
想文化界。对现代中国人的自然观发生了影响的还有斯大林的理论。
斯大林正确地批评了地理环境决定论，但批评中也在一定程度上陷
入了机械论。因为他说的地理环境基本上是外在于人类社会的，忽
视了自然因素内在地参与人类的生产活动的事实；同时又强调地理
环境相对于人类社会"几万年间几乎保持不变"②，从而大大低估了
自然对人类历史发展的作用。③

　　自然环境处于经常的变动之中。一类变动是自然界自身运动所
发生的，其中有"常变"，有"异变"（如异常气候），有渐变，有
突变（如地震、火山爆发）；无论哪种变化，都能动地作用于人类社
会。人类的生产秩序和生活秩序，相当程度上是适应自然界的常变

　　① ［美］卡洛琳·麦茜特：《自然之死——妇女、生态和科学革命》，吴国盛等译，吉
林人民出版社 1999 年版，第 114 页。
　　② 斯大林在《论辩证唯物主义和历史唯物主义》中说："地理环境的稍微重大一些的
变化都需要几百万年，而人们的社会制度的变化，甚至是极其重大的变化，只需要几百年
或一两千年也就够了。""由此应该得出结论：地理环境不可能成为社会发展的主要的原因，
决定的原因，因为在几万年间几乎保持不变的现象，决不能成为在几百年间就发生根本变
化的现象发展的主要原因。"《斯大林文集（1934—1952 年)》，人民出版社 1985 年版，第
217 页。
　　③ 对斯大林地理环境理论的批评，可参见宁可《地理环境在社会发展中的作用》
一文。

和渐变形成的。这种秩序又往往被自然界的异变和突变打乱，使人类社会遭受或大或小的损害，即所谓自然灾害。严重的自然灾害虽说不能从根本上改变人类历史进程的方向，但可以导致一个地区经济的衰落和一种文明的毁灭；在人类社会的早期尤其如此。自然环境除了自身的变化以外，人类的活动也会引起它的变化；后者的强度和速度，在某些方面甚至大大超过前者。在这里，自然环境似乎是被动的，事实上它却不声不响地以一只无形的手——自然规律——牵制着人类：当人类的活动遵循自然规律的时候，自然是温顺的、善解人意的；而当人类的活动违反自然规律的时候，自然就会变得暴烈，无情地给人类以惩罚。

总之，自然环境对于人类历史并非外在的和被动的，它作为内在的、能动的因素经常作用于人类历史，参与人类历史尤其是经济历史的创造。我们应该告别形形色色的机械论自然观，用现代生态的理念指导经济活动和经济史研究。在一定意义上也就是回复到中国古代"天人相参"的理念上来。因为两者基本上是一致的。

三　人类对自然环境的"应对"
——以技术体系的形成为例

所谓人类对自然环境的"应对"，是指人类对自然环境的"适应"和"改造"的统一。为什么要提出这样一个概念呢？

自近代工业化以来，人们片面强调对自然的改造、支配和征服，而且在相当长的时期内，似乎是一路高唱凯歌前进的。被"胜利"冲昏头脑的人类对自然的索取变得肆无忌惮，超越了自然的承载能力，不断遭到自然界的报复，环境问题变得越来越严重。人类在生存面临威胁的情况下不得不对这种"反自然"的倾向进行反思。这种反思是十分必要的。但也容易使人走向另一片面，有些人转而强调人类只能适应自然，认为不应再提"改造自然"了。在有些学者中甚至出现一种"反文明"的倾向，认为自然界自有高超的力量实现永久的美妙的"生态平衡",生态环境问题的出现,只是由于人类的干扰所致,因而人类应该放弃干扰,放弃科技,放弃发展,回到因任自然、无所作为的状态。

其实,人类对于自然,既有适应的一面,又有改造的一面。因为人具有两重性,既是自然的存在物,又是社会的存在物。作为自然的存在物,自然是人类的母亲,人一刻也不能离开自然,因而不能不受到自然的制约,不能不适应自然的规律。作为社会的存在物,通过劳动、实践对自然的改造又是人的本质特征。人类为了维持自身的生存和发展,必须从自然界取得生产资料和生活资料,而其中介就是劳动。人们在经济活动中借助劳动资料把劳动施加于劳动对象,形成产品。在这个过程中,劳动资料(劳动工具和劳动条件)绝大多数都经过了劳动的"过滤",使之得心应手,符合生产的要求;劳动对象也凝结了人类的劳动,按照人类预期的目标改变了原来的形态。这就是改造自然的过程,这是一切文化和文明的基础。地球的一切生物都只能消极地适应自然,唯有人类能够能动地改造自然。我们现在所看到的自然,已经是深深打上人类劳动印记的、与洪荒时代大异其趣的"人化自然"了。这首先是一个无可置疑的事实,否定了这一点,就是否定了历史,否定了全部人类文明。

人类何以能够改造自然,其根据是什么?从主观方面看,一是人类有思想,能制造工具,具有自觉的能动性;二是人类能合群,组织为社会。从客观方面看,自然界是能动的,因而也是可以变化的,而不是僵死的,这就给人类主观能动性的发挥提供了广阔的空间。但人类对自然的改造并不能随心所欲,它一方面受制于自然界所给定的基本条件,另一方面受制于与这些基本条件相联系的自然规律。人类改造自然的活剧不能超越这个舞台,自觉也罢,被迫也罢,人类总得服从这些条件和规律。从这个意义上讲,"改造"也包含了"适应"。

在人与自然的关系上,片面强调"适应"和片面强调"改造"都是不妥当的。人既改造自然,又适应自然,这种改造与适应的统一，可以用"应对"一词来概括。"改造"与"适应"两者关系处理的好坏，亦即"应对"的好坏，可以作为衡量人类文化水平和文明程度的重要标尺。马克思主张人的"自然主义"和自然界的"人道主义"的统一。① 所谓自然界的"人道主义"，也就是自然界的"人化"，指人类通过劳动对自然的改造，使之适应于人。所谓人的"自然主义"，也可以称之为人的"自然化"，指人类对自然的适应，通过改造自然达到与自然的协调。

以劳动为中介的经济活动是人与自然之间物质变换的过程，劳动包括人的有目的的体力和智力的活动，而技术则是其结晶。在一定意义上，技术可视为经济活动与自然环境关系的核心。而历史中形成的各种技术体系，正是人类在经济活动中应对自然环境的产物。

中国传统农业技术体系的特点是精耕细作，精耕细作技术体系是如何形成的？一种意见强调人多地少促使人们通过集约经营以提高单产，另一种意见则强调封建地主制下人身相对自由而经济规模狭小的小农不能不走上多劳集约的道路。这两种意见都有其道理，但都不能解释精耕细作技术体系形成的初始原因。因为中国的封建地主制经济是在战国以后才逐步形成的，黄河流域局部地区人多地少的格局，也顶多追溯到战国时代，而精耕细作技术不晚于春秋时代已见萌芽。日本学者称中国传统农业为"中耕农业"，以区别于西欧中世纪的"休闲农业"，实行中耕是中国传统农业精耕细作的标志之一。而中耕农业的产生显然与上古时代黄河流域中下游的自然环境有着密切的关系。原来由浅海淤积而成的黄河流域中下游平原上古时代存在众多的薮泽沮洳，当农业由山前高地向平原低地发展时，首先要解决耕地的内涝返碱问题。我国古代人民在实践中摸索出来的办法是：在耕地里挖掘排水沟，挖出来的土堆成长条的高垄，形成"畎亩"农田；庄稼种在垄上，垄作是条播的基础，条播又为中

---

① 马克思的原话是："因此，社会是人同自然界的完成了的本质的统一，是自然界的真正复活，是人的实现了的自然主义和自然界的实现了的人道主义。"（《马克思恩格斯全集》第42卷，人民出版社1979年版，第122页。）

耕创造了条件。垄作、条播、中耕三位一体，成为精耕细作技术体系最初的表现形式。这在西周春秋的文献中已有反映，而在《吕氏春秋·任地》等篇中获得系统的总结。《任地》开篇以"后稷"名义提出："子能以窐为突乎……"——您能把低洼地改造成高出的耕地吗？接着全篇围绕如何改造低洼盐碱地这个问题展开，详细论述了畎亩技术的各个方面。作为改造低洼盐碱地实践结晶的畎亩技术的创造，不能脱离当时基本的环境条件进行，同时又通过对环境条件的改造求得农业生产与环境的协调。这就是我们说的"应对"。我国精耕细作技术在以后的发展中，范围不断扩展，内容不断丰富，水平不断提高，但本质上都是对自然环境的应对，是发扬自然环境中的有利条件、克服其不利条件而创造的一种精巧的农艺。

在这里，我们可以看到自然环境对人类和其他生物的不同制约方式。在人类以外生物界的生存竞争中，凡是适应自然环境的就能生存下来，否则就被淘汰。这就是"适者生存"的法则。生物的适应是被动的，自然界的制约是决定性的。人类则不然，由于人类有自觉的能动性，可以自觉适应和能动改造自然环境，自然环境虽然提供了人类社会发展的基本条件，从而也规定或影响其发展的大致方向，但这种制约已经不是决定性的，而是可选择的。大致相同的自然条件可以产生有明显差异的不同技术体系（例如，同是山地的开发利用，可以种林果，可以种庄稼；可以建造梯田，也可以采取畲田的方式），就是这种可选择性的表现。不同开发方式和技术体系有精粗优劣之分，这既取决于人们经济实践的广度和深度，取决于在经济实践中人们智慧和创造力发挥的程度，也取决于经济和社会的其他条件。这种选择是双向的。人们可以在既定的自然环境下选择适应和改造自然的不同技术体系，而这些不同的技术体系也要经受自然环境用特殊方式进行的选择：凡是与自然环境协调的技术体系，都能够保持比较长久的生命力；凡是与自然环境不协调的技术体系，都会被淘汰，即使人为地延续下来，最终也会受到自然的惩罚而难以为继。

　　人类对自然的改造是否都会导致自然的破坏？这个问题需要分析。诚然，人类对自然的改造必然会引起自然的变化，但这种变化有良性的，也有非良性的；它所造成的后果，有正面的，也有负面的。例如，江南地区在《禹贡》时代呈现"厥土惟涂泥，厥田为下中"①（卷一）的景观，由于地势卑下，遍地榛莽，气候湿热，瘴疫流行，"丈夫早夭"②，长期以来被中原人视为畏途。经过长期农业开发实践，建立了治水与治田相结合的塘浦圩田系统，形成和发展了南方水田精耕细作技术体系，这一地区逐步成为全国经济重心，成为适合人类生息的人文荟萃之区。这一开发改造的过程，从其主流看，无疑是生态环境优化的过程。因此，不能认为凡是经济开发都会破坏环境；只有不合理的、过度的开发才会导致生态环境的恶化。当然，所谓环境的优化或恶化，是看它是否适合人类的生存和发展，舍此之外，还能有什么别的衡量标准吗？

　　人类改造自然过程中，在取得许多重大的辉煌的成果的同时，也做过许多破坏生态环境的蠢事和错事，这也是毋庸讳言的。我国历史上局部的生态破坏很早就有发生，而南北各地生态环境全面恶化的趋势，则是从明清时期开始的。从世界范围看，近代以来环境破坏尤甚。主客对立的自然观固然是导致环境破坏的重要原因，但即使有了正确的自然观，也未必能保证环境不受破坏。因为自然太神奇、太复杂了，人类对自然规律的认识和掌握需要一个漫长的反复的过程，改造自然的远期结果往往是人们始料不及的，这就难免造成破坏和挫折。环境问题的产生和恶化，更有社会的、制度的原因，在人与自然的关系的背后，往往隐藏着人与人关系的问题。由于这种种原因，不但在中外历史上，而且在今后相当长的时期内，人类改造自然的活动仍然会有环境破坏相伴随。这是人类发展还不够成熟的表现。但即使这样，仍然不应把环境问题的产生归咎于人对自然的改造本身。应该看到人类改造自然过程中有过优化环境的

①　周秉钧：《尚书易解》，岳麓书社1984年版。
②　司马迁：《史记·货殖列传》卷一二九，中华书局1959年版。

成功实践，同时不能认为历史上和现实中环境的破坏是完全不可避免和不能解决的；否则提出环境保护的任务就毫无意义了。人类发展图景不是单色的，而是多种色素构成的，有建设、有破坏，有前进、有后退，进步中也往往包含了退步；但总的趋势是在曲折中向前发展，不能认为一代不如一代。

在人与自然的关系中，还有一个孰主孰客的问题。既然人类对自然的改造是无可置疑的事实，那么，不言而喻，人是认识和改造自然的主体，自然界则相对地处于客体地位。马克思明确指出："主体是人，客体是自然。"① 承认和坚持人的主体性，是一条重要准则。我们思考和处理人与自然关系时，必须也只能从人类的整体和长远利益出发，"以人为本"，否则，没了是非标准，只能乱套。承认人的主体性并不等于认为人是自然的主宰，可以随意支配自然；但人在一定条件下和一定程度上能够调控自然秩序、调控人与自然的关系。在一定意义上，这还是人类的历史使命。同时，承认人的主体性并不意味着人永远处于主动地位，作为客体的自然永远处于被动地位。在人类能动改造自然的活动中，人主动，自然被动，没有问题。但在自然界以自身的变动作用于人类社会时，自然就是能动的，人就是受动的。② 如处于北半球的黄河流域，春暖、夏炎、秋凉、冬寒这种自然界气候的季节变化是作为能动的一方作用于人类社会的，而人类社会则作为受动的一方相应形成了春耕、夏耘、秋收、冬藏的生产秩序。自然灾害的发生，是能动的自然作用于受动的人类社会，更是显而易见了。但这种情况并非固定不变的。当自然灾害或不利的自然条件给人类社会造成困难时，会激起人们应对挑战、克服困难的勇气和实践；而人类对自然的改造又会导致自然对人类社会的反作用——在这两种场合下，都发生原来能动方和受动方的易位。历史就是在人和自然这样的"互动"中向前发展的。

---

① 《马克思恩格斯全集》第 46 卷（上），人民出版社 1979 年版，第 22 页。
② 现在有一种提法——自然是参与人类历史的主动因素。这容易引起自然参与历史是有意识的行动的误解。我觉得以采用"能动"一词为好，而以"受动"与之相对应。

总之，在人与自然的关系上，我们既要反对"反自然"的倾向，又要防止"反文明"的倾向。前者是当前主要危险，但对后者也不能掉以轻心。

四　从"人—社会—自然"复合生态系统考察经济史
——以消费需求无限性和资源供给有限性的矛盾为中心

按照现代生态理念，必须把经济体系放到地球生物圈的生态系统中考察。这不但是处理现实经济问题的原则，也是研究经济史的门径。因为只有这样，才能更好地把握历史上经济发展的内涵、趋势及其深层和长远的意义，从而对历史上的经济活动做出正确估量和评价。

过去经济史在研究生产力时一般局限于生产工具、生产技术和劳动者状况的分析，现在，从"人—社会—自然"的复合生态系统的角度考察，生产力的内涵需要扩展，它不但包括社会生产力，而且应该包括自然生产力、生态生产力或环境生产力，是社会生产力和自然生产力的统一。这里有许多问题需要研究和解决。例如，如何界定自然力和自然生产力？是否可以说，只有被人类开发和利用的自然力，才能称为自然生产力？社会生产力和自然生产力是什么样的关系？自然力和自然生产力诚然是社会生产力的基础，这是两者统一的一面；但是难以控驭的自然力会破坏生产，而不合理的社会生产力的发展也会破坏自然力和自然生产力，这又是两者矛盾的一面。又如，自然生产力在经济发展中起何作用？它的变化规律与社会生产力有何不同？土壤肥力、尤其是新垦地肥力的变化、水利灌溉工程效益的变化，相当程度上反映了自然生产力的变化。这里有不少尚待经济史开拓的空间。

在很长时期内人们衡量历史上经济的发展，只是着眼于经济总量的增减，近代以来，随着资本主义的兴起，人们又注意和强调劳动生产率的高低和升降。这当然是不错的，但已经远远不够。从经济系统与生态系统统一、人与自然互动的视角去考察，除了注意经济总量和劳动生产率之外，还应该分析经济发展与环境变迁关系；除了注意资源利用的广度、深度之外，还应该分析资源损耗情况和资源利用是否合理。后者对经济发展的影响比前二者更为深远。只有把三者结合起来，我们的认识才会更接近历史的实际。这就向我们提出了重建经济发展的评价体系的任务。[①]

对于历史上的商品经济的研究，人们一度重视不够，改革开放以后，它受到空前的重视，但又容易从一个极端走到另一个极端，似乎历史上商品经济的作用都是正面的。从经济系统与生态系统统一、人与自然互动的视角去考察，情况并非完全如此。在一定的条件下，商品经济会导致资源配置的优化，从而有力地推动经济的发展；但商品经济无序的发展又往往引起社会的分化、资源的耗损和环境的破坏，这样的例子无论在历史上和现实中都是屡见不鲜的。市场是以消费需求为基础的，古今莫不如此。发展市场经济总要不断刺激和创造出新的需求。但是，如果需求从人类的实际需要中"异化"出来，与人类的实际需要渐行渐远，以至成为一种身份的符号、一种炫耀的排场，那么，虽然它也能造就一时的经济繁荣，但却要付出沉重的资源和环境代价，从而损害人类社会发展的长远利益。对历史上商品货币经济的考察，需要超越"资源配置"的视野。

英国环境史学家克莱夫·庞廷批评为西方广为接受的古典经济学及由此而来的现代体系"把物品的生产放在了经济的中心"，"忽略了资源损耗的问题，而仅仅是在处理不同的竞争方之间的资源分配这个第二位的问题。它们至关重要的缺陷在于把地球上的资源视为像资金一样——是可以转变为利润来源的资产配置……这种观点

　　[①]　在关于中国传统经济再评价的讨论中，衡量历史上经济发展与否的标准是劳动生产率的高低、资源配置优劣，还是资源利用的广度、深度和合理程度？这些都曾是争论的焦点。从环境史的视野看，这个问题就比较清楚了。讨论的具体情况可参见叶茂《记中国经济史论坛关于"中国传统经济再评价"的讨论》、李根蟠《"中国传统经济再评价"讨论和我的思考》两文。

忽视了一个基本的事实，那就是地球上的资源不仅仅是稀少的，而且也是有限的"。[①] 庞廷的批评是有道理的，我们过去对经济发展的评价，确实没有把资源损耗考虑进去。

人们忽视资源的有限性有其历史背景。近代科学技术和生产力的空前发展，控制自然的力量大为加强，物质财富正像喷泉一样源源不断地涌流出来，人们沉浸在乐观的氛围中，似乎没有什么东西能够阻挡经济的发展。但是，近代工业社会经济是建立在石化能源基础之上的。石化能源是不可再生的，使用这种能源会造成比较严重的环境污染。随着生产力的发展，人口也空前增长。而刺激高消费，不断制造新的市场需求，保证生产规模的不断扩大，以谋取越来越多的利润，是资本主义经济的生命线。人类不断扩大的经济规模已经超出了自然的承载能力，地球有限的资源已不能支撑人类无限膨胀的消费需求。危机越来越逼近，但被表面的欢乐掩盖着。直到 20 世纪 70 年代罗马俱乐部发表了那个惊世骇俗的研究报告——《增长的极限》，才把经济发展、人口增长和环境、资源的尖锐矛盾一下子端到世人面前。

在当前的世界性生态危机中，地球资源是有限的，已经成为人们的共识。以今鉴古，不难发现，资源供给有限性和消费需求无限性的矛盾自始就存在，尽管这是一个相对的概念，而且在古代它一般只发生在一定时期和局部地区。中国古代有些思想家对此已经有所认识。例如，唐朝陆贽说："地力之生物有大数，人力之成物有大限。"[②] 明朝韩文也说："天之生财有限，而人之用物无穷。"他们在这种认识的基础上提出"节用"的主张。资源供给的有限性和消费需求的无限性，在一定意义上可以说是人类经济活动的基本矛盾之一。经济史上不少问题可以从这一矛盾的发展变化中获得解释。但无论"资源有限性"，还是"消费无限性"，都是相对的，是历史地

①　［英］克莱夫·庞廷：《绿色世界史——环境与伟大文明的衰落》，王毅、张学广译，上海人民出版社 2002 年版，第 174—175 页。
②　陆贽：《陆宣公翰苑集》（四部备要本），卷二二《均节赋税恤百姓六条》。

变化着的概念。消费需求的无限性，首先是由于在正常情况下人口的增长，同时也由于随着文明的发展人们消费需求和欲望的攀升，因此，人类的消费需求有一种不断膨胀的趋势。消费需求依靠发展生产来满足，而发展生产要有自然资源做物质基础，而可供利用的自然资源的数量是有限的。但是所谓"有限"并非绝对，它是一个相对的概念。资源本是自然物质，只有当它对人类有用并为人类所用的时候才成为"资源"，因而，它与人类的认识水平和技术水平相关，随着人类认识水平和技术水平的发展而变化。资源的供给能力既取决于该资源本身的存量，又与人类利用资源的状况紧密相连。在不同地区、不同时期、不同经济模式下，人们利用不同种类的资源，采取不同的利用方式和利用强度，当时当地可供利用的资源的限度也因而各不相同。当消费需求及其导致的资源利用强度逼近或超过一定条件下资源供给能力的限度时，资源的有限性就成为经济发展的"瓶颈"。① 这种状态，既可能阻碍经济的发展，造成生态的破坏，也可能激发人们突破"瓶颈"的意愿和实践，从而把人类经济推到一个新的境界。

例如，采猎经济时代人们直接利用野生动植物，完全仰赖于动植物的自然再生产，而不能控制它，人称"攫取经济"。在人口稀少、资源宽裕的条件下，原始人有时也可能获得充裕的食品，但维持生存的人均最低资源（供采猎的土地）占有份额远远高于后来的"生产经济"，人口与资源的平衡是"一头沉"的结构。假如，某一群体人口和它所拥有的资源处于均衡状态，在拥有资源数量大致恒定的情况下，人口哪怕是微小的增长，都会打破这一平衡，以致造成灾难性的后果。所以原始人类往往用抑制自身的发展——采取各种措施限制群体内人口的增加——的办法，来保持它与自然界所形成的脆弱的平衡。正是人口增长及其导致的消费需求增长打破旧的

---

① 消费需求无限性和资源供应有限性的矛盾，经常被归结为人口与资源的矛盾，其实并不完全准确。因为资源供应的紧张状态是相对于消费需求而来的，而消费需求不但与人口的数量有关，而且与生产方式和消费方式有关，与人的关系有关。

人口与资源的平衡，迫使人们寻求新的食物生产方式（也就是新的资源利用方式），从而导致农业的发生。①

农业时代，经济建立在土地及相关的动植物资源基础上，农业生物的再生产主要依靠太阳的光能、热能和农业生态系统内部的物质循环，基本上不产生环境污染的问题。消费需求和资源供给的矛盾主要是人口增长引起的。中国传统农业实行精耕细作，土地利用率较高，而且讲究用地和养地的结合，不少土地越种越肥，可以用较少的耕地生产较多的粮食，但亦由此给人口的较快增长创造了有利条件。在一定的生产力水平下，养活一个人需要的耕地有一个最低限量。一个地区如果人口的增长所需最低限量耕地超过该地区所能提供的耕地数量时，某种紧张状态或危机就出现了。我国战国时代三晋地区即已号称"土狭而民众""人不称土"。② 类似现象历代都有出现，清代则形成全国性的人多地少的格局。③ 资源的供给和需求之间的这种紧张状态，迫使人们或从内部想办法，提高土地利用率，如多熟种植、循环利用等，或从外部想办法，如向外移民，开辟新耕地，引入新资源，通过地区分工和交换实现地区之间的资源互补，等等。经济由此获得进一步的发展。但在这个过程中，往往出现无序的盲目的开发，而导致环境和资源的破坏。在明清时代，

---

① 因严重的环境问题对人类文明产生的挑战，有些学者由于对前途感到迷惘而"向后看"。他们看到某些原始狩猎部落的人每周仅用十几个小时的劳动，即可获得足够的生活资料，因而把原始采猎社会描绘成人类的"黄金时代"。其实，在人类依赖于自然再生产而生存的条件下，为了保持生态资源与人类群体之间的均衡，人口增长率必须保持在几乎近于零的状态。保罗·马丁曾用计算机程序模拟加拿大埃德蒙德一个拥有100人的印第安人族群的狩猎经济，如果以其生殖能力的限度来假定该族群以每代（20年）翻一番的速度增长人口，那么这一氏族将以0.37人/平方英里的密度组成一条纵深59英里的狩猎战线，这条战线以每年20英里以内的速度推进，在293年以内该战线将推至墨西哥湾，使加拿大至墨西哥湾沿岸的全部巨兽绝迹。在采猎经济中，人类往往采取抑制自身发展的办法维持人口与资源的脆弱平衡。这显然不是人类的黄金时代（［美］马文·哈里斯：《文化的起源》，黄晴译，华夏出版社1988年版，第19—20页）。

② 蒋礼鸿：《商君书锥指》，中华书局2001年版（卷四《徕民》十五）。

③ 所谓"人多地少""土狭民众"是相对的，它不但只是与一定的生产力水平相联系，而且包含部分的"假象"，因为在土地私有制的条件下，许多人缺乏耕地是土地分配不均造成的。

这种情况表现得特别严重。

中国封建社会存在表现为王朝兴衰循环的周期性危机，过去一般用社会矛盾和阶级矛盾的发展来解释：在农民起义后建立的新的封建王朝实行缓和阶级矛盾、休养生息的政策，社会经济逐步恢复和繁荣；承平日久，土地兼并、统治阶级奢侈腐败，社会矛盾尖锐化，导致农民起义和封建王朝的更替。这当然是有道理的，但是不够全面。从人与自然互动的视角去考察，除了注意社会阶级矛盾以外，还要注意人口生产与物质生产的矛盾、消费需求增长与资源供给紧缺的矛盾。随着经济的恢复和发展，人口数量走出王朝初期的低谷步入王朝中后期的高峰，统治阶级的消费也从王朝初期的注意俭约到王朝中后期的肆意挥霍，人口与资源、消费需求与资源供给之间因此产生尖锐的矛盾。资源占有和分配的不均使这种关系更为紧张，而这种紧张关系又反过来加剧社会阶级的矛盾。如果这时发生自然灾害，往往成为农民起义的催化剂。王朝后期社会危机的总爆发，就是这些因素综合作用的结果。

总之，消费需求的无限性和资源供给的有限性是人类经济生活的基本矛盾之一，但在传统社会和近现代社会有着不同的表现形式。现代社会由于人类生产和消费的规模超出了地球的承载能力，资源接近枯竭，环境严重污染，矛盾空前尖锐。而且矛盾是整体性的、全球性的，不可能像过去那样依靠向别的地区扩张来缓解矛盾，在可以预见的将来，除太阳能外，也不存在从别的星球获取大量资源以满足地球人类需要的可能性。人类的生产生活方式及相关的观念如果没有一个大的变革，就难以渡过这一危机。尽管这样，也不能认为地球资源的"有限性"是绝对的，是人类不可逾越的"瓶颈"，不能认为人类经济的发展将就此封顶。人类的探索和实践，科学技术的发展，终将突破这一"瓶颈"而继续向前发展。

五 马克思主义与环境史研究

从世界范围看，现代环境史兴起于 20 世纪晚期的欧美诸国，当前中国学者研究环境史在相当程度上是受西方学者影响的。应该积极介绍和引入西方环境史的理论方法，同时努力发掘生态环境史的本土学术资源。无论中国还是外国，无论古代还是近代，都有人对人和自然的关系及其历史发展做过探讨，应该予以总结，作为中国环境史这棵新苗的培养基。

在环境史学科建设中，我们还应该认真学习和研究马克思恩格斯关于人与自然关系的思想。早在一个多世纪以前，马克思和恩格斯就对人和自然的辩证关系做出精辟的分析。一方面指出"人本身是自然界的产物，是在自己的环境中并且和这个环境一起发展起来的"[1]，人作为自然界的一部分"靠自然界生活"[2]，受自然界制约。另一方面又指出人不同于自然界其他生物，具有自觉能动性，它集中表现为劳动、实践，人通过劳动改变自然界，支配自然力，使之为自己的目的服务，并在这个基础上达成人与自然的真正统一。[3] 基于这样的分析，马恩批评了看不见人对自然反作用的自然主义历史观，同时又把人与自然对立出来，认为人可以脱离自然为所欲为的观点划清了界限。[4][5]

马恩的自然观与现代生态理念是吻合的。例如，在马恩看来，"人是自然界的一部分"，自然界则是"人的无机的身体"[6]，自然再

---

[1]　《马克思恩格斯选集》第三卷，人民出版社1995年版，第374页。

[2]　《马克思恩格斯全集》第42卷，人民出版社1979年版，第95页。

[3]　参见恩格斯《自然辩证法》，人民出版社1984年版，第304页。

[4]　有些西方学者指责马克思恩格斯强调劳动，强调人对自然的支配，忽视自然，是人类中心主义的一种表现，是导致现代环境破坏的思想根源之一。这种说法是不对的。人类通过劳动改造自然是一个不争的事实；如果人类停止劳动，恐怕一天也维持不下去。不错，马克思和恩格斯都说过对自然的"支配"，但他们同时也指出，"我们连同肉、血和脑都是属于自然界并存在于其中的"，所谓"支配"并非统治和奴役的关系，而是作为自然界一员的人类在"认识和正确运用自然规律"基础之上对自然力的控制和利用。他们明确反对"从古典古代崩溃以后在欧洲发生并在基督教中得到最大发展的"，"那种关于精神和物质、人和自然、灵魂和肉体间的对立的、荒谬的反自然的观点"。怎么能把马恩的这种思想和视人类为自然界的主宰，视自然界为人类征服、统治、索取对象的二元对立的自然观混为一谈？

[5]　参见恩格斯《自然辩证法》，人民出版社1984年版，第305页。

[6]　《马克思恩格斯全集》第42卷，人民出版社1979年版，第95页。

生产是人类物质生产活动的基础，这和把人类视作生物圈生态系统中一员、把生态系统视作经济体系的基础的观点一致。马恩关于自然史与人类史"密切相联""相互制约"的论述①，也完全符合环境史把人与自然结合起来作动态考察的主张。劳动在马克思主义理论中被置于基础、中心的地位，马克思把劳动界定为人与自然之间"物质变换"的过程。这种"物质变换"是双向的：一方面，人类把劳动施加并使之凝结于劳动对象，从而取得自己所需产品；另一方面，人类又把生产生活中的废弃物返回自然界。马克思对此虽然没有正面的阐述，但他在批评资本主义生产方式时指出："资本主义生产使它汇集在各大中心的城市人口越来越占优势，这样一来，它一方面聚集着社会的历史动力，另一方面又破坏着人和土地之间的物质变换，也就是使人以衣食形式消费掉的土地的组成部分不能回到土地，从而破坏土地持久肥力的永恒的自然条件。"② 可见，马克思把人类生产放在生态系统的网络中去考察，他所说的以劳动为中介的"物质变换"，包含了在"人—社会—自然"的复合生态系统中物质形式转换和物质循环的思想。

现在一般认为 1962 年出版的卡逊的《寂静的春天》敲响了环境问题的警钟。实际上这个警钟马恩在一百多年前就敲响了。除上引马克思对资本主义生产破坏人与土地之间正常的物质变换的批评以外，1845 年恩格斯的《英国工人阶级状况》就对当时工人住宅、工作场地的恶劣环境和河流、大气的污染情况做了尖锐的揭露。恩格斯还通过对历史经验教训的总结，提醒人们不要过分陶醉对自然界的胜利，要当心自然界的"报复"。③ 环境史的兴起是当代环保运动的产物，它是从研究环境问题的历史和环保史开始的，而这，实际上就是马恩早就指出的自然界"报复"问题。关于环境和公害问题发生的原因，马恩从人类对自然规律认识的长期性、复杂性和资本

---

① 参见《马克思恩格斯全集》第 3 卷，人民出版社 1960 年版，第 20 页。
② 《马克思恩格斯全集》第 23 卷，人民出版社 1972 年版，第 552 页。
③ 参见恩格斯《自然辩证法》，人民出版社 1984 年版，第 305 页。

主义生产方式的破坏性两个方面做了深刻的分析。马恩把环境问题的解决和社会问题的解决联系起来，把人与自然关系的处理和人与人之间关系的处理联系起来，认为应当把人与自然之间的物质变换置于"合理地调节""共同控制"的基础上①②，提出了"人类同自然的和解以及人类本身的和解"这两"大变革"的历史任务③，从而为环境问题的解决指出了正确的方向。

在马克思恩格斯生活的时代，环境问题尚未凸显，尚未成为全球性问题，他们提出的上述思想在相当长的时期内没有引起应有的注意。现在，人类在经历了无数的生态灾难后幡然醒悟，形成了现代生态理念，这种理念与一百多年前马克思恩格斯的思想在基本思路上竟是如此的一致，令人不能不惊叹马克思恩格斯目光的锐利和思想的超前！当然，由于时代及相应社会实践的局限，马恩还不可能形成完整系统的生态学理论，对某些问题的论述尚有欠缺④，这并不奇怪，但环境问题的实质和解决问题的大方向已经给我们指出来了。环境史研究完全可以从马克思主义那里获得理论的支持和理论的指导。而马克思主义的历史理论也可以通过生态环境史的学术实践获得丰富发展。

我们讲马克思主义的理论指导，并非单指马恩关于生态环境问题的论述，更加重要的是辩证唯物主义的世界观和方法论。目前在

---

① 《马克思恩格斯全集》第 25 卷，人民出版社 1974 年版，第 926 页。

② 马克思说：人们应当"合理地调节他们和自然之间的物质变换，把它置于他们的共同控制之下，而不让它作为盲目的力量来统治自己；靠消耗最小的力量，在最无愧于和最适合于他们的人类本性的条件下来进行这种物质变换。"（《马克思恩格斯全集》第 25 卷，人民出版社 1974 年版，第 926—927 页。）

③ 《马克思恩格斯全集》第 1 卷，人民出版社 1956 年版，第 603 页。

④ 在生态环境问题上，西方一些学者对马克思主义提出各式各样的诘难，多数是站不住脚的，但也有些批评包含某些合理成分。如上文引述克莱夫·庞廷《绿色世界史》的批评对象就包括马克思、恩格斯和列宁在内。他的批评包含了误解和偏见，但也有可取之处。庞廷指责马克思只讲劳动的价值，不讲资源的价值，是一种误解。但他批评人们（包括马、恩）评价经济时不考虑资源损耗，则有道理。马克思强调的是劳动生产率，这比起长期以来人们只注意经济总量的增减，是一个进步，但确实没有反映资源损耗情况。马克思指出，劳动只有与自然物结合，才能创造物质财富。他认为，生产力包括社会生产力和自然生产力，劳动生产率包括社会生产率和自然生产率。但他把自然生产率也归结为劳动的节省，没有单独评价自然生产力和自然生产率的指标体系。如前所述，马恩都注意到环境问题，但在他们的经济评价体系中没有环境变迁和资源损耗的指标。这不能不说是一种缺陷。

环境学和环境史界，存在各种各样的思潮和观点，其中有些是偏离科学偏离真理的。例如，上文提到的"反文明"倾向；脱离人与人关系研究人与自然关系的倾向。又如，生态学一度强调平衡、和谐、有序，被某些环境史家作为自己学说的基点，现在有些生态学理论转而强调混沌、错综、无序，人们因此感到困惑。如果用辩证唯物主义分析，问题其实很好理解，因为自然界和人类社会矛盾无处不在，平衡是相对的，要通过斗争来实现和保持。对于所有这些形形色色的问题，马克思主义仍然是最锐利的分析武器。为了保证我国环境史学科的健康发展，马克思主义的理论指导是不可或缺的。梅雪芹先生曾经说过："中国环境史学科的建设和发展，应旗帜鲜明地坚持唯物辩证法的指导，以形成马克思主义环境史学派。"① 我赞成这个提法。

人类历史正面临前所未有的危机，人和自然的尖锐矛盾处于临界状态，人类从观念到生产生活方式必须也必然有一个大的变革。环境问题虽然已经越来越引起人们的关注，但无论在世界或是在中国，生态破坏和环境污染仍然呈现局部改善整体恶化的态势，环境问题仍然是 21 世纪最紧迫的问题之一。环境史研究通过系统总结人与自然关系历史发展过程中的经验教训，对于解决环境问题能够做出其特殊贡献。可以预期，它将在新世纪史学中占据越来越重要的地位。在中国，环境史研究方兴未艾，但只是刚刚起步。环境史比起其他史学分支学科，是最需要多学科整合的。但目前我国还没有环境史的专门研究机构，没有专业学会和专业刊物。这和社会的需要是不相称的。在这样的情况下，环境史的研究亟待加强，也一定能获得加强。目前，环境史处于"发酵"的阶段，醉人的美酒在后头。它对 21 世纪中国史学发展的巨大而深远的影响将逐步显示出来，对此，我们应该有清醒和充分的估计。

[原载《南开学报》（哲学社会科学版）2006 年第 2 期]

---

① 梅雪芹：《马克思主义环境史学论纲》，《史学月刊》2004 年第 3 期。

农业生命逻辑与农业的特点

——农业生命逻辑丛谈之一

1991 年年初，日本学者足立原贯在中国社会科学院研究生院做了一次学术讲演。讲演记录整理稿以《工业的逻辑和农业的逻辑——人类文明向何处去》为题发表在《农业考古》1991 年第 3 期。据作者的概括，工业的逻辑，一是集中，二是大量，三是高效率。相应的农业逻辑，一是分散，二是适量，三是永存性。在论述农业的"分散"原则时，作者说："农业的逻辑是一种分散的逻辑，是一种生命的逻辑。因为生命逻辑要求分散"；"作为生命的逻辑，没有分散就不可能发展下去。许多生物的生活只是为了生存而不是为了高效"。作者认为，完全按照工业逻辑行事，人类文明就要面临危机，因此必须同时重视和采用农业的逻辑。这是我第一次接触"农业逻辑""生命逻辑"的概念，这两个词一直留存在我的脑海中。时隔二十多年后，我在网上看到"农业体系逻辑"的提法①，重新引起我对农业逻辑、农业生命逻辑的兴趣和思考。

"农业逻辑""工业逻辑"等虽然借用了思维科学中"逻辑"一词，但并不等同于思维科学中"逻辑"。它不但涵盖了对象的本质、特性、机能、规律等含义，而且可以揭示它们的内部关联和演绎轨迹，是比平常所说的"特点""规律"等词的内涵宽广得多

---

① 例如《绿叶》2012 年第 11 期刊登了周立《农业体系的逻辑倒置及多元化农业的兴起》一文，作者指出：农业是唯一一个人与自然相交换并具有多功能的行业，农业逻辑应该是市场逻辑服从于社会逻辑，社会逻辑受制于自然逻辑。但在市场化进程中，市场逻辑凌驾于社会逻辑和自然逻辑之上，这就是"农业体系的逻辑倒置"。

的综合性概念。借用这一简明醒目、内涵丰富的概念，便于把农业视为一本多干的动态整体，从深度和广度上拓展对农业特质的认识。

提出"农业的逻辑是生命的逻辑"的命题，无疑是《工业的逻辑和农业的逻辑——人类文明向何处去》一文最大的亮点。但作者把农业的生命逻辑依附于"分散"的逻辑，或把两者并列，这种定位未必恰当。我认为，生命的逻辑在农业的逻辑中带有根本性质，应该明确地把它放在中心地位。又如，农业生物虽然要求个体的自由发展，但这种发展必须在一定的群体中才能展开，不加限制地把"分散"作为农业逻辑的第一原则，也是片面的。因此，"农业的生命逻辑"的概念有待进一步完善。

关于农业的生命逻辑的依据、内涵和意义，似乎还没有人作过全面的探讨和论述。[①] 我在学习和思考过程中积累了一些心得，愿意抛砖引玉，以便引起大家的关注和讨论。我思考的结果将以《农业生命逻辑丛谈》为题分篇刊出。初拟的题目是：（1）农业生命逻辑与农业的特点；（2）从生命逻辑看农业的生产和生态功能；（3）农业生活的特点及其对综合人性的培育；（4）中国传统文化的大生命观和生命意识；（5）农业生命逻辑与农业现代化。本文是丛谈的第一篇。

以上这些话，就算是《农业生命逻辑丛谈》的缘起吧。

一　农业的生命逻辑及其展开

农业的逻辑从根本上说是生命的逻辑，而农业的生命逻辑，同

---

① 据日本学者祖田修《农学原论》（中译本由中国人民大学出版社 2003 年出版）的介绍，日本学者坂本庆一早在 1989 年就提出了"生命农学"。这是一个很重要的理论成果。"生命农学"和我们所说的农业生命逻辑有许多相通之处，但也有所不同，"丛谈之三"将有具体的论说。又如，2015 年 5 月在中国农业博物馆举行的一次学术研讨会上，我在报告中谈到农业的生命逻辑问题，引起媒体的关注。《人民日报》因此约我写了一篇题为《农业现代化要遵从生命逻辑》的短文（载《人民日报》2016 年 3 月 28 日）。因篇幅关系，许多问题未能展开。

时也是生态逻辑，这种逻辑覆盖了农业的生产领域和生活领域。下面分别予以说明。

（一）农业的逻辑是生命逻辑

农业首先是物质生产部门。农业生产不同于其他的任何生产，它是利用生物的生命活动进行的，此其一；农业提供维持和延续人类生命所必需的物质资料，故农业是人类生命活动的基础，此其二。这两项明显的、无可置疑而又相互联系的事实，就是农业生命逻辑的基本依据。

人们常说，农业以来源于自然界的生物为劳动对象，这样说当然是对的，但是还不够。应该明确指出，农业是利用生物有机体的生命活动进行生产的，这才真正抓住了农业的本质。生物有机体的生命力包括生长的能力和繁育的能力，相应的生命活动则包括生长的过程和繁育的过程；任何一个方面的欠缺，都不能算是正常的、完整的生命体。农业产品是生物生命活动的生成物（包括生命的成长和繁衍提供的产品），它们除了提供人们最基本的生活资料和工农业的重要生产资料外，还以活的实物形式（种子、种畜等）进入下一轮农业再生产过程。农业生产的诸部门，包括种植业、林业、畜牧业、水产养殖业、经济昆虫养殖业（养蜂采蜜、养蚕缫丝等）等，莫不如此。人们利用微生物发酵酿造酒、醋、酱等农产品加工业，也属于广义农业范畴。

对于农业这一本质，古人已有所认识。董仲舒《春秋繁露·五行顺逆》："木者春，生之性，农之本也。"[①] "生之性"，顾名思义就是生命的本性，这里是指生命力，古人或称之为"生意""生理"。这段话的意思是说：春天来了，大地上的各种生物萌发复苏，生机盎然，生物的这种生命力，就是农业的根本。这种"生之性"不是飘忽在空中，而是体现在生物身上，潜藏在种子里面的。具有生命力是一切谷物的共同本性，这种生命力凝聚在种子

---

① 《南齐书·五行传》也有类似的说法："木者春，生气之始，农之本也。"

里。春天阳气的敷布则是促使其显露和展开的外界条件。古人认识到植物通过种子完成生命的世代延续，从而把种子视为生命力的代表。① 例如朱熹说："夫谷之生，而苗长，而秀成，而实，根条花叶形色臭味各有定体，不可相错。然莫不根于种，而具于生之性。"②

农业生产最主要的功能是提供维持和延续人类生命的物质，它是人类生命的依托，这是再明显不过的。中国广大农区人民自古以最富含生命力的谷物种子为主食，被称为"粒食之民"③，早在春秋战国时期，人们就把"五谷粟米"视作"民之司命"④，《黄帝内经》强调"五谷为养"，这是中国人民长期实践的选择，具有深刻的科学依据。⑤ 秦汉以降，历代统治者和思想家都把农业提到"为生之本"⑥"养生之本"⑦"有生之本"⑧的高度。因此农业又被称为"生产""生业"。农业所生产的食物对人类生命维持和延续的意义外国人也很清楚，例如，英国人就把面包称为"Staff of life"——"生命

---

① 种子具有的强大生命力可以从"千年古莲"发芽开花的事实窥见一斑。1953年，中国科学院植物研究所徐仁在辽宁大连普湾新区的泥炭土层发现5粒依然具有生命活力的北宋时代古莲子，经处理培育竟然萌发开花，五粒种子出现了三种颜色，二白，二粉红，一紫红，花瓣与现代的莲荷高度相似。类似的事例还有更早的报道。这虽然是特例，但大自然因有种子的世代繁育而生生不息，却是不争的事实。

② 《晦庵集》卷56《答方宾王》。关于古人对种子与生命关系的认识，"丛谈之四"将具体介绍。

③ 《墨子·天志上》。

④ 《管子·轻重乙》等。

⑤ 十多年前在一次学术研讨会上，一位颇有名气的世界史专家说：西方的农业远高于中国，因为"西方人吃肉，中国人吃草"，禾谷类作物不是草嘛！殊不知，绿色植物是地球生物圈的食物链中最基础的环节。中国人吃的是最富生命力的谷物种子。"春播一粒种，秋收万担粮。"中国人依之繁衍发展，历千万年而不息。"五谷为养、五果为助、五畜为益、五菜为充"（《黄帝内经·素问》卷7）的膳食结构显然比以肉食为主的膳食结构合理得多。

⑥ 例如，《汉书·文帝纪》载汉文帝十二年诏："力田为生之本也。"又如，宋真宗乾道九年诏："农，为生之本也。"

⑦ 例如，汉荀悦《申鉴》卷1："兴农桑以养其生。"明王直《抑庵文集》卷2："耕，养生之本。"清《钦定康济录》卷1："稼与蚕，小民养生之本也。"朱彝尊《曝书亭集》卷58则谓"树畜"为"养生之本"。

⑧ 例如，汉蔡邕《京兆樊惠渠颂》："《洪范》八政一曰食，《周礼》九职一曰农，有生之本于是乎出，货殖财用于是乎在。"《晋书·冯跋载记》："桑柘之益，有生之本。"

的支持物"。真可谓"人同此心，心同此理"了。

把农业定位为"为生之本""养生之本"，实际上就是把农业与人类自身的再生产联系起来。人作为自然界中的一种生命体，和其他动物一样需要呼吸、饮水、摄食（同化）和排泄（异化），需要与自然发生生理学和生态学意义上的物质代谢和物质循环。这是"人维持生命的再生产"（维生），它和"人繁衍生命的再生产"（生育）共同构成人类自身再生产的两个环节。人作为自然界中具有自我意识和懂得制作工具的生命体，他与自然界的物质变换，即"维持生命的再生产"不是纯自然的过程，而是以劳动为中介进行的。马克思指出，所有的生产过程，"最基本的是人体再生产出本身所必需的物质变换，也就是创造生理上的生活资料的过程"，而"这种生产过程同农业相一致"。① 农业本身是物质资料生产的基础，而它同时又是人类自身生产的一个重要环节（维生），这样，马克思恩格斯所说的人类社会的两种生产——物质资料生产和人类自身生产就联结起来了，其纽带就是生命。

（二）农业的生命逻辑也是生态逻辑

通过摄食和排泄、同化和异化来实现新陈代谢，是一切生物生命的表现形式和存在方式。广义的新陈代谢普遍存在，但无机物的新陈代谢是导致它破坏和瓦解的因素，生命有机体的新陈代谢则是其自我更新的方式，是其存在的基本条件，新陈代谢一停止，生命也就结束了。恩格斯在《反杜林论》中说：

> ……一切生物普遍共有的这些生命现象究竟表现在什么地方呢？首先是在于蛋白体从自己周围摄取其他的适当的物质，把它们同化，而体内其他比较老的部分则分解并且被排泄掉。其他无生命物体在自然过程中也发生变化、分解或结合，可是这样一来它们就不再是以前那样的东西了。岩石经过风化就不

---

① 《马克思恩格斯全集》第46卷（下），人民出版社1980年版，第145—146页。

再是岩石；金属氧化后就变成锈。可是，在无生命物体中成为瓦解原因的东西，在蛋白质中却是生存的基本条件。蛋白体内各成分的这种不断转化，摄食和排泄的这种不断交替一旦停止，蛋白体本身就立即停止生存，分解，即死亡。因此，生命，蛋白体的存在方式，首先是在于：蛋白体在每一瞬间既是它自身，同时又是别的东西；这种情况不是像在无生命物体那里所发生的情况那样，是由某种从外面造成的过程所引起的。相反地，生命，即通过摄食和排泄来实现的新陈代谢，是一种自我完成的过程，这种过程是它的体现者——蛋白质所固有的、生来就具备的，没有这种过程，蛋白质就不能存在。①

所以生命体是不能脱离它所依存的环境孤立存在的。一切生物必须和必然要与环境组成相互依存的生态系统。

物质世界中出现生物和人类，是宇宙进化中最伟大的事件。已经确知的生命仅存在于地球生物圈。现代科学知识告诉我们，宇宙大爆炸发生在 150 亿年前，地球出现在 50 亿年前，经过 15 亿年无生命时代，35 亿年前地球孕育出单细胞生物，地球生物圈由此逐步形成。350 万年前人类的诞生和 1 万年前农业的发明，则是它演进的最高成就和最新阶段。地球生物圈是各种各样生态系统的相互联系的集合体，构成最大的生态体，也是生命的共同体。在地球生物圈中，生命系统和生态系统密不可分，生命是生态的中心，生态是生命的依托。② 因此，农业的生命逻辑也是生态逻辑。

（三）生命逻辑覆盖农业生产和生活领域

以生物的生命活动为基础的农业，不但依靠环境的支撑，而且

---

① 《马克思恩格斯选集》第三卷，人民出版社 1995 年版，第 422—423 页。
② 生命有机体是在无机自然界中孕育发展起来的，无机自然界为生命有机体的存在和发展提供必要的条件，所以无机自然界和有机自然界是相互联系的统一的生命体。

是在人的参与和干预下进行的。人的参与和干预并非代替生物的自然再生产，而是予以辅助和导引，保证其正常进行，并向着有利于人类的方向发展。由此引起了生物自然再生产以及人与自然关系的一系列变化。

在采猎经济时代，人们是天然食物的攫取者，为了寻找和追踪采猎对象而游动。农业发明以后，人类从单纯的攫取者变为经济意义上的（区别于生态意义）生产者，随着园篱农业向大田农业的过渡，他们靠近自己开辟的农田而又便于生活的地方建立起定居村落，于是形成农业与农村、农民的相互依存。

农田是农民主要的生产基地，村落则是农民主要的生活基地。换言之，农田主要承载物质资料的生产，村落则主要承载人类自身的生产。但两者并非截然分开。农民不但在村落中栖息、消费和繁衍，而且在这里安排和组织生产，并进行部分生产活动，如种植蔬果、饲养禽畜，修理制作农具，加工储藏农产品等；大田劳动则是农民生活重要的乃至主要的内容。生活是人的生命活动。农村生活不同于城市生活的特点是它与农业生产的相互渗透，是人的生命活动与物的生命活动的相互交融。

游动的采猎是在天然生态系统中进行的，定居的农业则催生了人工生态系统。农田和村落是最初出现的人工生态系统。但农民生产、生活的圈子不只是村落和农田，他们还要从周围的山林和水体中获取部分的生产资料和生活资料。农田和村落也不能孤立存在。所以，我们的视野必须从村落和农田扩展到乡村生态系统。乡村生态系统是由人工的村落系统、农田系统和天然的山林系统、水体系统等组成的复合生态系统，是一个相互联系的整体。乡村生态系统与天然生态系统存在重要的差别：人代替了自然成为系统的启动者和主导者，驯化植物代替了野生植物成为主要的生产者，人及其伴生动物代替了野生动物成为主要的消费者，随着农业的发展和城市的出现，除太阳能以外还有辅助能的输入和产品的输出，不再是封闭的系统，社会经济规律和自然规律一起发生作用，等等。尽管存在这些区别，但在以生命为基础、以生命为中心这一基本点上，乡村生态系统又是和天然生态系统一致的，乡村生态系统按照天然生态系统"生产者→消费者→分解者"的模式建立和运作，实现生命的循环，而且与天然生态系统联结在一起。

可见乡村生态系统和天然生态系统本质上不是对立，而是相互联结、相互交融的。人们在这个生态系统中生产和生活，每天，日出而作，日入而息；每年，春耕、夏耘、秋收、冬藏，生产节律、生活节律和生命节律、自然节律是一致的。生命逻辑和生态逻辑覆盖着农业生产和农村生活的全部领域。

二 从生命逻辑看农业的特点

对农业的特点人们的论述已经比较多，现在透过生命逻辑这一视角来考察，仍然可以有新的发现，可以更深入、更清晰地揭示农业的特点及其与生命逻辑之间的关联，同时也加深了对农业生命逻辑的理解。兹以工业为对照系，从三个方面予以说明。

（一）生产对象和生产活动方式

1. 生产对象

农业生产对象是生物有机体，是一刻也不停止生命活动的生物活体，整体性、能动性、创生性是其固有的特点。生物有机体是由生物的各个部分（各个部位、各种器官、各个层次）组成的相互联系的整体，部分为整体所统制，不能脱离整体而独立存在，整体虽然由部分组成，但它的性能超越了部分的集合。人们可以根据需要利用生物有机体的不同部位或器官，以至促此抑彼，为我所用，但不能将其拆分，拆分了就不成其为生命体了。生物有机体是自我生成的过程，是动态的存在，有其展开的规律和阶段性，由此形成的生命秩序是不能违背的。例如，在植物同一生命周期中不能跳过营养生长阶段直接进入生殖生长阶段，也不能把营养生长→生殖生长的次序倒过来①。生物有机体的生命活动在与环境交换物质的过程中进行，是开放而非封闭的，它对于外界环境作用的应对，既有受动性的一面，又有能动性的一面，生物是在对外界环境能动性适应的过程中生成和进化的。生物有机体具有自我生长和繁衍的能力，这就是它的创生性。农业产品就是生物有机体成长和繁衍的生成物，这种生成物，保持了生物有机体原来的性质，所以，从一定意义上说这种生产是一种同体的绵延或"增量"。②

工业生产对象是没有生命的无机物或结束了生命的有机物，整体只是各个部分机械的集合，没有自我生成的过程，不受生命体不可分割的整体性和不可违逆的阶段性的制约。对于外物或外力的作用，它只是一个受动体，没有能动反应的能力。对于这样的生产对象，比之生物的活体，人们处理的自由度显然要大得多。作为原料，它不但可以拆分或斫削，而且需要拆分或斫削，以便按照人们的目的加以裁制；作为成品，也可以拆卸和重装。各种零部件是分开生产的，或先或后，或齐头并进，没有固定的顺序；一般先生产零部件而后组装，但如果原料、劳力和零件储备充足，零件生产和组装过程也可以同时进行。③ 相对于农业，工业产品是异体的变构或再造。

---

① 关于生命有机体与机械系统的区别，日本学者祖田修的以下论述可供参考："贝塔朗菲就有机生命体所具有的特性，举出了四个方面，即开放性、整体性、层次性和能动性。而怀特海列出了相互关联性、环境创造、自我生成过程和创造性这四点。二者的表现方法和顺序虽然不一，但所指内容几乎是同样的。也就是说，（1）生命体持有对不可预测的外敌进行弹性应对的开放系统。这与机械不同，机械带有固定性和封闭性，一旦出现预想之外的情况就难以动作。（2）机械系统不过是机械的总和，它的每一部分都是独立的存在，而在生命体当中，部分受整体统制，这与机械中部分与整体的关系不同。（3）正如我们说自然界是素粒子、原子核、原子、分子、高分子化合物、细胞、生物体，进而是超个体的组织体一样，它成为一个层次构造体。这样结合起来的整体的层次性是生命系统的本质。（4）生命体不仅能够在环境中使自己适应性地生成，而且还能够或多或少地改变环境，具有能动性和创造性。"（《农学原论》中译本，中国人民大学出版社 2003 年版，第 278 页。）

② 生物有机体除了遗传性外，还有变异性。这种变异性经过选择和积累，可能形成新的品种，但一般不会形成新的物种。

③ 祖田修说："工业生产过程中前后工序的关系可以与同时并列的关系进行置换。生产的同步化是可能的，在不停机的情况下进行无休止的'瞬间生产'也是可能的。"（《农学原论》中译本，中国人民大学出版社 2003 年版，第 77—78 页。）

由于生产对象的不同特性，农业和工业还有一个重大的区别，这就是：农业可以将太阳能转化为生物能，从而通过劳动积蓄能；而工业则只能消耗能。恩格斯说："通过劳动积蓄能，实际上只有在农业中才行；在畜牧业中，一般说来，植物积蓄的能只是转移给动物；这里其所以谈得上积蓄能，那只是因为要是没有畜牧业，饲料植物就会无用地枯萎掉，而在畜牧业中则被利用了。相反地，在所有的工业部门中只消耗能。最多也只能考虑到这样一种情况：植物产品——木材、稻草、亚麻等等——和积蓄了植物能的动物产品，通过加工得到利用……"[①]

2. 生产活动方式的基本特点

不同的劳动对象决定不同的生产活动方式。工业利用器械对非生物的劳动对象直接加工，使之发生物理的或化学的变化，从而产生人类所需要的新样态器物。农业生产以生物的生命活动为基础，人们既不能直接对生物加工，也不能替代其生命过程，只能在其自身生命活动的基础上予以辅助和导引，如通过各种手段（器械的使用、设施的修建、水肥的投放等）改善生物的生长环境，激发和提高生物自身的生命力和生产能力，使之生产出人们所需要的产品。农业生产中虽然也包含物理变化和化学变化，但主要是通过农业生物新陈代谢的生命活动，通过农业生态系统内部的物质循环和能量转换来实现的。

从生产对象的运动方式看，工业是物理性和化学性的生产，生产过程是物件的分解合成及其形态的转换，遵循的是物理学和化学规律。农业是生物性生产，生产过程是生物体自身生命的展开，产品是生命活动的生成物，遵循的是生物学和生态学规律。从生产主导者——人的参与和作用看，工业生产活动方式可以用"制造"这个主题词来概括，农业生产活动方式则可以用"养育"这个主题词来概括。这种"养育"，是以"天养"为基础的，人只起着辅助和

---

① 《马克思恩格斯全集》第 35 卷，人民出版社 1971 年版，第 130 页。

导引的作用。关于这个问题，"丛谈之四"将进一步展开。

　　劳动对象和生产活动的方式不同，是农业和工业的根本性区别。除了这一基本差异外，农业生产活动方式不同于工业的特点，还表现在以下几个方面。

　　3. 周期性

　　任何生产都有其周期。农业生产周期以农业生物的生命周期为基础，但并不等同于农业生物的生命周期。因为人是农业的主导者，农业是人对自然界生物的选择、调控和利用。对于不同农业生物人们的利用方式和目标各不相同。如粮食生产以获取籽实为目标，生产周期和生物的生命周期一致；蔬菜生产以获取花叶根茎为目标，畜禽饲养以获取肉蛋或以利用壮畜的体能为目标，不待其自然生命周期完成即予利用，生产周期和生物的生命周期不一致。不管哪种情况，农业生产周期总是离不开农业生物的生命活动和生命周期，总是与农业生物生长发育阶段性相联系。① 生物的寿命或长或短，农业生产对象多为生命周期较长的生物，故其生产周期一般也较长。粮食（包括一年生的和越年生的作物）的生产周期一般为一年，果树、经济林和用材林的生产周期则长达数年、十数年以上，生长期较短的蔬菜生产，一般也要逾月或跨月。由于生物的生命活动依存于自然环境，尤其是受气候季节变迁的制约，所以农业生产节律和周期也要顺应自然界气候变迁的节律和周期，不是人们可以随意改变的。关于这一问题，下一小节还将论及。

　　工业原料是无生命的物质，工业生产周期不受生物生命周期的制约，也基本上不受气候季节变迁的影响，人对工业生产的周期有很强的调控力。工业中不同零部件的生产，零部件生产和整体组装，可以根据需求同步地、持续地、不间断地进行。因此，工业生产周期一般比农业生产周期短，而且随着科学技术的发展和生产工具的改进还可以大大地缩短。

---

　　① 在后一种情况下，人们总要安排部分蔬菜和畜禽完成其生命的周期，以便留种和继续繁殖，所以其生产周期仍然是以农业生物的生命周期和节律为基础的。

4. 连续性和传承性

农业又有连续性，需要年复一年、一个周期接着一个周期地进行。繁殖是生物生命的特征之一。每一生物个体有生有死，而物种的生命则通过不断的繁殖而延续和进化。农业生物的生长繁殖就是自然的再生产。所以马克思说："在所有生产部门中都有再生产；但是这种同生产联系的再生产只有在农业中才是同自然的再生产一致的"①。农业的连续生产既是农业生物生命繁殖的内在要求，也是人类生命延续的绝对需要。农产品尤其是食品是人类生存所必需的，它的供应一天也不能中断。工业产品虽然也是人们所需要的，但只有相对的意义，并非人类生存所必需的。工业生产如果停止了，社会还有可能继续存在，农业生产如果停止了，社会马上就要崩溃。也就是说，农业生产的连续性基于农业的生命逻辑，不是其他生产的连续性可以比拟的。古人说："生生之谓易。"② 生命是活的，具有变易性，无论是生命的个体或生命的周期都不会凝固在一点上。③ 生命总是以新质代替旧质，新周期代替旧周期，新样式代替旧样式，所以能够生生不息。农业的生生不息保证人类的生生不息。

农业生产的连续性不能理解为种植某种作物、饲养某种畜禽年复一年的机械重复。一则人类的消费需求是多样的而不是单一的，二则一个地区的生态环境也要求多种不同农业生物的协调共生，而且一块土地多年种植某种作物往往导致土壤营养成分的失衡和某些病虫害的活跃。因而在一个新的农业周期中，某些生产项目、某些农业生物的种类或品种的更替和变换，不但是容许的，而且是必需的。每个农业周期的生产内容应该根据环境条件、经济条件和人类

---

① 《马克思恩格斯全集》第26卷第2册，人民出版社1973年版，第61页。

② 《周易·系辞上》。

③ 恩格斯说："植物，动物，每一个细胞，在其生存的每一瞬间，都既和自己同一而又和自己相区别，这是由于吸收和排泄各种物质，由于呼吸，由于细胞的形成和死亡，由于循环过程的进行，一句话，由于无休止的分子变化的总和，这些分子变化形成生命，而其总的结果则一目了然地出现于各个生命阶段——胚胎生命，少年，性成熟，繁殖过程，老年，死亡。"（《马克思恩格斯全集》第20卷，人民出版社1971年版，第556页。）

的需要适当安排，允许有所变化，但生产活动不能停止，生产周期延续的链条不能中断。

农业生产前后相连的周期并非彼此孤立的，前一周期要为后一周期准备必要的条件，例如培育、选择和处理种子，积攒沤制肥料，整理和翻耕土地，修理农具和农业设施，等等，后一周期承接前一周期的基础而展开，又为更后的周期做准备。耕地的垦辟和改良，农田水利的兴建和维修，需要长期劳动的积累。有的农业项目生产周期很长，例如果树的栽培和经济林木的营造，往往需要十几年几十年的工夫，故有"前人栽树后人乘凉"之说。这些工作需要一代人一代人地传承下去。这就是与生产连续性密切联系的农业生产的传承性。

5. 生产时间与劳动时间的差异

农业生产以生物的自然再生产为基础，生物的自然再生产并不依赖于人的劳动而存在，人的劳动只是起着辅助和导引的作用。自然再生产日夜不停地进行着，如果不遭遇重大自然或社会的变故，一般不会中断；一旦中断，则前功尽弃。在这一过程中只有某些环节可容人类劳动的介入。如播种、间苗、收获等。人类劳动无须也不可能跟随自然生产的全过程。农业劳动是可以间歇的；劳动过程中断，生产过程仍在继续。另一方面，有些农业是在生物自然再生产过程之外进行的，如耕地的垦辟整治，水利工程或其他生产设施的修建，肥料的积攒沤制，等等。这两种情况造成劳动时间和生产时间的不一致。这种不一致，在工业生产中，主要是在那些原料需要一个自然变化过程的工业部门，如酿酒、制革等加工工业中，也是存在的；如果生产中原料不需要自然变化过程，则劳动停止，生产也就停止，两者基本上是一致的。所以马克思说："生产时间和劳动时间的差别，在农业上特别显著。"[1] 比起生物自然生产的全过程，人类参与的劳动时间只占其中的一小部分，而且密集分布于若干节

---

[1] 《马克思恩格斯全集》第 24 卷，人民出版社 1972 年版，第 268 页。

点。以种植业为例，耕种、收割和田间管理的若干环节最为重要，必须抢在一定的时节内完成，因此产生了带有明显的季节性的农忙和农闲的区分。为了充分发挥农业劳动力的作用，就产生了农业经营单位实行多种经营的必要和可能。而且农业中不同生产项目的生产周期是不一样的，这种不一样，不但存在于种植业和养殖业之间，也存在于各种作物和各种禽畜生产之间，这也为在时间和空间上合理配置各种生产项目提供了必要和可能。正如马克思所指出的，"生产期间和劳动期间的不一致"，"成为农业和农村副业相结合的自然基础"。① 工矿业劳动过程和生产过程是一致的，生产过程在人的支配下进行，对生产时间和歇息时间的安排有比农业大得多的自由度，既可日夜轮班生产，亦可生产与歇息间隔安排。

（二）对自然环境的依存

1. 直接与自然界交换物质

在人类社会的各种生产部门中，农业是唯一直接与自然界交换物质的生产部门。上文已经指出，通过摄食和排泄、同化和异化来实现新陈代谢，是一切生物生命的表现形式和存在方式，因此，作为农业对象的生物的生命活动是直接依存于自然环境，直接在自然环境中展开的。首先要从自然界的阳光、空气、土壤和水中吸取必要的营养物质和能量，把无机物转化为有机物，以维持自身的生存，并在这个基础上提供人类所需要的产品。按照古人的说法，农业生产要裸露在自然环境之中，"以达天地之气"。② 从农业的视角看，所谓"天地"就是农业环境：阳光、空气、雨露、气候等属于天的范畴，土壤、水体、地形等属于地的范畴。清代学者戴震说：以植物言，其理自根而达末，又别于干为枝，缀于枝成叶，根接土壤肥沃以通地气，叶受风日雨露以通天气，地气必上接乎叶，天气必下

---

① 《马克思恩格斯全集》第24卷，第269页。
② 《礼记·郊特牲》："天子大社，必受霜露风雨，以达天地之气也。是故丧国之社屋之，不受天阳也。"《白虎通》："社无屋何？达天地气。故《郊特牲》曰：'太社稷，必受霜露风雨，以达天地之气。'"农神的祭祀要露天进行，这显然是"裸露"在自然环境中的农业生产所形成的古老礼俗。

返诸根，上下相贯，荣而不瘁者，循之于其理也。以动物言，呼吸通天气，饮食通地气，皆循经脉散布，周溉一身，血气之所循，流转不阻者，亦于其理也。戴震说的"理"，反映了古人认识到植物和动物的生命活动离不开自然环境，正可视为"达天地之气"的注脚。所有的生物都必须与特定的自然环境进行不间断的物质变换，形成了对特定生态环境的依存，并在这种依存中发展。如果把它们从这种环境抽离出来，它们就活不下去。例如鱼不能在陆地存活，旱谷不能种在水田中，等等。生物物种是这样，生物群落也是这样。[①] 这是生物有别于非生物的本质特征之一，也是农业区别于其他生产部门的本质特征之一。[②] 由此又派生出农业的其他一些特点。如农业自然资源的可更新性。农业的自然资源，包括土地资源、水资源、气候资源及生物资源是可更新的，即可以重复使用或连续使用的。

2. 季节性

在农业环境"天"和"地"两大系统中，天为主导；在构成天的诸要素中，日（太阳）居中心。古人把"天施气于地，地受气而化生"称作"天施地生"，又叫"阳施阴化"，因为天施的气是阳气，也就是太阳的光和热，而太阳的光和热是地球生物圈一切生命的动力和能量之源。清代学者杨屾说："日行黄道，一年一周，而遍地之土，共被恩泽；盖地本水土合成阴体，得日阳来临，方能阴阳相济，均调和平，化生万物，而衣食始能从此出也。"[③] 所谓"日行黄道"，实际上是地球围绕太阳公转，地球上的人们产生的错觉。

太阳辐射是导致地球上气候形成及其变迁的主要因素。地球上不同纬度接受太阳辐射不同，从而形成不同的气候带。由于地球自

---

① 植物的种子可以借助某些自然力从原产地向外传播，有些动物也能拓展其活动领域，新的环境不但必须能够满足这些"移民"的基本生存条件，而且往往要经历艰难的、长久的适应过程。受到天然移植的启发，人工的引种也经常发生，引种往往需要对环境和生物双方进行必要的改造，使之相互适应。

② 我国古代有类似"温室"之类的培育蔬果的设施，采取人工的保护和增温措施突破季节的限制，促成蔬果的生长。这些设施并没有使蔬果脱离土地、阳光和空气。也就是说，没有隔绝生物体与"天地之气"的交接。

③ 《知本提纲·农则》。

转轴与它绕太阳公转轨道面形成 66.5 度的倾角，地球任一地点在公转时与太阳的相对位置及其接受太阳的辐射是不断变动着的，从而形成了气候的季节差异及其循环更替。气候的这种季节变化极大地制约着生物的生命活动，地球上的生物必须顺应着它才能活下来，生物长期能动性的适应导致其生命节律和气候季节变迁的节律的契合。以生物的生命活动为基础的农业生产由此产生强烈的季节性。"因时制宜"是农业生产最重要的原则之一，所有农活都需要安排在适宜的季节中进行，中国古代的月令型农书就是以时令为轴安排和指导农业生产的。这种情况在粮食生产中表现最为突出。粟是上古时代黄河流域主要的粮食作物，它是一年生的作物。在甲骨文中，"年"是人背负着收割了的成熟的禾（粟）的形象，标志着粟生命周期的完成，也就是农业生产一个周期的结束，由于它与地球绕太阳公转导致的气候季节变迁的周期一致，后来人们就用它来代表太阳年的时间单位了。而春生、夏长、秋收、冬藏也就成为自古以来人们耳熟能详的农业生产节律。

3. 地域性

在农业环境系统中，"天"的主导地位丝毫没有降低"地"的重要性。绿色植物必须把根扎在土地上才能生活，古人称之为"根着"，因为它不但要从土壤中吸取营养物质和水分，而且要通过土地这个平台来接纳空气、雨露和太阳的光热。动物虽然不是固着在某一点上，但要在一定的地域活动，直接间接以绿色植物为食，古人称之为"浮流"。[①] 所以"地域"的概念不但包括"地"的环境条件，而且包含"天"的环境条件。人也是"浮流"的一种，所以地域也是人组织为社会从事生产和生活的空间。

不同地域位置（经纬度、海拔高度）、地形（平原、山地、丘

---

① 《周易·乾凿度》卷上"根着浮流"，郑康成注："根着者，草木也；浮流者，人兼鸟兽也。"这是根据动植物与土地接触的紧密程度所作的区分，大体正确，但不能绝对化。生活在水中的藻类，也可以进行光合作用，现代人称之为"浮游植物"。另外，这种区分没有包括广泛存在于土壤、海洋和大气中的微生物。

陵、水体）等地理条件千差万别，各自形成不同的气候，蕴藏着不同的自然资源，孕育出不同的适应性生物群落，这些地域也就构成各具特点的生态单位和生态系统。它们不同的生态特点，古人称之为"风土"。所谓"风"，代表了气候和"天气"，在地域的环境诸因素中具有决定性的意义。古人说："风行地上，各有方位，土性所宜，各随气化，所以远近彼此之间，风土各有别也"，故"其间物产所宜者亦往往而异焉。"① 生活在具有不同风土条件的地域上的人们，为了自身的生存和发展，在适应和开发其特有的自然条件、自然资源和生物资源的过程中，形成各具特色的生计模式和农业类型。农业类型总是要和不同地域的风土条件相适应的。一个地区的农业生产，无论是农业生物的选择和培育，还是相应的技术体系和管理体系的建构，都必须从当地的风土条件出发，"因地制宜"成为农业生产的另一个指导原则。这就是农业生产的地域性。

土地是地域中最重要的自然资源之一，是农业的主要生产资料，它不但为农业提供生产依以展开的场所，而且直接参与农业生产过程之中。这也是农业对自然环境依存的重要表现，但土地（这里主要指已经开发的耕地）又带有超越自在自然的性质。这个问题不但关系到农业生产力，而且关系到农业生产关系，在这里就不展开了。

4. 不稳定性

对环境的依存又导致农业生产的不稳定。这是因为农业所依存的环境条件是人类不能控制或不能完全控制的，尤其是气候条件。包括气候在内的自然环境是在不断地变动着的。这些变化有"常变"，有"异变"（如异常气候），有渐变，有突变（如地震、火山爆发）；无论哪种变化，都能动地作用于人类社会。生物的生命节律，农业的生产秩序，一般是适应自然环境的常变和渐变而形成的；自然环境的异变和突变则往往冲击和打乱这种节律和秩序，给农业生产和人类社会造成轻重不一的损失，这就是自然灾害。中国自古

① 王祯《农书·农桑通诀·地利第二》。

以来就是一个灾害频仍的国家，尤其以旱、涝、风、雹等气象灾害为多，病虫害的爆发往往与气候的变化有关。农业生产的不稳定性主要就是自然灾害造成的。当然，自然环境的异变有时也会给农业生产带来利好，例如洪涝灾害威胁农田和民居的安全，但也带来了富含腐殖质和矿物质的淤土，可以开辟为肥美的耕地。但这些"利好"的有效利用，有赖于人们对自然规律的掌握和化害为利的实践。

自然生产力的递减也会引起农业生产的不稳定。自然界蕴含着可供人们利用的丰富的自然力和生产力，但它并非取之不尽、用之不竭的。在正常的开发利用的情况下，如果没有维护和补偿的措施，自然生产力在农业生产过程中耗减的现象是相当普遍的。例如土地附着自然生产力的衰减，主要表现为土地连续种植后土地肥力的下降。最明显的是新开垦的处女地土壤肥力高，产量也高，种植几年后，肥力和产量都会相继下降。

工业生产与自然环境也有密切关系，许多工业的原料产生于一定的环境条件下。工厂接近原料产地可以降低成本，成为工业布局的重要原则之一。但作为工业原料的无机物或无生命物，虽然形成过程离不开一定的自然环境，但形成后不需要与环境进行不间断的物质变换，因此没有形成像生物那样与环境不可分离的依存关系。由于生产过程中不需要直接与自然界交换物质，它不需要"裸露"在大自然中，工业生产一般有厂房的屏护，是在人控环境下进行的，同类产品可以有相同或相似的人控环境，因而不会产生像农业那样强烈季节性、严格地域性和由此而来的变易性和多样性，自然环境的异变对工业一般也不会产生像对农业那样严重的影响。

（三）生命共同体的互动与循环

1. 经济再生产与自然再生产的结合

上文从生产对象、生产活动方式和对自然环境的依存两方面论述了农业的特点，前者主要谈农业的生物要素，后者主要谈农业的环境要素，生物和环境都属于自然的范畴，但农业生产中生物和环境的活动不但已经有人的劳动的介入，而且是在人的主导下进行的。

（1）农业生产对象已不是纯粹的自在自然物，而是经过人类选择和驯育的人化自然物；（2）农业生物赖以生长的环境也经过了人类不同程度的改造，处处留下了人类有意识改造自然的印记；（3）生物的自然再生产是在人的调控下向着人类预期的目标进行的。

　　农业生产以生物的生命活动为基础，生物的生命活动必须与自然环境进行物质代谢和能量转换，可见农业一刻也不能离开自然。从这一意义上说，农业对自然环境的依存是绝对的。但这并非说人在自然环境面前不能有所作为。作为大自然孕育出来的智慧生物，人除了依存和顺应自然外，还能动地改造自然。人类开垦了大量的农田并建设相应的农业设施，建立了数以千万计的乡村和城市，土壤、地形、水体等早已不是洪荒时代的面貌了。对于自然界的大气候，虽然人类迄今还不能加以改变，但可以利用自然界特殊的地形小气候，并进而按照人类的需要造成某种人工小气候，从而部分地突破自然界季节的限制和地域的限制，生产出各种侔天地之造化的"非时之物"来。中国古代已有类似温室的设施，今天蔬菜等作物的大棚种植更加比比皆是。不同的地域各有其适应性的生物，但通过改进栽培措施和栽培条件，人们往往能把异地生物引进本地，使之逐步适应本地风土条件，在新的环境中扎下根来。可以预期，随着对自然规律认识的深化，人类能动地适应和改造自然的能力也将逐步加强。从这一意义上说，农业对自然的依存又有相对的一面。

　　作为农业生产主导者的人，不是孤立的单个的人，而是联结成群体的人；不是脱离社会的自然人，而是生活在一定生产关系中的社会人。因此，农业生产是一种社会的经济再生产。所谓经济再生产，是指处于一定社会生产关系中的人，利用各种生产资料，作用于劳动对象，从而取得经济效益的活动。在这一点上，农业和人类其他生产活动并无二致。但农业的经济再生产是与生物的自然再生产为基础的。这又是农业和人类其他生产活动不一样的地方。正如马克思指出的："经济的再生产过程，不管它的特殊的社会性质如何，在这个部门（农业）内，总是同一个自然的再生产过程交织在一起。"① 农业的自然再生产和社会再生产不是并列交叉的两种生产，而是结合为一体的。就其主导方面而言，它是社会再生产，生物的自然再生产是作为基础而包含在社会再生产之中的。

对此，古人已有所认识。《吕氏春秋·审时》："夫稼，为之者人也，生之者地也，养之者天也。"农业生产被视为稼、天、地、人诸因素组成的整体。这里的"稼"是指农作物，扩大一些，也不妨理解为农业生物，这是农业生产的对象。"天"指自然界气候，"地"指土壤、地形等，它们为农业生物的生命活动提供必要的能量、养料和环境条件。而这一切是以人的劳动为中介、为导引的，人是农业生产的主导者。农业生产不但是生物和环境的关联和互动，而且是人和自然的关联和互动。在天、地、稼、人的整体中，农业生产建立在自然再生产的基础之上，生物的自然再生产则在人的调控下进行，经济系统和生态系统是统一的，这反映了经济再生产和自然再生产相结合的农业生产本质。

还应该进一步指出，古人视域中的"天"和"地"，实际上就是今人所说的地球生物圈。地球生物圈是生命的共同体。农业是在地球生物圈中进行的，农业系统是地球生物圈生命共同体的一部分，是围绕生命这个轴心旋转的。上文的所述已经从不同侧面展示了农业这个生命共同体的特征，下面再从两个方面作进一步的论述。

2. "群道"和生物的群体生产力

农业生物依存的生态环境，不但包括非生物的无机自然界，而且包括生物的有机自然界。古人语境中作为农业环境的"天地"，实际上已包括了生息在"天地"间的生物。生物除了不能离开气候、地形、水土等自然因素外，也不能离开其种群和一定的生物群落。生物需要通过摄食和排泄维持和展开其生命，生物群落中的动植物和微生物由此组成复杂的纵横交错的食物链和食物网，进行物质、

----

① 《马克思恩格斯全集》第24卷，第398—399页。

能量和信息的交换和交流，以相生相克的方式保持着生物群落的某种平衡。当然，这种生物群落是与一定的生态环境相联系和相适应的。生物及其生命形式只有在生态环境和生物群落的整体中才能存在和发展。

作为农业生产力核心的生物生产力，不是以生物个体生产力的形态出现的，而是以生物群体生产力的形态出现的。人类从事农业活动必须遵循这种规律。《荀子·王制》提出，领导和指挥生产要"善群"，"群道当，则万物皆得其宜，六畜皆得其长，群生皆得其命"。中国传统农业以粮食种植为中心、农牧结合、多种经营，实行灵活多样的轮作倒茬、间套复种，善于利用生物个体、群体和种群之间的相生相克关系，趋利避害，化害为利，充分发挥生物的群体生产力，正是"群道"原则的实践，符合和体现了农业生命逻辑的内在要求。

从这里可以看出农业和工业的区别：多样性、综合性、以相养互抑的方式存在于生命共同体中，是农业基于其生命逻辑的内在要求，而单一性、规范性、专业性则是以机械运动为特征的工业的自然趋向。

3. 生命循环和无废物生产

在农业中，生物与生物、生物与环境是关联和互动的，而且各种生物以土地为平台与环境进行着合成与分解的无限循环。地球生物圈中的"生产者"——绿色植物必须扎根在土地上，才能吸收太阳的光热、空气中的二氧化碳和土壤中的营养物质，完成把无机物转化为有机物、把太阳能转化为化学能的生产任务。生物圈中的"消费者"——动物和人以土地为其家园和活动场所，从这里取得最基础的食料。[①] 土地还是生物圈的"分解者"——微生物的主要工作车间，动植物生产和消费产生的废料、排泄物和遗体返回土地，由微生物等在此执行分解任务，把有机物转化为无机物，等等。可

---

① 素食动物以植物为食，肉食动物以食物链上游的动物为食，食物链的始端还是要追溯到绿色植物。

见地球生物圈是一个生命共同体，各种生物在其中组成生命的网络，展开生命的循环，而生命就在这种循环中得以维持和发展，各种资源和物质也获得充分利用，这是一个生态共衍而没有"废物"的世界。农业是在这个生命共同体中运作的，是地球生物圈生命循环的一部分，遵循着生物圈生命循环的共同规律。农业能否永续，取决于生命循环是否顺畅，取决于人们对生命循环规律领悟和遵循的程度。

从这里可以看到农业和工业的另一区别：农业生产、生活中的排泄物和废弃物，只要处理得当，一般可以返回土地，自我吸收和利用，实现无废物循环生产。工业生产、生活中的排泄物和废弃物，一般难以自我吸收和利用，难以直接实现无废物生产。

4. 两种生命活动在农业中的交织

综上所述，第一，农业生产以农业生物的生命活动为基础，农业产品是农业生物生命活动的生成物，这种生命活动的表现形式是与自然环境不间断的物质代谢和能量转换，因此，农业生产必须依存于一定地域的生态环境。第二，农业的主导者是人，作为农业生产基础的生物自然再生产在人的辅助、调控和导引下进行，主要目标是提供维持人类生存和发展所必需的物质资料。所以，农业又是人类自身再生产的关键环节，是人类生命活动的基础，是人类最基本的实践活动。第三，在农业生产中，自然再生产和社会经济再生产，生物的生命活动和人类的生命活动是交织在一起的。农业生产是在地球生物圈中进行的，人和生物作为这个生命共同体的成员，以土地为平台共同展开永恒的生命循环。人们不但从生物的自然再生产中取得维持生命的物质资料，而且将自己生产生活中的残余物和废弃物返回土壤，供给生物自然再生产持续之需。可见，人们的生命活动已经介入生物的自然再生产。或者说，人类自身的再生产和生物的自然再生产在生物圈的生命循环中是融为一体的。从中我们不但可以看到农业生产中两种生命活动的相互关联，而且可以看到这些生命活动与生态环境的相互关联。

行文至此，我们不妨给农业下一个定义：农业是在人类劳动的调控、辅助、导引和直接参与下，通过生物有机体的生命活动，在与外界环境进行物质交换和能量转化过程中，生成人类生存所必需的各种生物产品的社会实践。在这一实践中，人的生命活动和生物的生命活动交织在一起。这一定义既揭示了农业生产的本质和特点，也包含和体现了农业的生命逻辑。

（原载《中国农史》2017 年第 2 期）

农业生活功能与中国传统的
大生命观(上)

——农业生命逻辑丛谈之四

文化的内涵十分丰富,其中有物质文化,有精神文化。精神文化的最高层面是世界观、价值取向和思维方式。大生命观是中国传统文化的精华,体现了有中国特色的世界观、价值取向和思维方式。其中镌刻着中国传统农业生产和农业生活的深刻印记。可以说,这是中国传统农业生活的文化功能最重要的、影响最为深远的表现。这是本论题的重心。由于内容较多,分为上下两篇,上篇着重阐述传统大生命观的层次结构,其余内容在下篇论述。① 在转入大生命观讨论之前,简要述评日本学者首先提出的农业生活价值和"生命农学",是丛谈之三未了之言。

一 日本学者提出的农业生活价值和"生命农学"

农业生活的价值,是日本学者在对近代科学"笛卡尔—牛顿范式"的反思和对科学研究价值中立论的批判过程中提出来的。祖田修在《农学原论》中指出,近代科学建立在以牛顿为代表、以物理学为中心的机械论自然观和以笛卡尔为代表、将人与自然完全分离的人类中心主义的自然观基础之上,虽然取得巨大成就,但也造成严重的生态和社会问题。以这种自然观为指导的科学研究,通过具

---

① 下篇的主要内容有二:一是传统大生命观的形成与农业实践;二是与农业有关的概念和语言中的生命意识举隅。

体要素的还原来发现和解释自然，不断地走向专业化和分化，在获得长足发展的同时，各个学科往往变得孤立和保守，从而迷失了自己的位置和方向。而近代科学特别是自然科学又是提倡价值中立的，它与限定的狭隘专业范围相结合，将人们的目光从科学所滋生的诸多现实问题上移开，规避了科学应负的社会责任。作者认为，即使是自然科学也不可能与价值毫无关系，它总是直接或者间接地与价值发生着一定的联系。农学是包容社会科学领域的关于生命系统的综合科学，而且是承担着实践任务的科学，它涉及一定的价值，需要设定一定的价值目标作为努力的方向。

在这样的思想指导下，祖田修回顾了第二次世界大战后不同时期日本农业所追求的不同的价值目标。从 20 世纪 40 年代中期至 60 年代中期追求农业的经济功能，到 60 年代中期至 70 年代中期生态农学的提出，再到 70 年代中期至 80 年代中期生活农学的提出，《农业生命逻辑丛谈之二》已经做了简要的介绍。现在再对坂本庆一提出的综合了生态农学和生活农学的"生命农学"做进一步的简要分析。

（一）关于"生命农学"

坂本庆一给农业下的定义是：

> 通过地球生态圈中构成生命系统的特定生物的利用和培育，为获得实现人类的"生"所必需的物质和信息而进行的人类的主体性和有计划的营生。[①]

坂本庆一既指出农业生产的基础——"特定生物的利用和培育"，又点明农业生产的目的——"为获得实现人类的'生'所必需的物质和信息"，既突出了农业生产中人类的"主体性"，又把它放在"地球生态圈"这个大系统中予以考察，这样，该定义就相当

---

① 坂本庆一编：《农业之于人类的意义》，学阳书房 1989 年版。转引自《农学原论》中译本，中国人民大学出版社 2003 年版，第 49 页。

深刻地阐明了农业的本质，相当全面地揭示了农业的基本功能。就对农业和农学的认识而言，正如祖田修指出的，"由'生产的农学'到'生命的农学'是一种质的转换。"

我曾指出，生产机能、生态机能和生活机能是农业内在的三大功能。坂本庆一的定义中已经把它们都包括在内。我又曾指出，农业的生活机能虽然早已存在，但作为一个问题，一个范畴，是日本学者首先提出的。这是否与日本学界首倡的生活学有关，尚待考究。但它的矛头指向旧经济发展模式所导致的乡村和城市的严重社会问题，则是十分清楚的。尤其重要的是，坂本庆一是从人的生命活动的意义上理解农业生活。他以"生"为贯穿一切农业活动的中心，强调"农的原理即是生的原理"，并指出："这里的'生'是指生命、生活、人生，或者说性命、过日子、活法的全部。"[①] 这是首创性的见解，比最近中国社会学者提出的从生命维度理解"生活"内部规定性的理论，早出二三十年。[②]

坂本庆一的这些论述与中国传统的农业智慧存在某种传承的关系。例如，称农业为"生业""营生"，用"生"来概括农业的原理和本质，其源头就在古代中国。中国不晚于战国秦汉就把农业称为"生产""生业"，"营生"是经营生产、经营生业的简称，始见于魏晋南北朝。但坂本庆一的农业定义中的"生"与中国传统观念中的"生"也有区别。坂本庆一所说的"生"是指"人类的'生'"[③]，"生命、生活、人生"（相应的"性命、过日子、活法"）都是指人类的生命活动。坂本的生命农学，除了与中国传统哲学"生"的观念存在某种传承关系外，似乎也受到狄尔泰建立在心理学基础上的

---

① 坂本庆一编：《农业之于人类的意义》，学阳书房 1989 年版。转引自《农学原论》中译本，第 49 页。

② 参见《从生命逻辑看农业生活特点及相关问题——农业生命逻辑丛谈之三》，《中国农史》2017 年第 4 期。

③ 坂本庆一编著：《农业之于人类的意义》，学阳书房 1989 年版，第 2 页以下。转引自祖田修《农学原论》中译本，第 7 页。

"生命哲学"的影响。① 中国传统"生"的观念超越了人的生命活动的范围，更是超越了人的心理活动的范围。即如中国古代"生业"一词，是由"生产"衍变而来的。"生产"的初义是农业生物的生长和繁衍，由于它提供人们维持其生存和发展的物质资料，又被称为"为生之本""养生之本"等。所以从"生产"演变而来的"生业"，具有生物的生产活动与人类的生产活动的双重含义，是物的生命活动与人的生命活动的结合，并非单指"人类的'生'"。人的生命活动是有意识的，从而区别于物的生命活动，但人的这种有意识的生命活动并不能脱离人的物质性的生理活动而单独存在。中国古代的"生"把人的生命、物的生命和大自然联系起来，是一种大生命观。我们所说的农业生命逻辑，是以中国传统的"大生命观"为凭依的。中国传统的大生命观以及相关的语言表达，正是本论题重点所在，下面还将专门论述，在这里就不予展开了。

祖田修用"生命农学"概括"环境农学"和"生活农学"，而与此前的"生产农学"相区别，从日本农学界对农业价值目标认识的发展看，这种区分是有道理的，但也容易使人产生农业的生产功能和生态、生活功能相互分离的错觉。② 如前所述，实际上

---

① 狄尔泰（Wilhelm Dilthey, 1833—1911）是德国著名哲学家，著有《精神科学引论》《哲学的本质》等。他认为人不同于自然，是"心灵的生命"，生命是世界的本原。生命不是简单的身体活动，不是实体，而是一种不能用理性概念描述的活力，是一种不可遏止的永恒的冲动，是一股转瞬即逝的流动，是一种能动的创造力量。一切社会生活现象都是生命的客观化。所以对于人类社会，不能用自然科学的方法把握，只有通过对独特意义关系的"理解和解释"来揭示。所谓"理解"是"通过我们能够感知到的外部的生命现象"，认识内在本质的过程。祖田修把科学区分为自然科学和以狄尔泰的生命哲学为基础的人类科学，而把研究农、工、医等的学科称为实践学科。其内容是人与自然的交往，其定位是自然科学与人类科学的交会，其研究方法是说明与理解的交错。祖田修引用鲍勒诺夫在其《生命哲学》（1958）中对狄尔泰等对生命哲学精义的概括："他认为，'生命'包括'生存、生活、生气、生命、人生'等。具体地说，生命是无法洞彻的（尼采），是不断生成、流动、飞跃的（费希特、柏格森），是在一个个具体的人那里发生的戏剧，等等。"坂本对"生命农学""生"的表述与鲍勒诺夫对狄尔泰生命哲学的概括十分相似。

② 实际上坂本庆一的农业定义已经涉及生产、生态，生活等项内容，但他的"生命农学"是围绕人的生命展开的，他谈及地球生物圈的生态功能也是侧重其维护人类生命健康的作用。

农业的生产机能、生态机能和生活机能为其自身所固有，是不能截然分开的。只是在不同国度的不同时代，社会的需求有所变化，人们对农业价值的认识和开发利用方式也有所侧重，从而使农业的功能有不同的展现而已。而祖田修自己则针对日本现实农业的困境，提出协调和实现生产、生态和生活的综合价值的"空间的农学"。①

（二）农业生活培育完整的综合人性

祖田修把农业的生活价值定位为社会功能和文化功能，是恰当的；因为生活是人的活动，而人是组织为社会存在的，而文化则是人的活动的物质的和精神的产物。农业的生活功能与农业生活的特点密切相关。例如，农业生活的娱乐功能产生于农业生活的丰富多样以及它的自主和余裕；农业生活的就业功能产生于农业生产的多样性、包容性和可拓展性，等等。农业生活的社会功能和文化功能可以列举很多很多，本文只选择其中的两项予以论述：一是农业生活对完整人性的培育的作用；二是中国传统大生命观与农业生产和生活的关系。

农业生活培育完整的综合人性，这也是日本学者提出的命题。祖田修说："正如农业被称为'生业'所显示的那样，对于从事农业的行为者个人来说它又具有社会和文化方面的意义。因此，农业生产活动具有经济的和非经济的两重性。从生活的角度来观察农业生产行为，可以称之为'农活'。概言之，农活是人性的综合。""从人类生活的侧面来看，农业和农村实际上存在着超出我们预想的

---

① 祖田修提出"空间农学"的思路大体是这样的：昭和六十年代（1985—1994）以后，日本经济进入了成熟时代，被称为"世界的工厂"，同时又成了世界上最大的农产品纯进口国，日本农业变得举步维艰。在这种情况下，日本农业必须同时实现经济的、生态环境的和生活的这三方面的价值。但这三种功能在目前社会经济条件下往往发生对立和背离。为了协调它们之间的关系从而实现其综合价值，需要把农业置于"地域"这一空间之内。这里的"地域"是指最终作为"中小城市和农村复合体"的地域社会。祖田修称之为"空间的农学"。其中心思想和价值追求在于，以着眼于日常生活世界的幸福也即合乎人性的完整的满足为前提，改造农业与农村社会。从而创造一个充满人性的生存和生活空间。对于祖田修的"空间农学"，本丛谈以后还将论及。

重要意义。农业劳动充满了一种'综合的人性',它有助于人成为完整的人。"① 祖田修把"生业"和"农活"联系起来,表明把"从生活的角度观察农业生产行为"称之为"农活",是"农的原理即是生的原理"这条红线的延续。祖田修进一步指出,作为"人性的综合"的"农活"包含四个方面的内容:循环性、多样性、互动性以及自我创造性。

所谓循环性包括"天体的循环以及受其影响的生命的循环",以及"世代循环";农业社会由于这两种循环的综合可称之为"生命循环的世界"。第一种循环实际上是指建立在天体周期性和生物生命周期性基础上的农业生产周期性,第二种循环实际上是指建立在农业的连续性、延续性和继承性基础上的农民世世代代的积累和传承。这些在《农业生命逻辑丛谈之一》关于农业特点的讨论中已经论及。多样性包括农业生产项目的多样性和不同项目生产环节的多样性,这些多样性及其彼此的关联带来了变化的节奏和活力,"人类世界的身心健康和生活安定也只有在生活内容的多样性中才会成为可能"。所谓互动性是指人在农业生产中与充满生命力的自然相互作用相互交流,从中获得感悟,学会协调与互助,品味生存的快乐和艰辛,培养感谢和祈福的情操。关于多样性和互动性,《农业生命逻辑丛谈之三》在对农业生活中人与劳动对象和自然环境的关系的论述中已多有涉及。

所谓"自我创造性",是指农业不但生产出各种农产品并制造出相应的工具和设施(这些,作者以"造物"概括之),而且劳动者在这一过程中"创造自我"。作者引用日本学者三木清的话:"人类通过造物而创造自我。"② 并进一步发挥说:"造物是技术的共同特性,同时也就是人类在创造自己。技术不可能脱离自然的法则,但技术却可以使自然更贴近人类……基于这种想法,也可以说农业生

---

① 祖田修:《农学原论》第 6 章第 2 节"生活中的农业和农村",中译本,第 150—155 页。本小节引用祖田修有关农业生活培育综合人性的论述均出此处,不另作注。
② 三木清:《三木清全集》第 7 卷,岩波书店 1967 年版,第 210 页以下。

产是一种自我创造和自我形成的过程。"① "对自然和农业的体验却超越了技术的范围，在对将人作为完整的人进行教育这一点上具有重要意义。"作者又广泛引述欧美和日本的先哲关于重视农业和农活的教育作用的论述。例如卢梭曾经在《爱弥儿》（1762 年）中指出："人类越是密集就越是腐败……都会是将人类引向灭亡的深渊。……而使之复活的是乡下。""农业是人类的职业中最早出现的。它是人类所能从事的职业中最正派、最有用因而也是最高尚的职业。"

我们曾经指出，农业生产对象是具有整体性、能动性、创生性的生物活体，农业是由众多生产项目和生产环节组成的，在人和农业生物以及自然环境的相互作用中展开的、动态的综合性系统，应对这样复杂的系统，需要劳动者有高度的自主能动性和灵活的应变能力。② 这和被动地在流水线上的某个环节从事单调的工业劳动是很不相同的。农业生产和生活的这种特殊性以及其对农业劳动者提出的主动、综合、应变的要求，正是"综合的人性""自我创造"的基础。

要理解农业生活之所以能对完整的综合人性的培育发挥重大的作用，还需要追溯人类和人性的本原。人是自然之子，与自然血肉相连，在人类的各种活动中只有农业能完整体现这种血肉相连的关系。近代资本主义工业文明的畸形发展导致与大自然的疏离以至对立，这也是对人的本原的背离，是人的本性的迷失。在这种情况下，亲近自然、融入自然的农业生活，无疑有利于人类本性的回归。

农业生活也有利于人与人之间建立一种朴素的互助和传承的关系。农业面对复杂多变的自然环境和自然力，孤立的个人是难以单

---

① 所谓"造物"是指"对自然加以改变和利用的人工创造性行为"。农业是通过生物活体的生长和繁殖取得生命的生成物，工业则是把无生命物改造成人所需要的样态。作者似乎没有严格区别农业的创造活动和工业的创造活动。但从其全部论述看，主要是讲农业生产。

② 参见《农业生命逻辑丛谈之一》和《农业生命逻辑丛谈之三》的有关章节。

独应对的。人们最初组织为公社或其他群体形式进行农业生产。公社瓦解以后，村落之中亲属和邻里之间的互助协作始终存在着，形成一种传统。由于农业生产的连续性和传承性，前一生产周期、前一辈人要为后一生产周期、后一辈人准备继续发展的条件，后一生产周期、后一辈人要在前一生产周期、前一辈人积累的基础上继续前进。这种群体互助、世代传承的传统，也有利于在工业文明的畸形发展中迷失了的人性的回归。

二　中国传统大生命观的结构层次

何谓大生命观？中国古代哲人视自然界的发展为生命创生、延续、演进的过程；天地万物是以生命为中心的相互依存的共同体；人是天地化生万物的参与者和协调者，并以追求自然界和人类关系的和谐为自己的使命。这就是我所说的大生命观。以上三项内容，可以分别称为生生观、一体观、三才观，组成大生命观中相互关联、依次递进的三个层次。需要指出的是，这里所说的大生命观以及相应的大生命体，其范围是地球生物圈。地球生物圈以外是否有生命存在，其生存环境和生存方式如何，目前尚未能确知，只好存而不论。

（一）生生观

1. 大自然的生生不息及其演进机制

不晚于春秋晚年，中国人就讲"天生万物""天地生物"了。孔子曰："天何言哉？四时行焉，百物生焉，天何言哉？"① 这里的"天"没有发号施令，它的存在体现在四时运行中，天下百物则随着四时运行的节奏而化生。

《易经》原是卜筮书，战国学者为之作《传》，着重论述了自然和社会发展的哲理，对天地之生物做了进一步的阐发。《系辞下》：

---

① 《论语·阳货》。

"天地絪缊，万物化醇。男女构精，万物化生。"① 絪缊或作氤氲、烟煴，古代哲人把它解释为气的激荡交合状态。这种状态既存在于太极生两仪（天地）的过程中，也存在于天地生万物的过程中。如《后汉书·班固传》载班固《典引篇》："太极之原，两仪始分，烟烟煴煴，有沈而奥，有浮而清。"唐李善注："《易·系辞》曰：'易有太极，是生两仪。'又曰：'天地絪缊，万物化醇。'蔡邕曰：'絪缊，阴阳和一相扶貌也。'奥，浊也。《易·乾凿度》曰：'清轻者为天，浊沈者为地。'"② 可见，天地万物不是有意志人格神所创造的，而是自然界自身演化的产物，它们是在阴阳之气的交感和合中化生的。所谓"男女构精"，也是代表了阴阳的相交。③ 先哲指出，"易"是讲天道的。④ "易"展示的天道是怎样的呢？《系辞下》："生生之谓易。"《庄子·天下》："易以道阴阳。"前者是核心内涵，后者是途径，两句话互为表里，将"易"之精义基本上揭示出来了。"易"字本身包含阴阳之义。《说文》引"祕书曰：'日月为易，象阴阳也。'"⑤ 盖自然界中阴阳迭运之显明昭著者，莫若日月之昼夜

---

① 《易传》类似的说法不少。如《咸卦象传》："咸，感也。柔上而刚下，二气感应以相与……天地感而万物化生。"《系辞上》"精气为物。"晋韩伯注："精气烟煴，聚而成物。"唐孔颖达疏："云精气为物者，谓阴阳精灵之气，氤氲积聚而为万物也。"

② 类似的论述很多。如唐孔颖达："絪缊，气附着之义……唯二气絪缊，共相和会，感应变化，而有精醇之生，万物自化。"（唐李鼎祚《周易集解》卷16）宋胡瑗："絪缊者，盖熏蒸之貌。夫天地之道，阴阳之气，二气相熏蒸而成交感之象，是以万物皆得以亨通也。"（《周易口义·系辞上》）宋张载："气坱然太虚，升降飞扬，未尝止息。《易》所谓'絪缊'，庄生所谓'生物以息相吹，野马者与？'此虚实动静之机，阴阳刚柔之始，浮而上者阳之清，降而下者阴之浊，其感遇聚结为风雨，为霜雪，万品之流形，山川之融结，糟粕煨烬，无非教也。"（《横渠易说》卷3）宋程颐："絪缊，交密之状，天地之气相交而密，则生万物之化醇。醇谓酝厚，酝厚犹精一也。男女精气交构，则化生万物，唯精醇专一，所以能生也。一阴一阳，岂可二也。"（《伊川易传》卷3）

③ 正如宋司马光所言："天地男女，皆一阴一阳相匹敌也。"（《易说》卷6）

④ 宋张载说："易乃是性与天道。其字日月为易。易之义包天道变化。"（《横渠易说》卷3）

⑤ "祕书"何所指，是否属于政府的藏书，未详。但它肯定存在于《说文》成书以前。汉魏伯阳《周易参同契》亦云："日月为易"。三国虞翻注云："易字上从日，下从月。"明杨慎作《易字说》，引宋罗泌谓"易"下之"勿"是"月彩之散者也"（《丹铅续录》卷2）。《说文》另说把"易"解释为蜥蜴的象形，以蜥蜴变色喻事物的变易。两说相比，"日月为易"之说在《易传》中有内证，与《周易》精神相符，可从。

嬗代，故古人以之"假象托物"。这就和《系辞上》"阴阳之义配日月""一阴一阳之谓道"的说法吻合了。但阴阳阖辟只是天道演变的机制，天道演变的核心则是生命化生和演进的绵绵不绝的过程。王弼注"生生之谓易"曰："阴阳转易以成化生。"在自身包含的阴阳转易中（而不是在外力的支配下）"化生"和"生生"才是天道的根本体现和终极目标。①《系辞下》又说"天地之大德曰生"，把生命的创造和延续视为天地的根本功能和基本的价值，堪称中国传统文化的核心概念。

儒家哲学的最高范畴是"天"，道家哲学的最高范畴则是"道"。老子说："道生一，一生二，二生三，三生万物。"②"一"相当于《易传》的太极（混沌之气），"二"相当于两仪（天地阴阳），"三"，据河上公的训释，"阴阳生和、清、浊三气，分为天、地、人也"，也就是相当于人参天地化生万物的"三才"（详见下文"三才观"节）。可见，老子的这些论述包容了天地化生万物的思想，只是在天地之前安排了一个宛如化生天地万有发动机的"道"。"道"的基本功能是"生"。③ 紧接着"三生万物"，老子又说："万物负阴而抱阳，冲气以为和。"表明万物化生的机制，与《易传》一样是阴阳的交感和合。老子既说"道生一……"又说"天下万物生于有，有生于无"。④ 如果"一"是天地未剖前的混沌之气，那么"道"就应该是非物质的精神本体。但"有物混成，先天地生，寂兮寥兮，独立而不改，周行而不殆，可以为天下母。吾不知其名，字之曰道，强为之名曰大。"⑤"道"又与"一"等同起来了。老子又说："人法地，地法天，天法道，道法自然。"⑥"自然"意为自然

　　① 方闻一：《大易粹言》卷66引北宋吕与叔《见东录》："生生之谓易，是天之所以为道也，天只是以生为道。"程朱亦有相同说法。

　　② 《老子》四十二章。

　　③ 《老子》说："故道生之，德畜之，长之，育之，成之，熟之，养之，覆之。生而不有，为而不恃，长而不宰。是谓玄德。"（五十三章）

　　④ 《老子》四十二章、四十章。

　　⑤ 《老子》二十五章。

　　⑥ 《老子》四十五章。

而然，实乃大自然之本然。道家比儒家对自然更为亲和。《易传》写作在《老子》之后，很可能从《老子》中吸收思想资料而有所损益。

　　2. 生生观的"超越"性

　　应该指出，在古代中国的不同时期和不同学派中，"天"有不同的内涵。在一个相当长的时期内，天是人格神上帝的别称，宗教神学统治着人们的头脑。西周晚年，史伯阳用天地阴阳之气的失序来解释地震的产生，春秋时期又出现了"天有六气"、地有"五行"之说。① 作为无所不在的、流动的精微物质的"气"的概念介入了"天"，物质化的"天"的哲学概念于是乎产生。在这以后，思想界各门派的理论中仍然存在不同的"天"，如义理之天、本然之天、命运之天、神性之天等。根据物质或精神何者是第一性的标准，可以把它们区分到唯物或唯心的不同营垒。但在中国古代，即使是秉持唯心的天的观念的思想家，一般不否认或不完全否认自然存在的、以气为基础的、物质性的天。例如孔子说过"获罪于天，无可祷也。"② 说明他的头脑中还保留了神性之天的位置，但这不妨碍他把天理解为体现在四时运行中而不须发号施令的自然过程。宋代程朱一派理学家把理气分割开来，不承认规律（道）存在于物质（气、阴阳）运动之中。程颐对《易传》"一阴一阳之谓道"做了别出心裁的解释："道非阴阳也，所以一阴一阳，道也。""阴阳，气也。气是形而下者，道是形而上者。"③ 朱熹说得更清楚："理也者，形而上之道也，生物之本也；气也者，形而下之器也，生物之具也。"④ 把天理和天道凌驾于气之上，他们的"天"属于唯心的理念之天。但他们也承认物质性的"气"和"阴阳"的存在，承认"苍苍之谓天"⑤，承认

---

① 前者见《国语·周语上》；后者见《左传·昭公元年》《国语·周语上》。

② 《论语·八佾》。

③ 分别见《二程遗书》卷3、卷15。朱熹补充说："阴阳迭运者气也，其理则所谓道。"（《周易本义》卷3）。

④ 《晦庵集》卷58《答黄道夫》。

⑤ 《朱子语类》卷1。

"天地者阴阳形气之实体"。① 于是出现了理念的和物质的"二重天"。理念之天属于形而上的超越层面,自然之天则属于形而下的物质层面。"形而上""形而下"语出《周易·系辞上》:"形而上者谓之道,形而下者谓之器。"程朱对"形而上""形而下"的解释未必符合《易传》的原意②,但却可以用它说明另外的问题。当代有些学者指出,中国传统哲学的"形而上""形而下"与西方哲学的"本体"和"现象"两范畴相类似,但西方哲学的"本体"和"现象"是对立和隔绝的,而中国传统哲学的"形而上""形而下"则不能截然分开。③ 这种说法有一定道理,程朱理学的"二重天"即其例证。尽管哲学家可以根据他们对世界的不同认识,构建出各式各样的超越层面的"天"和"道"来,但实际上都要以物质性的自然为其基础,而且这些"天"和"道"的"生生"功能,说到底都是大自然生命创造和演化的反映。所以在一定意义上,不妨超越(而不是取消或抹杀)唯物和唯心的分歧,把"生生"观视为中国传统文化中带有普遍意义的共识。这种"超越"性,在下文将要论及的一体观和三才观中也体现出来。也就是说,它适用整个传统大生命观。不过,我们在看到其"超越"性的同时,不要忘记不同学派和学者之间仍然存在的认识差异和分歧。

　　总之,中国传统哲学的"天"或"道",都不是静止、固定、脱离自然界而孤立存在的"本体",它的存在体现在自然界生命的化

----

　　① 朱熹:《周易本义》卷3。

　　② 程朱对"形而上""形而下"的解释,受到同时代和后世一些学者(如宋张载和清戴震)的批评,这些批评有道理,但也并非白璧无瑕,在这里不予深论。

　　③ 蒙培元认为,中国传统哲学的天是自然界的总称,但是有超越的层面。其"形而上者"即天道、天德,便是超越层面;其"形而下者"即有形天空和大地,便是物质层面。但两者不是分离的,而是统一的世界。西方哲学是把本体界与现象界分割开来的二元论,本体界是超时空的精神实体,现象界就是在时空之中运行的自然界。中国哲学的天不是与现象分割的本体,它是在生命创造和流行的过程中体现出来的(蒙培元:《人与自然:中国哲学生态观》,人民出版社2004年版)。中国现代新儒学的重要代表人物方东美也早就指出,西方的形而上学是超绝的,自然界与超自然界被割裂开来,形而上与形而下世界之间没有沟通的桥梁,中国传统形上学则是"超越"而不"超绝"。(参见余秉颐《方东美论中国传统形上学》,《学术月刊》1994年第6期)

生、延续、演进的绵绵不绝的过程中，以"生生"为其基本功能。"生生"的含义，一是生命的化生，含生的万物不是上帝创造的，也不是绝对精神的外化，而是物质性的天地所"化生"，即自然界内部矛盾运动（在中国传统哲学中表现为气和阴阳的运动）的产物。二是生命的更新和延续，"生生相续"主要表现为种类的繁衍，而不是个体生命的永恒。三是生命种类和功能的进化，如张载所说的，"生生犹言进进也"。[①] 生生观是中国传统大生命观的第一个层次，也是它的基石。

（二）一体观

传统大生命观的第二层次是一体观。一体观是生生观的延伸，生生观是一体观的核心。

1. 一体观的内涵

一体观在先秦时代已见于文献记载。庄子说："天地与我并生，而万物与我为一。"[②] 惠施说："泛爱万物，天地一体。"[③]《吕氏春秋·情欲》："人之与天地也同，万物之形虽异，其情一体也。"《列子·天瑞》："天地万物不相离。"除了明白说出来的，还有寓意于不言中的。孔子"四时行焉，百物生焉"，《中庸》"天地位焉，万物育焉"，其实已暗含了天地万物一体的思想。以后，宋儒首先提出和宣传"仁者以天地万物为一体"命题，成为封建社会后期最有影响的哲学观点之一。

我不是从"天人合一"的意义上理解"一体"。"一体"不等同于"合一"，它是由性质各异而又相互依存的事物组成的有机整体，相当于现代语言中的"共同体"。在这一共同体中，联结各种事物的纽带和中心是什么呢？是生命。天地创生万物。在中国传统哲学的语境中，"万物"不能光从物理学意义上来理解，"万物"总是与"化""生""养""育"联系在一起，或者与"诸生"等

---

① 《横渠易说》卷3。
② 《庄子·齐物论》。
③ 《庄子·天下篇》。

列并提①，它是用以指称天地之间的生命体和生命群的。没有生命的无机物无不与有机体的生命活动直接或间接相联系，成为生命家园中的成员，所以它们也应纳入生命系统。

人也是天地所创生的万物中的一种，既然天地万物是利益攸关的共同体，人们就不能把人以外的万物当作单纯的压榨和征服的对象。在从万物中获取生存物质资料的同时，也要观照它们后续的生存和发展，使"万物皆得其宜""群生皆得其命"。② 在中国古代，"品物咸亨"③ "仁民爱物"④ "泛爱万物"⑤ "万物并育而不相害""成己成物"⑥ 等说法不绝于书。尤其是宋代哲学家张载，明确提出"民吾同胞，物吾与也"。"吾与"者，"视之也亦如己之侪辈矣"⑦，也就是说，把万物视为天地这个生命共同体中人类的伙伴。这和西方主客观对立、征服自然的观念确实大相径庭。

2. 一体观的渊源

以生命为中心的一体观，其认识论渊源之清晰可辨者，一为生生观的延伸；一为人体活动的类比。作为生命体和生命群的"万物"是"天地"所化生，即自然界进化的产物。故"天地万物一体"是"天地化生万物"的逻辑延伸。天地万物同根同源，它们围绕着生命这个中心联系在一起。这并非只是今人逻辑的推演，古人确实是这样认识的。例如《吕氏春秋·情欲》"万物之形虽异，其情一体也"，东汉高诱注："体，性也。情皆好生，故曰一体。"这就是说，万物本性的"好生"是"一体"的前提。北宋程颐说："所以谓万物一体者，皆有此理。只为从那里来，'生生之谓易'，生则一时生，

---

① 前一种情况十分普遍，不必举例了；后一种情况，例如《管子·水地》："地者，万物之本原，诸生之根菀也。"《孙膑兵法·奇正》："有生有死，万物是也。有能有不能，万生是也。""万物"等同于"诸生""万生"。

② 《荀子·王制》。

③ 《易传》乾卦彖辞。

④ 《孟子·尽心上》。

⑤ 《庄子·天下》载惠施语。

⑥ 均见《礼记·中庸》。

⑦ 《张子全书》卷1《西铭》。

皆完此理。"① 这就是说，"万物一体"是建立在"生生"之理的基础上的。如前所述，所谓"生生"之理，不过是大自然"生生"之实在理学家头脑中的映象。

中国古人观察和认识世间事物的特点之一是"近取诸身，远取诸物"。② "近取诸身"就是将自然界事物与人体的生命活动作类比。气血流通是人生命的基础，气血如果壅滞或堵塞，就会生病，以至危及生命，所以需要宣导。"宣"和"导"的观念首先是从人体气血运行中抽取出来的③，这种观念也被引入自然界中。例如，中国农业史上有名的"土脉论"，就是把土壤中的水分、气体、温度和微生物等的活动比作人体的气脉，开春回暖，土脉开始活跃，这时容易发生壅塞，需要抓紧耕播，予以宣导，以保收成。④ 气血经脉不但存在于耕地，而且存在于整个大地。春秋时太子晋提出"川谷导气"论：

> 夫山，土之聚也；薮，物之归也；川，气之导也；泽，水之钟也。夫天地成而聚于高，归物于下，疏为川谷，以导其气，陂塘汙庳，以钟其美。是故聚不陁崩，而物有所归，气不沈滞，而亦不散越。是以民生有财用，而死有所葬……⑤

稍晚，成书于战国时代的《管子·水地》则说："水者，地之血气，如筋脉之通流者也。"这两条材料应该联系起来读。在太子晋和管仲看来，自然界就像人体一样是由气血经脉贯通起来的有机整体，在自然界自我生成的过程中，形成高山、薮泽、河流、谷地等不同的土地类型，各有不同的功能，各为不同种类生物的家园，彼此互补，并保持着一定的平衡，其中川谷是协调和联系的纽带，像

---

① 朱熹编：《二程遗书》卷2上。
② 《系辞下》。
③ 如《左传·昭公元年》，郑子产说："侨闻之，君子有四时，朝以听政，昼以访问，夕以修令，夜以安身，于是乎节宣其气勿使有所壅闭湫底，以露其体。"
④ 土脉论始见《国语·周语》载周宣王不籍千亩时虢文公的议论。
⑤ 参见《国语·周语下》。时为周灵王二十二年，即公元前550年。

人体中的气血经脉那样贯通和滋养着各类土地及其上的各种生物，使人类可以从中获取生存和发展的物质资料。

如果把天地作为地球生物圈的代表，把人体作为生命的代表，那么，"天地大生命，生命小天地"就是恰当的概括。人们通过"天地大生命"认识自己，又通过"生命小天地"认识自然界。在某种意义上说，一体观就是这两者的交融。[①]

一体观与现代的生态理念是相通的，但也有区别。现代生态学是研究生物与环境之间的关系的，中国古代的一体观包含了，但在某种意义上又超越了这种关系。如上所述，在古人的视域中，天地万物大体相当于现在所说的地球生物圈；"万物"是天地创造的生命体和生命群，自从大自然创造了生命，尤其是创造了人类，生命就成为地球生物圈的中心，地球生物圈是以生命为中心的宏大的生态系统。"天地"，按照生态学的观点，可以把它理解为生物的生存环境，它是生命活动的能量和营养的来源，是生命的支撑系统。但"天地"并不简单地等同于生物的生态环境，它还是生命的本原[②]，"天地"是包含着内在的生命力的；否则，它怎么能孕育出生命并使之不断发展呢？如果把万物理解为生命体和生命群，把天地理解为生命体和生命群以外的自然界，"天地"的功能可以概括为生命的本原、生命的支撑和生命的家园，天地万物则是生命的创生、延续和进化的有机系统。

（三）"三才"观

在"天地万物一体"中，古代的思想家突出了人的地位，把人和天地并列，合称为"三才"。生生观和一体观是三才观的基础，三才观是生生观和一体观的提升。发展到三才观这个层次，中国传统

---

①　中国古代思想界还有用气来解释天地万物一体的。如宋张载认为人与万物同源于气，只是禀气有正偏之别。明王阳明认为万物所以一体，"只为同此一气，故能相通耳"。这是讲一体观的哲学基础，与我所说的认识论渊源有所区别。不赘述。

②　荀子把自然界视作生命的本始，他说："天地者，生之本也。"（《荀子·礼论》）"天地者，生之始也。"（《荀子·王制》）

的大生命观深入到了中国传统哲学基本问题——"究天人之际"①
的核心，并形成了自己的完整形态。如果说生生观是大生命观的基
石，三才观就是大生命观的重心。

三才观究竟给我们展开了什么样的天人关系？这个问题需要从
什么是三才说起。

1. "三才"——人参天地

《说文》："才（才），草木之初也。从丨，上贯一，将生枝叶；一，
地也。"徐锴解释说："上一，初生歧枝也；下一，地也。"② 甲骨文的
才字作"♀""✝"，表示初生草木从土中之冒出；与甲骨文的生字
（坐）形近义通。这一点往往被人忽视。现在一般把"才"解释为才
能，而才能是有生命的人的一种特性。"才"拓展到天地，则天地也
具有这种包含着生命力的才具和功能。天时、地利、人和是三才的通
俗表述。所谓天时，是指天体运行所展示出来的制约生命节律的时序
性。所谓地利，是指大地提供动植物生长和活动的基础和平台的性能。
所谓人和，是指人类具有组织性、合群性从而卓立于万物之上的性能。
三才是具有推动自然界和社会发展性能的三种相互联系的力量，是各
种事物依以展开的三大前提条件和制约因素。也就是说，三才要从其
性能和作用去理解。③ 由于有些文献中三才写作三材，或据此认为三
才只是构成宇宙的三大材质或元素。按照此说，人就被置于天地之外
了。而人是自然（天地）之子，与自然血脉相连；三才中的人不是外
于天地，而是参于天地。这就涉及对三才的"三"应如何理解了。

三通参。参本星名。由于参宿三星在列宿中最为醒目，所以参
（繁体为"參"，篆书为"曑"）字作三星洒光形；并取得数目三的
意义；作为数词的参，又往往带有参合的动词性质。④ 与参相通的三
也有参合义。《汉书·扬雄传》："参天地而独立兮。"颜注云："参

---

① 宋邵雍说："学不际天人，不足以谓之学。"（《皇极经世书·观物外篇》）
② 也有人将上——解释为地，下面较短的——解释为泥土中蓄势待发的枝叶。
③ 三才又称三极。宋项安世说："天地人，三也。……言其道之至，谓之三极；言其
质之定，谓之三才。"（《周易玩辞》卷15《说卦》）。
④ 庞朴：《"天参"试解》，《文史哲》2001年第6期。

之言三也。"《说文》:"三,天地人之道也。"刘勰《文心雕龙·原道》:"仰观吐耀,俯察含章,高卑定位,故两仪(按,指天地)既生矣。惟人参之,性灵所钟,是谓三才。为五行(按,代表万物)之秀,实天地之心。"

人参天地何以可能和需要?这要从人和自然的两重性理解。人和自然有同有异。人是天地所创造的万物中的一员,与自然同源同质,生死相依,这是同的一面,也可以视之为人参天地的自然基础。[①] 但人和自然如果完全相同,也就无所谓"参"了。事实上,人和天地有不同的性能和作用,人所组成的社会具有区别于自然的发展规律,人"参"天地因此有了需要和意义。也就是说,天人相参是建立在天人之分的基础之上的。自然界也有两重性。自然力的作用是自发和盲目的,在自然界生命的创生和进化过程中,既存在有序的倾向,又存在无序的倾向,天地万物之间,既有协调共生的一面,又有竞争冲突的一面。进一步有序化和和谐化,是自然界生命进化的内在要求,这就需要改变自然力自发盲目发生作用的状况。在万物中只有人具有满足这种要求的潜力。人处于万物发展阶梯的顶层[②],由于有思想,能劳动,懂得合群,具有认识世界和改造世界的能力,被称为"万物之灵"[③],这就是刘勰所说的"五行之秀""性灵所钟"。作为天地之间性灵所钟的智慧生物,人可以给自发发展的自然界注入自觉的因素。"人非天地不生,天地非人不灵。三材同体,相须而成"[④],正是在这个意义上,人成为"天地之心"。[⑤] 以

---

① 朱熹说:"人之与物,本天地之一气,同天地之一体也,故能与天地并立而为三才。"(《朱子语类》)

② 《荀子·王制》把万物的进化划分为水火、草木、禽兽和人等几个阶梯,"人有气,有生,有知,亦且有义,故最为天下贵也。"

③ 《尚书·泰誓上》:"惟天地万物父母,惟人万物之灵。"

④ 南朝何承天《达性论》,载梁释僧祐编《弘明集》卷4。宋吴沆《易璇玑》卷上"法天篇"亦云:"天地有神,人实灵之;天地有理,人实明之;天地有化,人实辅而行之。"

⑤ 《礼记·礼运》曰:"人者天地之心也,五行之端(按,端即首)也。"这是"天地之心"说见于文献之始。孟子说:"心之官则思。""天地之心"也应从有思想、有意识这个意义上理解。

上种种，说明人不但有参天地的基础，而且有参天地的能力。

2. 人参天地的使命

人参天地的任务和使命是什么？上文说过，天地的主要功能是化育万物，是生命"生生"不已的进化，人之所以参天地，主要就是帮助天地完成化育和"生生"的功能。《荀子·王制》："故天地生君子，君子理天地。君子者，天地之参也。"唐杨倞注："参，与之相参，共成化育也。"《礼记·中庸》："可以赞天地之化育，则可以与天地参矣。"后世学者亦多将"赞化育"和"参天地"并提。确定这一点很重要，因为这是三才思想的根本。

"三才"一词始见于《易传》。西汉扬雄说过："通天地人曰儒。"① 三才似乎是儒家的专利。其实，人参天地以生为务的三才思想，早已包含在《老子》的"……二生三，三生万物"中了。河上公注《老子》，"二生三"训为"阴阳生和、清、浊三气，分为天、地、人也。""三生万物"训为"天、地、人共生万物也，天施、地化、人长养之也"。其要点："三"指天、地、人；天、地、人对应清、浊、气，是它们的承载体；天地人的根本任务是"生"，并分别以"施""化""养"为其职责。河上公是最早为《老子》作注的，今本的底子大概是从西汉河上公注本流传下来而经过整理的。学界仍有争议，可以撇开；② 我们需要搞清楚的是：该注是否有根据？是否符合《老子》的原意？学界或以"万物负阴而抱阳，冲气以为和"解释"三生万物"，认为"三"是阴阳和三气。这就把河上公注给否定了。不过，《说文》训"三"为"天地人之道"，《楚辞·天问》"阴阳三合"，汉王逸注："谓天地人三合成德"；③ 此"道"

---

① 《扬子云集》卷1《君子篇》。
② 河上公或称河上丈人。据《史记·乐毅列传》，河上丈人的再传弟子当过汉初曹相国（曹参）师，河上丈人应是战国人。而葛洪说汉文帝曾向河上公请教《老子》，河上公授予《素书道经》。似存在两个不同的河上公和两种不同的《老子注》。《隋志·道家》载《道德经》二卷，汉文帝时河上公注，而战国时河上丈人注《老子》经二卷已亡佚。这样看来，今本河上章句应是从西汉流传下来的。但仍有疑团。或谓今本是东汉人托名之作。
③ 《潜夫论·本训》。

此"德"当然就是"生"了。这样看来,《老子》的"三"是有特定哲学含义的。是指称天、地、人的,而天地人的参合,是以"生"为务的。河上公注当有根据。《老子》讲"四大":道大、天大、地大,人亦大,人与天地并列为"大";似乎可以理解为"四大"中包含了"三才"。"和"是气的阴阳交集和合的一种状态,严格地讲,并非阴、阳以外独立存在的一种气。据河上公的说法,清(阳)、浊(阴)、气只有通过与天、地、人的结合,或者说以天、地、人为其承载体,才能鼎立而三,这似乎较为顺理成章,而且也是战国秦汉学者中颇具广泛性的共识。列子是老子之后、庄子之前道家的代表人物,他认为,"不生不化"、无形无象的"道"是世界产生与变化的本原,道历经太易、太初、太始、太素四个阶段,形成"浑沦",再从"易"演变为"一","一者,形变之始也。清轻者上为天,浊重者下为地,冲和气者为人。故天地含精,万物化生。"① 列子的这段论述是承接《老子》"道生一,一生二,二生三,三生万物"而来的,有些内容细化了,有些过程又简化了;与河上公注高度吻合。早期道教著作《太平经》把元气的大阳、大阴、中和形态对应为天、地、人,万物的生育是天、地、人(阴、阳、中和三气)共同作用的结果,即所谓"三统"。② 这简直就是河上公注的具象化。东汉王符把《老子》和《易传》的思想糅合在一起,他说:"上古之世,太素之时,元气窈冥,未有形兆,万精合并,混而为一,莫制莫御。若斯久之,翻然自化,清浊分别,变成阴阳。阴阳有体,实生两仪。天地细缊,万物化醇。和气生人,以统理之。是故天本诸阳,地本诸阴,人本中和,三才异务,相待而成。各循其道,和气乃臻,玑衡乃平。天道曰施,地道曰化,人道曰为。为者盖所谓感通阴阳而致珍异也。"天、地、人与阴、阳、和,施、化、为相对应,这既是《老子》"三生万物"的展开,也是河上注的有力佐证。

以上事实说明,《老子》的"三生万物"虽然没有出现"三才"

① 《列子·天瑞》。
② 《太平经合校》,中华书局1960年版。

一词，但已具备了三才观的思想内涵，由于突出了"生"，它更接近三才思想的根本和原初形态。迄今为止，三才观（而不是"三才"这个词）见于文献记载，应以《老子》为最早。以上事实也说明，以赞化育为使命的人参天地，是儒家和道家的共识。

人如何赞天地之化育？大抵有二端：一曰"辅相"，二曰"燮理"。所谓"辅相"，是在充分考虑天时、地利、物宜的基础上，保证和促成生物的自然再生产的正常进行，并从中取得人类所需要的物质资料。这就是《易传》泰卦象辞所说的"辅相天地之宜"。对这方面的论述，已经比较多了。所谓"燮理"①，就是协调和治理。上面说过，自然力的作用是自发和盲目的，天地所创造的生命的发展有序化倾向和无序化倾向同时存在。古人认识到"天地无全功"，"万物无全用"②，自然生产力有待人去发掘和提升，大自然的不足有待人去弥补③，天地万物的关系有待人去协调。《易传》泰卦象辞"辅相天地之宜"前还有一句"财（裁）成天地之道"，"财者节其过也"，"成者补其亏也"。④ 这就是"理天地"和"燮理阴阳"，是人"参天地"中比"辅相"更高的形式⑤，因为它所关注和调理的是整个"天地之道"。"燮理"并非主宰和征服自然，它的中心是和调⑥，和谐是参天地中人所追求的目标。所以人们又把天、地、人与

---

① 《尚书·周官》："立太师、太傅、太保，兹惟三公，论道经邦，燮理阴阳。"燮训和。"燮理阴阳"与《荀子》的"理天地"意义相似。

② 语出《列子·天瑞》。

③ 帅念祖：《区田编》提出："以人力尽地利，补天功"。

④ （宋）方闻一：《大易粹言》卷 11 引广平游氏《易说》。其言曰："财成天地之道，犹言燮理阴阳也。辅相天地之宜，犹言寅亮天地也。寅亮者，事功之所及，如羲和之职是也，此体天地交泰之事也。至于燮理，则非体道之全而与天地相流通者，不足以与此。此体天地交泰之道也。财者节其过也，犹言范围；成者补其亏也，犹言弥纶。范之使有常，则日月无薄蚀，陵谷无迁易，四时常若，风雨常均，若此者范之者也。围之使无踰，则春无凄风，秋无苦雨，冬无愆阳，夏无伏阴，若此者围之者也。弥之使不亏其体，则覆焘者统元气，持载者统元形，阳敷而能生，阴肃而能成，夫是之谓弥。纶之使无失其叙，则日月代明，寒暑迭运，将来者进，成功者退，夫是之谓纶。"描述了自然界一派和谐有序的景象。

⑤ （宋）张根说："始于参天地而成位，终于理天地而成能。"参见《吴园周易解》卷7。

⑥ （汉）许慎：《说文》训"燮"为"和"。宋时澜说："燮理者，和调之谓也。"（《增修东莱书说》卷30）

气之阳、阴、和（或清、浊、和）相对应，人作为中和之气的代表，以掌握和弘扬中和之气为务。"致中和"与"理天地""燮理阴阳"一脉相承。总之，古代的思想家希望通过人的协调和导引，使自然界和人类社会臻于含生万有各得其所、欣欣向荣的和谐有序境界。

3. 人与自然关系的特殊模式——超越人类中心主义和自然中心主义

无论"辅相"还是"燮理"都是建立在认识和遵循自然规律的基础之上的。《易·乾·文言》说"与天地合其德"的"大人"，能够做到"先天而天弗违，后天而奉天时"。很明显，"后天而奉天时"与"辅相"对应，则"先天而天弗违"应与"财（裁）成"对应。所谓"先天"，应指没有先例的举措，包括对"天地"的节过补亏。那它为什么没有引起"天"即自然界的反弹？朱熹指出，"谓意之所为，默与道契"①，即与自然规律暗合。所以，"先天而天弗违，后天而奉天时"反映了对自然规律的认识熟稔于心、左右逢源的境界。在《易传》作者的心目中，只有"大人"才能达到这样的境界。

这种状况展示了怎样的天人关系呢？

关于人与自然的关系，当前学界热烈争论的问题是：应该实行人类中心主义，还是实行自然中心主义？似乎非此即彼，只能二中取一。与此相联系的是，应不应该承认人的主体地位，承认人的主体地位是否一定导致人类中心主义？中国传统的天人相参的三才理论，给我们提供了一个既非人类中心主义，亦非自然中心主义，而人的主体地位和作用却获得高度弘扬的实例。

就人类自身的立场而言，以人为主体应是自然而然、理所当然的事。人类以外的自然界因而就成为人类的认识对象、利用对象、适应和改造的对象，从而形成主客对待的关系。中国古代思想家对人的主体地位和主导作用，是予以充分肯定的。上引《荀子》所说

---

① 朱熹：《周易本义》卷1。

"君子理天地"，王符所说"天地细缊，万物化醇。和气生人，以统理之"，就是这种认识的表达之一例。《太平经》说得更具体，它指出阴阳二气必须达到中和状态，才能完成万物的化育；而"中和"是人主持和掌握的，所以人处于"枢机"的地位。"人者，主为天地理万物。"①古人还把人称为"天地之心"，人作为天地化生万物的参与者，运用其聪明才智，日益发挥导引作用，标志着大自然生命进化由自发转向自觉、由自在转向自为过程的开始。可见，中国传统的三才观十分重视人的主导作用，重视人的主观能动性的发挥，但它并没有像近代西方那样走向主客分离和主客对立。这是因为三才观是建立在生生观、一体观（而不是机械论）的基础之上，大自然被视为天地万物相互依存的生命共同体，人是自然之子，是这个共同体的一员。人不是在天地之外，而是在天地之中。人与自然相依相辅，休戚与共。自然界不是人类征服的对象，人类不是大自然的主宰。人类只能在大自然给定的条件下展开其活动，而不可能超越这些条件。与自然的和谐协调始终是人们追求的目标。

长期致力于研究中国科学技术史的英国学者李约瑟对此深有体会，他说：

> 古代中国人在整个自然界寻求秩序与和谐，并将此视为一切人类关系的理想。……对中国人来说，自然界并不是某种应该永远被意志和暴力所征服的具有敌意和邪恶的东西，而更像是一切生命体中最伟大的物体，应该了解它的统治原理，从而使生物能与它和谐相处。如果你愿意的话，可把它称为有机的自然主义。不论人们如何描述它，这是很长时期以来中国文化的基本态度。人是主要的，但他并不是为之创造的宇宙的中心。不过他在宇宙中有一定的作用，有一项任务要去完成，即协助大自然，与自然界自发的和相关的过程协同地而不是无视于它

① 《太平经合校》，中华书局1960年版，第643页。参见拙文《〈太平经〉中的"三统"论和生态思想》，载《中国经济史上的天人关系》，中国农业出版社2002年版。

地起作用。①

李约瑟所说的"有机的自然主义",和我们所说的大生命观是一致的。既然天、地、人是在相依、相辅基础上相参的,所以不应该不分场合不问条件说哪一种因素比其他因素更为重要②,争论人类是中心还是自然是中心,也就失去了意义。可以说,天地人相参的三才观是超越人类中心主义和自然中心主义的另一种人与自然关系的模式。

4. 实践中的三才观

三才观是中国先哲探索天人关系的思想成果,在中国古代的生产实践和社会实践中发挥了重要作用。

突出的例子是农业。三才观是中国传统农业和农学的灵魂,在它的指导下形成了精耕细作的优良传统,较好地处理了人与自然的关系、主观能动性与客观规律的关系,从而保证农业的持续发展。中国历史上农业的发展并非一帆风顺,天灾人祸交织导致剧烈的社会动乱,多次对农业生产造成巨大的破坏,使中国社会陷入困境。但这些困境没有一次是由于农业技术指导的失误引起的。相反,正是精耕细作的传统成为农业生产和整个社会经济在困难中复苏的重要契机。这就为中华文明的持续发展提供了可靠的物质基础,使之成为世界古文明中唯一没有中断的文明。这是三才观对中国历史最

---

① 《李约瑟文集》,辽宁科学技术出版社1986年版,第338页。

② 天时、地利、人和何者更为重要,古人区别不同场合、不同视角作出不同的评估。例如,清陆世仪在《思辨录辑要》中指出,天时、地利、人和与农业生产关系特别密切,而"三者之中论其重则莫重于人和,而地利次之,天时又次之";"论其要则莫要于天时,而地利次之,人和又次之"。这是分别从农业的自然再生产和经济再生产方面立论的。就自然再生产而言,确是太阳能和地球环绕太阳公转引起的气候季节变化,对农业生物的生长发育关系最大,作为农业生物生长发育的载体的土地占第二位;人并不能改变农业生物生长发育规律,其本身也不是农业生物生长所需能源与物质的供给者,从这个意义上说,他的作用只能列于末位。但就经济再生产而言,情形就不一样了。只有通过人类劳动的干预,才能利用天时地利,使农业生物产生符合人类需要的结果。因此,人是农业生产中最重要的因素。在农业自然环境中,人能在相当程度上对土地进行改造,使之在促进农业生物向有利于人类生存的方向发展中发挥巨大的作用;但人类对天时所能施加的影响甚少,故从经济再生产的角度,天的重要性列在人和地之后。

伟大的贡献，也是中国留给世界的珍贵文化遗产。

三才观不但应用到农业上，而且应用到其他生产活动和社会活动中。它引导人们在处理经济、政治、军事等各种事务时综合考虑自然和社会诸因素，并把它们概括为天、地、人三个方面，给人们提供了正确的思想方法和分析框架。这种思想方法和分析框架深入人心，影响至今。人们可能不熟悉"三才"这个哲学名词，但天时、地利、人和则是妇孺皆知的。

在肯定三才观的巨大贡献的同时，对其实际作用应作实事求是的评估，不宜夸大。中国传统社会是复杂的，存在各种各样的思潮，三才观虽然被普遍接受，但并没有定于一尊。即使在认同三才观的学者中，也存在不同的认识。就三才论的起源而言，化育万物的物质性天、地的存在是其天然的前提，天人相参是建立在天人之分的基础之上的。但如前文指出的，人们的观念上实际上存在不同的"天"，所以对三才的理解有不同的认识路线。例如，董仲舒也讲三才："天、地、人，万物之本也。天生之，地养之，人成之。"① 但他的"天"是披着自然外衣的人格神，天人类通，相互感应，天能干预人事，人亦能感应上天。人逆天意，天降灾异以谴谪，人顺天意，天降祥瑞以奖励。这就违背了天人之分的前提，人参天地所追求的协调和谐也会因而变味。这种天人感应的思想在社会上层相当流行，并常常成为政治斗争的工具和导火索，干扰了人与自然关系的正常开展。三才观主要在知识阶层中流行，普通的农业劳动者并不熟悉那些玄妙的哲学概念，他们在农业生产中朴素地把自然视为客观的存在，朴素地估量和利用天时、地利之宜，但也难免受某些迷信观念和错误思潮的影响。所以，我们不能设想三才观已经百分之百支配所有人的思想和实践。

我们把人参天地化育万物归结为"辅相"和"燮理"两种形式，"辅相"在一定范围和一定程度上是实现了的。至于"燮理"，

---

① 《春秋繁露·立元神》。

在某些局部环节"节过补亏"是可能的，从总体上使自然的进化、自然与人的关系臻于协调和谐之境，当时人们还力所不逮，很大程度上这只是一种理想、一种期许。例如，人与"和"气并不等同是人所共知的，但三才论把它们对应起来，于是人成为中和之气的代表和体现，这显然是人赋予自己的一种使命，是人为自己设置的目标——实现自然进化的和谐，实现人与自然关系的和谐。大自然在其进化中虽然形成某种动态的平衡，但自然力的作用是自发的和盲目的，自然界生物存在优胜劣汰的激烈竞争；人和自然既相互依存，也存在矛盾。因此，不能设想自然界是一个绝对平衡的、不存在任何矛盾斗争的美妙天堂，无论是自然自身的进化，或是人与自然的关系的发展，实际上都存在不怎么和谐的一面，否则就不需要把实现和谐作为追求的目标了。不过，在当时的中国，完全的或基本的和谐还做不到。因为既存在人的认识水平和实践能力的制约，也存在制度的制约。不经过长期的反复的实践，人们就难以对开发和改造自然的各种措施的长远后果作出准确的预测。在人剥削人的制度下，统治者的骄奢和老百姓的困顿，都会导致对自然开发利用的盲动和失序，从而引起自然的反弹或"报复"。所以人们总是把参天地、赞化育的承担者设定为圣王、大人和君子，也就是把实现和谐的希望寄托在某些英雄或先知身上。这实际上反映了当时追求和谐目标的理想性和超前性。和谐的目标虽然带有理想和超前的成分，但反映了人与自然关系发展的必然要求，比起近代西方以征服和主宰自然为目标的主客对立思维，其优胜不可以道里计。19 世纪中叶，马克思、恩格斯总结历史经验，把人与自然关系的处理和人与人之间关系的处理联系起来，提出了"人类同自然的和解以及人同本身的和解"这"两大变革"的历史任务[1]，认为"人类同本身的和解"是"人类同自然的和解"的前提，从而指出了人类历史的前进方向。古代中国虽然尚无实现人与自然和解的足够能力，也没有找到实现

---

　　[1]　《马克思恩格斯全集》第 1 卷，人民出版社 1956 年版，第 603 页。

这种和解的现实途径，但在两千多年前能够提出这个问题和这一目标，已经不失为一种崇高的理想和天才的预见了。

关于三才思想，学界有很多研究和论述。我以前也从农学的角度进行过探讨，主要着眼于农业生产与自然环境的关系，自然再生产和经济再生产的关系。这些探讨是必要的，但还不够。如果从农业的生命逻辑的视角，把三才观放到大生命观的总体中予以考察，就会有新的发现和新的理解。以上议论就是我对三才理论的再认识。

（原载《中国农史》2017 年第 6 期）

附　录

历史学习与研究方法漫谈

历史学是一门古老而又永葆青春的学问。研究历史并非易事。章学诚在《文史通义》的《史德》篇中说："才、学、识三者，得一不易，而兼三尤难，千古多文人而少良史，职是故也。"如何学习和研究好历史，使自己成为一名合格的乃至优秀的史学工作者？本文结合自己的学习和研究经历，提出一些粗浅的看法，供大家参考。

一　培养对专业的兴趣

治学要下苦功夫，这方面的格言警句很多，例如"学海无涯苦作舟""梅花香自苦寒来"，等等。马克思也说过："在科学上没有平坦的大道，只有不畏劳苦沿着陡峭山路攀登的人，才有希望达到光辉的顶点。"这是被古往今来无数学者哲人的经验所证实的不易之论。学习和研究历史，要阅读大量的典籍，做大量的调查研究，更需要"坐冷板凳"的精神。一个中等资质以上的人研究历史（绝顶聪明的人一般恐怕不会以历史研究为职业），只要肯下功夫，都可以做出成绩，而成绩的大小，相当程度上看他能够挤出多少时间来。一些老先生在他们的书房或会客室中贴出"闲谈不超过五分钟"的条幅。他们之所以取得骄人的成果，原因之一往往是把平常人娱乐和休息的时间都用到做学问上来了。

不过，我想在这里强调的是培养兴趣。因为只有对你所从事的专业和工作产生浓厚的兴趣，才能激发起你的主动性和创造力，才能变苦为乐，你下的"苦功夫"才能持久不衰。

就我的体会而言，做学问的确是很苦的，用"废寝忘食"来形容一点也不过分。不过我也从中获得了乐趣。不瞒诸位，我每写一篇文章，总是反反复复地看，一方面是检查有什么缺漏和不足；另一方面也是自我欣赏，对某些问题的新解释，自认为是精彩的论述，都令我兴奋不已，沉浸在发明和创造的欢乐之中。这虽然有点敝帚自珍的味道，但这对我自己是一种支撑，一种动力，使我能够把艰苦的研究工作坚持下去。

前些日子，林甘泉先生的研究生杨振红对我说：李先生，我最近状态特别好，能抓住问题，也能出活儿，感到发现的乐趣。我说：行，看来你已经进入角色了，有了这种状态，你一定能够做出成绩来。

最近，《南方周末》记者对不久前去世的施蛰存先生的著作整理者进行采访，写了一篇叫《施蛰存的"趣味"》的文章。施蛰存在东方文化和中国文学研究、文学创作、外国文学翻译及研究以及金石碑版研究等领域都有卓越的贡献，被称为"世纪文学老人"。文章指出施老治学的特点是对他所研究的对象有着浓厚的兴趣。"他的治学态度与趣味这个词的联系极其密切。看书—引起兴趣、提出问题—深入研究，这可以概括为他的治学三部曲。"他批评现在的研究生论文的研究写作方式，"他们几乎是被动的，不是他自己要研究一个课题，而是我分配他一个课题"，对以如此模式培养出来的学生，他认为"未必能做独立的研究工作"。强调趣味，并不是指修身养性，而指重在培育和激发创造力。学术研究需要有主动性和独立性，被动状态的研究是难以真正深入的。而主动性和独立性的重要来源之一就是兴趣。

人们常说："学习是愉快的劳动。"要真正达到这种状态，就必须对学习有浓厚的兴趣，否则，学习就会成为纯粹的苦差事。一个人搞了几年历史研究，如果还提不起兴趣，进入不了角色，我看还是趁早改行的好。

不过，话说回来，兴趣并非天生，是可以培养的。我出生在一个教师的家庭，小时候爷爷教我背背唐诗什么的，应该说对文史有一定的基础。但我中学时代最醉心的是化学，搞来了不少瓶瓶罐罐，常常做个小试验，从化学变化中感受神奇和乐趣。后来由于视力问题没有报考理工科，结果考到了中山大学历史系。当时思想很简单，既然国家分配我到这所学校，我就要努力学习。一来二去，也就产生了感情。

历史是一座宝库，蕴藏着无数世代积累的经验和智慧。深入其中掘宝，探索其奥秘，与几百年几千年前的圣贤对话，是蛮有意思的。最近我和一些先生交谈过这个问题，一致认为历史是一个好的专业，尽管可能并非一种好的（能赚钱的）职业。浙江大学一个副教授写过一个帖子——《学历史的何以人才辈出?》，谈到福布斯富豪榜上有名的浙江富豪和浙江的名作家（包括茅盾文学奖的获得者、《茶人三部曲》的作者王旭峰女士）中，不少是学历史的。为什么这个被认为是最冷僻的系却能够人才辈出呢？作者说："历史系看似'故纸堆'系，实质上是个跨学科的'全能'系，是个素质教育的'先驱'系。"其他系都是学一个方面的知识，很精专，但也容易片面，只有历史系接触各个门类的学科，并从中获得广博的知识。这个看法是对的。还可以补充一点，历史是讲发展的；而发展正是世界上所有事物的普遍属性。马克思曾经说过：我们只知道唯一的一门科学——历史科学。就是针对世界上万事万物都是一个发展的过程来说的。学历史的人很容易明白这一点。总之，历史科学所包含的这种联系观、发展观、整体观，对研究任何学问、对处理任何工作，都是十分有用的。应该热爱我们的历史专业。即使以后不能从事历史的教学或研究，现在的学习也应该倍加珍惜。

当然，热爱专业、热爱工作，不独历史为然。任何专业、任何工作，只要全身心投入进去，都会发现一个五彩缤纷、引人入胜的大千世界，都会激发起兴趣和创造力，都可以做出成绩来。

二　善于发现问题

发现问题是深入学习的基础，也是研究的出发点。世界上的学科千门万类，其学理和研究方法也千差万别。是否也有共通的研究方法？有的，所谓"隔行不隔理"。这就是：发现问题—分析问题—解决问题。这是研究社会科学的方法，也是研究自然科学的方法；这是研究历史的方法，也是研究现实的方法；这是研究的方法，也是写作的方法。在这个带有普遍性的研究方法中，"发现问题"是第一环节，是基础，是前提，是研究的前导和出发点。

李政道先生参观北京中国科学馆时对在场的中学生说了治学的"十二字真言"："求学问，先学问；先学答，非学问。"学习不能满足于现成的答案，不能只知其然，还要知其所以然，要问为什么。善于提出问题，学习才能深入，才能有长进。前人介绍读书经验，有"书要由薄读到厚，又由厚读到薄"的说法。由薄到厚，是发现问题的过程；由厚到薄，是解决问题的过程。学习如此，研究也是如此。上面谈到施蛰存先生的"治学三部曲"正是"看书—引起兴趣、提出问题—深入研究"。严中平先生在经济史研究中提倡"四新"——新问题、新观点、新材料、新方法。我的理解，这"四新"都是围绕"问题"来的。"新问题"不必说，其他三新或者是解决问题的手段，或者是解决问题的结果，其前提都是问题的提出。在国外，年鉴学派倡导"问题史学"，认为不能提出和分析问题，就无所谓史学研究。其实"问题"之于研究，有着更为普遍的意义。科学研究本质上就是一个不断发现问题和解决问题的过程，而善于发现问题，抓住矛盾之所在，是独立钻研中首要的一环。

善于从平常的事物中发现问题，是研究者的一种本事，一种可贵的素质。列宁说过：商品这个东西，人们在日常生活中每天都千百次碰到它，习以为常，只有马克思认真研究了它，发现了其中的矛盾，进行深入的分析，写出了划时代的伟大著作——《资本论》。

这是社会科学的例子。苹果落地，这是最平常不过的事，却引起牛顿的思考：为什么苹果会掉到地上，而不飞到天上去？后来，他发现了地心吸力。这是自然科学的例子。历史研究也如是。司马迁写《史记》，是带着问题的，而且时常带着大问题，他生活的时代正是社会发生了剧烈的变动之后，各种矛盾错综复杂，他想研究其中缘由，"欲以究天人之际，通古今之变，成一家之言"。这是古代的例子。罗尔纲研究太平天国史，是从发现《清史列传》"张国梁传"与《（广西）贵县志》"张嘉祥传"记述的矛盾，从而进行深入考证开始的。这是现代的例子。

不少名家重视对学生发现问题、提出问题能力的培养。如周谷城带研究生，要求他们每个星期提出 5 个问题。英国学者科大卫，从中学时代开始，就不满足于被动接受老师讲课所传授的知识和结论，他总是从中寻找问题，提出不同的看法，并收集有关资料证实或证伪这种看法，终于成为一个颇有名气的学者。南昌大学的黄志繁先生告诉我，当他第一次与导师发生争论的时候，科大卫打电话祝贺他。因为这说明他已经动脑子想问题了，这正是进步的开始。

发现问题、提出问题也就是选题的过程。当然，这两者不是完全重合的。后者既要考虑问题的科学价值，又要考虑主观的条件和知识的积累。前者不但存在选题过程，而且延续到以后的研究中。

如何才能发现问题、抓住问题？首先要独立思考，破除迷信，不迷信权威，不迷信古人，不迷信洋人。破除迷信并不是摒弃科学理论的指导，不是摒弃前人的研究，不是靠拍脑瓜冥思苦想；而是在科学理论的指导下，在前人研究的基础上，进行深入细致的调查和分析。具体说来：

首先要认真读书。

读书有泛读，有精读。泛读可以扩大知识面，了解前人的研究成果和动态，这是很重要的，不能把自己的视野局限在孤立的一点上。但光是泛读扎根不可能深。要想建立学术研究的深厚根基，选择重要的书精读是十分必要的。许多学者，尤其是搞古代文史的人，提倡有"看家的书",把它搞深搞透。要搞深搞透,就要认真地、一字一句地读。陈垣先生说过,读书而不认真,也是发现不了问题的。我上大学时,刘节先生给我们(两个学生、两个年轻教师)讲《左传》,从头到尾,一字一句地讲,讲完一段,大家讨论,提出问题,刘先生给予解答。每周一个半天,这样讲了一年多。虽然没有讲完,但已使我们受益匪浅。听课前要预习,听课后要复习,思考听课中提出的问题,有时找其他材料对照看,还随手写下心得、笔记。这样,不但积累了不少资料,而且对《左传》所反映的时代有一种真切的感受。我大学的毕业论文写春秋时代社会变革中的郑子产,主要取材于《左传》及有关的史料,我还勉力做了一个春秋大事年表。这些手稿可惜都在"文化大革命"中丢失了。但精读《左传》让我打下较好的文史基础,养成对重要的书籍、文章、史料认真阅读、反复推敲,写读书札记的习惯。这样,读书的过程不但是积累资料的过程,也是形成思想观点的过程。"文化大革命"后期,我又系统地读了一遍《左传》。"文化大革命"后我发表的第一篇文章《春秋赋税制度及其演变初探》,就是在《左传》读书札记的基础上写成的。以后,我转到原始农业、农业经济史、民族经济史等方面的研究,与《左传》没有直接的关系,但是读《左传》打下的基础实际上仍然在起作用,可以说使我终身受益。我并不认为每个人都要精读《左传》,读什么书,应该根据不同专业、不同学习研究方向去挑选,但不管哪个专业,都应该下功夫精读若干重点的书,包括理论著作、近人论著和重要原典,对于研究而言,这可能是最重要的奠基工作。

有的研究生说,他们在阅读时看看这篇文章讲得有理,看看另一篇不同观点的文章讲的也有理,无所适从。这是初接触某个领域或某个问题时经常遇到的情况,究竟如何鉴别是非?我想最主要的是,阅读一篇文章时,不但要看它的结论,而且要检查其立论的依据,查看原始资料。简单地说,就是"刨根问底"。著名史学家陈垣先生20世纪30年代在北平师范大学教授历史时,曾经开过一门

"史源学实习课"，就是教学生如何"刨根问底"的。陈垣先生认为，"读史必须观其语之所出"，"史源不清，浊流靡己。"也就是说，必须检查史著中立论所依据的史料来源，以考察其根据是否可靠，引证是否充分，叙述是否正确。这样做，可以"练习读史之能力，警惕著论之轻心"。一般选用近代史学名著，如赵翼的《廿二史札记》、顾炎武的《日知录》为研究的对象，要求学生从四个方面寻考史源："一看其根据是否正确：版本异同，记载先后，征引繁简。二看其引证是否充分。三看其叙述有无错误：人名、地名、年代、数目、官名。四看其判断是否正确：计算、比例、推理。"正确的可"知其用功之密"，不正确的也"知其致误之原"。这样做，不但锻炼了学生阅读史著、寻找史料的能力，而且培养了学生独立思考、破除迷信的精神。因为即使是名家，也并非百分之百的正确，一旦发现名家在引证史料中的讹误，就会大大激发起学生治史的兴趣和信心。这和李政道"求学问，先学问；先学答，非学问"的精神是一致的。德国著名历史学家兰克也说过："人们在使用他的著作以前，必须先问问，他的材料是不是原始的；如果是抄来的，那就要问是用什么方式抄的，收集这些材料时用的是什么样的调查方法。"这种刨根问底以做出基本判断的方法，是非常重要的带有普遍意义的读书方法。在 20 世纪的史坛上，陈垣培养了一批功底扎实、学问高深的才俊，应该说，与运用这种培养方法有密切的关系。

余生也晚，没有在陈先生及其弟子的门下受教，但我长期从事编辑工作，有时也使用类似的方法。一篇文章，要判断其立论是否能够站得住脚，重要的方法之一就是检查其主要论据的来源，根据是否正确、充分，解释是否准确、合理。这种方法有时也用到了阅读和研究其他人的文章上来，对我的研究工作很有好处。大家可以看我写的《长江下游稻麦复种制的形成和发展——以唐宋时代为中心的讨论》一文，不难发现其中类似"史源学"方法的影子。

其次要关注学术动态和学术史。

一个人的学术研究看似是个人行为，实际上是社会行为的一部分。你搞某个领域或某个课题的研究，不可能是孤立的，必然是在前人研究的基础上进行的，因此，你必须首先了解前人做了什么工作，解决了什么问题，还有哪些问题没有解决；近人正在进行什么研究，取得或将要取得哪些进展，正在讨论和探索什么问题。只有了解了这些，你确定研究选题和方向时才不会陷于盲目，你的劳动才不至于是无效的或重复的，你才能把力量用到最有意义的地方上去。

我国著名世界史专家吴于廑先生认为："任何一个时代的历史学，包括治学方法、学术观点、历史思想以及由此完成的著述，其自身就是历史的产物。"人们的研究不能离开他所处的时代，不能离开他所从事的学科既有的发展，因此，他认为治史必须兼治史学史。这也成为吴先生治史的一大特色。这是很有见地的。也和我们上面所说的意思吻合。前人的研究固然属于学术史的范畴，近人的研究则是活的学术史。治史不但要研究既往的学术史，而且要关注正在上演的活的学术史。

我本人比较注意学术动态和学术史是与我长期从事编辑工作分不开的。《中国经济史研究》从20世纪80年代末90年代初开始组织编写年度的经济史研究述评，从1993年开始每年组织不定期的"经济史论坛"，每次会前都印发围绕讨论问题的专题综述。在这个基础上，我还参加撰写改革开放以来和20世纪经济史研究的综述。这些述评和综述受到学术界的欢迎。这虽然是一种服务性的工作，但对我的研究工作也很有好处，一是使我对中国经济史学科的学术史和学术动态有较多的了解，开阔了我的视野，使我在选题和研究时能够心里有数；二是锻炼了把握问题、概括和提调材料的能力。

我并非主张每个人都去专门研究学术史或以主要力量去跟踪学术动态，但起码应该对学术史和学术动态有所了解，这对于正确发现和把握问题，确定研究方向和着力点，并非可有可无的。如果你确定了某个研究课题，则对该问题的研究历史和现状的系统了解，更是必不可少的。

最后要关注现实。

研究历史为什么要关注现实？历史和现实是不能割断的，在现实生活中总是存在着许多历史的积淀、痕迹或残片。分析这些积淀、痕迹或残片，对于认识历史是重要的，甚至是必要的。历史研究往往走着逆向发展的认识路线。从这个意义上讲，"以今证古"有其合理性。同时，任何历史研究都不能离开他所处的时代，不管自觉或不自觉，他都只能根据这个时代所达到的认识水平和所提出的问题来重新审视历史。我们应该自觉地关注现实，从中发现需要研究和值得研究的问题。

当然，关注现实不等于媚俗和跟风。历史工作者应该通过自己独立的、诚实的研究为现实提供借鉴。

三 广泛收集和利用各种材料
——解决问题的基础

发现问题很重要，但它只是研究的前导和起步，解决问题才是研究的目的和完成。历史问题的解决就是要获得对该历史问题的正确认识，所以归根到底是要遵循从实践到认识，从感性到理性的唯物主义认识路线。既往的历史过程不能像自然界物理化学过程那样在实验室里再现，认识历史主要依靠各种史料。历史是一门实证的科学，要靠材料说话；历史问题的解决首先需要掌握充分的材料。所以，收集材料是最基础的工作。恩格斯讲过："即使只是在一个单独的历史实例上发展唯物主义的观点，也是一项要求多年冷静钻研的科学工作，因为很明显，在这里只说空话是无济于事的，只有靠大量的、批判地审查过的、充分地掌握了的历史资料，才能解决这样的任务。"[①] 20 世纪 30 年代，傅斯年曾经提出"史学本是史料学"的论断。这个论断有片面性，但它强调史料对史学研究的重要性却是有积极意义的。"上穷碧落下黄泉，动手动脚找材料"，"一分材

---

① 《马克思恩格斯全集》第 13 卷，人民出版社 1962 年版，第 527 页。

料一分货，十分材料十分货，没有材料便不出货"，仍然是治史应该遵循的准则。对于一个学科发展，全面收集整理有关材料是最重要的基本建设。当年万国鼎先生研究农史，就是从收集整理资料做起的。在万先生的主持下，这一工作从 20 世纪的二三十年代开始，新中国成立后得到党和人民政府的大力支持，终于完成了一整套庞大的农史资料的编纂。这套资料，为农史学科的形成和发展准备了重要的条件，成为农业遗产研究室的"镇室之宝"。这种重视资料收集整理的好传统，我们应该继承和发扬。

关于收集材料，有的史学界前辈提出"竭泽而渔"，即要求把有关的材料尽可能没有遗漏地收集齐全。这应当是我们努力的目标。但是，中国的典籍汗牛充栋，唐以前的书尚有可能读完，宋以后尤其是明清以后的书是读不完的，何况还有大量其他的史料？在信息爆炸的现代，即使是一个具体的问题，要把有关材料"竭泽而渔"，恐怕一辈子都得耗进去。我们当然不能这样使用力量。如何既能掌握研究问题所需要的充分的材料，又不至于被史料的海洋所淹没？我想可参照现实研究中典型调查解剖麻雀的方法，把研究的范围缩小，从具体问题入手，以小见大。即使研究涉及范围较宽的问题，亦宜点面结合，既要有若干点（个案）全面具体的材料，又要有面上基本情况的材料。有了这些材料，才有解决问题的基础，只靠浮光掠影地撷拾若干例证是无济于事的。

史学研究是在世代积累的基础上进行的，要有所发明，有所创造，有所前进，必须提出和解决新的问题，或者对老问题作出新解释，而这些都离不开对史料的新发掘。陈寅恪先生说过："一时代之学术，必有其新材料与新问题。取用此材料，以研求问题，则为此时代学术之新潮流。治学之士，得预此潮流者，谓之预流（借用佛教初果之名）。其未得预者，谓之未入流。此古今学术史之通义，非彼闭门造车之徒，所能同喻者也。"充分说明新材料对于史学研究的重要性。但对"新材料"的理解不宜过于狭窄，它既包括原来不知的新发现的地下和地上的材料，也包括原来就有但没有受到重视的材料，甚至还包括从旧的材料中发掘出新的意蕴，做出新的解释。20 世纪史学的发展有两条主线，一条是史观的进步，另一条是史料的开拓。每一次重要的史料开拓，都随着史学的巨大进步，并往往导致新的学术风格或新的学术流派的形成。例如陈寅恪的诗文证史，王国维的二重证据（一曰取地下之实物与纸上之遗文互相释证。二曰取异族之故书与吾国之旧籍互相补正。三曰取外来之观念，与固有之材料互相参证）。傅衣凌利用民俗乡规、碑刻实物、民间文书证史，把对社会历史的细部的考察和宏观把握结合起来，形成了"社会经济史学派"。从农史学科的发展看，"文化大革命"以前农史研究主要利用农书的材料、文献的材料、方志的材料，"文化大革命"以后考古资料和民族学的资料被广泛用于研究，大大推动了农史学科的发展。在新世纪到来的时候，人们可以发现，历史学的资料来源大大开拓了，历史学的资料基础更加雄厚了。

可供历史研究的史料非常之多，可以有不同的分类。例如，按时效性原则划分为原始史料和第二手史料，按载体的不同划分为文献史料、实物史料、口述史料和非物质性史料（如语言、习俗、道德行为、宗教信仰）等。也可以按材料的来源分为三类：①传世文献（包括古代的和近现代的各种文献、档案）。我国传世文献之丰富是世所罕见的，"汗牛充栋"不足以喻其多。②考古材料（包括出土的实物资料和简帛文书）。这类材料实际上古已有之，20 世纪近代考古学的引入和发展，导致大量文物出土，极大地推动了历史学的发展。③保存于现代社会生活中的各种史料。这类材料，其内容既包括知情人对近现代历史的回忆、追述及有关记录，也包括保存于现代社会中的古老的生产方式、生活方式及其残余；其载体则既有实物形式（如传统的工具、用具、设施，保存至今的古碑刻、古建筑、古村落等）、文字形式（如日记、回忆录、账单、契约等），也有口碑形式（如民谚、访谈）、非物质形式（如尚未形成文字记载的、反映古老生产方式和生活方式的民族学和民俗学现象）。现在文博界把历史文化遗产区分为"有形"的和"无形"的两部分，提出不但要重视"有形文化遗产"，而且要加强对"无形文化遗产"的保护和研究。上列的后两类，就是属于"无形文化遗产"的范畴。20世纪90年代，农史界的前辈之一，长期从事农谚收集整理工作的吕平先生提出建立"考现学"的意见。"考现学"对象、范围、理论、方法是什么，作为一个学科当前能否成立，这是可以讨论的，但现实社会中，确实存在许多可供研究历史利用的"活"材料，这是绝对不应忽视的。其实，在历史研究中对这类材料的使用是古已有之的，例如，太史公就很重视"考现"。当代史学大家范文澜曾把民族学的材料喻为"山野妙龄女郎"，盛赞刘尧汉先生利用民族学材料治史的成果。为了与传世文献和考古材料相区别，不妨借用吕平先生的概念，把这类材料称为"考现"材料。如果我们能够充分发掘传统文献、考古材料和"考现"材料，并把它们结合起来，我们就会获得取之不尽、用之不竭的资源，我们的研究就会更加得心应手。

我本人受到梁钊韬老师的影响，曾与黄崇岳、卢勋等合作，把文献材料、考古材料和民族学材料结合起来，用以研究中国的原始农业和原始经济。我们在实践中深深感到，这三种材料相结合，互相发明、互相印证，可以解决单靠一种材料所难以解决的问题，颇有"左右逢源"（徐中舒语）之乐。但我们这种研究方法似乎与传统的方法不大一样，涉猎若干领域，拉拉杂杂，很不专一。20世纪80年代初，有人问认识我的一位先生：李根蟠怎么样？这位先生说：李根蟠嘛，有点本事，但他是一个杂家。意思是算不上专家。我心里很不服气，怎么这样研究就上不了台面呢？所以我曾对人说：我呀，是"师法百家，以我为主，东拉西扯，不离其宗"。当时未免有点年少气盛，不过至今我还不认为走的是一条算不上治学正途的邪路！

收集材料要充分利用各种书目、索引和其他工具书。老一辈学者都把目录学作为治史的主要门径之一。现在，我们已经进入了信息化的时代，电脑和网络为我们查找和检索史料提供了极大的方便。

例如，四库全书由于卷帙浩繁，没有一个人能够把它通读，对它的利用不能不受到很大的限制。现在有了全文检索的电子版四库全书，只要把主题词敲进去，就可以快捷无遗地把分散在全书中的所有有关材料找到，四库全书的利用价值也因而大大提高了。把这种工具好好地利用起来，是史学研究现代化所不可缺少的。但是，不管电脑检索如何方便，它代替不了读书。《中国经济史研究》编辑部曾经收到题为《地主探源》的稿件，说"地主"一词先秦即已出现，主要指土地神，晋代开始有了"土地所有者"的含义，等等，文章罗列了许多材料，一看就知道是从电脑上检索二十四史的有关材料编排而成的。但作者不知道，作为一种阶级成分的地主，或土地所有者意义上的地主，原来并不叫地主，而是叫"田主"，"田主"一词春秋时代已经出现了；而秦汉时代，地主一般称为"豪民""豪强"。所以尽管作者对古代文献中"地主"一词的材料收集比较全面，但却说不清楚现代意义的"地主"概念是怎样发生和演变的。这个例子说明，电脑不能代替读书，不能代替人脑。电脑检索是为了找材料，找材料不等于读书。刘家和、何兹全先生谈到了读书和找材料的不同。书是一个整体，材料只是书中的一部分。把书作为整体来读，才能得其真意。为找材料而翻书，材料是从整体中"尸解"出来的，弄不好就会走样。读书、精读书，才能读出学问；为找材料而翻书，翻不出真学问。他们的意见完全适用于处理电脑检索和读书的关系。在信息时代，认真读书仍然是做学问最重要的基础。

我们这样说，丝毫没有贬低电脑网络作用的意思，只是要求摆正其位置；而摆正位置正是为了更好地利用它。如何利用电脑检索资料进行历史研究，是摆在我们面前的崭新课题，希望有人能系统总结这方面的经验和方法。在我看来，利用电脑检索资料起码应该注意以下几点：①对检索的问题应该有一个基本的了解，要具备必要的知识；②对检索的文献要有必要的了解；③利用多种不同的匹配进行检索，既可以扩大材料来源，又可以防止片面性；④电脑录入难免有差错，需要核对原文，有时还要进行校勘；⑤对检索得到的材料，应该看它的上下文，防止断章取义。

四　对材料的整理和分析
　　——解决问题的关键

　　收集材料以后就要对材料进行整理和分析，这是解决问题最关键的一步。按恩格斯的说法，研究历史不但要有大量的史料，而且这些材料是要"批判地审查过的""充分掌握了的"，这就是对史料的整理分析、改造加工的功夫。如何整理分析，许多著作和文章对此都有所论述，我看最好的概括还是毛泽东《实践论》中的十六个字：去粗取精，去伪存真，由此及彼，由表及里。这里包括两个层次：一是对材料的鉴别和选择，即"去粗取精，去伪存真"；二是对材料的排比和分析，即"由此及彼，由表及里"。下面分别言之。

　　老一辈学者经常告诫我们：写文章要用第一手资料，如果引用第二手材料（主要指近人论著中使用的材料），必须查对原文，不查对原文往往出错。这似乎是老生常谈，实际上是最容易犯的错误，我自己也犯过这种错误。必须特别注意这一点。不过，即使是古书中的记载，也并不都是第一手材料，有些记载也是传抄来的；即使是第一手的原始材料也未必能保证完全正确。史料（这里主要是指第一种史料——传世文献）不等于客观历史，它是人们对历史的一种记述，不可避免地带有记述者的主观色彩和各种局限，会出现这样或那样的与实际情况的背离，甚至会有意无意地造假。这或者是由于记述者的实践和认识有片面性，误听误传，或者是由于不同的阶级、阶层有不同的利益和不同的立场，影响了他们对事实的客观观察和记述。此外，文献在流传过程中也会发生各种错误。因此，对传世文献的有关史料应该进行必要的校勘、辨伪和考证。在考证中，除了运用传统的本证、旁证、理证等方法外还要对记述者的阶级地位、社会背景、动机目的进行分析。如果我们不把阶级分析绝对化和教条化，它仍然是我们应该采用和十分有用的方法。对于考古资料和"考现"资料，也有一个鉴别其时代、性质和可比性、适用范围的问题。

校勘、辨伪和考证是专门的学问，在这里不可能多讲。现在仅谈谈在使用农书有关材料时应该注意的问题。我们知道，农书撰写的基础是农业实践，是广大农业劳动者和管理者的实践，农书的记载反映了当时农业科技发展状况，是传统农业科技的主要载体，我们研究古代农业科技不能不以它为主要依据，或主要依据之一。这是没有问题的，但也容易引向简单化和绝对化，如简单地根据某农书有某技术的记载，就断言某时代出现了某种技术，这在农史界某些学者中一度比较流行。其实应该作深一层的考究。我们知道，农书中的农业实践经验是通过农书作者来总结的，而农书作者有不同的经历、素养，并受到各种条件的局限。如有些作者比较重视实际经验，有些作者则比较喜欢抄书；即使重视实际经验的作者，他所能够接触的范围也是有限的。所以，农书的记载和历史实际就可能产生这样或那样的背离。农书中的材料即使经过了校勘和考证证明是可靠的，也不应简单地无条件地使用。起码有以下三种情况值得注意：

（1）某农书记载了某种技术，未必是该农书写成的时代才有的。例如，播种前曝晒麦种这种种子处理技术，在农书中最早见于《齐民要术》，故《中国农业科技史稿》初稿把这种技术的出现定在南北朝时期，但《后汉书·高凤传》就有晒麦种的记载，说明这种技术早已有之，农书所载有时是长时期实践经验的积累，不可把它固着于农书写成的时代。

（2）农书有记载的技术未必是存在的或者是普及的。例如"麦经两社"是北方种麦经验的总结，始见于《齐民要术》，随着麦类从北方向南方推广，这种说法也被记载在陈旉《农书》及其他南方农书中。按照"麦经两社"的原则，冬麦应该在八月秋社以前播种，这显然不符合南方的生产实际，因为在气候温暖湿润的南方，过早播种冬麦，会导致冬前旺长、易生虫害，而实际上，南方冬麦的播种往往在九月以至更晚。所以，不能说南方农书"麦经两社"的记载是反映了南方生产实际的。又如，王祯《农书》记载的利用水力或畜力推动的大型灌溉和谷物加工工具，只存在于局部地区和被少数人家使用，元以后基本上没有发展，《农政全书》和《授时通考》照抄了这些记载，其实这些工具在明清应用是很有限的。

（3）农书没有记载的技术未必是不存在的。例如有的日本学者认为宋代江南稻麦复种主要实行于西部河谷丘陵的"高田地带"，江南平原的"低田地带"基本上没有什么稻麦复种。他们主要根据之一就是陈旉《农书》关于稻麦复种的记载，他们虽然正确判定陈旉《农书》主要反映江南西部河谷丘陵的生产技术，但又错误地认为既然陈旉《农书》没有记载"低田地带"的稻麦复种，所以江南平原就不存在稻麦复种。这是把农书的记载绝对化了，显然不符合实际，因为关于稻麦复种最早的记载，正是出现在属于"低田地带"的苏州。

由此可见，对于农书中的材料，不能抓起来就用，无限制地推衍，必须与其他文献的有关记载相对照，与考古发现的出土文物相对照，正确地判断其反映历史实际的程度，这样，才能恰当地使用它。这里所说的基本精神，也适用于对其他文献资料的处理和应用。

对所收集的史料不能等量齐观，要分等次，要筛选出最有代表性、最能说明问题的材料。经过认真的校勘、辨伪和考证，我们已经能够做到这一点。李伯重先生曾发表过评论"宋代经济革命论"的系列文章，最后从方法论的高度指出"宋代经济革命论"之所以错误，是由于在史料的运用上采取了"选优""集粹"的方法。李伯重对漆侠先生过高估计宋代亩产量的批评或有合理之处，但笼统批评"选优""集粹"法值得商榷。事实上，面对各种史料我们不能不分轻重地把它们平列起来，必须有所选择。首先使用最好的材料，这难道不是"选优"吗？尽量把最好的材料收集起来使用，这难道不是"集粹"吗？所以问题不在于"选优"和"集粹"，而在于用什么标准"选优"和"集粹"。我们主张在严格考证的基础上选择最能反映客观事物本质的史料，反对主观随意、为我所用地选择史料。对同一事物的不同记载，正面的记载，反面的记载，都要认真分析。对于不利于自己论点的史料不能因为"不合我意"而轻率地予以否定，即使它是不准确的，甚至是错误的，也要弄清问题出在什么地方，要有一个合理的解释。

材料经过"去粗取精、去伪存真"的鉴别和选择，也就是"批判地审查过"以后，还要进行下一个层次的整理分析。首先是分类排比，最常用的方法是做"长编"。长编可以按时间、空间或问题的不同方面分类编排，把所有材料汇集在一起。长编做好以后，就可以看出史料之间的各种关联，它可以成为日后撰写论著的基础以至框架。不过，长编的编排所依据的基本上仍然属于事物的外部联系，我们还应该进一步找出事物的内部联系来。事物的内部联系决定事物发展的基本趋向。我们常说事物的本质和规律，实际上就是事物的内部联系。如果说，做长编是"由此及彼"，那么，找出事物的内部联系就是"由表入里"。当然，这种认识过程实际上是不能割裂开来的。我们的研究首先要牢牢把握基本的历史事实和基本的历史联系，否则就会迷失方向。如何找出事物（史料）之间的联系，特别是内部联系？这很难用一两句话说清楚，要靠在科学研究的实践中去体会和掌握，所谓"运用之妙，存乎一心"。在这里，我只想指出，唯物辩证法的整体观、联系观、发展观是我们观察问题和分析史料的最锐利的思想武器。我们绝不能轻视、更不能丢弃这个武器。

按照唯物辩证法的观点，世间万事万物都是相互联系的，都是处于不断的发展变化之中的，用这种观点考察史料，可以发现其中许多不易觉察的意义。不妨举两个例子。

大家很熟悉的《四民月令》中有关于农产品购销活动的记载，规律是农产品收获期间买进，播种或青黄不接期间卖出。这些购销活动的主体显然是有余钱剩米的地主、商人。但按事物普遍联系的观点，我们看问题不应到此为止，还要问一问：这些购销活动的对象是什么人呢？显然，当时存在一批收获后要交租还债不得不贱价出卖农产品、播种和青黄不接时又不得不高价买进农产品以维持再生产过程的小农（关于这一点，可以从其他许多材料中得到说明）。否则，上述地主、商人的购买活动无从进行，也失去了意义。所以，我们可以从中看到地主和农民两大阶级围绕市场所发生的经济关系，看到中国封建地主制下的一些深层次的特点。这样，我们就通过对史料的分析，透过现象进入了事物的本质。

　　汉代农民家庭被称为"五口之家"。按照汉人的解释，"五口之家"是指由户主及其"父母妻子"组成的简单的主干家庭。但是，根据凤凰山十号汉墓郑里廪簿、居延汉简戍卒家庭等材料，汉代农民和下层民众家庭绝大部分为核心家庭，家庭人口则以三四口为多，平均不到五口，这种"悖论"应该如何解释？有人认为"五口之家"的"五口"是"大概其"的数字，试图把矛盾轻轻抹平；又有人把"五口之家"混同于核心家庭，认为汉代家庭大多为核心家庭，甚少是主干家庭和联合家庭，从而提出"汉型"家庭概念，并把它锁定为核心家庭。但根据唯物辩证法，"五口之家"也好，核心家庭、主干家庭、联合家庭也好，都不可能相互割裂和静止不变。认真分析有关资料可以发现，"父母妻子"型的"五口之家"，是商鞅变法推行"分异令"（规定每家若有两个以上的成年儿子必须分家）后所能形成的最完整而又最简单的主干家庭，因而它成为农民家庭的标准模式。但实行这种分家规则的家庭在其动态发展过程中，除了复制自己以外，还不断分化出两三口的核心家庭，这些核心家庭在一定条件下又会发展为"父母妻子"式的主干家庭。汉代实际上也存在不少联合家庭，联合家庭在其发展过程中同样会产生出核心家庭和主干家庭来。主干家庭、联合家庭和核心家庭是相互依存、相互转化的，在这种运动的过程中，核心家庭总是大量存在。用联系的发展的观点分析史料，上述"悖论"就不难得到合理的解释。

　　上述两例是我运用唯物辩证法的联系观、发展观和整体观分析史料，寻找事物的本质和发展规律的体会，运用是否得当，结论是否正确，完全可以讨论。我自己坚信用马克思主义指导我们的研究是十分必要的。马克思主义不能代替我们收集和鉴别史料的艰苦劳动，但可以给我们提供分析史料的正确的思路和方法，绝不可等闲视之。

经过"由此及彼、由表及里"的排比分析的史料，才是"充分掌握了的"史料。它们已经不是孤立的分散的一堆死的东西，而是相互联系的有生命的东西了。走到了这一步，问题就接近解决了。下一步就是写文章，把你分析的结果用文字表述出来。材料吃得越透，写起文章来就越是得心应手。马克思说："在形式上，叙述方法必须与研究方法不同。研究必须充分地占有材料，分析它的各种发展形式，探寻这些形式的内在联系。只有这项工作完成以后，现实的运动才能适当地叙述出来。这点一旦做到，材料的生命一旦观念地反映出来，呈现在我们面前的就好像是一个先验的结构了。"①

五　更新知识,改善知识结构

我曾经多次指出，新时期中国经济史学存在着两种并行不悖的倾向——"分"的倾向和"合"的倾向。所谓"分"，包含两层意思：一是指理论方法的多元化；二是指学科的细分，最明显的表现是区域史、部门史和专题史研究的兴起，不再笼统地以整个中国或整个经济为研究对象。所谓"合"，也包含两层意思：一是指不同学科、不同学派理论方法的相互渗透；二是指全方位、长时段综合考察的研究视角。不是把经济因素孤立起来研究，而是从经济与社会、文化、自然的相互关联中去研究它的发展；不是把中国经济史孤立起来研究，而是从世界经济发展的大背景中去研究中国经济的发展；不是把某一时段孤立起来研究，而是瞻前顾后，同时考察它的"来龙"与"去脉"。以上这些趋向在新的世纪仍然会继续下去。但尤其值得注意和强调的是综合和贯通的研究。

---

① 《马克思恩格斯选集》第 2 卷，人民出版社 1995 年版，第 111 页。

为什么要强调综合和贯通的研究？理由很简单，因为历史是人的活动，而人是离不开社会和自然的；历史是个整体，历史是条长河，人们为了研究的方便，从中抽出一小段、一小块来研究，这是必要的，但不要忘记，这只是历史整体和长河中的一部分。过去范文澜对写通史提出"直通""旁通"和"会通"的要求。我们不可能每个人都写通史，但我们应该要求研究每一个问题都有"通"的眼界，"瞻前顾后"，"左顾右盼"。经济史研究需要而且必须从具体问题入手，但研究者要有大眼光。有了"通"和"合"的眼光，"分"才不会成为"瞎子摸象"式的研究。人类历史发展到今天，"发展"和"现代化"的观念已经发生了很大的变化。过去偏重于物质层面，偏重于产量的提高。但人类在物质文明取得巨大进步的同时产生了严重的环境问题和社会问题，因此经济与环境、资源、人口、社会等协调的可持续发展已经成为世界各国的共识，成为我们的基本国策。在这种情况下，综合性的科学研究已经成为不可抗拒的潮流。我们的研究应该适应这种变化，这就向研究者提出了经常更新知识、改善自己知识结构的任务。

经济史是经济学和历史学交叉的学科，研究者既需要有经济学的知识，又需要有历史学的基础。中国社会科学院经济所研究经济史的老先生许多是学经济出身的，或者原来就是搞经济研究的，但他们有较好的国学基础，从搞经济学转到搞经济史是比较顺的。现在的年轻人，学经济的多不愿意搞经济史，即使有愿意搞的，他们文史的基础比较欠缺，搞经济史，尤其是古代经济史有困难。学历史的倒有愿意搞经济史，他们有一定的文史基础，但经济学的知识比较欠缺，需要补课。近年经济所招收经济史研究生以原来学历史的为多。

学历史的能不能补好经济学，研究好经济史呢？答案应该是肯定的。台湾著名的经济史研究专家全汉先生就是学历史出身的。我向全先生的传人王业键先生提出过这样的问题：全先生是学历史出身的，但经济史研究得很地道，有什么秘诀？王先生告诉我：全先生每出一次国，都要跟一个外籍教授学一门新的知识，所以他回来以后总有新的东西教学生。全先生 1949 年到台湾时已是一位名教授，他担任过"中研院"的干事长。作为一名教授尚且要跟外籍教授学习，更新知识，我们后辈学者不是更应该努力学习吗？

　　我国著名世界史专家吴于廑先生 1938 年到了昆明，当时陈序经先生任西南联大法商学院院长兼南开大学经济研究所研究主任，陈先生和他谈了一个小时以后告诉他：你来南开经济研究所当研究生吧，不用考试了。吴于廑喜出望外，同时又感到犹疑：我是学历史的，改读经济类研究生能行吗？陈序经先生对他说："在学术道路上，不怕转弯，多转几个弯，自有好处。"就这样，吴于廑先生开始了他的学术"转弯"，从经济史入手，进而阅读西方经济学大家的原著。后来到了哈佛，又在治经济史的同时兼治西方政治思想史和法制史。多次学术转弯使他萌发对东西方文明作比较综合的构想，他在 20 世纪 70 年代提出的从全局考察和研究世界历史的整体史观，正是在这个基础上逐步形成的。吴先生晚年谈体会时指出："所谓转弯，就是多踏进一些相关的学科领域。这样做的好处，在于能够开阔视野，不以一隅自限。学术上转弯，看来有不同发展的可能。一种是转弯后不再回头，一种是转了弯又踏上原路。不论是前者还是后者，都有利于祛除狭隘之弊。学历史的人……应当力避狭隘，因此不妨转转弯。"我本人是学历史出身的，大学毕业后分配到中国农业科学院工作，"文化大革命"以后又到了中国社会科学院经济研究所，这也可以说是两次学术的"转弯"，当然基本上都没有转到"史"以外去。我的这个弯转得不够好，不够深入，没有学到更多的东西。不过，对我的学术发展还是有好处的。在中国农业科学院工作的经历使我与农史和农史界结下了不解之缘，到经济所工作后，我从农史的基础上研究经济史，又从经济史的角度研究农史，比单纯研究农史或单纯研究经济史视野要宽些。胡道静先生戏称自己是科学研究中的"两栖动物"，我想，我也称得上是"两栖动物"了。这没有什么不好的。

不同学科、不同学派理论方法的渗透和融合，给现代科学的发展带来了无限的生机，许多新的学术生长点，正是在不同学科交叉处出现的。农史界前辈游修龄先生是学现代农业科学的，搞油料作物，做图书馆的工作，晚年重点研究农史。他的治史，把自然科学与社会科学相结合，综合运用文献学、考古学、古文字学、历史语言学、民族学、民俗学、诗词、农谚等方面的知识和手段，所以总是新见迭出，别开生面。他知识面宽，兴趣广泛，老当益壮，虽然八十多岁高龄，至今笔耕不辍，始终保持着追求新知的热忱和对新事物的敏感，堪称楷模。

年轻的同志是学科发展的希望所在，希望你们更加努力学习，不断更新知识，改善知识结构，使自己更加充实，视野更加开阔，为推进学科的发展肩负起你们的历史责任。

六　治学"六到"

我认为，治学要"六到"，即心到、眼到、耳到、口到、脚到、手到。

"心到"就是要全身心投入，培养兴趣；"眼到"就是认真读书。前面已经讲过。

"耳到"和"口到"是相互联系的，主要指应该积极参加学术讨论，既要听取别人的发言，自己也要勇于发表意见。学术是在交流和讨论中发展的。有相当研究和相当水平的人聚集在一起相互切磋、相互辩难，对思想和学术的发展至关重要。这个问题我想多讲一点。

杨振宁先生曾经介绍过他的治学经历，他在西南联大受到很好的教育，养成"知之为知之，不知为不知"的扎实学风，学完一个领域再转到另一个领域，一步一个脚印。后来到了美国芝加哥大学，是另一种文化氛围，关注和追求新的东西。那里有一位泰勒先生，经常有新的想法，晚上有了新想法，早起拉住一个老师或同学陈述一番，过了一个小时，又拉着另一个人讲述最新见解。他一天能产生十个新看法，其中九个半是错的。杨振宁先生说，每天要有半个想法是正确的，积累起来就不得了。这是另外一种风范，面对新的领域、新的问题不发怵，勇于探索，勇于提出自己的见解。泰勒先生还有一种好处，人家指出他的缺点错误，能够虚心接纳。当时芝加哥大学每星期有一次沙龙，参加者包括一些名家，大家坐在一起喝咖啡，交流信息，讨论问题。杨先生说他的第一篇论文就是在这样的讨论会中产生的。杨振宁先生讲的这两种学风和文化氛围是互补的，应该结合起来。

各种形式的讨论会是学习、研究以至建立发展学科的好方式。日本人喜欢搞读书会，例如，日本京都大学人文科学研究所技术史部曾于1948—1950年举办有天野元之助、薮内清等知名学者参加的《齐民要术》讨论会，研读并翻译《齐民要术》，后来西山武一、熊代幸雄的《校订译注齐民要术》上下册，就是在这一基础上写成的。日本学者森鹿三、大庭脩等则用"研究班"的方式研读汉简。最近，我国有些学者也在运用类似形式。例如清华大学的"简牍研读班"就举办了多次的研讨会。许多单位组织了不同形式的学术沙龙或读书会。复旦大学历史地理研究中心的朋友告诉我，该所有一个这样的传统，每个人写的文章都拿到所内讨论，让全所同人（包括研究生）评论，提意见，挑毛病，作者根据所提意见进行修改，然后发表。无论作者或评论人都可以从中获得教育和提高。我看这是一个很好的相互讨论、共同提高的办法。台湾学者杜正胜倡导从社会文化角度研究医疗史，开始就是集合几个志同道合的人开讨论会，写文章，经过几年的讨论，新学科逐步成形，现在成立了生命医疗史研究室。中山社会科学研究所要开拓海洋史的研究，办法就是邀请各方面学者每两年召开一次研讨会，出一部论文集，现在已经出到第八集，也成了气候。

我1980年年底到经济所经济史研究室，研究室差不多每月开一次学术讨论会，许多资深的老专家参加，当时我是小字辈，小字辈在老前辈面前未免拘谨，但我是年轻人中比较勇于发言的一个。我觉得我是占了敢说话的便宜。因为说对了自然增强自信心，说错了经过别人的批评也获得了提高，总比不说话强。后来我在《中国经济史研究》编辑部工作，可以说对学术讨论情有独钟，从1993年开始，每年都组织若干次小型学术研讨会，后来发展为经济史论坛。每次讨论的议题比较集中，参加者都是有研究基础的，而且做了充分的准备，所以效果不错，受到与会者和学术界的欢迎。每次讨论，我除了做组织工作外，也认真听取讨论和发表意见，所以每次都有收获。别人的发言，不论和自己的意见相同还是不同，无论自己接受还是不接受，总是能从中受到启发，促使自己进一步思考和研究，充实自己的论点论据，或者修正自己的论点论据。我不少文章就是这种讨论的产物。

　　"脚到"就是要去实地考察，实地调查。如前所述，在现代社会存在许多可供历史研究利用的活的资料，研究者绝对不能忽视，而且，历史与现实是不能割断的，对现实社会的考察有利于对历史社会的理解，对山川地形的考察则有利于对历史舞台的认识。这种考察还可以开阔我们的心胸和眼界，从根本上提高我们研究历史的素质。古人云"读万卷书，行万里路"，"纸上得来终觉浅，绝知此事要躬行"，对于治史来说，也是至理名言。在重视实地调查方面，中国史学是有传统的。当年太史公为了写《史记》，走遍名山大川，访问知情老者，收集逸闻、逸事。顾炎武赶着马车，到各地关塞考察，访问老兵，将访问考察所得与书本的记载相对照，写出了《天下郡国利病书》。新中国成立后，国家曾组织了大规模的民族社会历史调查，积累了大批珍贵的历史资料。也有学者自发组织业余调查的，如宁可先生就组织了对河西走廊等地两次学术考察活动。傅衣凌先生抗战期间到了农村，发现了历史与现实不可分割的联系，发现了现实社会中许多可供历史研究的新资料，深感研究历史的人进行基层社会调查的必要，从而创立了"社会经济史学派"。他的弟子发扬了这一传统，又与国际上现代人类学的新潮流相结合，形成一个很有生气的学术群体，最近，打出了"历史人类学"的旗号。在农史界，陈恒力先生20世纪50年代研究《补农书》时，到浙江嘉兴等地调查，把调查所得与农书记载相对照，写出了有相当高学术价值的《补农书研究》。这些优良传统，我们应该继续发扬光大。

我本人20世纪60年代中期在农村搞"四清"和抗旱时，曾经做过一个大队的社会调查和若干地块的丰产典型调查，这些材料在"文化大革命"中均已丢失；80年代初又到滇西民族地区进行过调查。虽然我在这些方面的工作做得很不够，但这些调查对我了解社会、研究历史，都大有好处。

"手到"指勤动笔，一是做读书笔记，二是写文章。

读书其实不但要用眼睛去读，而且要用手去"读"，所谓"不动笔墨不读书"。读书动笔墨包括作各种形式的符号、批语和札记。从历代学者到革命导师，读书时都重视下这种功夫。列宁的《哲学笔记》、顾炎武的《日知录》即堪称模范。读书动笔还包括抄书。过去有"买书不如借书，借书不如抄书"之说。抄过的书不但能加深记忆，而且能加深理解。抄与不抄大不一样。过去比较普遍使用的抄书方式是摘录性的卡片。这些卡片上还可以写下对摘录内容的分析，可以和其他有关材料对照，阐发其意义。以后有了新材料或新理解就补充修订，使之逐步完善。反映同一问题的卡片积累多了，就做该专题读书札记。这种方法，许多学者都在使用，我也一直在使用。做卡片、写读书札记的过程，就是读书（当然读书不限于做卡片这种形式，做卡片只是整个读书过程的一个方面，一种手段）、积累材料和形成观点的过程。我的一些文章就是在若干卡片和读书札记的基础上写成的。使用电脑以后，较少做手抄式的纸质卡片了，但电脑上的"卡片"或"类卡片"依然使用，材料或者敲上去，或者拷上去，材料下面仍然敲上批语或札记，所以仍然属于动手读书的范畴，只是手所操作的对象不是笔和纸，而是键盘和电脑了。

治学还应该勤写文章。文章是研究成果的表现形式。其实读书笔记也是文章，只是属于不同的层次。我到北京工作以后，在历史所工作的老学长告诉我，侯外庐主张"走有成果的道路"。我的理解是，研究一个问题就要搞透，搞出结果，一步一个脚印。这个结果主要体现为文章，是否发表尚在其次。当然能够发表更好，它会成为你前进的碑记，一种鼓舞的力量。

为什么要把研究的结果写成文章？因为想到的东西未必说得出来，说得出来的东西未必写得出来。把想到的东西说出来，需要把思想条理化，是一种提高。把说出来的东西写出来，还会遇到不少问题，需要进一步补充完善自己的思想、锤炼自己的论点和论据，这又是一种提高。你的研究心得、结论，写出来和不写出来是大不一样的。只有写成文章，你的思想观点才能完善，你的研究成果才算最终完成。

我主张年轻学者勤练笔。写作不但是研究工作不可或缺的一环，而且是锻炼思维能力和研究能力不可替代的手段。有的老先生告诫学生若干年内不要发表文章，用心良苦，主要是引导学生多读书，厚积薄发，严谨治学。应该领会其精神实质，但不宜绝对化，不要把它和勤写勤练的要求对立起来。作为学生和青年研究工作者，应该要求自己严谨治学，力戒浮躁，把文章写得扎实些、再扎实些；文章写成后搁置一下，不要急于发表，留下充分的听取意见、精细"打磨"的时间。作为刊物的编辑，则应该从学科的发展出发扶持新生力量，年轻人写的文章，如果真正有新意，论据基本扎实，即使不太成熟，也可以发表。"始生之物，其形必丑"嘛，不可求全，但新生事物是有生命力、有发展前途的。一篇文章的发表，对年轻学者是一种鼓励，很可能影响他一生的道路。当然，我并非主张粗制滥造。如果研究论文一时写不出来，也可以写些文摘、研究综述之类的东西。1980年我在科学会堂听过于光远同志的一个报告，他提倡搞文摘，一则让人们花更少的精力获得更多的信息，二则也可以锻炼出一批人。这个意见是有道理的。因为写文摘和综述（在某种意义上，综述也可视为扩大了的、高一个层次的文摘）需要阅读，需要对阅读所得材料进行概括和提调，对年轻的研究者是一种很好的锻炼。一篇上乘的综述，其实是需要大手笔的。文摘和综述，有人视为"小儿科"而不屑为之，我却在这上面花了不少力气，并且觉得于己于人都有好处而无怨无悔。年轻的同志不妨做做这方面的工作。即使论文和综述都不做，读书笔记是非做不可的。总之，只要是在搞研究，你的手和"笔"就不应该停下来。

最后，我想强调，在这"六到"中，"心到"最为重要。因为，只有"心"到了，"眼""耳""口""脚""手"才能真正到位。年轻的朋友们，全身心投入你的专业吧，热爱它，从中发现神奇、发现乐趣、发现诗意、发现美，激发起你无穷的创造力，这样，你就一定能够成功！

后记：2003 年 11 月我到江西师范大学访问，黄今言先生要我给学生讲讲治学方法。我学问没做好，有很多缺陷，讲这个题目心里发怵；但"恭敬不如从命"，我还是接受了这个任务。后来又分别在华南农业大学、南京农业大学、南京师范大学作过同一主题的讲演。听众有本科生、研究生、年轻教师，以学习和研究历史的为主。南京农业大学中华农业文明研究院院长王思明先生提出，把讲话记录整理成文发表，于是有了这篇文章。讲的是我在师友前辈的指引下不断探索的一些心得体会，是一些极为普通的东西，没有什么高深之论；不过，对于刚刚步入史学殿堂的青年学子，或许还有点参考价值吧！其中引述了时贤的一些文章，特此致谢；因为是讲稿，没有一一注明出处，非敢掠美之谓也。讲话中错误不妥之处，欢迎批评指正。

（原载《中国农史》2004 年第 2 期）

编选者手记

　　《李根蟠集》收录论文 13 篇，其中正文 12 篇，附录 1 篇。正文分为三组，每组 4 篇论文，是李先生 1980 年至 2017 年近 40 年发表的重要论文，由他亲自审订。

　　本集收录的三组论文体现了李先生在中国经济史研究中两个代表性领域的重要学术成就。

　　第一个领域是关于古代社会形态的研究，这是以马列主义基本原理为指导分析中国封建地主制经济的尝试。以第一组论文为主。

　　其中三篇主要探讨了中国"封建"概念的演变和"封建地主制"理论的形成、中国地主制经济发展机制和历史作用以及自然经济、商品经济与中国封建地主制的相互关系等内容。李先生所谓的"封建地主制"，是包括地主经济、农民经济和国家经济这三种相互依存的主要经济成分的经济体系，可称之为"地主制经济体系"或广义的地主制经济。这种经济体系，一方面，可以容纳生产力和商品经济较大程度地发展；另一方面，又束缚新的因素的成长，延缓旧制度的灭亡。《"亚细亚生产方式"再探讨——重读〈资本主义生产以前的各种形式〉的思考》一文指出，学习马克思主义原始社会理论，首先要掌握它的基本原理和方法，切忌断章取义，脱离具体条件，把他们的某些论断绝对化，生搬硬套；同时要善于运用其立场、观点和方法，研究新问题，吸收新材料，推导出新结论。

　　第二个领域是关于农业史的研究，体现了他"由农入环"，再"由环入文"的研究历程。包括第二组和第三组的论文。

　　第二组论文主要探讨古代农业生产。《中国农业史上的"多元交汇"——关于中国传统农业特点的再思考》一文，提出"中国古代农业是一个多元交汇的体系"的精辟论断，指出"多元交汇"和"精耕细作"为主要特点的中国古代农业具有强大的生命力，是中华文化得以持续发展的最深厚的根基，也是中华文明不灭的主要奥秘之一。《长江下游稻麦复种制的形成和发展——以唐宋时代为中心的讨论》一文，批判了中外一些学者在稻麦复种制形成和推广于唐代的各种论据，认为到宋代（主要是南宋）稻麦复种制才有较大的发展，成为具有相当广泛性的、比较稳定的耕作制度。在《树立现代化社会主义大农业的经营思想，促进我国农业的发展》一文中，他认为现代化社会主义大农业的建立过程，就是克服小农经济落后经营方式和思想意识的过程，吸收我国传统农业的合理因素，抛弃不合理部分，并学习外国现代农业的长处。《中国传统农业的可持续发展思想和实践》一文，强调中国传统农业是一种可持续发展的农业，包含可供现代人借鉴的丰富历史经验，至今仍有强大生命力的合理内核，是绝不应忽视的。

　　第三组论文主要探讨农业生产、环境和生态的相互关系。在《略论中国传统农学的特点和历史地位》及《环境史视野与经济史研究——以农史为中心的思考》两文中，他指出农业生产是经济再生产与自然再生产的结合，农业生产离不开自然环境。环境和人是相互联系的，不同地区、不同时代有不同的环境观念，这是一种文化现象。环境史以现代生态学为理论基础和分析工具。现代生态学不但把自然界看成是生态系统，而且把世界看成是"人—社会—自然"的复合生态系统，从而形成一种新的世界观。在《农业生命逻辑与农业的特点——农业生命逻辑丛谈之一》和《农业生活功能与中国传统的大生命观（上）——农业生命逻辑丛谈之四》一文中，他提出，农业的逻辑从根本上说是生命的逻辑，而农业的生命逻辑，同时也是生态逻辑，这种逻辑覆盖了农业的生产领域和生活领域。中国传统的自然观是大生命观，"生生"观、"一体"观和"三才"

观，组成大生命观中相互依赖、依次递进的三个层次，这是中国传统文化的一个重要的特点和优点。

《历史学习与研究方法漫谈》发表以来颇受欢迎，流传极广，故以之为附录。

苗金花

2021 年 1 月

《经济所人文库》第二辑总目(25 种)

（按作者出生年月排序）

《汤象龙集》　《李伯重集》

《张培刚集》　《陈其广集》

《彭泽益集》　《朱荫贵集》

《方　行集》　《徐建青集》

《朱家桢集》　《陈争平集》

《唐宗焜集》　《左大培集》

《李成勋集》　《刘小玄集》

《刘克祥集》　《王　诚集》

《张曙光集》　《魏明孔集》

《江太新集》　《叶　坦集》

《李根蟠集》　《胡家勇集》

《林　刚集》　《杨春学集》

《史志宏集》